L'art de s'emporter

BIBLIO 17 Volume 169 · 2007

Suppléments aux *Papers on French Seventeenth Century Literature*

Collection fondée par Wolfgang Leiner
Directeur: Rainer Zaiser

Roxanne Roy

L'art de s'emporter

Colère et vengeance dans
les nouvelles françaises (1661–1690)

gnV Gunter Narr Verlag Tübingen

Information bibliographique de Die Deutsche Bibliothek

Die Deutsche Bibliothek a répertorié cette publication dans la Deutsche National-
bibliografie; les données bibliographiques détaillées peuvent être consultées sur
Internet à l'adresse <http://dnb.d-nb.de>

Image de couverture: L'homme à l'épée.
RMN/Ecouen, Musée National de la Renaissance/René-Gabriel Ojéda/bpk.

Chaire de recherche
du Canada en
HISTOIRE LITTÉRAIRE   UQAR

Internet: http://www.narr.de · E-Mail: info@narr.de

Satz: Informationsdesign D. Fratzke, Kirchentellinsfurt
Gesamtherstellung: Gruner Druck, Erlangen
Printed in Germany

ISSN 1434-6397
ISBN 978-3-8233-6260-9

À mon bien-aimé, Philip Reinert

Remerciements

Cet ouvrage est une version remaniée de ma thèse de Doctorat, soutenue à l'Université de Montréal en juin 2004. Je souhaite remercier tout particulièrement celui qui l'a dirigée, Monsieur Éric Méchoulan, pour sa rigueur intellectuelle, son soutien inconditionnel et sa grande générosité. Nos discussions ont toujours été pour moi inspirantes et stimulantes, je lui dois beaucoup.

Les membres du jury de ma thèse, les Professeurs Lucie Desjardins, Ugo Dionne, Donna Kuizenga et Alain Laframboisière, ont droit à mes plus vifs remerciements pour leurs suggestions et leurs commentaires éclairants. La version publiée aujourd'hui a largement bénéficiée de leurs conseils.

Je remercie également le Fonds québécois de recherche sur la société et la culture, la Faculté des études avancées et de la recherche de l'Université du Québec à Rimouski, et la Chaire de recherche du Canada en histoire littéraire pour leur appui financier. Sans leur aide, cet ouvrage n'aurait pu voir le jour.

Table des matières

Introduction

« Je suis bilieux comme tous les diables ; et, il n'y a morale qui tienne, je veux me mettre en colère de tout mon soûl, quand il m'en prend envie[1] », déclare le bourgeois gentilhomme de Molière, soulevant du coup tous les problèmes que pose la dimension sociale et publique de cette passion. Mais il n'est pas le seul à s'exprimer à ce sujet. En effet, la colère et la vengeance sont omniprésentes dans les œuvres littéraires du XVIIᵉ siècle. Qu'il s'agisse des histoires tragiques et sanglantes[2], des tragédies[3] ou des comédies[4], des romans et des pastorales[5] ou des nouvelles[6], des mémoires[7] jusqu'aux contes de la fin du siècle[8], la passion pour la colère et la vengeance ne se dément pas. Elles font l'objet de préoccupations certaines chez les écrivains du Grand Siècle et sont au cœur de nombreux débats sur le plan de la justice (interdiction pour le noble de se venger en duel et prise en charge de la vengeance par l'État), de la philosophie et de la morale (la colère peut-elle être juste, et la vengeance légitime ?), de l'amour (une femme peut-elle aimer un amant colérique ?), des lois de la civilité et du comportement (quand et contre qui peut-on se mettre en colère ?), et de la religion (faut-il laisser le soin de sa vengeance à Dieu ?). Étudier la représentation de cette passion dans les textes, c'est donc mettre au jour les valeurs morales prédominantes de ce siècle, les règles et les pratiques

---

[1] Molière, *Le bourgeois gentilhomme*, dans *Théâtre*, vol. 6, Paris, Belles Lettres, 1949 [1670], p. 197–198, Acte II, scène IV.

[2] On peut penser au bien nommé Iracond de Rosset qui, transporté de fureur, poignarde sa sœur enceinte de six mois pour se venger car elle a nui à ses amours, ou au Dieu vengeur de Camus qui ne laisse aucun crime impuni.

[3] Voir la vengeance d'Hermione dans *Andromaque* de Racine ou celle de la Médée de Corneille dans la tragédie éponyme.

[4] Ainsi du misanthrope Alceste qui représente le type de l'atrabilaire par excellence.

[5] La colère inaugurale d'Astrée contre Céladon qu'elle croit infidèle est sans doute la plus célèbre.

[6] Thersandre qui provoque en duel son rival Timandre pour satisfaire sa vengeance dans « Le jaloux par force » en est un exemple.

[7] Comment oublier le portrait de la colérique Anne d'Autriche brossé par le cardinal de Retz ?

[8] Les exemples vont de Grogron qui suffoque de colère lorsque Gracieuse lui dispute le prix de la beauté et qui, ne pouvant souffrir cet affront, veut se venger ou mourir, au conte intitulé *Le palais de la vengeance* de Mme de Murat.

qui dictent les comportements tant sociaux qu'amoureux, et ouvrir sur une topique culturelle.

1. Le couple colère/vengeance

Cette recherche qui porte sur la codification de la colère et de la vengeance dans les nouvelles galantes et historiques entre 1661 et 1690, repose sur l'hypothèse suivante : les passions, en l'occurrence la colère et le désir de vengeance qui l'accompagne, ne sont pas seulement des pulsions singulières, mais relèvent surtout d'une construction socialement déterminée. Ce sont alors ces codes sociaux et esthétiques qu'il s'agit de mettre au jour, afin de mieux saisir en quoi ils induisent certaines pratiques dans les nouvelles, mais aussi comment les œuvres littéraires en modifient, voire en subvertissent les ordres. Nous nous proposons de dégager une topique culturelle de la colère et du désir de vengeance au XVIIe siècle en examinant la façon dont les œuvres littéraires thématisent ces deux passions. Nous nous demanderons quels sont les savoirs convoqués dans leur représentation, quel rôle la colère et la vengeance jouent dans ces textes, comment elles s'y manifestent, en suivant quelles règles. L'intérêt d'une telle recherche réside dans l'objet d'étude, soit le vaste corpus des nouvelles galantes et historiques qui sont encore, pour la plupart, méconnues : elles n'ont que rarement donné lieu à des rééditions modernes et n'ont fait l'objet que d'études parcellaires. Son intérêt tient aussi à la richesse de la problématique, soit la représentation des passions, qui relève de divers champs d'expérience et de savoirs (rhétorique, médecine, morale, philosophie, droit, traités de civilité), et à son inscription dans une approche de la topique littéraire conçue dans le cadre d'une anthropologie historique de la culture.

L'association « colère-vengeance » repose sur la conception aristotélicienne qui a cours tout au long du XVIIe siècle, Aristote définissant la colère par « le désir impulsif et pénible de la vengeance notoire d'un dédain notoire en ce qui regarde notre personne ou celle des nôtres, ce dédain n'étant pas mérité[9] ». Moralistes, savants et hommes de lettres reprennent cette formulation à leur tour dans leurs traités. Nicolas Coëffeteau écrit que « La colere, est une ardente Passion qui sur l'apparence qu'il y a de nous pouvoir vanger, nous anime au ressentiment d'un mépris et d'une injure sensible, que nous croyons avoir esté injustement faite, à nous, ou à ceux que nous aimons[10] » ;

---

[9] Aristote, *Rhétorique*, t. II, Paris, Belles Lettres, 1938, 2, 1378 b.
[10] Nicolas Coëffeteau, *Tableau des passions humaines, de leurs causes et de leurs effets*, Paris, Martin Collet, 1631 [1620], in-8°, p. 545.

Senault conclut que «la colere n'est autre chose qu'un mouvement de l'appetit sensitif qui recherche la vengeance d'un outrage[11]»; le père Le Moyne, qui présente la colère comme une passion «ordinairement aigre, ardente et precipité», dit comme le poète qu'«elle a une pointe agreable et vigoureuse qui est plus douce que le miel à une ame, laquelle a le goust de la vengeance»[12]; alors que, pour Courtin, «le ressentiment est un mouvement de colere excité dans l'ame par le sentiment ou l'idée d'une injure que l'on croit avoir reçuë en son honneur[13]».

Mais ce couple «colère-vengeance» est-il toujours aussi fermement lié qu'on veut le faire croire? Il semble qu'au cours du XVIIᵉ siècle il subisse quelques tensions pour peu à peu se dissocier: tantôt on favorise la colère, tantôt c'est la vengeance qui l'emporte[14]. C'est ce que l'on voit dans les nouvelles où l'on propose des règles qui peuvent être contradictoires et obéir à des logiques différentes. Dans un cas, on valorise la colère pour autant qu'elle ne donne pas lieu à la vengeance, les marques physiques qu'elle imprime sur le corps suffisent et permettent d'éviter la violence effective de la vengeance; dans un autre, on réprouve la colère dans l'exercice de la vengeance car cette passion est néfaste, elle empêche de calculer la juste rétribution bien raisonnée et proportionnée de la vengeance. Ce glissement est particulièrement frappant quant il s'agit de la femme. En effet, il semble que la femme puisse laisser éclater sa colère quand il s'agit d'exprimer une passion, alors que le droit à la vengeance, puisqu'il s'accompagne de marques de mépris public et de violences effectives, lui est le plus souvent dénié. Cette valorisation de la colère féminine au détriment de la vengeance pourrait bien correspondre aux structures sociales visant à enfermer la femme dans la sphère privée et à lui interdire l'accès à la sphère publique. L'infériorité sociale de la femme l'oblige à ravaler sa colère au rang d'une passion personnelle, sa vengeance à celui d'une affaire privée, vidée de toute charge politique et d'enjeux publics.

La colère est la passion sociale par excellence puisqu'elle surgit lorsque la valeur de notre position sociale est déniée, et que le désir de vengeance qui l'accompagne tend précisément à rétablir notre dignité au sein de la communauté. La vengeance est donc aussi une pratique sociale et sa struc-

---

[11] Jean-François Senault, *De l'usage des passions*, Paris, Fayard, 1987 [1641], p. 288.

[12] Pierre Le Moyne, *Les peintures morales, où les passions sont representees par tableaux, par characteres, et par questions nouvelles et curieuses*, vol. 1, Paris, Sebastien Cramoisy, 1640, in-4°, p. 48.

[13] Antoine de Courtin, *Suite de la civilité françoise, ou traité du point d'honneur, et des regles pour converser et se conduire sagement avec les incivils et les fâcheux*, Paris, Louis Josse et Charles Robustel, 1717 [1675], in-12, p. 11.

[14] Voir à ce sujet l'article d'Éric Méchoulan, «La dette et la loi: considérations sur la vengeance», *Littératures classiques*, n° 40, 2000, p. 275–294.

ture a pour modèle celle de l'échange et de la réciprocité puisqu'il s'agit de rendre le mal pour le mal[15]. L'offensé, cherchant à reconstruire son image sociale et à retrouver sa dignité, répond à l'outrage par un outrage qu'il juge juste et satisfaisant. En exigeant réparation, l'offensé tend à rééquilibrer les forces et les pouvoirs en opposition. Les colères et les vengeances des personnages mises en scène dans les nouvelles reposent également sur le modèle d'économie sociale du don et du contre-don, dont le schéma est à peu près toujours le suivant : un personnage fait un don (de son amour, de ses soins ou de ses services) à un autre personnage qui en échange doit lui témoigner de la reconnaissance et de la gratitude. Lorsque ce personnage méprise le don qui lui est fait, il rompt le pacte initial puisqu'un mal est rendu pour un bien. Ce dédain devient le moteur de la structure de la colère et de la vengeance qui se met en place. Christian Biet a d'ailleurs écrit à ce sujet : « La vengeance est donc un élément dynamique déclenché par un élément dont il dérive : l'offense. Dynamique narrative et dramatique en littérature, et donc élément structural des fictions, le couple offense/vengeance permet un prolongement de l'action, en même temps qu'une réflexion[16] ». C'est justement ce que nous voudrions vérifier dans cette étude. Il s'agira donc de voir dans quelles mesures et à quelles conditions, au regard de quelles règles et de quels codes, ce schéma s'articule dans les nouvelles françaises, quelle est sa fonction dans les textes du corpus, quel usage on en fait et à quelle fin. C'est dire que l'enjeu ne consiste pas seulement à répertorier les figures de la colère et de la vengeance, mais aussi à évaluer la dynamique narrative d'un tel répertoire.

2. Les nouvelles

La périodisation choisie n'est pas le fruit d'un hasard. Les dates retenues ont bien sûr l'avantage de correspondre à la première moitié du règne personnel de Louis XIV et ainsi d'assurer une certaine unité à l'ensemble des textes à l'étude, mais elles ont pourtant été choisies pour des motifs littéraires. L'année 1661 correspond à l'abandon du roman au profit de la nouvelle par Mlle de Scudéry[17] – celle qui devait sa réputation au succès de ses romans a senti le besoin d'ajuster sa plume et d'adapter ses pratiques littéraires au

---

[15] Encore une fois, nous renvoyons à l'article d'Éric Méchoulan qui met en lumière la structure spécifique de la vengeance, celle de l'obligation ou de la dette.

[16] Christian Biet, « Douceur de la vengeance, plaisir de l'interdit. Le statut de la vengeance au XVIIe siècle », *La vengeance dans la littérature d'Ancien Régime*, Montréal, Paragraphes, Université de Montréal, 2000, p. 14.

[17] À l'exception de son *Almahide ou l'esclave reine* qui paraît entre 1660 et 1663.

goût du jour –, alors que 1690 correspond à la fin de la mode des nouvelles galantes et historiques qui sont remplacées par les histoires secrètes, les mémoires apocryphes et les contes. D'ailleurs, Mme d'Aulnoy dans sa nouvelle *Histoire d'Hypolite* insère un conte pour la première fois et annonce ainsi la vogue de ce nouveau genre mondain[18]. Le désintérêt des lecteurs pour la nouvelle s'est fait sentir chez les écrivains eux-mêmes qui cherchent un moyen de renouveler le genre pour lui donner un second souffle (comme ce sera le cas pour Girault de Sainville[19]), ou alors prétendent ne plus vouloir en écrire, ce que fait Préchac dans l'épître dédicatoire du *Prince esclave*[20] en 1688. Il aurait été possible de choisir 1657 comme date de départ puisque c'est l'année où les *Nouvelles françaises* de Segrais paraissent, mais très peu de nouvelles voient ensuite le jour et il faut attendre 1661 pour voir un véritable engouement pour ce genre qui est si fort au goût du siècle[21]. Le sommet de cette production se situe en 1678 (23 nouvelles pour cette seule année), mais

---

[18] Mlle de L'Heritier construit justement le succès du conte sur le déclin de la nouvelle: «les romans ont perdu beaucoup de leurs beautés. On les a réduits en petit, et, dans cet état, il y en a peu qui conservent les grâces du style et les agréments de l'invention. Contre une *Princesse de Clèves*, et deux ou trois autres qui ont charmé par la grandeur des sentiments et par la justesse des expressions, on a vu paraître un nombre infini de petits romans sans goût, sans règle et sans politesse. Cette décadence des romans en ayant fait prendre du dégoût, on s'est avisé de remonter à leur source, et l'on a remis en règne les contes du style des troubadours.» *Œuvres mêlées*, dans *Nouvelles du XVIIe siècle*, Paris, Gallimard, 1997 [1695], p. 1118–1119.

[19] «Pendant quelque temps on a preferé les Nouvelles Galantes aux Nouvelles Heroïques: mais comme le goût change, la lecture des premieres est fort refroidie, et les autres commencent d'être recherchées avec empressement […]. Si le tour nouveau que j'en donne, trouve le secret de plaire; je veux bien t'avertir, cher Lecteur, (quand tu devrois m'accuser d'un peu de presomption) que je travaille à ces sortes de sujets avec la mesme facilité que je compose un Madrigal ou un Sonnet, et qu'ainsi je pourray tous les mois preparer des divertissemens nouveaux, qui auront peut-estre l'agréement des deux sexes», Girault de Sainville, *Philadelphe. Nouvelle égyptienne*, Paris, François Michon, 1687, in-12, p.n.ch.

[20] «Il y a si peu de merite à faire un Livre, et même on a si fort changé de goût pour les Historiettes, que j'avois resolu de n'en plus écrire», Jean de Préchac, *Le prince esclave, nouvelle historique. Ou l'on voit les particularités de la derniere bataille que les Chrêtiens ont gagnée contre les Turcs, la déposition du Grand Seigneur, et la maniere dont Sultan Solyman qui regne aujourd'huy a esté élevé sur le trône*, Paris, Thomas Guillain, 1688, in-12, p.n.ch.

[21] «La nouveauté de l'avanture nous plust infiniment; nous esperâmes d'en faire nostre profit, et le sujet d'une de ces petites nouvelles, qui sont si fort du goust du siecle.» *Histoire espagnole et française ou l'amour hors de saison, nouvelle galante*, Paris, Claude Barbin, 1671, in-12, p. 100.

le centre est un peu plus large et va de 1672 à 1688[22]; on voit même une vogue pour les nouvelles africaines naître en 1681[23]. Ces délimitations couvrent donc l'ensemble de la production des nouvelles galantes et historiques, et elles semblent assez vastes pour être représentatives.

Outre que ces nouvelles ont été peu étudiées, le choix de ces textes comme corpus primaire tient au fait qu'ils ont pour objet l'étude des passions et leur représentation. La colère et la vengeance y sont abondamment illustrées, servent bien souvent d'élément déclencheur à l'intrigue et en structurent le déroulement, au point où absolument aucune nouvelle n'a été écartée du corpus pour motif d'absence de représentation de cette passion. La dimension pédagogique et morale du genre assure un certain mouvement réflexif sur la question des passions, la nouvelle devient un lieu différent où l'on discute et analyse les comportements à adopter en société, ce qui est au cœur des préoccupations de cette recherche.

Notre projet a été entrepris au moment même où les enquêtes consacrées aux fictions en prose se multipliaient. L'intérêt marqué pour le genre de la nouvelle s'est surtout manifesté par une réflexion sur la théorie du genre (définition, poétique, délimitation et transformation), dès les années 1970[24]. Rapidement, un constat s'impose: la confusion terminologique qui entoure le genre rend impossible la proposition d'une définition unique qui vaille pour toutes les nouvelles. Pratiquement au même moment, on en vient à faire l'histoire du genre depuis ses origines, à retracer ses influences littéraires françaises et étrangères[25], à identifier les formes narratives qui ont contribué

---

[22] Les nouvelles du corpus se répartissent ainsi: 1661: 3, 1662: 2, 1663: 3, 1664: 3, 1665: 1, 1666: 2, 1667: 1, 1668: 3, 1669: 6, 1670: 7, 1671: 6, 1672: 11, 1673: 5, 1674: 11, 1675: 6, 1676: 7, 1677: 11, 1678: 23, 1679: 18, 1680: 13, 1681: 13, 1682: 11, 1683: 8, 1684: 5, 1685: 8, 1686: 8, 1687: 7, 1688: 10, 1689: 6, 1690: 6.

[23] «Depuis que les conteurs de Nouvelles ont passé la mer, les découvertes amoureuses, qu'ils ont faites dans l'Afrique, ont esté si heureuses, qu'il semble que ce Païs-là, tout barbare qu'il est, soit devenu une source inépuisable de galanterie. Il en est venu des flottes entières toutes chargées d'avantures; et on a trouvé, que l'Amour, qu'on ne diroit pas estre fait pour des Gens, en qui la ferocité est aussi naturelle que la vie, y regne plus souverainement qu'en pas un autre lieu du monde.» *Homaïs reyne de Tunis*, Amsterdam, s.é., 1681, in-12, p. 3.

[24] Lire en particulier: Victor Chklovski, «La construction de la nouvelle et du roman», *Théorie de la littérature*, Paris, Seuil, 1965, p. 170–196; Aron Kibédi Varga, «Pour une définition de la nouvelle à l'époque classique», *Cahiers de l'Association Internationale des études françaises*, mars 1966, n° 18, p. 53–65.

[25] Voir l'étude de G. Hainsworth, *Les Novelas Exemplares de Cervantes en France au XVIIᵉ siècle. Contribution à l'étude de la nouvelle en France*, Paris, Honoré Champion, 1933.

à la constitution de la nouvelle française. Roger Dubuis[26], par exemple, a fait un excellent travail sur la genèse du genre. Plus importants encore pour notre étude, les travaux menés par Frédéric Deloffre[27] et René Godenne[28] dont nous nous sommes largement inspirés. En insistant sur l'évolution de la nouvelle (d'un siècle à l'autre et d'un auteur à l'autre) et sur ses différentes définitions, ils mettent en place des notions importantes sur le genre. Ils dégagent les principes esthétiques – plaire par le réalisme galant, le sérieux du sujet, le dépouillement de l'intrigue, la sobriété du style, l'invention des incidents, la constance des caractères, la justesse de l'analyse des mouvements du cœur, le naturel des personnages, et divertir tout en instruisant le lecteur – et les caractéristiques formelles de la nouvelle – brièveté de l'intrigue, cadre français et récent, rejet des monologues et des histoires intercalées, souci de vraisemblance, dénouement moral – qui sont encore valables aujourd'hui. La méthode socio-historique mise de l'avant par Hermann Wetzel[29] et qui a inspiré, tout récemment, Didier Souiller[30], a eu l'avantage de renouveler les études sur la nouvelle. Pour le premier, il s'agit de montrer le rôle et la détermination des facteurs historiques et sociaux dans l'évolution du genre ; d'établir un parallèle entre la structure littéraire (le cadre, l'organisation du texte, les thèmes, le ton) et la structure sociale (situation économique, ordre politique, idéologies) à une période donnée. Pour le second, la naissance et l'affirmation de la nouvelle est indissociable de l'évolution des mentalités, des pratiques sociales et des débats culturels européens.

À retracer les grands moments de la recherche sur le genre de la nouvelle, on se rend compte que les réflexions ont d'abord été formulées par rapport au genre romanesque. Plus précisément, c'est au sein d'études consacrées au roman et à l'histoire de ce genre qu'on trouve un panorama et un essai de classification des nouvelles françaises (comiques, tragiques, galantes, historiques, etc.)[31]. Les travaux les plus marquants sont sans aucun doutes ceux d'Henri

---

[26] Roger Dubuis, « La genèse de la nouvelle en France au Moyen Âge », *Cahiers de l'Association Internationale des études françaises*, mars 1966, n° 18, p. 9–19. Voir aussi *Les cent nouvelles nouvelles et la tradition de la nouvelle en France au Moyen Âge*, Grenoble, Presses universitaires de Grenoble, 1973.

[27] Frédéric Deloffre, *La nouvelle française à l'âge classique*, Paris, Didier, 1968.

[28] René Godenne, *Histoire de la nouvelle française aux XVIIᵉ et XVIIIᵉ siècles*, Genève, Droz, 1970.

[29] Hermann H. Wetzel, « Éléments socio-historiques d'un genre littéraire : l'histoire de la nouvelle jusqu'à Cervantes », *La nouvelle française à la Renaissance*, Genève, Slatkine, 1981, p. 41–78.

[30] Didier Souiller, *La* nouvelle *en Europe de Boccace à Sade*, Paris, PUF, 2004.

[31] On peut penser aux ouvrages de Jean-Pierre Collinet, de Jean Serroy, de Claude Puzin, ainsi qu'aux dossiers des revues *Littératures Classiques*, *Revue d'histoire littéraire de la France*, et *XVIIᵉ siècle* qui font une large part dans leurs pages à la nouvelle.

Coulet[32], de Maurice Lever[33] et de Jean de Sgard[34]. On y présente clairement les transformations formelles et esthétiques que subit le roman de l'époque classique jusqu'à la venue de la «nouvelle-petit roman», ainsi que des pistes d'analyses intéressantes sur les nouvelles du temps. Puis, sous l'impulsion de René Godenne qui a milité fort en ce sens, les critiques ont préféré ne s'en tenir qu'à la nouvelle, l'étudier par elle-même, l'affranchissant du coup de la tutelle du roman. C'est l'introduction de Jean Lafond[35] aux *Nouvelles du XVIIe siècle* qui nous semble la plus digne d'intérêt car elle ouvre sur plusieurs pistes qui sont au cœur de la réflexion sur la nouvelle. Lafond propose une définition nuancée du genre[36], en brosse le tableau historique, s'arrête sur l'accueil du public, et tient compte de ses diverses influences. La critique, après avoir tenté de définir ce genre fuyant, étudie à présent les marques du discours et de l'énonciation dans les nouvelles, la dynamique interne et formelle, la poétique de son récit, la mise en récit (et en sens) des thèmes littéraires, les modèles d'écriture et les systèmes de lectures[37]. Plus encore, ce sont les discours qui circulent dans les nouvelles qui retiennent aujourd'hui l'attention des jeunes chercheurs: celui de l'histoire ou des passions par exemple[38].

---

[32] Henri Coulet, *Le roman jusqu'à la révolution,* Paris, Armand Colin, 1991 [1967].

[33] Maurice Lever, *Le roman français au XVIIe siècle,* Paris, PUF, 1981.

[34] Jean Sgard, *Le roman français à l'âge classique 1600–1800,* Paris, Librairie générale française, 2000.

[35] Jean Lafond, «Introduction», *Nouvelles du XVIIe siècle, op. cit.,* p. XIII–LXVII.

[36] «Sous ses différentes appellations, la nouvelle n'a d'autre objet que le récit linéaire, relativement bref, d'une aventure ou d'un événement donnés pour être réellement advenus et surprenants, inattendus, ou, pour le moins, dignes de retenir l'attention du lecteur. La chose peut s'être passée récemment, mais cette contrainte, qui justifie à l'origine le mot "nouvelle", n'est plus respectée dès lors qu'il existe une "nouvelle historique", qui se situe dans le passé. En revanche, il est nécessaire que l'événement soit conforme à la réalité et qu'il suscite l'intérêt par son caractère singulier.» *Ibid.,* p. LVI.

[37] Voir: Nicole Boursier, *Le centre et la circonférence. Essai sur l'objet dans la nouvelle classique,* Tübingen, Gunter Narr Verlag, 1983; Gabrielle Verdier, «Masculin/féminin. La réécriture de l'histoire dans la nouvelle historique», *La naissance du roman en France,* Seattle/Tübingen, Papers on French Seventeenth Century Literature, 1990, p. 46; Amelia Sanz, «La nouvelle historique entre deux siècles: fondement d'une narrativité», *XVIIe siècle,* n° 198, janvier–mars 1998, p. 151–165; Edwidge Keller, *Poétique de la mort dans la nouvelle classique (1660–1680),* Paris, Honoré Champion, 1999.

[38] Une thèse qui porte sur l'écriture de l'histoire dans les nouvelles historiques a été soutenue en décembre 2003 à l'Université de Paris IV par Christian Zonza (elle doit paraître aux éditions Champion dans la collection «Sources classiques»). Juliette Lesieur prépare également une thèse intitulée «Rhétorique des passions et anthropologie romanesque: le cas de la nouvelle historique et galante dans la seconde moitié du XVIIe siècle» à l'Université de Versailles/Saint-Quentin-en Yvelines.

Cette redécouverte des nouvelles a donné suite à une série de réimpression de ces textes méconnus[39], à la publication d'anthologies diverses[40], à des éditions savantes[41], et même à des traductions[42], afin de les rendre accessibles aux lecteurs et de leur proposer un échantillon assez représentatif de la diversité de ce genre au XVIIᵉ siècle. Cependant, beaucoup reste à faire au niveau de l'édition car de nombreux textes de valeur ne sont toujours pas accessibles. Chercheurs et universitaires ont assez récemment publié des études consacrées à un nouvelliste en particulier, en présentant leur parcours d'écrivain, en insistant sur les liens qui se tissent entre leurs écrits et la société, et en s'attachant à la poétique de ces auteurs, ce qui a permis de les faire connaître, eux et quelques-uns de leurs textes[43]. Il faut souligner l'importance de ce renouvellement car plusieurs études sur les nouvellistes remontaient

---

[39] Voir les nombreuses réimpressions chez Slatkine Reprints préparées par René Godenne entre 1979 et 1980, celles des œuvres de Mme de Villedieu en 1971, et celle du *Dom Carlos* de Saint-Réal qu'Andrée Manseau a reproduit chez Droz en 1977.

[40] Voir celles de: Roger Guichemerre (éd.), *Dom Carlos et autres nouvelles françaises du XVIIᵉ siècle*, Paris, Gallimard, 1995; Monique Vincent (éd.), *Anthologie des nouvelles du Mercure Galant (1672–1710)*, Paris, S.T.F.M., 1996; Raymond Picard (dir.), *Nouvelles du XVIIᵉ siècle, op. cit.*; Frédéric Charbonneau et Réal Ouellet (éd.), *Nouvelles françaises du XVIIᵉ siècle*, Québec, L'instant même, 2000; Marc Escola (éd.), *Nouvelles galantes du XVIIᵉ siècle*, Paris, Garnier-Flammarion, 2004.

[41] Micheline Cuénin a édité *Les désordres de l'amour* de Mme de Villedieu en 1970 et fait paraître une seconde édition augmentée en 1995, Alain Niderst a édité *Célinte, nouvelle première* de Mlle de Scudéry en 1979, Franco Piva a édité les romans et les nouvelles de Catherine Bernard en 1993. Les nouvelles *Mathilde* et *La promenade de Versailles* de Mlle de Scudéry ont été éditées par Nathalie Grande et Marie-Gabrielle Lallemand dans la collection « Sources classiques » chez Champion.

[42] Donna Kuizenga a édité et traduit en anglais ce texte de Madame de Villedieu: *Memoirs of the Life of Henriette-Sylvie de Molière*, Chicago, University of Chicago Press, 2004.

[43] Micheline Cuénin, *Roman et société sous Louis XIV. Mme de Villedieu*, Paris, Honoré Champion, 1979; Anne Defrance, *Les contes de fées et les nouvelles de Madame d'Aulnoy, 1690–1698: l'imaginaire féminin à rebours de la tradition*, Genève, Droz, 1998; Roger Duchêne et Pierre Ronzeau (dir.), « Mme de La Fayette, *La Princesse de Montpensier, La Princesse de Clèves* », *Littératures Classiques*, supplément 1990, Paris, Aux amateurs de livres, 1989; Arthur Flannigan, *Madame de Villedieu's « Les Désordres de l'amour »: History, Literature and the Nouvelle Historique*, Washington D.C., University Press of America, 1982; Jean Lombard, *Courtilz de Sandras et la crise du roman à la fin du Grand Siècle*, Paris, PUF, 1980; Andrée Mansau, *Saint-Réal et l'humanisme cosmopolite*, Paris, Honoré Champion, 1976; Catherine Plusquellec, *L'œuvre de Catherine Bernard. Romans, théâtre, poésies*, Thèse de 3ᵉ cycle, Université de Rouen, 1984; Monique Vincent, *Donneau de Visé et le Mercure Galant*, Paris, Aux amateurs de livres, 1987.

aux années 1920–1930, et s'en tenaient principalement à l'approche biographique[44].

3. Les passions

La problématique des passions est au cœur de nombreux ouvrages parus récemment, soulignant du coup l'importance accordée à cette question sous l'Ancien Régime. Ces travaux se déploient autour de trois axes principaux : la physionomie, la rhétorique et la philosophie. D'abord, l'étude de l'expression et de la représentation des passions permet d'envisager les liens entre l'individu et la société, entre le privé et le public, ce que font Jean-Jacques Courtine et Claudine Haroche[45], dans leur livre consacré à l'éloquence du visage. Ils ont mis au jour les tensions existantes entre l'expression des passions et leur dissimulation[46]. Cette problématique, qui est particulièrement féconde, a été reprise et précisée sous l'angle de la sémiotique corporelle et de la rhétorique des passions par Lucie Desjardins[47]. Elle a fait voir que le corps est l'objet essentiel d'une réflexion théorique sur les passions, puis elle a présenté une somme des savoirs qui sous-tendent la représentation des passions au XVIIe siècle, ce qui a été des plus précieux pour notre propre enquête. Ensuite, l'analyse des passions s'inscrit à l'intérieur d'une tradition rhétorique ainsi que l'a montré Gisèle Mathieu-Castellani[48]. Plus précisément, c'est la quatrième partie de la rhétorique, l'*actio*, qui traite de l'éloquence du corps et de la voix, dimension importante pour l'orateur qui veut convaincre son auditoire, le toucher et le convaincre. Quant aux questions touchant à la logique des passions et de ses figures, à leur force de persuasion, elles ont été traitées

---

[44] Voir en particulier les études de : Gustave Dulong sur St-Réal en 1921, d'Henri Chatenet sur Mme de Villedieu en 1921, de Benjamin Woodbridge sur Gatien de Courtilz de Sandras en 1925, de Georges Mongrédien sur Poisson en 1927 et sur Donneau de Visé en 1937.

[45] Jean-Jacques Courtine et Claudine Haroche, *Histoire du visage. Exprimer et taire ses émotions (du XVIe siècle au début du XIXe siècle)*, Paris, Rivages, 1988.

[46] Sur cette question, nous avons également consulté avec profit les ouvrages de Jean-Pierre Cavaillé (*Dis/simulations : Jules-César Vanini, François La Mothe Le Vayer, Gabriel Naudé, Louis Machon et Torquato Accetto : religion, morale et politique au XVIIe siècle*, Paris, Honoré Champion, 2002) et de Gaëtane Lamarche-Vadel (*De la duplicité : les figures du secret au XVIIe siècle*, Paris, La différence, 1994).

[47] Lucie Desjardins, *Le corps parlant : savoirs et représentations des passions au XVIIe siècle*, Sainte-Foy/Paris, Presses de l'Université Laval/L'Harmattan, 2001.

[48] Gisèle Mathieu-Castellani, *La rhétorique des passions*, Paris, PUF, 2000.

de manière particulièrement stimulante par Michel Meyer[49]. L'importance de la dimension philosophique quand il s'agit d'étudier la problématique des passions a été mise de l'avant par les critiques de Descartes, et principalement par ceux qui ont travaillé sur *Les passions de l'âme*[50]. Ils ont tâché de comprendre la classification cartésienne des passions, de mettre au jour les conceptions sur lesquelles elle s'appuie (notamment les recherches physiologiques et la découverte du système circulatoire sanguin par Harvey), la nouveauté de cette approche face à celle de ses prédécesseurs (l'originalité de son point de vue de «physicien»), le pouvoir de l'âme sur l'agitation des passions (les passions étant à la jonction de l'âme et du corps, elles sont un effet de leur union), les développements éthiques sur l'usage des passions (l'âme doit les utiliser pour son bien, en réglant ses désirs), et la morale cartésienne à l'égard des passions de laquelle se dégage une certaine sagesse puisqu'il recommande la tranquillité de l'âme.

L'engouement pour l'étude de la colère et de la vengeance depuis les vingt dernières années tient sans doute au fait que cette passion soulève des questions qui relèvent de domaines d'étude des plus divers. Du côté de la philosophie morale, par exemple, on s'interroge sur les liens qu'entretient la colère avec la morale, le langage et la littérature, la pensée, le corps, le droit, la justice, le pouvoir, la religion, en s'appuyant sur des grands exemples de la littérature[51]. On peut aussi envisager la vengeance dans la perspective du droit et de la justice, à la manière de Christian Biet[52] et d'Éric Méchoulan[53] qui ont étroitement lié cette question à la littérature d'Ancien Régime. C'est sans doute du point de vue de l'ethnologie, de la philosophie et de l'histoire, que la colère et la vengeance rejoignent le plus grand nombre de préoccupations[54]. Qu'il s'agisse d'étudier les rapports entre la vengeance et le droit

---

[49]   Michel Meyer, «Introduction», dans Aristote, *Rhétorique*, Paris, Librairie générale française, 1991, p. 70. Voir aussi la postface qu'il a écrite, «Aristote ou la rhétorique des passions», dans Aristote, *Rhétorique des passions. Livre second, chapitre 1–11*, Paris, Rivages, 1989, p. 123–171.

[50]   Lire en particulier: Geneviève Rodis-Lewis, «Introduction», dans René Descartes, *Les passions de l'âme*, Paris, Vrin, 1966; Jean-Maurice Monnoyer, «La pathétique cartésienne», dans René Descartes, *Les passions de l'âme*, Paris, Gallimard, 1988, p. 11–135.

[51]   Voir le très bon ouvrage de Pierre Pachet (dir.), *La colère. Instrument des puissants, arme des faibles*, Paris, Autrement, 1997.

[52]   Christian Biet, «Douceur de la vengeance, plaisir de l'interdit. Le statut de la vengeance au XVIIᵉ siècle», *op. cit.*

[53]   Éric Méchoulan, «La dette et la loi: considérations sur la vengeance», *loc. cit.*

[54]   Voir en particulier: Raymond Verdier (dir.), *La vengeance: études d'ethnologie, d'histoire et de philosophie*, vol. 4, *La vengeance dans la pensée occidentale*, Paris, Cujas, 1980.

conçu comme système socioculturel et linguistique; de rendre compte des différentes conceptions philosophiques de la vengeance (Platon, Aristote, Sénèque, saint Thomas, Leibniz, Hegel), et des critiques, tant positives que négatives, que cette passion soulève; de s'arrêter sur le changement qui s'opère dans la conception de la vengeance quand la gestion des échanges sociaux devient affaire d'État (ce qui est justement le cas au XVIIe siècle); ou de s'interroger sur les pratiques et les valeurs de la vengeance en considérant la vengeance comme un fait de culture lié aux institutions et aux coutumes. Cette passion retient également l'attention des criminologues. Maurice Cusson[55] est l'un de ceux qui a étudié la vengeance dans les sociétés avant l'instauration du système pénal. Il pose des jalons importants en ce qui a trait aux systèmes vindicatoires, aux motivations vindicatives, aux fonctions de la vengeance de même qu'à l'analyse des aspects qui ont contribué à son déclin. Une seule des questions soulevées se voit apporter une réponse plus ou moins satisfaisante et mériterait que l'on s'y arrête plus longuement (ce que nous nous proposons de faire): pourquoi se vengeait-on?

Bien entendu, la colère et la vengeance ont été abordées par des littéraires, que ce soit sous l'angle d'une thématique ou d'une topique. Elliott Forsyth[56] prend pour objet la tragédie précornélienne et se livre à une étude détaillée de l'époque allant de 1553 à 1640 en fixant son attention sur le thème de la vengeance. Il étudie les significations sociale, religieuse et littéraire du thème de la vengeance tel qu'il se manifeste dans la tragédie française. Il suppose que c'est le lien existant entre ce thème et la tradition qui en explique la puissance et la portée. S'il aborde les diverses tangentes de la vengeance, Forsyth exclut sans justification apparente les liens entre justice, loi et droit, ainsi que la conception philosophique. Éric Méchoulan[57], dans un article du collectif qu'il dirige sur la vengeance dans la littérature de l'Ancien Régime, présente les différentes avenues possibles pour étudier la topique de la colère et la vengeance: point de vue médical, rhétorique, social, juridique. Cette contribution a fortement influencé notre propre conception de la colère et de la vengeance, ainsi que les manières envisagées pour l'étudier.

---

[55] Maurice Cusson, *La vengeance*, Montréal, École de criminologie, 1985.
[56] Elliott Forsyth, *La tragédie française de Jodelle à Corneille (1553–1640): le thème de la vengeance, op. cit.*
[57] Éric Méchoulan (dir.), *La vengeance dans la littérature de l'Ancien Régime, op. cit.*

4. Les questions de méthode

L'approche méthodologique que nous avons retenue pour mener cette étude s'inscrit dans l'horizon conceptuel de la topique culturelle[58] mais doit aussi beaucoup à l'anthropologie littéraire. Les codes et les maximes qui régissent la colère et la vengeance peuvent être qualifiées de *topoï* si nous entendons par là, à l'instar des membres de la société d'analyse de la topique romanesque (SATOR), une «structure narrative embryonnaire autour de laquelle l'*inventio* romanesque s'organise[59]», et que Georges Molinié envisage comme des «lieux du discours littéraire, qui sont plutôt des arguments thématico-narratifs, liés aux pratiques typologisables des usages globalement génériques, avec toutes leurs combinaisons et leurs négations[60]». En effet, nous verrons que les règles communes que nous avons répertoriées dans les nouvelles, et dont nous avons dénombré les occurrences, permettent d'articuler le récit, de structurer l'intrigue tout en rendant sa progression cohérente, qu'elles dictent les comportements adoptés par les personnages et se portent garantes de leur vraisemblance. C'est ici que nous rejoignons la dimension rhétorique de la topique, conçue alors comme «l'ensemble des sources constitutives des preuves techniques, ou artificielles, qui meuvent le dynamisme de l'argumentation rhétorique. Celle-ci, on le sait, relève du dialectique, tout en s'en démarquant par le caractère du fréquent comme base du vraisemblable, et par la visée qui, pour le rhétorique, est précisément persuasive[61]». Cette topique, nous la qualifions de culturelle car les maximes, les préceptes et les règles que nous mettons au jour ont évidemment une valeur éthique et une utilité morale: ils s'inscrivent dans un contexte précis (celui de la société de cour et de salon de la seconde moitié du XVIIe siècle), ils sont indissociables de pratiques sociales et culturelles qui leur confèrent leur valeur et leur signification, ils s'expliquent à la lumière d'usages et de savoirs communs.

Sans faire de l'histoire culturelle à proprement parler, nous avons retenu de cette approche l'ouverture qu'elle a permise de la littérature à la société et à la culture, dans la foulée des travaux de Georges Duby sur l'histoire de la vie privée, et de ceux de Roger Chartier sur l'histoire de la lecture sous l'Ancien

---

[58] L'étude sémantique et le relevé des réseaux lexicaux propre à la topique nous a bien entendu permis, dans un premier temps, de cerner les règles et maximes communes de la colère et de la vengeance.

[59] Gabrielle Verdier et Martine Debaisieux, «Avant-propos», *Violence et fiction jusqu'à la Révolution. Travaux du IXe colloque international de la SATOR (Milwaukee – Madison, septembre 1995)*, Tübingen, Gunter Narr Verlag, p. 12.

[60] Georges Molinié, «Coda: topique et littérarité», *Études françaises*, hiver 2000, vol. 36, n° 1, p. 155.

[61] *Ibid.*, p. 151–152.

Régime. Cependant, nous insistons davantage sur le rapport entre les «belles-lettres[62]» et la science de l'homme (anthropologie), à l'instar de Louis van Delft, qui a montré que les écrivains du XVIIᵉ siècle «tiennent plus que tous autres, continûment un "discours sur l'homme". L'étude d'un tel discours, tel est précisément l'objet premier de l'anthropologie[63]». Cette position (que nous partageons) présuppose que les textes littéraires sont des révélateurs privilégiés des valeurs, idées et pratiques sociales et culturelles, qu'ils proposent une vision de l'homme, qu'on y trouve une description des mœurs, une peinture des passions humaines, des vices et des vertus, un enseignement sur la conduite de la vie[64]. La fonction éducatrice et civilisatrice des belles-lettres, sa capacité à former l'homme pour vivre dans le monde, Emmanuel Bury[65] les a mises en lumière à partir de l'insertion du modèle de la politesse dans les œuvres littéraires en prose. Il a montré que la fiction narrative, et en particulier le roman, a contribué à l'élaboration d'un art de la société, en proposant un idéal de vie sociale à l'aide d'exemples fictifs, ce qui a mené Bury à qualifier le roman de laboratoire de politesse, de laboratoire expérimental de la vie de société, et nous verrons que cette appellation vaut également pour la nouvelle qui lui succède. Évidemment, il ne s'agit pas de faire des textes littéraires de simples miroirs qui reflètent fidèlement la réalité, mais plutôt un lieu où se met en place une réflexion sur les passions, où convergent différents discours sur les passions (parfois similaires, parfois contradictoires), où l'on expose des maximes, des codes et des règles qui sont censés régir les comportements (les mouvements des passions), un lieu où l'on expérimente diverses pratiques

---

[62] On sait que le sens actuel du mot littérature date approximativement de 1730, et qu'il convient, pour la période qui nous intéresse, de parler plutôt de «belles-lettres». Elles désignent une somme de connaissances plus vaste que celles qu'on dévolue à la littérature, connaissances qui tiennent à la fois de l'art oratoire, de la poésie, de l'histoire, de la grammaire, de la philosophie, du savoir mondain, mais aussi de la physique, de la géométrie et des sciences. Sur l'évolution de ces deux termes, voir Jean Rohou, *L'histoire littéraire. Objets et méthodes*, Paris, Nathan, 1996, p. 59–60.

[63] Louis van Delft, *Littérature et anthropologie. Nature humaine et caractères à l'âge classique*, Paris, PUF, 1993, p. 2.

[64] Citant Marc Fumaroli, Louis van Delft dit de la littérature qu'elle est «le lieu de tous le plus commun, où la "nature humaine" se donne à connaître […]. De fait, en elle seulement se rencontrent "les types idéaux, les situations archétypales, les sentiments et *les passions identifiables* qui organisent notre perception des êtres et de nous mêmes, qui autorisent […] la reconnaissance avec autrui de l'interprétation des conduites"», *ibid.*, p. 3 (nous soulignons).

[65] Emmanuel Bury, *Littérature et politesse. L'invention de l'honnête homme (1580–1750)*, Paris, PUF, 1996.

morales, sociales, amoureuses et culturelles qui relèvent d'une rhétorique sociale, et où l'on s'en joue.

Précisons que les textes du XVIIᵉ siècle établissent une certaine équivalence entre les règles et les maximes de conduite, ce qui explique que nous employons indistinctement ces deux termes dans notre étude. En effet, Nicolas Faret dans son traité de *L'honnête homme*, au moment où il conseille aux gens de cour de contenir leurs passions, parle aussi bien de maximes que de règles. On lit, par exemple, que «L'une des plus importantes et des plus universelles maximes que l'on doive suivre en ce commerce, est de moderer ses passions, et celles sur tout qui s'eschauffent le plus ordinairement dans la conversation, comme la colere[66]». Plus loin, il écrit que «pour se servir agreablement d'une chose si rare, comme le sont les bons mots, il faut observer les reigles, et se retenir dans plusieurs considerations, sans lesquelles ils perdent souvent toute leur grace[67]». On observe un phénomène semblable dans les nouvelles où ce sont des règles mais aussi des maximes qui dictent le comportement des personnages. Ainsi, l'auteur d'une historiette amoureuse explique la conduite vindicative de Dorylas par le fait «[qu'il] sçavoit trop cette maxime generale, qu'il ne faut jamais se vanger de l'infidélité de sa Maistresse que sur son Rival[68]».

La topique culturelle que nous avons entrepris de faire prend la forme suivante. Dans le premier chapitre, on trouve une présentation du corpus, un essai de définition et de délimitation générique de la nouvelle. Ensuite, nous présentons les différents savoirs sur les passions qui circulent au XVIIᵉ siècle et qui sont diffusés dans les textes littéraires en portant attention aux voies de passages entre ces savoirs. Le chapitre deux est consacré au corps en colère et à son éloquence, il porte sur la physiologie de la colère masculine et féminine. On identifie les savoirs qui sous-tendent la représentation physique de la colère dans les nouvelles et on essaie de voir à quelle fin on les emploie. Dans le troisième chapitre, la colère et la vengeance, par le biais des modèles de conduites présentés et des valeurs morales qui leurs sont rattachées, semblent participer d'un art d'aimer, alors que dans le quatrième, c'est un art de vivre en société que l'on voit se profiler. Cet itinéraire nous conduira progressivement à la connaissance de l'homme, du moins telle qu'elle se trouve dans les nouvelles à partir des notions centrales de colère et de vengeance, connaissance qui va du moi physique au moi amoureux et au moi social.

---

[66] Nicolas Faret, *L'honnête homme ou l'art de plaire à la cour*, Genève, Slatkine Reprints, 1970 [1630], p. 68–69.

[67] *Ibid.*, p. 83.

[68] *Nouvelle ou historiette amoureuse*, Paris, Charles de Sercy, 1670, in-12, p. 100.

Chapitre I : La passion des nouvelles

> « Mais surtout, n'admirez-vous pas ce goût singulier et nouveau qu'on a
> pour les nouvelles [...] ?[1] »

Si quelques nouvellistes du temps connaissent une certaine notoriété et sont
encore lus aujourd'hui – ainsi de Madeleine de Scudéry, Mme de La Fayette,
Mme de Villedieu, Catherine Bernard, Saint-Réal, Boursault, Préchac, Donneau de Visé et de quelques autres, dont les auteurs anonymes qui publient
dans le *Mercure Galant* – la majorité d'entre eux sont des *minores* qui ont
vite sombré dans l'oubli[2]. Quant aux nouvelles, elles prennent les formes
les plus diverses et peuvent s'intituler histoires, historiettes, nouvelles du
temps, galantes et/ou historiques, être françaises, espagnoles, anglaises ou
turques[3]. Elles sont publiées de façon indépendante quand il s'agit d'une
narration simple et unique, tenant en cela davantage du modèle de la *novella*
espagnole, ou alors sous forme de recueil avec un récit cadre quand elles
s'inscrivent dans la tradition de la nouvelle italienne puis française de la
Renaissance[4]. On le voit, l'ensemble est vaste et éclectique mais il ne fait que

---

[1] Mme de Pringy, *Les différents caractères de l'amour*, dans *Nouvelles du XVII⁰ siècle*,
Paris, Gallimard, 1997 [1685], p. 1115.

[2] L'enquête menée dans le cadre de cette étude révèle que sur les deux cent trente-
cinq nouvelles du corpus, vingt-sept ont été écrites par onze femmes, quatre-vingt-
quatre sont l'œuvre de quarante et un hommes, et cent vingt-trois autres sont
anonymes. Sur le phénomène de l'effacement du nom d'état-civil et de l'absence
de tout nom propre dans la production galante, voir Delphine Denis, *Le Parnasse
galant. Institution d'une catégorie littéraire au XVII⁰ siècle*, Paris, Honoré Champion,
2001, p. 130–131.

[3] Les textes du corpus se divisent ainsi, selon la mention qui paraît dans le titre
ou le sous-titre : 36 nouvelles, 21 nouvelles historiques, 16 nouvelles galantes,
2 nouvelles historiques et galantes, 1 nouvelle allégorique, 4 nouvelles précisent le
lieu ; 71 histoires, 7 histoires galantes, 5 histoires de ce temps, 4 histoires nouvelles
ou curieuses, 3 histoires amoureuses, 6 histoires précisent le lieu ; 44 nouvelles ne
comportent aucune indication spécifique (ce sont des intrigues, amours, aventures,
galanteries diverses ou alors on y trouve simplement le nom du protagoniste), alors
que 13 nouvelles s'associent à un autre genre (journal, voyage, mémoires, lettre,
etc.).

[4] Le plus souvent, les nouvelles sont publiées de façon autonome et indépendante,
mais notre corpus comprend tout de même quelque 23 recueils où l'on retrouve

couvrir les différents aspects d'un genre polymorphe que l'on peut difficile-ment contenir dans les limites d'une définition étroite.

1. La nouvelle au XVIIe siècle

1.A. Essai de définition

Les *Sentiments sur les lettres et sur l'histoire avec des scrupules sur le style* qui paraissent en 1683 est un ouvrage au caractère mondain dans lequel Du Plaisir prodigue des conseils aux dames et aux cavaliers sur l'art de tourner une lettre et de composer un roman, et dont les considérations théoriques sur le genre narratif sont des plus importantes puisque ce sont les seules que l'on possède pour la période allant de 1671 à 1699, ainsi que le fait remarquer René Godenne[5]. Bien entendu, Segrais a déjà donné sa célèbre définition de la nouvelle dans ses *Nouvelles françaises ou les divertissements de la princesse Aurélie*[6], Sorel a retracé l'histoire du genre dans sa *Bibliothèque françoise*[7] et a opposé le roman à l'Histoire dans *De la connoissance des bons livres*[8], alors que Huet a retracé l'histoire générale du roman dans sa *Lettre-traité sur l'origine des romans*[9] qu'il adresse à Segrais, mais Du Plaisir est le seul à avoir livré une conception spécifique du genre de la nouvelle qui soit distincte de celle du roman. Les *Sentiments*, ainsi que le fait remarquer Philippe Hourcade, «opposent anciens et nouveaux romans [à entendre ici au sens de nouvelle],

---

des gens de bonne compagnie qui se réunissent puis prennent la parole tour à tour pour se divertir en racontant une petite histoire à la manière du *Décaméron* de Boccace, de *L'heptaméron* de Marguerite de Navarre et des *Nouvelles françaises* de Segrais. Delphine Denis explique que ce dispositif conversationnel permet d'ancrer le discours dans un format de production spécifiquement mondain (*Le Parnasse galant. Institution d'une catégorie littéraire au XVIIe siècle*, op. cit., p. 243).

[5] René Godenne, *Histoire de la nouvelle française au XVIIe et XVIIIe siècles*, Genève, Droz, 1970, p. 107.

[6] «Il me semble que c'est la différence qu'il y a entre le roman et la nouvelle, que le roman écrit ces choses comme la bienséance le veut et à la manière du poète, mais que la nouvelle doit un peu davantage tenir de l'Histoire et s'attacher plutôt à donner des images des choses comme d'ordinaire nous les voyons arriver que comme notre imagination se les figure», Jean Regnault de Segrais, *Les nouvelles françaises ou les divertissements de la princesse Aurélie*, 2 vol., Paris, S.T.F.M., 1990–1992 [1656–1657], p. 99.

[7] Charles Sorel, *La bibliothèque françoise*, Genève, Slatkine Reprints, 1970 [1667].

[8] Charles Sorel, *De la connoissance des bons livres*, Roma, Bulzoni, 1974 [1671].

[9] Pierre-Daniel Huet, *Lettre-traité de Pierre-Daniel Huet sur l'origine des romans*, Paris, Nizet, 1971 [1669].

et développent la critique d'une tendance désormais dépassée [le roman] au nom des principes d'une esthétique nouvelle [la nouvelle][10] ».

Mais qu'entend-on exactement par nouvelle au XVIIe siècle ? Selon Du Plaisir, la nouvelle doit avoir un déroulement régulier, uniforme, linéaire et chronologique, l'intrigue et le style doivent être sobres, les incidents vraisemblables, les personnages naturels et peu nombreux. Le narrateur doit s'effacer devant le récit des actions et les réflexions de ses personnages : « les actions seules doivent parler. Un héros se peint par ses effets[11] ». Tout comme l'historien, il doit être désintéressé car, nous dit Bellegarde : « ce n'est point à lui à louer, ni à blâmer les personnes dont il parle, il doit se contenter d'exposer les faits, laissant une liberté entière au lecteur, d'en juger comme il lui plaira[12] ». L'essentiel des nouvelles réside dans l'analyse psychologique des personnages, dans la peinture de la passion amoureuse et des sentiments, simplicité et dépouillement qui permet de réduire considérablement la longueur des récits qui passent de dix tomes à un seul volume. Leur conclusion se doit d'être morale, elles doivent châtier le vice et glorifier la vertu[13]. Cette morale[14], fruit d'une vision pessimiste de l'amour et du sentiment de vivre dans un monde clos, étouffant et dégradé, est le plus souvent une condamnation des dérèglements causés par l'amour. Les nouvellistes inculquent aux lecteurs une méfiance grandissante à l'égard de leurs propres passions mais en les divertissant par la narration des aventures qu'elles occasionnent. Les titres donnés à ces nouvelles ne laissent d'ailleurs place à aucune ambiguïté quant aux intentions des auteurs : *Les désordres de l'amour*, *Les malheurs de l'amour*, « Histoire de la belle morte d'amour » et « La maladie d'amour » sont des exemples parmi d'autres.

---

[10]   Philippe Hourcade, « Introduction », dans Du Plaisir, *Sentiments sur les lettres et sur l'histoire avec des scrupules sur le style*, Genève, Droz, 1975 [1683], p. 4.

[11]   Du Plaisir, *Sentiments sur les lettres et sur l'histoire avec des scrupules sur le style, op. cit.*, p. 55.

[12]   Abbé Morvan de Bellegarde, *Lettres curieuses de littérature et de morale*, dans Günter Berger, *Pour et contre le roman. Anthologie du discours théorique sur la fiction narrative en prose du XVIIe siècle*, Paris/Seattle/Tübingen, Papers on French Seventeenth Century Literature, 1996 [1702], p. 208.

[13]   Du Plaisir termine son traité sur cette prescription : « Ces sortes d'histoires, aussi bien que les pièces de théâtre, sont d'elles-mêmes une école d'édification ; leur conclusion doit toujours enfermer une morale [...]. Quelque malheureuse soit la vertu, elle est toujours dépeinte avec des attraits ; elle intéresse, elle donne de la pitié. Au contraire, le moindre vice, ou d'habitude ou d'inclination, quelque favorable qu'il soit, paraît toujours avec des dangers, s'il ne paraît pas avec des châtiments. » *Sentiments sur les lettres et sur l'histoire avec des scrupules sur le style, op. cit.*, p. 70.

[14]   Voir à ce sujet Paul Bénichou, *Morales du grand siècle*, Paris, Gallimard, 1948.

Il existe trois principaux types de nouvelles selon le sujet traité. La «nouvelle de ce temps» rapporte des aventures contemporaines qui se sont récemment déroulées dans le milieu de la cour[15]. La «nouvelle galante» raconte les intrigues amoureuses (le plus souvent malheureuses) d'un individu particulier, elle peut être actuelle ou se situer dans un passé assez proche. Ses repères spatio-temporels sont entourés d'un certain flou, et le récit insiste sur les passages galants (conversations, rencontres furtives, bals, lettres et cadeaux échangés, rêveries, dilemmes amoureux, etc.) afin de séduire le lecteur. La «nouvelle historique», quant à elle, met en scène des personnages publics qui ont fortement marqué leur époque et qui, par leur morale, leur politique ou leur conduite, se posent comme des modèles à suivre ou à fuir, ou alors suscitent la pitié du lecteur par leur destinée tragique. L'intrigue est située dans un cadre historique, un temps et des lieux précis, elle rapporte des faits réels et vérifiables (guerres, batailles, troubles politiques, coups d'état, etc.). Ce type de nouvelle a pour objectif de montrer au lecteur comment les passions et le caractère de ces personnages illustres ont influé sur le cours de l'histoire. Elle tend à expliquer les événements politiques par l'analyse des mobiles secrets et des motivations internes de ces personnages, où l'amour, l'ambition et le ressentiment jouent souvent un rôle de premier plan. Cette conception de l'histoire se fonde sur la connaissance des hommes qui la font, de leurs passions et de leurs faiblesses[16]. Elle donne lieu à une nouvelle

---

[15] L'abbé d'Aubignac en donne une définition peu flatteuse: «[Les histoires du temps sont] tirées de cabales de la cour ou des intrigues de la ville; et mêlées de quelques déguisemens qui ne les cachent à personne; Ils [les auteurs] apprennent quelques evenemens de la fortune, ou quelques secretes amourettes qui leur plaisent, et se sentant incapables d'inventer, ils sont ravis d'y pouvoir trouver un sujet pour former une petite histoire qu'ils grossissent de quelques legeres conversations auxquelles ils se seront trouvez presents, et de quelques mauvais Episodes qu'ils auront empruntez d'un conte fait en leur presence par quelque homme d'esprit. C'est une adresse de quelques Modernes qui se picquent d'écrire, et qui par la stérilité de leur genie sont contraints de mendier de tous costez, ce qu'ils ne rencontrent point chez eux.» *Macarise, ou la reine des îles Fortunées, histoire allégorique*, «Observations necessaires pour l'intelligence de cette allegorie», dans Günter Berger, *Pour et contre le roman. Anthologie du discours théorique sur la fiction narrative en prose du XVIIe siècle*, op. cit., p. 134.

[16] Saint-Réal formule clairement cette conception dans son *Discours sur l'usage de l'histoire* qui paraît en 1671: «Sçavoir l'Histoire, c'est connoître les Hommes, qui en fournissent la matiere, c'est juger de ces hommes sainement; étudier l'Histoire, c'est étudier les motifs, les opinions, les passions des hommes, pour en connoître tous les ressorts, les tours et les détours, enfin toutes les illusions qu'elles sçavent faire aux esprits, et les surprises qu'elles font au cœur», cité par Henri Coulet, *Le roman jusqu'à la révolution*, Paris, Armand Colin, 1967, p. 238.

historique où les conflits amoureux s'imbriquent étroitement aux conflits politiques, mais le récit des intrigues amoureuses qui relève de l'imagination de l'auteur prend souvent le pas sur la reconstitution historique. Si bien que la nouvelle historique rejoint vite la nouvelle galante, et n'a plus d'historique que le cadre peint en toile de fond; les personnages fictifs côtoient les personnages réels, et les faits vérifiables sont entrecoupés d'histoires sentimentales supposées[17]. D'ailleurs, le fait que la nouvelle soit à la fois qualifiée d'historique et de galante dans les années 1688 nous semble symptomatique de cet effacement qui tend à s'opérer entre la nouvelle galante et la nouvelle historique. Edwige Keller fait également ce constat: «Bien que leurs épithètes semblent indiquer une différence de nature, la nouvelle historique et galante se rejoignent sur le terrain de l'intrigue, toutes deux racontant "une histoire sentimentale de caractère sérieux"[18]».

La confusion et la pluralité des termes employés pour désigner la nouvelle illustre bien l'ambiguïté d'un genre aux contours mal définis, ce qui permet à Du Plaisir par exemple, – au moment même où il propose une réflexion théorique sur ce genre, et que l'on serait en droit de s'attendre à la plus grande rigueur terminologique –, d'employer tour à tour et indifféremment les expressions «petites histoires», «nouvelles» et «romans nouveaux» dès les premières pages de son ouvrage. Mais il est loin d'être le seul puisque nombre d'auteurs soulignent cette ambivalence dans le titre même de leur œuvre. C'est le cas notamment de Mme de Villedieu dans *Cléonice ou le roman galant, nouvelle*[19], des textes anonymes *Nouvelle ou historiette amoureuse*[20] et *Histoire espagnole et française ou l'amour hors de saison, nouvelle galante*[21]. À l'occasion,

---

[17] On sait combien cet aspect alimenta la querelle autour de *La princesse de Clèves*, les détracteurs affirmant qu'il est impossible de croire à une nouvelle dont le personnage principal qui est fictif évolue dans un cadre historique au milieu de personnages ayant réellement existé. «Pour moi, j'ai été surpris de trouver à la Cour de Henri II une Mademoiselle de Chartres, qui n'a jamais été au monde; un grand prieur de Malte, qui la veut épouser; un Duc de Clèves qui l'épouse effectivement, quoiqu'il n'ait point été marié. Enfin tout y est faux; et de la Cour d'un Roi de France, l'on est tout d'un coup jeté dans le royaume des *Amadis*, parmi des gens inconnus et des aventures peu vraisemblables.» Valincour, *Lettres à Madame la Marquise *** sur la Princesse de Clèves*, Paris, Garnier-Flammarion, 2001 [1678], p. 62–63.

[18] Edwige Keller, *Poétique de la mort dans la nouvelle classique (1660–1680)*, Paris, Honoré Champion, 1999, p. 22.

[19] Marie-Catherine Hortense Desjardins, dite Mme de Villedieu, *Cléonice ou le roman galant, nouvelle*, Genève, Slatkine Reprints, 1979 [1669].

[20] *Nouvelle ou historiette amoureuse*, Paris, Charles Sercy, 1670, in-12, 116 p.

[21] *Histoire espagnole et française ou l'amour hors de saison, nouvelle galante*, Paris, Claude Barbin, 1672, in-12, 218 p.

ils glissent un commentaire à ce sujet dans leur préface: «Je ne sçay ny les regles qu'il faut observer, ny l'ordre qu'il faut tenir en ces choses; je ne sçay pas
mesme quel nom leur convient le mieux, ou de Contes, ou de Nouvelles[22]».
Certains s'en remettent aux bons soins du lecteur, le principal étant de leur
plaire: «Vous le recevrez, s'il vous plaist, comme un Roman, comme une Histoire, enfin comme une narration vraye ou fausse, pourveu que vous en soyez
satisfait[23]». Un écart serait donc pensable entre la volonté, toute théorique,
de définir et de distinguer la nouvelle des autres genres narratifs, et la mise en
pratique telle qu'on la retrouve dans les textes littéraires.

1.B. La nouvelle: un genre polymorphe

Nouvelles et romans s'opposent-ils réellement, ainsi que le prétend l'ensemble des critiques, ou n'est-ce que deux termes employés pour désigner
une même production littéraire? Il semble possible d'envisager la nouvelle
contre le roman, ou la nouvelle comme un anti-roman, à la manière de
Du Plaisir, mais le roman fait alors uniquement référence aux romans pas-
toraux, baroques, héroïques et d'aventures tels que pratiqués entre 1600 et
1660 par des écrivains comme Honoré d'Urfé, Gomberville, La Calprenède
et Madeleine de Scudéry, pour ne nommer que ceux-ci. Ces romans ont
pour traits communs leurs débuts *in medias res*, leurs intrigues touffues et
labyrinthiques, leurs nombreuses histoires intercalées, la multiplication des
personnages secondaires, l'abondance et l'invraisemblance de leurs aventures
(naufrages, emprisonnements, enlèvements, fausses morts, déguisements,
travestissements, reconnaissances finales, etc.), leurs héros extraordinaires,
le pittoresque des contrées éloignées et le faste de l'histoire, les ornements
(lettres, poésies, chants, conversations, portraits) et les longues descriptions.
Un tel foisonnement de l'intrigue ne pouvant tenir en quelques pages, les romans multiplient les volumes (entre dix et douze), pour atteindre la somme
considérable de six milles pages en moyenne. Le style, que Huet qualifie de
«fardé et enflé [et] qui n'est point à imiter[24]», se caractérise encore par ses très
longues phrases. Or, il semble que le lecteur se soit lassé de ces longs romans
et que l'évolution des goûts et des sensibilités ait exigé un genre plus bref qui
corresponde davantage à l'intérêt des lecteurs. C'est du moins ce que constate
Charles Sorel dans *De la connoissance des bons livres*:

---

[22] *L'amant de bonne-foy*, Paris, Charles Sercy, 1672, in-8°, p.n.ch.
[23] Claude Colin, *Eraste, nouvelle: ou sont descrites plusieurs avantures amoureuses*, Paris,
      Estienne Loyson, 1664, in-12, p.n.ch.
[24] Pierre-Daniel Huet, *Lettre-traité de Pierre-Daniel Huet sur l'origine des romans*, op. cit.,
      p. 125.

> Il faut que nous considérions encore que depuis quelques années les trop longs romans nous ayant ennuyés, afin de soulager l'impatience des personnes du siècle, on a composé plusieurs petites histoires détachées qu'on a appelées des nouvelles ou des historiettes. Le dessein en est assez agréable; on n'a pas tant de peine qu'à comprendre et à retenir une longue suite d'aventures mêlées ensemble[25].

Ce qui fait dire à Jean Lafond que: « les praticiens et la critique ont conscience que la psychologie du lecteur a changé et joue à présent en faveur de la nouvelle. L'ennui s'est déplacé: on le trompait par la lecture de longs romans, dont on appréciait la complexité des intrigues, on s'exaspère à présent de leurs lenteurs[26] ». La nouvelle qui remplace le roman autour de 1660 est donc une réaction contre les trop longs romans, elle répond à une volonté d'épuration, de sobriété et de condensation, et cherche avant tout l'adhésion du lecteur en opposant à l'invraisemblance des romans un certain réalisme et le sérieux de l'histoire. D'ailleurs Segrais, quand il pensait la distinction entre nouvelle et roman, le faisait déjà en termes de vérité et de vraisemblance[27].

La nouvelle cherche à se distinguer du roman par l'étendue de l'histoire et le choix de l'intrigue, en évitant les longueurs prodigieuses, le mélange d'histoires diverses, la multiplication des personnages, le manque de « naturel » des caractères, l'antiquité des sujets, les lieux et pays éloignés. Elle abandonne aussi les débuts *in medias res*. Au contraire des débuts surprenants, l'introduction de la nouvelle doit clairement mettre au fait le lecteur des événements qui sont à l'origine de l'intrigue, présenter en quelques pages la situation et les personnages qui sont destinés à jouer un rôle décisif dans le dénouement de l'œuvre, afin d'éviter les fastidieux retours en arrière et les récits rétrospectifs. La nouvelle, à la différence du roman, a donc un cadre plus récent, des personnages peu nombreux, une intrigue simple portant sur des événements d'ordre psychologique et l'action est intériorisée. Pour ce faire,

---

[25] Charles Sorel, *De la connoissance des bons livres, op. cit.*, p. 158. Il tenait déjà le même propos dans sa *Bibliothèque françoise, op. cit.*, p. 178–181. Nombreux sont ceux qui reprennent et partagent cet avis: Nicolas-Pierre-Henri de Montfaucon, dit abbé de Villars, « Dialogue 1 », *De la délicatesse*, Paris, Claude Barbin, 1671, in-12, p. 1–79; Jean Antoine de Charnes, *Conversations sur la critique de* La Princesse de Clèves, dans Camille Esmein (éd.), *Poétiques du roman*, Paris, Honoré Champion, 2004 [1679], p. 676; Du Plaisir, *Sentiments sur les lettres et sur l'histoire avec des scrupules sur le style, op. cit.*, p. 44–45; Mme de Pringy, *Les différents caractères de l'amour, op. cit.*, p. 1115; Eustache Le Noble, *Ildegerte, reine de Norvège*, « Au lecteur », dans *Nouvelles du XVIIᵉ siècle, op. cit.*, p. 1117; Abbé Morvan de Bellegarde, *Lettres curieuses de littérature et de morale, op. cit.*, p. 204; Nicolas Lenglet-Dufresnoy, *De l'usage des romans*, dans *Nouvelles du XVIIᵉ siècle, op. cit.*, p. 1124.
[26] Jean Lafond, « Introduction », dans *Nouvelles du XVIIᵉ siècle, op. cit.*, p. LXVI.
[27] Voir la citation de la note 6 de ce chapitre, p. 27.

l'écrivain doit avoir une profonde «connaissance du cœur humain» dans les différentes crises des passions[28], il brosse le portrait de ses personnages en insistant sur les traits moraux et non physiques, il s'efface derrière ses personnages en ayant recours aux dialogues, rejette les longs monologues puisqu'il est invraisemblable qu'il ait pu les entendre, et exclut tous les ornements qui n'entretiennent pas un lien direct avec le sujet principal.

Les nouvellistes reprennent à leur tour ce discours théorique et insistent dans leur préface ou avis au lecteur[29] sur les caractéristiques qui font que leur œuvre n'a rien d'un roman. Ils tâchent ainsi de se dissocier à tout prix d'un genre qui n'a plus la cote auprès des lecteurs et précise du même coup la poétique de ce genre «nouveau». Plus qu'une position théorique ou esthétique, il s'agirait là d'une affaire éditoriale visant à s'assurer de la bonne réception (critique et économique) de leur texte par le public. On répète sur tous les tons au lecteur qu'il ne trouvera pas tous ces désagréments du roman qui le rebutent et l'ennuient dans les nouvelles qu'on lui propose. La nature véridique du texte, contrairement au fabuleux du roman, est certainement l'aspect par lequel les écrivains se détachent le plus radicalement du roman : «Cependant l'on saura que tout ceci n'est point un Roman ; mais une pure vérité, sans fiction, et sans aucun melange de ses avantures tirées aux cheveux, qui ennuient quelquefois plus le lecteur, qu'elles ne le divertissent[30]». Cette exigence de vérité dans la nouvelle s'oppose toutefois, le plus souvent, à la vraisemblance du roman, ainsi que le signale ce passage tiré de Jean Donneau de Visé qui reprend à son compte la distinction proposée par Segrais :

> Je ne doute point qu'on ne trouve dans quelques-unes de mes Nouvelles, des choses qui paroissent un peu contre la vray-semblance ; mais le Lecteur fera, s'il luy plaist, reflexion, que je ne suis pas Poëte dans cet Ouvrage, et

---

[28] Bellegarde insiste sur cet aspect et fait du savoir des passions une qualité essentielle des nouvellistes : «Les mouvemens du cœur en donnent encore davantage ; mais il faut que l'Auteur ait une grande pénétration pour les bien démêler, et ne point se perdre dans ce labyrinthe.» Plus loin, il reprend : «En effet le temperament, les humeurs, les conjonctures, donnent aux vices de nouvelles attitudes ; le tour de l'esprit, les mouvemens du cœur, les affections, les intérêts, changent la nature des passions, qui sont differentes dans tous les hommes ; le genie de l'Auteur paroît merveilleusement quand il développe nettement ces differences, et qu'il met sous les yeux du Lecteur ces matieres imperceptibles, et qui échappent à la vûë de la plupart des Auteurs.» *Lettres curieuses de littérature et de morale*, op. cit., p. 207.

[29] Delphine Denis écrit à ce propos : «Le travail de légitimation théorique emprunte encore d'autres voies détournées : c'est dans les Préfaces et Avis au Lecteur que l'esthétique galante trouve en effet, dans les années où elle s'élabore, un lieu d'expression privilégié.» *Le Parnasse galant*, op. cit., p. 111.

[30] *La princesse de Phaltzbourg, nouvelle historique et galante*, Cologne, Pierre Marteau, 1688, in-12, p. 6–7.

que je suis Historien. Le Poëte doit s'attacher à la vray-semblance, et corriger la verité qui n'est pas vray-semblable. L'Historien au contraire ne doit rien écrire qui ne soit vray ; et pourveu qu'il soit assuré de dire la verité, il ne doit point avoir d'égard à la vray-semblance. [...] Comme je suis fidelle Historien, je n'ay point voulu toucher aux Incidens que j'ay trouvez de cette nature, encor qu'en bien des endroits, j'eusse pû par deux ou trois mots seulement rendre des Avantures plus vray-semblables. [...] J'aurois pû de mes trois Tomes en faire plus de vingt, sans adjouster aucun Incident, s'il n'avoit esté question que de faire de grands raisonnemens, et de longues conversations ; mais je voy tous les jours tant de Gens passer par dessus, et laisser de bonnes choses, pour vouloir suivre le fil de l'Histoire, que j'ay crû devoir travailler selon le goust du Lecteur ; c'est pourquoy je ne me suis gueres échappé à dire de ces sortes de choses, qui dans les Romans ne plaisent pas mesmes à ceux qui les trouvent belles[31].

Les écrivains n'hésitent pas à glisser au passage, à l'intérieur même de leur récit, un commentaire qui rappelle au lecteur qu'il est en présence d'une nouvelle, et non d'un roman, notamment lorsqu'il s'agit d'écourter la description d'un lieu, d'un paysage, de faits ou de circonstances exceptionnelles, et de satisfaire à l'exigence de la brièveté : « Sans vouloir faire un recit de Roman d'un combat veritable que toute l'Allemagne et la France ont sceu. Il est certain que le jeune Massauve fit des actions d'une valeur prodigieuse[32] ». Cette insistance sur le respect de la vérité se fait sentir encore davantage quand il s'agit de nouvelles historiques. Elle devient un impératif qui pose ses propres exigences méthodologiques, reléguant alors le rang de nouvelliste à celui de simple compilateur après l'avoir élevé à celui d'Historien :

L'Auteur de cet Ouvrage [...] jugea à propos qu'il ne pouvoit mieux employer les intervalles de temps qu'il avoit à luy, qu'à la lecture de l'Histoire ; et comme celle-cy luy plût extraordinairement, il cherche dans tous les Historiens ce qui pouvoit y avoir de rapport ; et en ayant fait une compilation, il l'a mise dans l'état où vous la voyez[33].

Ce respect des sources, annoncé dans la plupart des préfaces, peut prendre une forme très élaborée lorsque le nouvelliste décide de joindre des tables

---

[31] Jean Donneau de Visé, *Les nouvelles galantes, comiques et tragiques*, 3 t. en 1 vol., Genève, Slatkine Reprints, 1979 [1669], p.n.ch.

[32] Antoine de Salvan de Saliez, *La comtesse d'Isembourg*, Paris, Claude Barbin, 1678, in-12, p. 119–120.

[33] D'Argences, *La comtesse de Salisbury ou l'ordre de la jaretière. Nouvelle historique*, 2 parties en 1 vol., Paris, Claude Barbin, 1682, in-12, p.n.ch. On aura remarqué que le plaisir éprouvé par l'auteur à la lecture de cette histoire est garant de celui qu'éprouvera le lecteur et guide ainsi la bonne réception du texte, stratégie soulevée par Delphine Denis dans *Le Parnasse galant, op. cit.*, p. 88.

de citations à la manière de Mme de Villedieu : «Je lui déclare donc, que les
Annales Galantes sont des véritez Historiques, dont je marque la Source dans
la Table que j'ai insérée exprés au commencement de ce tome[34]». Mais la
palme revient certainement à Antoine Des Barres qui ne consacre pas moins
de quarante-cinq pages à sa table de citations et à leurs sources latines, y ajoutant notes et remarques critiques éclairantes sur l'histoire et ses personnages,
allant jusqu'à discuter les informations trouvées chez les différents historiens
et n'hésitant pas à les confronter[35]. Il peut aussi s'intégrer plus finement à la
trame narrative ainsi que le fait Vaumorière à propos des talents équestres de
Diane de France : «Elle passa plus avant, et comme elle montoit bien à cheval
elle-méme, ce que nous voyons dans plusieurs Memoires[36]».

Mais il ne faut pas être dupe de cette prétention à la vérité qui est loin de
faire l'unanimité chez les nouvellistes du XVIIᵉ siècle et qui se présente davantage comme une manière efficace de se détacher du roman que comme une
règle à suivre. Il existe de nombreuses nuances quant à ce respect de la vérité
et si certaines nouvelles sont rigoureusement fidèles à l'histoire (c'est le cas
notamment de *Marie Stuart* de Boisguilbert[37] et d'*Irene, princesse de Constantinople* d'Antoine Des Barres[38]), il y en a d'autres qui n'ont d'historique que le
nom – c'est précisément le cas du *Voyage du valon tranquille, nouvelle historique
à la princesse Æmilie*[39]. On voit même des auteurs qui, dans leur préface ou
avis, s'arrogent le droit de mélanger histoire et fiction, ce qui, il faut bien le
dire, est le cas de la plupart des nouvelles qui constituent notre corpus :

> J'aurois bien pû donner ce Livre sous le nom d'histoire veritable, l'ayant
> écrit sur des memoires fort fideles ; Cependant comme je voulois y mêler
> les amours du Comte Tekely, et qu'on ne sçait jamais bien la verité des

---

[34] Marie-Catherine Hortense Desjardins, dite Mme de Villedieu, *Les annales galantes*,
dans *Œuvres complètes*, vol. 3, Genève, Slatkine Reprints, 1971 [1671], p. 7.

[35] À propos de la naissance d'Irene, par exemple, il écrit : «Crucius et Bandel se
contentent de nous dire en gros qu'elle estoit extremement belle ; et dans les autres
Historiens j'ay trouvé seulement que l'Empereur Emanuël avoit une niece qui
s'appeloit Irene, et qu'il avoit mariée à Mustapha frere d'Amurat. J'ay rapporté le
texte Latin des Citations des choses les plus essentielles de cette Histoire, afin que le
Lecteur ne la crut point imaginaire», Antoine Des Barres, *Irène, princesse de Constantinople. Histoire Turque*, Paris, Claude Barbin, 1678, in-8°, p. 229–230.

[36] Pierre d'Ortigue, sieur de Vaumorière, *Diane de France. Nouvelle historique*, Paris,
Guillaume de Luyne, 1675, in-12, p. 29.

[37] Pierre le Pesant de Boisguilbert, *Mary Stuart, reyne d'Écosse. Nouvelle historique*, 3 vol.,
Paris, Claude Barbin, in-12, 234 p., 239 p. et 248 p.

[38] Antoine Des Barres, *Irène, princesse de Constantinople. Histoire Turque, op. cit.*

[39] François Charpentier, *Le voyage du valon tranquille, nouvelle historique à la princesse
Æmilie*, s.l., s.é., 1673, in-12, 152 p. Voir aussi : Jean de Préchac, *Le secret, nouvelles
historiques*, Paris, Charles Osmont, 1683, in-12, 146 p.

> intrigues amoureuses, je me suis contenté d'en faire une Nouvelle histo-
> rique ; et bien loin que cela puisse corrompre l'Histoire, les personnes qui
> ont la moindre connoissance des affaires du monde, verront aisement que
> tous les faits son veritables, et que je ne me suis aidé de mon invention
> que dans les choses qui ont rapport à la galanterie[40].

La nouvelle historique devient à ce point un mélange de fiction galante et d'histoire véritable que les nouvellistes qui prétendent au titre d'historien veulent se détacher de cette pratique en intitulant leurs nouvelles des Histoires : « J'ay rapporté le texte latin des Citations des choses les plus essentielles de cette Histoire, afin que le Lecteur ne la crut point imaginaire comme sont toutes nos Nouvelles Historiques[41] ».

La nouveauté du sujet traité dans les nouvelles et le divertissement que le lecteur devrait prendre à lecture de ces histoires récentes et du temps les distinguent encore du roman[42]. Donneau de Visé, par exemple, joue sciemment sur cet aspect, et ce tant au niveau du titre que du contenu, quand il publie ses *Nouvelles nouvelles* :

> Tout ce que je puis encore dire, ô critiques Lecteurs (car je me persuade
> qu'il y en a peu qui ne le soient !) c'est qu'encore que vous trouviez à criti-
> quer dans ces Nouvelles, vous y trouverez de quoy vous divertir ; parce que
> tout en est nouveau, et que je n'ay voulu imiter personne, ny traiter des
> matieres usées, dont l'on vous auroit entretenu mille fois[43].

Or les nouvelles, si elles doivent divertir le lecteur pour lui être agréable, doivent surtout (en principe) l'instruire en renfermant un sens moral, en proposant des préceptes moraux et par là même lui être utiles[44]. Dans *La duchesse*

---

[40] Jean de Préchac, *Le comte Tekely, nouvelle historique*, Paris, Claude Barbin, 1686, in-12, p.n.ch.

[41] Antoine Des Barres, *Irène, princesse de Constantinople. Histoire Turque*, op. cit., p. 230.

[42] 134 nouvelles de notre corpus appartiennent à cette catégorie d'histoire du temps, et un peu plus de la moitié d'entre elles ont été publiées dans le *Mercure Galant*.

[43] Jean Donneau de Visé, *Nouvelles nouvelles*, vol. 1, Paris, Pierre Bienfaict, 1663, in-12, p.n.ch.

[44] Cette caractéristique suit, bien sûr ou alors le prétend, à la lettre la très classique règle du « plaire et instruire ». Louis chevalier de Mailly, précise dans son avertissement : « On s'étonnera peut-être qu'en faisant ici de fortes leçons de morale contre l'Amour, j'en peigne les avantures d'une maniere enjouée qui en peut donner des idées trop vives et trop galantes. Mais je le fais par cette raison, que si la morale étoit toute seche, la plûpart de ceux à qui elle doit servir ne la liroient point : Au lieu qu'en y mêlant quelque chose d'agréable, c'est le moyen d'y attirer les Amans par leur propre foible, et de les mieux persuader en les engageant à la lecture des veritez qui leur paroîtront d'une façon moins suspecte. » *Les disgraces des amans*, Paris, Gabriel Quinet, 1690, in-8°, p.n.ch.

de Milan[45], Préchac applique à la lettre ce principe puisque la mère de Clarice remet à sa fille des maximes sur la conduite des jeunes filles vertueuses pour qu'elle les lise, y réfléchisse, et adopte le comportement souhaité.

Les nouvelles sont nombreuses à prendre un caractère exemplaire, à se poser comme des modèles qui enseignent au lecteur à domestiquer ses passions, à s'en méfier en lui peignant des tableaux sombres de ses effets, puis en lui proposant des modèles de vertu et de tranquillité[46]. C'est ce qu'exprime clairement Isaac Claude dans son Avis au lecteur : «L'utilité que je pretens que tu retires de cette lecture, c'est que tu te dises à toi-même, que l'amour êtant si dangereux, tu ne le saurois éviter avec trop de soin[47]». Si la nouvelle française est fidèle en cela à la tradition antique de l'*exemplum*, forme qu'elle prend parfois – que l'on pense seulement aux *Désordres de l'amour* de Mme de Villedieu[48], ou aux très nombreuses nouvelles qui paraissent dans le *Mercure Galant* –, elle doit sans doute aussi beaucoup aux *Nouvelles exemplaires* de Cervantès[49]. Chacune de ces histoires a pour but d'illustrer la maxime qui

---

[45] Jean de Préchac, *La duchesse de Milan*, Paris, Charles Osmont, 1682, in-12, 261 p.

[46] Lire à ce sujet la présentation de Marc Escola pour qui les nouvelles ont aussi pour fonction de «donner l'exemple» (*Nouvelles galantes du XVIIᵉ siècle*, Paris, Garnier-Flammarion, 2004, p. 22–26). De même, Didier Souiller conclut son premier chapitre ainsi : «Premier bilan : la nouvelle est exemplaire», *La nouvelle en Europe de Boccace à Sade*, Paris, PUF, 2004, p. 77–82.

[47] Isaac Claude, *Le comte de Soisson et le cardinal de Richelieu rivaux de madame la duchesse d'Elbœuf. Nouvelle galante*, Cologne, Pierre Marteau, 1690, in-12, p.n.ch.

[48] Marie-Catherine Hortense Desjardins, dite Mme de Villedieu, *Les désordres de l'amour*, Genève, Droz, 1970 [1675]. Chaque partie débute par une maxime (Que l'amour est le ressort de toutes les autres passions de l'âme ; Qu'on ne peut donner si peu de puissance à l'amour qu'il n'en abuse ; Qu'il n'y a point de desespoir, où l'amour ne soit capable de jetter un homme bien amoureux) et neuf autres sont intégrées dans le corps du récit. Elles sont mises en retrait dans le texte, chapeautées du titre maxime et suivies d'un numéro qui les distingue les unes des autres. Elles ponctuent les temps forts du récit et annoncent, de manière condensée, la suite qui consiste en une démonstration de cette maxime morale. Jean Lafond écrit à ce sujet que Mme de Villedieu «entend montrer les conséquences désastreuses de la passion, et les différentes histoires qui sont liées entre elles par des transitions et des maximes en vers sont autant d'*exempla* de la leçon qu'elles illustrent : lorsqu'elle est toute puissante, la passion ne peut que faire le malheur de l'être qui en est victime, et, avec lui, celle de la cause politique à laquelle il était attaché.» «Introduction», dans *Nouvelles du XVIIᵉ siècle*, *op. cit.*, p. XLII.

[49] «Je leur ai donné le nom d'*exemplaires*, car si tu y regardes bien, il n'en est aucune dont on ne puisse tirer quelque profitable exemple ; et si je ne craignais d'allonger mon discours, je te montrerais le fruit honnête et savoureux que l'on pourrait tirer de toutes ensemble, comme de chacune en particulier» («Prologue», cité par Didier Souiller, *La nouvelle en Europe de Boccace à Sade*, *op. cit.*, p. 37). D'ailleurs, pour

l'introduit et lui sert de point de départ, et prétend persuader par l'exemple
ainsi qu'en fait foi la nouvelle *Le mary jaloux*: «L'amour et l'ambition sont
des écueils où la pluspart des Femmes se perdent. Les avantures que j'entre-
prens de décrire justifieront cette vérité[50]».

Ces maximes se présentent aussi comme des règles culturelles de comportement qui visent le plus souvent à limiter les éclats et les dérèglements
des passions. Elles président à l'élaboration d'intrigues diverses dans les nouvelles, qu'il s'agisse d'une aventure galante ou d'une vengeance sanglante.
Pour ne prendre qu'un exemple, l'auteur d'une historiette amoureuse écrit
que Dorylas: «sçavoit trop cette maxime generale, qu'il ne faut jamais se
vanger de l'infidélité de sa Maistresse que sur son Rival[51]». La suite du récit
illustre cette maxime qui dicte la conduite vindicative de Dorylas: «Ce fut
donc Evandre qui fut le but de sa vangeance: Il dissimula toûjours son ressentiment jusques à ce qu'il eust trouvé le moyen de le faire éclater. Il s'en
proposa mille, et n'en trouva pas de meilleur, que de luy faire perdre sa Maistresse[52]». Dorylas engage Melinde à se faire aimer d'Evandre pour susciter la
jalousie de Corsique et ainsi brouiller les nouveaux amants, ce qui réussit en
effet. Les nouvellistes ont donc recours aux maximes afin d'accréditer le comportement des personnages, ainsi que le souligne Marc Escola[53]. Plus encore,
les maximes de conduite et la forme de l'*exemplum* seraient au fondement
même de la poétique narrative de la nouvelle:

> La vraisemblance classique, Gérard Genette l'a montré dans un article
> décisif, est tout entière fondée sur la possibilité de rapporter tel ou tel
> événement à une maxime couramment admise – pour les raisons qui
> rendent aussi l'*exemplum* persuasif: est vraisemblable ce qui peut passer
> pour exemple d'une loi générale; est invraisemblable en définitive tout
> événement sans exemple[54].

C'est cet usage des maximes comme des règles culturelles de comportement,
qui tient à la fois d'une volonté d'éducation morale et qui participe à la narrativité du genre, que nous tenterons de cerner dans les chapitres suivants.

Didier Souiller, «le titre choisi par Cervantès dépasse largement la limite de son
recueil, dans la mesure où il souligne une caractéristique essentielle de la nouvelle:
l'exemplarité, c'est-à-dire à la fois l'illustration dans une dispute argumentée et la
valeur morale du récit.» (*Ibid.*, p. 81.)

[50] Louise-Geneviève Gomes de Vasconselle, dame de Guillot de Beaucour, *Le mary
jaloux, nouvelle*, Paris, Michel Guerout, 1688, in-12, p. 2–3.

[51] *Nouvelle ou historiette amoureuse, op. cit.*, p. 100.

[52] *Ibid.*, p. 100–101.

[53] Marc Escola, «Présentation», dans *Nouvelles galantes du XVIIe siècle, op. cit.*, p. 49.

[54] *Ibid.*, p. 26.

Entre autres critères, la nouvelle se distingue également du roman par sa brièveté et sa concision[55], par la simplicité et le naturel de son style qui sont garants de la vérité du sujet[56], par les sujets traités qui sont le plus souvent français[57], par la condition des personnages qui est plus proche de celles des lecteurs[58] et par les noms qui sont francisés[59]. Tous ces critères ne cherchent qu'à faciliter l'identification du lecteur aux personnages, aux situations et

---

[55] « Il y en a dans tous les trois Volumes qu'on trouvera peut-estre un peu courtes : Mais je sçay par experience que plusieurs les souhaitent comme cela ; et pour ceux qui ne sont pas de ce sentiment, j'aime mieux qui les trouvent courtes qu'ennuyeuses. » Jean Donneau de Visé, *L'amour échapé ou les diverses manieres d'aymer, contenuës en quarante histoires ; avec Le Parlement d'Amour*, vol. 1, Genève, Slatkine Reprints, 1980 [1669], p.n.ch. Cela dit, la brièveté de la nouvelle est un concept assez élastique puisque la nouvelle peut ne compter que quelques pages (comme c'est la cas des histoires qui paraissent dans le *Mercure Galant*), ou alors avoir plus de 500 pages, la moyenne se situant autour de 250 pages en format du temps (in-12). Sur la signification de cette réduction de la nouvelle, lire Nathalie Grande, « Du long au court : réduction de la longueur et invention des formes narratives, l'exemple de Madeleine de Scudéry, *XVIIe siècle*, avril-juin 2002, n° 215, p. 263–271.

[56] « Je diray donc pour entrer d'abord en matiere, que je prie ceux qui ne trouveront pas le style de mes Nouvelles assez empoulé, de se ressouvenir que ces sortes d'Ouvrages n'estant que des Recits de choses plus familieres que relevées, le style en doit estre aussi aisé et aussi naturel que seroit celuy d'une Personne d'esprit qui feroit agreablement un Conte sur le champ », Jean Donneau de Visé, *Les nouvelles galantes, comiques et tragiques, op. cit.*, p.n.ch.

[57] « Paris est un si grand theatre, et il s'y passe tous les jours tant de Sceines differentes, que le Lecteur ne doit pas estre surpris, si je prens la pluspart des incidens de mes Nouvelles dans cette grande Ville, sans me donner la peine de m'informer de ce qui se fait ailleurs. » Jean de Préchac, *Nouvelles galantes et avantures du temps*, t. II, Paris, Compagnie des Libraires, 1680, in-12, p. 41.

[58] « Tous ceux qui se sont mêlés de faire des romans ou d'écrire de petites historiettes se sont particulièrement attachés à donner une grande naissance à leurs héros et à leurs héroïnes, parce qu'il est certain qu'on prend bien plus d'intérêt à la destinée d'un prince qu'à celle d'un particulier. Cependant on trouve des personnes d'une condition médiocre qui ont l'esprit parfaitement bien fait, et qui ont quelquefois des sentiments aussi nobles que ceux qui sont d'une plus grande naissance, surtout lorsque leur naturel est soutenu d'une bonne éducation. Comme j'écris une histoire véritable, j'ai été obligé de prendre mon héroïne telle que je l'ai trouvée, et j'ai cru que le lecteur aurait la bonté de lui passer sa naissance en faveur de mille autres bonnes qualités qu'elle a. » Jean de Préchac, *L'illustre Parisienne, histoire galante et véritable*, 2 parties, dans *Nouvelles du XVIIe, op. cit.*, p. 718.

[59] « Il me seroit bien aisé de luy donner un nom de Roman ; mais comme j'écris un récit fort simple, et non pas une Histoire inventée, j'aime mieux traduire son veritable nom, qui signifie Belline ; je vous apprendray avec la mesme fidelité, celuy de son Amant, qui se nommoit le Baron de Saint Firmin. » Jean de Préchac, *Nouvelles galantes et avantures du temps, op. cit.*, t. I, p. 4–5.

aux milieux où ils évoluent en lui offrant «une image familière de sa propre condition et [en] touch[ant] davantage sa sensibilité[60]».

La poétique de la nouvelle, selon les nouvellistes du temps, s'élabore donc en tenant compte de deux éléments distincts. D'abord, elle cherche à tout prix à s'affranchir du roman, de sa vraisemblance et de sa fiction, pour privilégier la vérité de l'histoire et se donner un caractère véritable. Ensuite, ses caractéristiques visent surtout à obtenir l'adhésion du lecteur et à plaire à ce public à la recherche constante de nouveaux divertissements. Ce souci du lecteur qui est au fondement de la poétique de la nouvelle répond bien entendu à des enjeux économiques (vendre le plus possible d'exemplaires à un public impatient de les lire), mais il tient aussi du fait que la nouvelle prétend agir sur son public et lui inculquer quelques leçons de morale et de savoir-vivre, qu'elle se veut un instrument de civilisation. Les nouvelles étant lues principalement par un public d'honnêtes femmes et de mondains[61], c'est du moins ce qu'affirment Préchac[62] et Valincour[63], les nouvellistes mettent idéa-

---

[60] Marie-Thérèse Hipp, *Mythes et réalités. Enquêtes sur le roman et les mémoires (1660–1700)*, Paris, Klincksieck, 1976, p. 44.

[61] Ce sont d'ailleurs sensiblement les mêmes que ceux qui lisaient des romans, et dont Sorel nous a laissé ce portrait : «Il faut considerer quelles personnes ce sont qui prisent le plus les Romans ; on verra que ce sont les Femmes et les Filles, et les Hommes de la Cour et du Monde, soit qu'ils soient gens d'épée, ou que leur oiseveté les fasse plaire aux vanitez du Siecle», Charles Sorel, *De la connoissance des bons livres, op. cit.*, p. 133–136. Voir également l'article de Monique Vincent qui présente les lectrices du *Mercure Galant* où paraissent de nombreuses nouvelles : «Le Mercure Galant et son public féminin», *Romanistische Zeitschrift für Literaturgeischichte*, fasc. 1–2, 1979, p. 76–85. Didier Souiller s'interroge sur le public prioritairement féminin des nouvelles dans son chapitre IV : «Le nouvelle : une littérature pour les femmes ?», *La nouvelle en Europe de Boccace à Sade, op. cit.*, p. 197–256.

[62] «Et comme c'est le beau Sexe qui decide ordinairement de ces petits Ouvrages, j'ay sujet de croire qu'avec la protection du Seigneur de la Cour le plus galand, et de la meilleure mine, qui est le mieux avec les Dames, on aura du moins de l'indulgence pour ma petite Histoire, puisque je ne l'ay écrite que pour vous divertir», Jean de Préchac, *L'héroïne mousquetaire, histoire véritable*, Paris, Theodore Girard, 1677, in-12, p.n.ch. Cette dédicace fait appel à une forme de protectorat qui garantira le succès de l'œuvre mais s'inscrit aussi au cœur d'une vaste entreprise de séduction, ainsi que le remarque Delphine Denis : «elle [l'instance féminine] représente à l'évidence le paradigme d'un lectorat mondain, moderne et citadin, dont elle assume les reproches inégalement fondés d'ignorance, de "naïveté" [...] et de frivolité.» (*Le Parnasse galant, op. cit.*, p. 312).

[63] «Croyez-moi, mon cher Monsieur, vous êtes un juge trop sévère, et trop savant pour elle. Ces sortes de bagatelles ne sont point de votre compétence ; il faut les renvoyer aux dames et aux cavaliers, qui en jugeront mieux que vous», Valincour, *Lettres à Madame la Marquise *** sur la Princesse de Clèves, op. cit.*, p. 64.

lement en scène des personnages qui, tout comme leurs lecteurs, font preuve d'une certaine bienséance dans leurs comportements et leurs manières, d'un raffinement du langage et de l'expression, d'une maîtrise de leurs passions et de leurs sentiments. Les textes sont marqués d'une élégance stylistique, d'une recherche au niveau des aventures qui sont agréables et galantes, et d'une distinction par le goût. Cet art de plaire qui repose en grande partie sur la scénographie galante devient donc pour les nouvellistes le meilleur moyen de parvenir à la réussite littéraire et éditoriale, voire même financière dans certains cas[64].

Une distinction claire et nette est donc possible, du point de vue théorique, entre nouvelle et roman, ainsi que l'on vient de le voir, mais résiste-t-elle à la confrontation des textes littéraires ? On peut affirmer que oui, dans certains cas, que l'on pense à *La princesse de Montpensier*[65] ou à *Dom Carlos*[66], mais qu'en est-il d'une œuvre comme *Célinte, nouvelle première*[67] ? Ce texte est un cas limite car, malgré le sous-titre et les propos de Mlle de Scudéry qui rappelle plusieurs fois à son lecteur qu'elle lui présente une nouvelle, on ne peut s'empêcher, à la lecture, d'avoir l'impression d'être en présence d'un roman condensé, parce que plus court, mais d'un roman tout de même puisque l'on y retrouve les mêmes procédés que dans son *Grand Cyrus* ou sa *Clélie* – soit des naufrages, des emprisonnements, des tentatives d'évasion, des fausses morts, des récits rétrospectifs, de nombreux billets galants et couplets de chanson, et ainsi de suite. Cela dit, le cas de *Célinte* est particulièrement intéressant puisqu'il témoigne de la volonté de l'auteure, qui jusqu'alors devait son succès à ses énormes romans, de se conformer à la mode du jour en abandonnant la pratique des longs romans et en écrivant une première nouvelle. La nouvelle n'est donc pas aussi affranchie du roman que les nouvellistes voudraient le laisser croire[68], et il existe un bon nombre de «nouvelles/petits-romans»

---

[64]   Le cas le plus exemplaire est certainement celui de Jean de Préchac qui avoue, à la toute fin de *La noble Vénitienne ou la Bassette, histoire galante* : «L'auteur ayant perdu quelque argent à la bassette, a trouvé moyen de se dédommager en faisant un livre sur la bassette, dont il a retiré la meilleure partie de ce qu'il avait perdu» (Paris, compagnie des Libraires associés, 1678, in-12, p. 186).

[65]   Marie-Madeleine Pioche de la Vergne, Mme de La Fayette, *La princesse de Montpensier*, dans *Nouvelles du XVIIe siècle, op. cit.*, p. 361–387.

[66]   César Vichard de Saint-Réal, *Dom Carlos, nouvelle historique*, dans *Nouvelles du XVIIe siècle, op. cit.*, p. 505–562.

[67]   Madeleine de Scudéry, *Célinte, nouvelle première*, Paris, Nizet, 1979 [1661].

[68]   Nous rejoignons en cela l'idée d'une «théorie du tournant» proposée par Camille Esmein, selon laquelle le roman des années 1660 connaît un important renouveau formel : brièveté de l'intrigue, simplification de l'action, vraisemblance du sujet, choix de l'Histoire comme modèle de référence, matière et personnages plus proches des lecteurs, conclusion morale. Cette évolution qui serait à l'origine

selon le mot de René Godenne[69]. *L'heureux esclave*[70] de Sébastien Bremond de même que *Fédéric de Sicile*[71] de Catherine Bernard en sont deux exemples parmi tant d'autres.

La nouvelle, en principe, se distingue aussi clairement des mémoires, ce genre qui, pour paraphraser Philippe Lejeune[72], comporte une narration à la 1re ou à la 3e personne, et où le mémorialiste privilégie la chronique sociale et historique de son temps au détriment de sa propre vie, prenant alors la position d'un témoin plutôt que celle d'un sujet. Antoine Adam spécifie que: «dans la plupart des cas, les hommes du XVIIe siècle n'écrivaient leurs souvenirs que pour occuper les loisirs de la retraite, pour adoucir les tristesses de l'exil ou pour laisser à leurs enfants le récit de leur vie et les leçons de leur expérience[73]», faisant alors allusion à Turenne, Bussy-Rabutin et Arnauld d'Andilly. Marie-Thérèse Hipp précise que «L'entreprise du mémorialiste est le plus souvent une revanche, revanche sur la vie, revanche sur autrui, moyen d'être soi-même tel enfin qu'on aspire à être. Ce désir suppose l'existence des autres, puisque c'est par le regard des autres que nous avons une existence sociale[74]». C'est donc dans cet esprit qu'ont été écrits la plupart des mémoires

---

d'une poétique renouvelée du genre n'est pourtant pas si nette puisqu'on observe des éléments de continuité et de rupture entre la période qui précède et celle qui suit le tournant des années 1660. (Camille Esmein, «Le *tournant historique* comme construction théorique: l'exemple du "tournant" de 1660 dans l'histoire du roman», dans «Théorie et histoire littéraire», *Fabula LHT*, n°0, juin 2005. URL: http://www.fabula.org/lht/0/Esmein.html) Consulter également *Poétiques du roman* dont l'organisation même du volume met de l'avant ce refus d'une rupture brutale entre anciens et nouveaux romans.

[69] René Godenne, «L'association nouvelle petit-roman entre 1650 et 1750», *CAIEF*, n° 18, 1966, p. 67–78.

[70] Sébastien Bremond, *L'heureux esclave ou la relation des avantures du sieur de la Martiniere, comme il fut pris par les corsaires de Barbarie et delivré; La maniere de combattre sur mer de l'Afrique et autres particularitez*, Paris, Olivier de Varennes, 1674, in-12, 236 p.

[71] Catherine Bernard, *Fédéric de Sicile*, dans *Œuvres*, t. I, *Romans et nouvelles*, Fasano/Paris, Schena/Nizet, 1993 [1680], p. 65–155.

[72] Philippe Lejeune, *L'autobiographie en France*, Paris, Armand Colin, 1998 [1971], p. 11. Emmanuèle Lesne définit aussi les mémoires comme un «récit continu et chronologique du rôle public d'un personnage, effectué selon le point de vue singulier d'un témoin», *La poétique des mémoires (1650–1685)*, Paris, Honoré Champion, 1996, p. 418.

[73] Antoine Adam, *Histoire de la littérature française au XVIIe siècle*, t. IV, Paris, Éd. Mondiales, 1968 [1954], p. 122.

[74] Marie-Thérèse Hipp, *Mythes et réalités. Enquête sur le roman et les mémoires (1660–1700)*, op. cit., p. 28–29. Sa conception rejoint celle de P. Lejeune et E. Lesne: «Les mémorialistes nous entretiennent de leur vie surtout dans la mesure où elle se rat-

de l'époque, que l'on songe au Cardinal de Richelieu, au Cardinal de Retz, à La Rochefoucauld, à Mlle de Montpensier ou aux mémoires plus tardifs de Saint-Simon. À ce titre, on ne peut nier que les mémoires se distinguent de la nouvelle, tant par la forme que par la manière. Pourtant, il est des cas plus ambigus où la nuance est plus fine. Il s'agit, par exemple, des fameux mémoires d'Hortense Mancini, qui paraissent en 1675 et qui ont probablement été écrits par Saint-Réal, et qui s'intéressent moins aux événements de l'histoire générale qu'aux aventures pittoresques ou dramatiques vécues par la duchesse de Mazarin, au récit de ses infortunes et aux cruautés de son mari.

Entre les mémoires qui éclairent l'histoire générale et ceux qui se présentent comme le récit d'une vie, deux autres formes de confusion avec le genre de la nouvelle sont possibles, c'est-à-dire les mémoires qui relèvent du roman autobiographique fictif, et les mémoires consacrés aux intrigues de la vie de cour. Pour illustrer le premier cas, il suffit de prendre l'exemple des *Mémoires de la vie de Henriette-Sylvie de Molière*[75] de Mme de Villedieu, qui ne peuvent être que faux en raison du rang peu élevé de l'auteure, et qui sont davantage une œuvre littéraire qui tient du roman d'aventures au féminin, ce qui fait dire à Henri Coulet qu'avec cette œuvre le roman d'aventures fait place au roman de l'aventurier[76]. Malgré ce caractère résolument fictif, des similitudes frappantes existent entre l'auteure et son personnage, mais Micheline Cuénin remarque avec justesse : « Henriette-Sylvie, en effet, représente peut-être moins ce que Marie-Catherine a été que ce qu'elle aurait voulu être[77] ». Le deuxième cas, celui des mémoires de la vie de cour, qui furent fort à la mode dans les années 1690 ainsi qu'en témoignent les *Mémoires des aventures singulières de la cour de France*[78] et les *Mémoires de la cour d'Angleterre*[79] de Mme d'Aulnoy pour ne donner que ces deux exemples, mettent l'accent sur les passions qui s'agitent dans l'orbite de la cour, sur les aventures sentimen-

tache à l'histoire, maintenant leurs écrits dans la région la plus superficielle, la plus sociale de la personnalité. » *Ibid.*, p. 26. Voir aussi Frédéric Charbonneau, *Les silences de l'histoire : les mémoires français du XVIIe siècle*, Sainte-Foy, Presses de l'Université Laval, 2001.

[75] Marie-Catherine Hortense Desjardins, dite Mme de Villedieu, *Mémoires de la vie de Henriette-Sylvie de Molière*, Paris, Desjonquères, 2003 [1671–1674]. René Démoris, qui présente et édite ce texte, le qualifie d'« autobiographie fictive d'une héroïne hors du commun » (4e de couverture).

[76] Henri Coulet, *Le roman jusqu'à la révolution, op. cit.*, p. 280–281.

[77] Micheline Cuénin, *Roman et société sous Louis XIV : Madame de Villedieu (Marie-Catherine Desjardins 1640–1683)*, t. I, Paris, Honoré Champion, 1979, p. 256–257.

[78] Marie-Catherine Le Jumel de Barneville, Comtesse d'Aulnoy, *Mémoires des aventures singulières de la cour de France*, La Haye, J. Albert, 1692, in-12.

[79] Marie-Catherine Le Jumel de Barneville, Comtesse d'Aulnoy, *Mémoires de la cour d'Angleterre*, 2 vol., Paris, Claude Barbin, 1695, in-12.

tales et galantes, tenues pour secrètes, que vivent les grands de ce monde. Ce faisant, ce type de mémoires s'apparente au genre de la nouvelle et de «l'histoire secrète» qui cherchent à expliquer les zones d'ombre de l'histoire en dévoilant au public les passions secrètes de ces hommes et femmes qui font l'histoire, telle que l'*Histoire secrète de Bourgogne* de Mlle de La Force[80]. Un dernier cas mérite d'être souligné: ce sont les mémoires apocryphes ou romans en forme de mémoires, tels que pratiqués par Courtilz de Sandras, qui rapportent les faits, gestes et pensées d'un individu particulier et non d'un personnage public, et qui sont, du coup, invérifiables. Marie-Thérèse Hipp écrit qu'il s'agit là de «relations sans doute apocryphes, mais vraisemblables – au point qu'on ne sait jamais où finit la vérité, où commence la fiction – de personnages présentés comme réels, ces œuvres traduisent le mépris du genre romanesque, le goût de la réalité même fausse[81]». Force est de constater que, si la nouvelle se distingue des mémoires quand il s'agit de témoignages privilégiés sur les événements de l'histoire, la distinction n'est plus si nette quand les mémoires s'avèrent être un «roman autobiographique fictif», des «mémoires apocryphes» ou une «histoire secrète».

Cela nous amène à réfléchir sur la spécificité de l'histoire au regard de la nouvelle. Loin de s'opposer, ces deux termes se confondent au point de devenir des synonymes et ils renvoient à un même ensemble de textes. Nous avons vu que Sorel et Du Plaisir, lorsqu'ils définissent la nouvelle par opposition au roman, emploient tour à tour les termes de «nouvelles», «petites histoires», «histoires galantes» ou «histoires véritables», sans qu'aucun critère précis ne justifie l'emploie de l'un plutôt que de l'autre. Les auteurs eux-mêmes juxtaposent indistinctement les termes dans les titres de leurs écrits, que ce soit *L'histoire d'Iris, nouvelle*[82] de Poisson ou encore l'*Histoire espagnole ou Dom Amador de Cardone, nouvelle*[83]. Certains textes chapeautés du seul titre d'histoire, ne portant pas la mention de nouvelle dans leur sous-titre, en sont pourtant. C'est le cas aussi bien des petites nouvelles du *Mercure Galant*, qui n'ont que la mention «Histoire», suivie du mois et de l'année, que de cette nouvelle de Mme de La Fayette intitulée *Histoire de la comtesse de Tende* (texte

---

[80] Charlotte-Rose de Caumont La Force, *Histoire secrète de Bourgogne*, 2 t. en 1 vol., Paris, S. Bernard, 1694, in-12. Elle composa aussi *Histoire secrète d'Henri IV, roi de Castille* en 1695 et *Anecdote galante, ou histoire secrète de Catherine de Bourbon* en 1703.

[81] Marie-Thérèse Hipp, *Mythes et réalités. Enquête sur le roman et les mémoires (1660–1700)*, *op. cit.*, p. 57.

[82] Raymond Poisson, *Histoire d'Iris, nouvelle*, dans *Nouvelles du XVIIe siècle*, *op. cit.*, p. 879–928.

[83] *Histoire espagnole ou Dom Amador de Cardone, nouvelle*, Paris, Claude Barbin, 1672, in-12, 218 p.

posthume qui paraît en 1718 dans le *Nouveau Mercure* sans nom d'auteur). Ainsi, nous sommes assez d'accord avec René Godenne quand il affirme : « Équivalent de nouvelle étendue ou de nouvelle courte, "histoire" ne recouvre pas un genre narratif particulier. L'histoire des "histoires" des années 1671–1699 se confond avec celle de la nouvelle de ces années[84] ». Nous nous permettons toutefois une remarque : alors que R. Godenne prétend qu'en utilisant histoire et/ou nouvelle pour désigner un même type de récit, les nouvellistes font la preuve qu'ils n'attachent aucune importance à une rigueur terminologique[85], il convient de rappeler que certains d'entre eux revendiquent clairement le recours à l'appellation « histoire véritable » pour marquer leur opposition aux mensonges et aux invraisemblances romanesques, et donner de la crédibilité à leur texte. C'est notamment le cas de Préchac qui, dans l'introduction de *L'illustre Parisienne, histoire galante et véritable*, précise : « Comme j'écris une histoire véritable, j'ai été obligé de prendre mon héroïne telle que je l'ai trouvée, et j'ai cru que le lecteur aurait la bonté de lui passer sa naissance en faveur de mille autres bonnes qualités qu'elle a[86] ». Cette précision sert à justifier la présence de personnages de condition médiocre dans son histoire mais surtout à se détacher de la pratique romanesque qui ne met en scène que des personnages de condition illustre[87]. L'histoire se présente donc comme une narration authentique et réaliste, le plus souvent centrée sur un protagoniste dont on retrace les aventures et intrigues de façon linéaire et chronologique. L'histoire peut être amoureuse ou galante lorsqu'elle insiste sur les intrigues sentimentales du personnage ; véritable lorsqu'elle

---

[84] René Godenne, *Histoire de la nouvelle française au XVIIe et XVIIIe siècles, op. cit.*, p. 129.

[85] Marc Escola écrit aussi à ce sujet : « Prenons acte de la belle indifférence des contemporains à l'égard de la terminologie générique – *La Princesse de Montpensier* est qualifiée indifféremment de "nouvelle" ou d'"histoire", *La Princesse de Clèves* de "nouvelle galante" ou de "petit roman" – ». « Présentation », *Nouvelles galantes du XVIIe siècle, op. cit.*, p. 9.

[86] Jean de Préchac, *L'illustre Parisienne, histoire galante et véritable, op. cit.*, p. 718.

[87] Au sujet de l'emploi du qualificatif « illustre », Françoise Gevrey écrit : « Le titre de *L'Illustre Parisienne* veut souligner la condition de bourgeoise de l'héroïne qui n'appartient pas au monde de la Cour, tout en présentant cette Parisienne comme une femme dont la valeur et les aventures sont dignes d'intérêt. L'adjectif *illustre* vient d'une tradition lointaine : Plutarque, Boccace, Brantôme, Scudéry l'ont imposé. Ils associent les notions de noblesse, de mérite et de vertu. » (« Introduction », dans Jean de Préchac, *Contes moins contes que les autres*, précédés de *L'illustre Parisienne*, Paris, Société des Textes Français Modernes, 1993 [1698], p. XVI.) Plus loin, elle précise : « Appliqué à Blanche Bonin, une Parisienne de la rue Saint-Denis, l'adjectif crée un oxymore dont Robert Challe reprendra le modèle, en 1713, pour ses *Illustres françaises*. » (*Ibid.*, p. XVII.)

insiste sur la véracité des faits rapportés, l'authenticité des personnages, des lieux et des situations; ou alors être secrète, ce qui est le cas surtout après 1690, lorsqu'elle se donne pour mission de contenter la curiosité du lecteur en lui révélant les amours cachées et dissimulées des grands de ce monde[88]. La définition que l'abbé de Charnes donne de l'histoire galante correspond en tous points à celle de la nouvelle historique et galante:

> Enfin nos derniers Auteurs ont pris une voie qui leur a semblé plus propre à s'attacher le Lecteur, et à le divertir; et ils ont inventé les Histoires galantes, dont je vous ai fait d'abord la description. [...] Ce sont des copies simples et fidèles de la véritable histoire, souvent si ressemblantes, qu'on les prend pour l'histoire même. Ce sont des actions particulières de personnes privées ou considérées dans un estat privé, qu'on développe et qu'on expose à la vue du public dans une suite naturelle, en les revêtant de circonstances agréables, et qui s'attirent la créance avec d'autant plus de facilité, qu'on peut souvent considérer les actions qu'elles contiennent, comme les ressorts secrets des événements mémorables, que nous avons appris dans l'Histoire[89].

La distinction entre nouvelle et historiette n'est pas si simple qu'elle peut d'abord le sembler. La nouvelle se distingue certainement de l'historiette au sens où Tallemant de Réaux[90] l'entend, ainsi que de l'historiette définie

---

[88] Valincour présente l'histoire secrète en ces termes, la dissociant à peine de la nouvelle historique et galante en ce qui a trait à la matière et à l'intrication entre la fiction et l'histoire: «Je voudrais donc prendre pour le temps de mon ouvrage un siècle fameux par de grands événements et célèbre par les personnes illustres qui y auraient vécu. Je choisirais ceux de ces grands événements qui auraient le plus éclaté, et dont les historiens ne nous auraient point laissé le détail ni les circonstances. Je tâcherais d'en inventer par rapport à mon sujet. Je voudrais si bien surprendre mes lecteurs, qu'il leur semblerât que je n'aurais écrit que ce que les historiens auraient oublié d'écrire, ou ce qu'ils auraient laissé pour ne pas entrer dans un trop grand détail. Enfin, je voudrais que mes fictions eussent un rapport si juste et si nécessaire aux événements véritables de l'histoire, et que les événements parussent dépendre si naturellement de mes fictions, que mon livre ne parût être autre chose que l'histoire secrète de ce siècle-là, et que personne ne pût prouver la fausseté de ce que j'aurais écrit.» Valincour, *Lettres à Madame la Marquise *** sur la Princesse de Clèves, op. cit.*, p. 70.

[89] Jean Antoine de Charnes, *Conversations sur la critique de* La Princesse de Clèves, *op. cit.*, p. 676–677.

[90] «J'appelle ce recueil *Les Historiettes*, parce que ce ne sont que petits Mémoires qui n'ont aucune liaison les uns aux autres. [...] Mon dessein est d'escrire tout ce que j'ay appris et que j'apprendray d'agreable et de digne d'estre remarqué, et pretens dire le bien et le mal sans dissimuler la vérité, et sans me servir de ce qu'on trouve dans les histoires et les mémoires imprimez. Je le fais d'autant plus librement que je sçay bien que ce ne sont pas choses à mettre en lumiere, quoyque peut-estre elles

comme une histoire amusante et comique car le plus souvent, les historiettes désignent des récits scandaleux et licencieux, ce qui diffère de façon assez contrastée avec le réalisme galant et le sérieux historique des nouvelles. Charles Sorel, dans *De la connoissance des bons livres*[91], faisant référence à certains écrits de Donneau de Visé, d'Oudin et de Préfontaine, dit des historiettes qu'elles sont folles et impertinentes, qu'elles tombent dans un libertinage horrible, qu'elles donnent de mauvais exemples car on n'y trouve ni honneur ni vertu, s'opposant en cela à la conclusion morale prônée par la nouvelle. La nouvelle et l'historiette se différencient donc au niveau du ton, sérieux chez l'une, comique chez l'autre, mais surtout dans le choix et le traitement du sujet. La nouvelle s'en tient principalement aux aventures sentimentales en s'adossant à l'histoire (mondaine, princière ou véritable), ce qui lui confère dignité et réalisme, et elle réserve une place de choix à l'esthétique galante[92] (ce que René Godenne nomme le «réalisme galant»[93]). L'historiette s'apparente plutôt aux anecdotes grivoises, divertissantes et ludiques, et s'inspire du quotidien des milieux familiers. Elle se rattache davantage à la tradition des fabliaux du Moyen Âge, aux contes italiens puis français de la Renaissance et aux histoires comiques du début du siècle. Les deux genres se distinguent aussi en ce que la nouvelle fonde l'essentiel de son intrigue sur la profondeur psychologique des personnages, l'intériorisation de l'action et l'analyse des passions, alors que l'historiette repose surtout sur le comique de situation, des actes et des événements. Cela dit, il est des cas où l'historiette se confond avec le genre de la nouvelle, lorsque l'historiette se définit comme le récit d'une petite aventure ou d'événements de peu d'importance, et qu'elle prend alors le sens de petite histoire. Cette synonymie entre «nouvelle», «(petite) histoire» et «historiette», était déjà perceptible dans la définition que propo-

---

ne laissent pas d'estre utiles.» Gédéon Tallemant des Réaux, *Historiettes*, t. I, Paris, Gallimard, 1960 [1657–1659], p. 2.

[91] Charles Sorel, *De la connoissance des bons livres, op. cit.*, p. 158–160.

[92] L'esthétique de galanterie, cet art de plaire avec enjouement qui valorise la nouveauté, la délicatesse et les grâces légères, est indissociable d'un certain mode de vie mondain. En effet, la notion de galanterie tient tout autant d'une pratique sociale (celle des salons) que d'une pratique littéraire. Elle définit les manières de se conduire dans le monde, d'aimer et d'écrire, la finesse du goût, du langage, de l'esprit et des sentiments. Sur les ambiguïtés du terme galant, on consultera Alain Viala, «La littérature galante: histoire et problématique», *Il Seicento francese oggi. Situazione e prospettive della ricerca*, Bari/Paris, Adriatica/Nizet, 1994, p. 100–113. Pour une théorisation de la galanterie, voir Delphine Denis, *Le Parnasse galant, op. cit.*, p. 95–123.

[93] René Godenne, *Histoire de la nouvelle française au XVIIe et XVIIIe siècles, op. cit.*, p. 60–61.

sait Sorel[94], et elle peut se manifester dans le titre de la nouvelle, *Nouvelle ou historiette amoureuse*, ou alors dans l'avis au lecteur:

> Le peu d'Art qu'on trouve presque dans tout ce qu'on appelle Historiette ou Nouvelle, et méme dans la plupart des Romans; et la licence qui a corrompu ce genre d'écrire n'ayant pas plû à tous les Lecteurs modestes, et delicats, et ayant fait d'un Art de regler les foiblesses de l'Amour un Art de les flatter et de les augmenter: Une dame a bien voulu se donner la peine de se faire une idée d'une Historiette assez ingenieuse pour divertir, et assez sage pour instruire[95].

Il convient à présent d'examiner les spécificités de la nouvelle au regard de l'anecdote journalistique. Loin des «canards» journalistiques qui alimentaient les histoires tragiques du début du siècle, l'anecdote, sous l'impulsion de Donneau de Visé, fondateur et directeur du *Mercure Galant* de 1672 à 1710, prend deux formes distinctes: soit la nouvelle anecdotique, soit la nouvelle mondaine. Dans les deux cas, il s'agit bel et bien de nouvelles littéraires. Ces nouvelles diffèrent des précédentes par leur contexte d'édition et leur espace de réception, puisqu'elles s'inscrivent à l'intérieur de chaque livraison du *Mercure Galant*. Ce journal prend la forme d'une lettre adressée à une femme qui représente l'ensemble des lecteurs, et offre un contenu des plus variés – informations sur la guerre, la politique et la vie mondaine, comptes rendus de pièces de théâtre, place privilégiée accordée à la poésie, la musique, les jeux d'esprit à la mode comme les énigmes, etc. –, ce qui témoigne de son souci de plaire à un public galant et mondain, qui compte surtout des femmes mais aussi des hommes, des citadins comme des gens de province. Les nouvelles du *Mercure Galant* sont donc très brèves, quelques pages seulement (ce qui s'explique par les limites physiques qu'impose le format du journal), elles ne portent pas de titre, elles sont écrites par des mondains et des abonnés de ce mensuel mais publiées de façon anonyme. Ces nouvelles doivent plaire par leur nouveauté et prendre pour point de départ un événement mondain, authentique et récent. Selon qu'il s'agit d'une nouvelle anecdotique ou mondaine, elle fait rire par son côté frivole ou instruit par sa petite leçon de morale, prenant alors la forme de l'*exemplum*. La nouvelle mondaine met souvent en scène une question sentimentale posée par un lecteur ou une lectrice, semblable à ces questions d'amour dont l'on débattait dans les salons,

---

[94] «[O]n a composé plusieurs petites histoires détachées qu'on a appelées des nouvelles ou des historiettes», Charles Sorel, *De la connoissance des bons livres, op. cit.*, p. 158.

[95] Nicolas-Pierre-Henri Montfaucon de Villars, *L'amour sans faiblesse*, vol. 1, Paris, Claude Barbin, 1671, in-12, p.n.ch.

et y joint des conseils et des solutions, ce qui fait dire à Maurice Lever[96] que ces nouvelles sont une sorte de courrier du cœur. Monique Vincent[97], quant à elle, croit plutôt que l'intérêt de ces nouvelles tient au fait qu'elles présentent l'ensemble des membres de la société de l'époque, Parisiens, Provinciaux, nobles, bourgeois, hommes et femmes, en choisissant pour cadre au déroulement de leur intrigue la vie mondaine ou la vie familiale, selon qu'il s'agit d'une nouvelle mondaine ou anecdotique.

Le conte étant un genre relevant du merveilleux et de l'imaginaire, on pourrait être tenté de l'éliminer d'office, ne voyant aucun rapprochement possible avec le sérieux et le caractère véritable de la nouvelle. Pourtant la distinction entre ces deux genres n'est pas toujours si nette. Les nouvelles de l'abbé Torche, *Le chien de Boulogne*[98], et de Jacques Alluis, *Le chat d'Espagne*[99], font la part belle à la magie, au merveilleux et à la métamorphose animale, si bien que l'on peut davantage parler de conte que de nouvelle malgré leur sous-titre. Ces nouvelles, qui se rattachent à la tradition des métamorphoses d'Apulée et d'Ovide, prennent des sujets fantastiques, font intervenir des personnages merveilleux (fées et magiciennes), et la narration est laissée au soin du personnage masculin métamorphosé en animal. Elles tiennent aussi de la nouvelle par les différents récits galants et autres aventures que vivent les personnages secondaires et qui sont observés et racontés par le narrateur (un chat ou un chien). René Godenne commente finement cette confusion dans la préface à sa réédition du texte de Torche :

> En choisissant un tel type de sujet qui relève spécifiquement de cette autre forme d'expression spécifique qu'est le conte, Torche introduit incontestablement autour de la notion de nouvelle un élément d'ambiguïté, qui n'existe pas à l'origine : c'est là signifier que la nouvelle, comme le conte, peut s'approprier les mêmes sujets, et par conséquent supprimer d'une certaine manière les frontières qui séparent les deux formes d'expression[100].

La nouvelle emprunte aussi parfois sa structure à des genres différents, entretenant ainsi le flou qui entoure ses délimitations génériques. Journaux, annales, relations de voyage, promenades, portraits et lettres sont autant de formes que peut épouser la nouvelle sans pour autant perdre sa spécificité. Il

---

[96] Maurice Lever, *Le roman français au XVIIe siècle*, Paris, PUF, 1981, p. 181.

[97] Monique Vincent, « Introduction », *Anthologie des nouvelles du Mercure Galant (1672–1710)*, Paris, S.T.F.M., 1996, p. XIV.

[98] Antoine Torche, *Le chien de Boulogne ou l'amant fidelle : nouvelle galante*, Genève, Slatkine Reprints, 1979 [1668].

[99] Jacques Alluis, *Le chat d'Espagne, nouvelle*, Cologne, Pierre du Marteau, 1669, in-12, 258 p.

[100] René Godenne, « Préface », dans Antoine Torche, *Le chien de Boulogne ou l'amant fidelle : nouvelle galante, op. cit.*, p. V.

s'agit le plus souvent d'une stratégie de l'auteur qui a à cœur de divertir son lecteur et de lui plaire en lui offrant de la variété. Cette volonté de se renouveler sans cesse peut, bien entendu, s'exprimer dans le choix et le traitement du sujet, mais aussi de la forme. Mme de Villedieu, par exemple, qui vit de sa plume, doit écrire des nouvelles qui soient au goût du jour, ce qui explique qu'elle en explore les formes. Le *Journal amoureux*[101] renoue avec la tradition antique et n'est qu'une façon de varier la forme du recueil de nouvelles. Il ne s'agit pas de devisants qui se divertissent en se racontant à tour de rôle une petite histoire, mais d'une narration simple (sans récit cadre) d'intrigues amoureuses indépendantes divisées en plusieurs journées. Dans ses *Annales galantes*[102], forme qu'elle est la seule à pratiquer parmi les nouvellistes du temps, Mme de Villedieu s'inspire à nouveau des textes de l'Antiquité pour renouveler sa présentation d'un recueil. Chaque année (annale) rapporte quelques exemples historiques de désordres causés par l'amour qui sont entrecoupés de diverses maximes morales, mais la structure même de chacune des histoires respecte les règles du genre de la nouvelle. *Le portefeuille*[103] est un recueil de lettres supposément trouvées, dont la facture est proche du roman épistolaire, mais qui néanmoins raconte les déboires amoureux du jeune Naumanoir en se pliant aux exigences de la nouvelle. Mme de Villedieu explore une autre avenue dans *Le portrait des faiblesses humaines*[104], qui est assez loin de la mode du portrait littéraire. Il s'agit pour elle, à partir de quatre exemples tirés de l'histoire antique, de prouver que même les grands hommes et

---

[101] Marie-Catherine Hortense Desjardins, dite Mme de Villedieu, *Journal amoureux*, dans *Œuvres complètes*, vol. 3, Genève, Slatkine Reprints, 1971 [1670], p. 149–278. Voir aussi : Jean de Vanel, *Histoire du temps ou journal galant*, s.l., s.é., s.d., in-12, 322 p. Contrairement à Mme de Villedieu, Vanel renoue avec la tradition des devisants de la Renaissance car, dans ce journal, trois dames et deux chevaliers se racontent à tour de rôle une nouvelle qui illustre les désordres causés par une passion.

[102] Marie-Catherine Hortense Desjardins, dite Mme de Villedieu, *Les annales galantes*, *op. cit.*, p. 7–149.

[103] Marie-Catherine Hortense Desjardins, dite Mme de Villedieu, *Le portefeuille*, dans *Nouvelles du XVIIᵉ siècle*, *op. cit.*, p. 584–623. Voir aussi : « Lettre d'une dame qui écrit les aventures de son amie », *Mercure Galant*, novembre 1680, dans *Nouvelles du XVIIᵉ siècle*, *op. cit.*, p. 477–485 ; *Philicrate, nouvelle à Euralie*, s.l., s.é., 1669, in-12, 53 p. ; Jean de Préchac, *La valize ouverte*, Paris, Vve Olivier de Varennes, 1680, in-12, 166 p.

[104] Marie-Catherine Hortense Desjardins, dite Mme de Villedieu, *Portrait des faiblesses humaines*, dans *Œuvres complètes*, vol. 1, Genève, Slatkine Reprints, 1971, p. 60–89. Voir aussi : A. Ancelin, *Le portrait funeste, nouvelle*, Paris, Pierre Bienfait, 1661, in-8°, 199 p. Cette nouvelle n'a rien à voir avec le genre du portrait tel que pratiqué par Mme de Villedieu. Son titre est à prendre au sens littéral puisqu'il s'agit des aventures de Cléonte qui devient amoureux du portrait de Célie.

les femmes illustres ont été en proie aux faiblesses de leurs passions. L'objectif n'est pas tant de brosser le portrait physique et moral de ces personnages que de raconter leurs aventures et d'analyser en profondeur les mouvements de l'âme qui les ont agités, pour ensuite comprendre les conséquences que ces passions ont eues sur le déroulement de l'histoire, ce qui s'approche sensiblement des prétentions de la nouvelle historique. Jean de Préchac, qui est aussi un auteur prolifique vivant de sa plume, adopte la même stratégie quand il écrit ses nouvelles sous la forme d'une relation de voyage[105]. Il s'inspire de ce genre pour varier les procédés narratifs (en écrivant le récit des aventures singulières et des intrigues amoureuses qui se sont déroulées au cours d'un voyage), mais ce choix n'est pas fortuit puisqu'il correspond à la vogue des récits de voyage qui a cours alors. Tout se passe comme si l'auteur voulait profiter de cette mode pour relancer celle de la nouvelle et lui donner ainsi un nouveau lustre. Mlle de Scudéry qui ne cesse de chercher sa voie depuis le déclin des longs romans favorise plutôt la nouvelle/promenade[106]. Proche parente de la nouvelle précédente, elle est peut-être davantage au goût des mondains puisqu'il s'agit de raconter une histoire située dans le cadre d'une activité fort prisée par eux et qui se déroule dans les endroits même qu'ils fréquentent (Versailles, les Tuileries, etc.), l'auteure espérant par là obtenir l'adhésion du lecteur et lui plaire[107]. On remarque également que les auteurs s'inspirent de préférence des formes narratives proches de l'histoire, donc plus

---

[105] Jean de Préchac, *Le voyage de Fontaine-bleau*, Paris, La compagnie des marchands libraires associez, 1678, in-12, 298 p. Jean de Préchac, *Le voyage de la reine d'Espagne*, 2 vol., Paris, Jean Ribou, 1680, in-12, 165 p. et 173 p. Jean de Préchac, *Relation d'un voyage fait en Provence, contenant les antiquitez les plus curieuses de chaque ville, et plusieurs histoires galantes*, Paris, Claude Barbin, 1683, in-12, 144–192 p. Jean de Préchac, *Le fameux voyageur*, Paris, Padeloup, 1682, in-12, 234 p. Voir aussi: François Charpentier, *Le voyage du valon tranquille, nouvelle historique à la princesse Æmilie, op. cit.*

[106] Madeleine de Scudéry, *La promenade de Versailles*, Genève, Slatkine Reprints, 1979 [1669]. Voir aussi: *La promenade de Livry*, Paris, Charles Osmont, 1678, 2 vol., in-8°, 215 p. et 240 p. La forme de cette nouvelle est plus complexe puisque le narrateur écrit à une dame pour lui raconter ce qui se passa dans la compagnie de sept ou huit honnêtes personnes (dames et cavaliers) lorsqu'elles se retirèrent dans la forêt de Livry pour profiter de la douceur de la campagne et échapper aux contraintes de Paris, ce qui donne lieu au récit de six petites histoires. Sur la forme de la «Promenade», lire Delphine Denis, «Du Parterre aux Promenades: une scène pour la littérature du XVIIᵉ siècle», *XVIIᵉ siècle*, n° 209, 2000, p. 655–670; Alain Montandon, «Des promenades», *Les espaces de civilité*, Mont-de-Marsan, Éditions Interuniversitaires, 1995, p. 53–78.

[107] Cette volonté de plaire au public mondain, dont témoigne à l'évidence Madeleine de Scudéry par le choix des lieux de promenade, n'est pas sans rappeler celle de La Fontaine dans *Les amours de Psyché et de Cupidon* qui paraissent la même année.

près de la vérité, afin de renforcer la crédibilité des nouvelles et d'échapper à la critique qui dénonce essentiellement l'irréalisme du roman.

Ces quelques observations permettent de comprendre que, si la nouvelle des années 1661–1690 possède des traits spécifiques qui, sur le plan théorique, la distinguent du roman, des mémoires, des historiettes, du conte et autres genres narratifs brefs, la production littéraire elle, est des plus chatoyantes et échappe le plus souvent aux limites imposées par les règles qui ont d'ailleurs été définies *a posteriori*. Les frontières entre la nouvelle et les genres avoisinants n'étant nullement étanches, nous devons donc être prudents quand il s'agit de définir ce genre afin de ne pas l'enfermer dans les limites d'une définition trop étroite et d'en saisir tous les glissements. Il s'agit d'un genre complexe car il admet de nombreuses libertés, que ce soit sur le plan de la forme, de la structure ou de la terminologie, et ce, en dépit des règles bien spécifiques dont on le dote vers les années 1680. C'est ce qui donne l'impression aux lecteurs et critiques d'être en face d'un genre mouvant et en pleine mutation, sans contour bien défini.

À la suite de ce rapide parcours, il appert cependant que la nouvelle se définit d'abord contre le roman en insistant principalement sur son caractère véridique et véritable, sur l'unité de l'intrigue et la sobriété de son style, qu'elle vise l'adhésion du lecteur (les mondains et gens de cour) en lui présentant des personnages, des situations, des lieux et des actions qui lui sont familiers, auxquels il peut s'identifier puisqu'ils sont proches de sa réalité. C'est certainement cette question du véritable qui est centrale dans la définition de la nouvelle. Puisque c'est l'absence de vérité qu'on reproche aux romans, les nouvellistes vont tâcher de plaire aux lecteurs qui sont à la recherche de véracité, en élaborant diverses stratégies et en ayant recours à toute une série de procédés qui ont pour but de donner de la crédibilité à leurs nouvelles. Cela se déploie sur plusieurs plans, que ce soit par le choix terminologique d'«histoire véritable» qui renforce son caractère authentique et l'éloigne des extravagances du roman ; par le traitement de l'histoire comme une caution de vérité à l'intérieur de la nouvelle (qui s'accompagne le plus souvent d'une certaine complaisance dans l'art de citer les sources) ; par la diversité des formes que peut prendre la nouvelle en s'inspirant de genres narratifs près de l'histoire et donc de la vérité ; et par ses procédés narratifs, puisque nombre d'auteurs n'hésitent pas à prendre la parole dans le récit et à rappeler au lecteur qu'ils ont devant les yeux une nouvelle ou une histoire, et non un roman.

1.C. *Les cycles de la nouvelle*

La plupart des nouvelles qui paraissent entre 1661 et 1690 font partie de ce que nous pourrions appeler des « cycles » ou des « familles », terme sans doute plus souple qui a encore l'avantage de donner une vision moins fermée de chacun des ensembles. La lecture de ces nouvelles nous a permis de constater qu'elles se rattachent toutes de près ou de loin aux grandes cours de l'Europe et de l'Orient, et de dégager une typologie dont les principales subdivisions pourraient bien être les suivantes : les nouvelles de ce temps (principalement la France contemporaine), les nouvelles françaises du XVIᵉ siècle, les nouvelles françaises de l'ancienne cour, les nouvelles anglaises et écossaises, les nouvelles portugaises, espagnoles et mauresques, les nouvelles italiennes, les nouvelles de Rome et de la Grèce antique, les nouvelles danoises, allemandes et autrichiennes, les nouvelles polonaises, les nouvelles « africaines », « ottomanes » et « orientales »[108]. Chacune des nouvelles qui composent un cycle ou fait partie d'une famille a pour point de départ le même contexte historique, mais en privilégie une figure clef qui met en lumière un aspect différent de la grande histoire, et en révèle des causes ou des circonstances nouvelles. C'est le récit de l'histoire personnelle de ces personnages (réels mais parfois aussi fictifs) qui ont participé au déroulement de cette Histoire qui permet de remonter aux sources véritables des grands événements et d'en dégager les motivations secrètes. Du coup, la lecture de toutes les nouvelles qui composent un cycle donne une vue d'ensemble générale et complète sur un moment précis de l'histoire, sur les différentes intrigues et cabales qui s'y rattachent. Elle permet au lecteur de recomposer la grande Histoire à partir de perspectives diverses et multiples, de confronter les différents points de vue, d'en faire une lecture plurielle[109]. De plus, chacune des nouvelles s'inscrivant dans les non dits de celles qui la précèdent, complétant, confirmant ou réfutant les informations présentées dans les autres textes, ce jeu de renvois donne lieu à une dynamique où les nouvelles se répondent entre elles. Cela suppose une connivence et une compétence du lecteur puisqu'on fait appel à ses lectures antérieures et qu'on l'incite à lire les nouvelles qui vont suivre. Cela présente aussi un défi pour les auteurs qui doivent faire preuve d'inventivité en dépit de toutes ces contraintes, qui ont tout de même l'avantage de servir d'explication convaincante à leurs intrigues.

---

[108] Voir la classification du corpus par cycle en annexe.

[109] La lecture comparative de *Marie Stuart, reyne d'Écosse* de Boisguilbert, des *Nouvelles d'Élisabeth* de Mme d'Aulnoy, du *Comte d'Essex, histoire angloise* et du *Duc d'Alançon*, donne une vision particulièrement intéressante sur le règne d'Élisabeth Iʳᵉ. Ajoutons à cela les tragédies intitulées *Le comte d'Essex* de La Calprenède (1639) et de Thomas Corneille (1678).

Pour ne prendre qu'un exemple, on note qu'un jeu d'intertextualité s'établit clairement entre « L'historiette d'Anne de Bretagne » qui figure dans le premier tome de *L'amour sans faiblesse*[110] de l'abbé Montfaucon de Villars et la *Comtesse de Candale*[111], nouvelle écrite par Claude Boyer et publiée l'année suivante, soit en 1672. L'histoire de Boyer, qui se situe aussi à la fin du règne de Louis XI, révèle les raisons toutes personnelles qui ont nourri et alimenté la haine de Mme de Beaujeu pour le duc d'Orléans. L'action repose sur les diverses intrigues amoureuses du duc d'Orléans et plus particulièrement sur sa passion pour Madame de Candale qui a provoqué une furieuse jalousie chez Madame de Beaujeu qui aimait secrètement le duc d'Orléans. C'est cette jalousie qui aurait été à l'origine des persécutions qu'elle a ouvertement menées contre lui dès qu'elle a obtenu la régence de Charles VIII, obligeant alors le duc d'Orléans à se réfugier en Bretagne. Dans cette nouvelle – qui par ailleurs tient davantage du « petit roman » par ses nombreux retours en arrières et récits intercalés –, la guerre de Bretagne (cette « guerre folle ») n'est mentionnée qu'en passant, tout au plus deux lignes dans le texte évoquent cet événement, et aucune allusion n'est faite à l'amour prétendu que le duc d'Orléans a eu pour Anne de Bretagne. La princesse Anne n'y est nommée qu'une fois, et encore n'est-ce que pour dire qu'elle avait épousé depuis le roi Charles VIII.

Inversement, dans « L'historiette d'Anne de Bretagne », l'auteur ne cherche pas à expliquer les motifs de la haine qui opposent Mme de Beaujeu et le duc d'Orléans, il ne fait que très peu allusion aux amourettes du duc avant sa rencontre avec la princesse Anne. Pour ce qui est de la comtesse de Candale, elle n'est jamais nommée. L'accent est mis ici sur la guerre de Bretagne entreprise contre la régente, sur la passion du duc d'Orléans pour Anne de Bretagne, sur les obstacles que connurent leurs amours, et sur leur mariage enfin.

Nous pourrions rapprocher de ces deux nouvelles, mais dans une moindre mesure, le texte de Guy Allard qui paraît en 1673, *Zizimi, prince ottoman, amoureux de Philipine-Helene de Sassenage*[112]. Bien qu'il participe davantage au cycle des histoires ottomanes, le texte n'en fait pas moins allusion au règne de Louis XI et à l'avènement de son successeur, Charles VIII, en insistant toutefois sur l'impact que ces deux rois ont sur Zizimi et la guerre de succession qu'il entreprend contre son frère Bajazet II. Zizimi va chercher asile et protection en France. C'est en attendant que le roi de France décide de lever une armée pour l'aider à conquérir son trône (car le roi Louis XI est

---

[110]   Nicolas-Pierre-Henri Montfaucon de Villars, *L'amour sans faiblesse*, *op. cit.*

[111]   Claude Boyer, *La comtesse de Candale*, 2 t. en 1 vol., Paris, Ribou, 1672, in-8°, 194 p. et 275 p.

[112]   Guy Allard, *Zizimi, prince ottoman, amoureux de Philipine-Hélène de Sassenage*, Grenoble, Nicolas, 1673, in-12, 382 p.

alors trop mélancolique pour entreprendre quoi que ce soit), qu'il rencontre la belle Philipine de Sassenage et en devient amoureux. C'est donc le versant ottoman, ce qui se passe en Turquie sous le règne de Louis XI puis Charles VIII, que cette nouvelle nous révèle. De même, le récit cadre de la nouvelle *Le comte de Richemont*[113] se situe à la cour du duc François II de Bretagne, qui a accueilli Louis duc d'Orléans, cousin du roi Charles VIII, et qui aime sa fille Anne, tandis que le comte de Dunois et le Maréchal d'Albret sont amoureux d'Isabelle. Mais l'histoire principale racontée par le valet du comte de Richemont se déroule en Angleterre et a pour sujet les amours de ce comte et d'Élisabeth, princesse d'York.

Ces nouvelles, dont les années de publication se suivent (1671–1672– 1673–1680), renvoient les unes aux autres, prennent pour point de départ le même contexte historique, mais l'abordent différemment selon qu'elles insistent sur le personnage d'Anne de Bretagne, de la comtesse de Candale, de Zizimi ou du comte de Richemont. Chacune s'écrit dans les silences de celle qui la précède, la complète sans jamais la contredire complètement, établissant ainsi un jeu de correspondances qui donne à lire une nouvelle histoire des règnes de Louis XI et Charles VIII. Elle l'explique en racontant l'histoire personnelle de chacun de ses principaux personnages, en étudiant le mouvement de leurs passions et l'impact qu'ils eurent sur le déroulement de ce grand moment de l'histoire[114].

---

[113]   Henri de Juvenel, *Le comte de Richemont, nouvelle historique*, Amsterdam, Guillaume Duval, 1680, in-12, 132 p.

[114]   Partant de différents exemples, Marc Escola arrive à une conclusion semblable à la nôtre quand il écrit: «*La Comtesse de Tende* et *Le Comte d'Amboise* formeront le chaînon manquant entre *La Princesse de Clèves* et *La Princesse de Montpensier* qui ferme le cycle sous le règne de Charles IX.» Il poursuit: «Que les "histoires" puissent se glisser ainsi les unes dans les autres, que la série soit finalement à lire comme une longue continuation, en suivant d'une nouvelle à l'autre le destin de certains personnages ou en observant les différents effets d'un même événement politique, donne beaucoup mieux qu'un cours d'Histoire sur le règne des derniers Valois. La leçon est ici de poétique. Cette solidarité enseigne qu'il y a toujours dans une nouvelle de quoi en faire une autre: parce qu'elle s'écrit délibérément dans les "trous" de l'Histoire, la fiction nouvelle enseigne à spéculer sur les possibles d'une narration. En mettant en œuvre une causalité susceptible d'interférer de façon inédite avec le déroulement connu des événements historiques, toute fiction ne peut éviter de laisser subsister des ellipses dans sa propre trame – ne serait-ce que par la hiérarchie des personnages que suppose l'intrigue: il reste toujours possible d'imaginer le destin des personnages secondaires, ou de motiver autrement les décisions des personnages principaux». «Présentation», *Nouvelles galantes du XVIIe siècle, op. cit.*, p. 30–31.

L'intertextualité entre les nouvelles qui appartiennent à un même cycle peut se jouer à plusieurs niveaux[115], que ce soit celui de l'intrigue et des personnages – l'histoire de Mme de Tournon, par exemple, semble avoir été très inspirante[116] – ou simplement celui du titre. C'est le cas des *Nouveaux désordres de l'amour*[117] qui reprend bien entendu le titre du recueil de Mme de Villedieu mais dont l'intrigue est similaire, quoique sur un registre moins sérieux, à celle de *La princesse de Montpensier* de Mme de La Fayette. On peut songer également à Madeleine La Calprenède dont *Les nouvelles ou les divertissements de la princesse Alcidiane*[118] font écho aux *Nouvelles françaises ou les divertissements de la princesse Aurélie* de Segrais. Ces renvois explicites d'un texte à l'autre semblent s'inscrire dans une stratégie de promotion *quasi* commerciale de la nouvelle, les auteurs de ces copies plus ou moins réussies tâchent de profiter du succès de la nouvelle qui les a inspirés pour rejoindre un large public et être lus. C'est d'ailleurs ce que laisse entendre l'avis du libraire au lecteur des *Nouvelles de l'Amérique ou le Mercure amériquain* :

> Amy Lecteur, voyant avec combien de plaisir vous lisez les Avantures qui se sont passées dans vôtre Païs de nos jours, et combien vous faites un bon accueil au *Mercure Galant François*; Je me suis persuadé que celuy qui vous apprendroit les nouvelles des Païs Etrangers, et qui ne sont pas plus anciennes que ces autres, ne vous donneroit pas moins de satisfaction, et ne seroit pas reçu de vous moins favorablement. Ce qui a fait que depuis quelques semaines m'estant tombé entre les mains trois petites Histoires,

---

[115] Delphine Denis fait une observation semblable au sujet de la poésie galante: «les productions poétiques s'organisent volontiers en véritables *cycles*» (*Le Parnasse galant, op. cit.*, p. 184). Elle souligne que le jeu des intitulés a une fonction à la fois institutionnalisante et publicitaire: «profitant du succès de la première pièce à ouvrir la série, les auteurs s'efforcent à leur tour de rencontrer l'approbation générale, en inscrivant leurs productions dans le sillage de la précédente.» (*Idem.*) Puis, elle en conclut que: «L'effet de mode induit par ces intitulés fonctionne aussi à un double niveau: du côté du lectorat, que l'on prépare à assurer le succès de la pièce, tout autant que du côté des "beaux esprits" galants, prêts à se plier aux goûts changeants d'un public auquel ils appartiennent tout entier.» (*Ibid.*, p. 186.)

[116] L'histoire de Mme de Tournon a été traitée différemment par ces auteurs: Charles Cotolendi, *Mademoiselle de Tournon*, 2 parties en 1 vol., Genève, Slatkine Reprints, 1979 [1678]; Mme de La Fayette, *La princesse de Clèves*, dans *Romans et nouvelles*, Paris, Garnier, 1958 [1678], p. 237–395; Catherine Bernard, *Le comte d'Amboise, nouvelle*, dans *Œuvres*, t. I, *Romans et nouvelles*, Fasano/Paris, Schena/Nizet, 1993 [1689], p. 235–321.

[117] *Les nouveaux désordres de l'amour, nouvelle galante*, Liège, Louis Montfort, 1686, in-12, 140 p.

[118] Madeleine La Calprenède, *Les nouvelles ou les divertissements de la princesse Alcidiane*, Genève, Slatkine Reprints, 1979 [1661].

dont l'Amerique a esté le Theatre: J'ay crû que je pouvois leur donner le nom de *Mercure Ameriquain*, et j'ay trouvé à propos de vous les presenter, pour contenter vôtre curiosité[119].

Parfois les renvois se font à l'intérieur des nouvelles composées par un même auteur, sa notoriété ou son dernier succès servant de caution à la nouvelle histoire mise en marché:

> Le Titre de cette Nouvelle, fait assez connoistre qu'elle est du temps. Les Affaires de la République de Génes y sont traitées avec le mesme agrément que la Guerre de Hongrie et le Siege de Vienne le sont dans le Grand Vizir. Aussi cet Ouvrage est-il du mesme Autheur. C'est tout ce que je vous diray pour vous préparer à une lecture, qui vous doit donner beaucoup de plaisir[120].

D'autres fois encore, il s'agit de plagiat complet mais non revendiqué, le cas le plus célèbre étant certainement celui de Rousseau de La Valette dont le *Bajazet prince othoman*[121] est une reprise de *Floridon*, la sixième nouvelle du recueil de Segrais, et *Agnès, princesse de Bourgogne*[122] est une copie d'*Aronde*, la cinquième nouvelle de Segrais.

1.D. La nouvelle au regard de la morale et des passions

On assiste à tout un déplacement des discours de la morale au XVIIᵉ siècle, à une transposition en des genres plus proches de ceux que lisent habituellement les mondains et à une transformation du discours qui rejoint davantage les préoccupations de ce public de cour et de la ville. La morale se donne à lire, non plus seulement dans les traités savants et les réflexions théologiques écrites en latin, mais en français dans les portraits littéraires, les maximes, les essais, les mémoires, les dialogues et les conversations, opérant une laïcisation du discours théologique et moral. La morale s'affranchit donc à la fois de l'Église, de l'École et des institutions pour relever de pratiques mondaines[123].

---

[119] *Nouvelles de l'Amérique ou le Mercure Ameriquain. Où sont contenuës trois histoires veritables arrivées en nôtre Temps*, Rouen, François Vaultier, 1678, in-12, p. 3.

[120] Jean de Préchac, *L'illustre Genoise. Nouvelle galante*, Paris, C. Blageart, 1685, in-12, p.n.ch. Le libraire fait allusion à la nouvelle de Préchac, *Cara Mustapha, grand Vizir*, qui parut en 1684.

[121] Michel Archard Rousseau, sieur de La Valette, *Bajazet prince othoman. Nouvelle historique*, Cologne, François Foppens, in-12, 1679, 128 p.

[122] Michel Archard Rousseau, sieur de La Valette, *Agnès, princesse de Bourgogne, nouvelle*, Cologne, 1683, in-12, 128 p.

[123] C'est du moins ce que remarquent Lucie Desjardins et Éric Méchoulan dans leur présentation du numéro sur «L'écriture de la morale» qu'ils ont dirigé dans *Tangence*, n° 66, été 2001, p. 5–8.

Cette transformation peut prendre toutes sortes de figures curieuses. Charles Cotin, par exemple, publie une *Pastorale sacrée*[124] qui n'est autre chose qu'une réécriture galante du Cantique des Cantiques dans laquelle il entend défendre le style biblique contre les railleries de ses contemporains et tâche de réhabiliter ce texte auprès de la société mondaine, ce qui donne lieu à de nombreuses stratégies d'accommodation tant au niveau de la forme, de la structure, du sujet que du style. Il s'agit désormais de séduire l'élite mondaine, cultivée mais non spécialisée, en lui présentant des textes qui privilégient les genres qu'elle prise, en adaptant le contenu à ses centres d'intérêts, en pliant le discours moral aux valeurs mondaines, et en portant une attention particulière au raffinement du langage.

Le genre de la nouvelle participe à ce renouvellement du discours de la morale[125]. Il devient un autre lieu de propagation de ce savoir qu'il rend accessible aux lecteurs mondains, que ce soit par sa conclusion qui se veut hautement morale, par ses anecdotes, aventures, récits de faits divers qui ne sont jamais exempts de considérations morales, ou encore par l'analyse morale des faits, gestes, conduites, passions et sentiments des personnages, tant particuliers qu'historiques. Elle prend alors le relais de l'histoire, genre auquel elle s'adosse par ailleurs, et qui avait aussi des prétentions morales. En effet, l'histoire au XVIe et au XVIIe siècle se veut éducatrice, génératrice de modèles et de comportements en présentant des bons exemples à suivre, en brossant le portrait moral et politique des hommes et des femmes illustres, en écrivant leur vie: «il seroit tres-utile que les vies de toutes personnes publiques qui ont apporté quelque notable fruict au monde fussent bien et diligemment escrites, tant pour recompense de leurs travaux que pour exemple de vertu à l'advenir[126]». La nouvelle remplit une fonction similaire en donnant à lire des exemples de vertu et de courage tirés de la grande ou de la petite histoire, en présentant des témoignages de personnages fictifs ou réels dont le comportement est à imiter ou à proscrire[127]. Les nouvellistes offrent un récit plus

[124] Charles Cotin, *La pastorale sacrée, ou paraphrase du Cantique des cantiques selon la lettre, avec plusieurs discours et observations*, Paris, Le Petit, 1662, in-12, 417 p.

[125] Nous partageons la position de Didier Souiller pour qui: «le développement de la nouvelle participe de l'apparition de la littérature des "moralistes", comme l'on dit à propos des écrivains du XVIIe siècle; il s'agit d'écrits sciemment situés en marge de la philosophie et soucieux de constituer une connaissance pratique du comportement de l'homme, mais à partir de l'expérience quotidienne.» *La nouvelle en Europe de Boccace à Sade, op. cit.*, p. 179.

[126] *Discours merveilleux de la vie, actions et deportements de Catherine de Médicis, Roynemère*, Genève, Droz, 1995 [1575], p. 126.

[127] Voir par exemple: *Histoire d'Adelais de Bourgogne*, Amsterdam, Helvigraad, 1685, in-12, 166 p. L'auteur anonyme y fait le récit de la vie de cette reine qu'il présente

« digeste » pour les mondains en proposant des aventures sentimentales et des intrigues galantes, un style soigné, et en optant pour une trame narrative concise, respectant en cela le poncif du plaire (par les récits amoureux ou d'aventures) et instruire (par l'analyse morale des passions).

Les nouvelles étudient le jeu des passions, sa fatalité, les faiblesses et les malheurs causés par l'amour mais aussi par l'ambition, la rivalité, la colère et la vengeance. Elles peignent les passions, analysent les mouvements de l'âme, les conflits intérieurs qu'ils génèrent, leurs impacts, et, ce faisant, elles cherchent à affirmer une profonde connaissance du cœur humain[128]. Les nouvelles deviennent alors des laboratoires mondains où l'on dissèque le cœur humain; où l'on examine de plus près les différents mouvements des passions, leurs causes et leurs conséquences (que ce soit dans le domaine de la vie privée ou publique); où l'on met à l'épreuve des règles de conduites; où l'on prescrit des comportements fondés sur la retenue plutôt que sur l'emportement; où l'on émet des mises en garde contre les désordres provoqués par les passions. Elles deviennent le nouveau « bréviaire » des mondains, un complément indispensable aux traités de civilités. Bref, elles éclairent les lecteurs en leur donnant des petites leçons de conduite sur l'art d'aimer, de pratiquer la galanterie, et sur l'art de vivre en société. Cette étude des passions humaines, qui est au cœur même des nouvelles, est donc liée étroitement à la transformation du discours moral qui marque l'après Fronde: « Le cœur, qui inspirait naguère les grands desseins, est maintenant soupçonné d'être "creux et plein d'ordures"; la science du cœur, dont on félicite les moralistes et les

---

comme un modèle de vertu, et à qui l'empire romain doit son troisième rétablissement.

[128] La peinture des passions est d'ailleurs un élément qui permet de distinguer le roman de la nouvelle: « l'un voulait étonner par des caractères excessifs, l'autre peint le cœur humain et sacrifie tout à la vérité de cette peinture », Henri Coulet, *Le roman jusqu'à la révolution, op. cit.*, p. 210. Puis, cette connaissance du cœur humain devient un critère d'appréciation et d'excellence de la nouvelle (et du nouvelliste): « Ce qui m'a le plus satisfait dans votre Ouvrage, c'est que je l'ai trouvé fort profond dans une sorte de science qui est généralement assez inconnue, je veux dire dans la science du cœur. Combien peu de Gens sont capables d'en développer les replis! Combien de sentiments sont ignorés de ceux qui les ont, à moins qu'ils n'aient fait une étude particulière d'eux-mêmes! On s'imagine que pour écrire des choses agréables, il n'y a qu'à parler d'amour et de tendresse, de quelque manière que ce soit. Point du tout. Il faut démêler finement ce qui se passe dans le cœur, et nous faire voir des choses que nous n'y voyions pas. Que vous savez bien ce secret Madame! Que le cœur est bien entendu dans votre *Duchesse d'Estramène*! » Étienne Pavillon, « À la spirituelle inconnue qui nous a donné *La duchesse d'Estramène* », *Mercure galant*, mai 1682, p. 212–233 (dans Camille Esmein, *Poétiques du roman, op. cit.*, p. 686).

romanciers [nouvellistes], est l'art de démêler les mobiles inavoués, les ruses inconscientes, l'aveuglement, les faiblesses secrètes, la misère des hommes "tels qu'ils sont"[129]».

2. Le savoir sur les passions

L'objet principal des nouvelles étant les passions, il s'agit à présent de voir ce qu'on entend par là. Au XVIIe siècle, on définit généralement les passions comme des mouvements de l'âme, qui résident en sa partie sensitive, qui s'impriment sur le corps et en modifient l'apparence physique. Chaque passion étant singulière, dans sa cause, ses mouvements et ses effets, chacune possède ses signes particuliers et ses caractères reconnaissables qui sont d'ordre physique et moral. Cette conception suppose donc, ainsi que le souligne Lucie Desjardins[130], que chaque passion entraîne nécessairement une transformation du corps, du visage, du geste, de la voix, du maintien, du discours et de l'allure en général, et ce sont justement ces traits et ces caractères propres à chacune des passions qu'il s'agit de connaître et d'identifier, que l'on cherche à répertorier et à codifier. Chaque mouvement (le moindre haussement de sourcil, la plus délicate rougeur, l'imperceptible tremblement des lèvres) devient un signe qui révèle ou trahit la passion qui agite l'individu et fait l'objet d'un savant savoir théorique.

2.A. La colère et ses sources théoriques

L'étude des passions convoque une pluralité de savoirs et de pratiques, allant de la rhétorique à la philosophie morale, à la médecine et à la physiognomonie, en passant par les manuels de civilité et les arts de la conversation. Prenant le cas de la colère et du désir de vengeance qui l'accompagne, qui est l'objet de cette étude, il convient de passer en revue les principales sources qui irriguent ce savoir théorique, de voir en quoi elles se recoupent, se complètent ou se contredisent, afin de pouvoir par la suite distinguer celles qui sous-tendent le plus souvent la représentation qu'on en fait dans les nouvelles littéraires.

Dans le livre II de sa *Rhétorique*, Aristote définit la colère d'un point de vue pragmatique en étudiant les conditions psychologiques et sociales qui constituent le cadre de son développement, et pose un jugement de valeur plutôt positif sur cette passion: «la colère est le désir impulsif et pénible de

---

[129]   Henri Coulet, *Le roman jusqu'à la révolution, op. cit.*, p. 210–211.
[130]   Lucie Desjardins, *Le corps parlant: savoirs et représentations des passions au XVIIe siècle*, Sainte-Foy/Paris, Presses de l'Université Laval/L'Harmattan, 2001.

la vengeance notoire d'un dédain notoire en ce qui regarde notre personne ou celle des nôtres, ce dédain n'étant pas mérité[131]». Au contraire, Sénèque, dans le *De Ira*[132], brosse un portrait hideux et horrible de la colère qui s'apparente à la folie, en insistant sur le fait que tant de dérèglements ne peuvent que loger dans une âme noire et laide. Pour ce philosophe, la colère est une passion dangereuse et impétueuse qu'il faut absolument maîtriser et qui ne peut être d'aucune utilité. L'influence de ces philosophes se fait sentir tout au long du XVIIᵉ siècle. Le père Senault caractérise la colère par sa soudaineté et sa violence et la définit, tout comme Aristote, comme «un mouvement de l'appetit sensitif qui recherche la vengeance d'un outrage[133]», puis il peint un tableau de ses bons et de ses mauvais usages en insistant sur l'usage raisonné des passions. Alors que Sénèque condamne systématiquement les passions (car elles sont un mal en soi et que le sage doit les étouffer afin d'éviter les dérèglements et de connaître la quiétude), Senault, animé par une intention morale et pratique, désire plutôt apprendre à ses lecteurs l'usage de leurs passions en les soumettant à la grâce et à la volonté, ce qui leur permettra de devenir des hommes vertueux. Le traité publié vingt ans plus tôt par Nicolas Coëffeteau, conseiller du roi, défendait déjà une position similaire à celle de Senault et des philosophes chrétiens, soit que l'homme sage peut modérer et régir ses passions par l'usage de la raison, et s'opposait farouchement à la position des stoïciens. La définition qu'il propose de la colère est en tout

---

[131] Aristote, *Rhétorique*, t. II, Paris, Belles Lettres, 1938, 2, 1378 a.

[132] Sénèque, *Dialogues. De Ira/De la colère*, t. I, Paris, Belles Lettres, 1922. «C'est pourquoi certains sages ont dit que la colère était une courte folie; comme celle-ci en effet elle ne sait pas se maîtriser, perd la notion des convenances, oublie tous liens sociaux, s'acharne et s'obstine dans ses entreprises, ferme l'oreille aux conseils de la raison, s'agite pour des causes futiles, incapable de discerner le juste et le vrai et semblable aux ruines qui se brisent sur ce qu'elles écrasent. Si tu veux avoir la preuve que ceux que domine la colère n'ont pas leur bon sens, regarde leur extérieur; car si ce sont des symptômes manifestes de la folie que des yeux hardis et menaçants, un front sombre, une physionomie farouche, un pas précipité, des mains tremblantes, un changement de couleur, une respiration forte et haletante, les mêmes signes se retrouvent dans la colère: les yeux s'enflamment, lancent des éclairs, une vive rougeur se répand sur tout le visage sous l'action du sang qui afflue du cœur, les lèvres tremblent, les dents se serrent, les cheveux se dressent et se hérissent, la respiration est gênée et sifflante, les articulations, en se tordant, craquent, aux gémissements, aux mugissements se mêlent des lambeaux de phrases indistinctes, les mains s'entre-choquent sans cesse, les pieds frappent la terre, le corps tout entier est en mouvement et lance des menaces irritées, les traits, grimaçants et bouffis, sont défigurés et hideux. On ne sait ce qui l'emporte dans ce vice, de l'odieux ou de la laideur.» (p. 2–3.)

[133] Jean-François Senault, *De l'usage des passions*, Paris, Fayard, 1987 [1641], p. 288.

point similaire à celle d'Aristote: «La Colere, est une ardente Passion, qui sur l'apparence qu'il y a de nous pouvoir vanger, nous anime au ressentiment d'un mépris et d'une injure sensible, que nous croyons avoir esté injustement faite, ou à nous, ou à ceux que nous aimons[134]».

Le sieur de La Framboisière, médecin ordinaire du roi, s'inspire principalement de la théorie humorale de Galien pour décrire la complexion du colérique. Il conseille la modération des passions de l'âme car elles sont infiniment nuisibles à la santé quand elles sont excessives, particulièrement pour ceux qui ont l'humeur bilieuse. Puis, il propose aux colériques un régime de vie qui devrait leur permettre de brider leur colère. Notons que le portrait hideux qu'il brosse de l'homme en colère doit beaucoup à la description qu'en avait fait Sénèque[135]. Marin Cureau de la Chambre[136], qui fut aussi médecin ordinaire du roi, affirme que la colère est une passion mixte qui tient de la hardiesse et de la douleur. Il explique les dérèglements qu'elle entraîne à la surface du corps par le fait que la partie sensitive de l'âme est tiraillée entre les mouvements de la partie concupiscible (douleur) et irascible (hardiesse). Il énumère puis analyse tous les désordres du corps: yeux rouges et étincelants, sourcils qui ne se resserrent point, lèvres qui gonflent et tremblent, branlement de tête, voix véhémente et aiguë, respiration véhémente, paroles qui s'entrecoupent, discours qui s'embarrasse, pouls élevé, rapide et fréquent, visage qui devient rouge, etc. Descartes[137], qui rompt avec la tradition rhéto-

---

[134] Nicolas Coëffeteau, *Tableau des passions humaines, de leurs causes et de leurs effets*, Paris, Martin Collet, 1631 [1620], in-8°, p. 525.

[135] «Qui est celuy qui n'ait horreur du hydeux spectacle de l'homme cholere? Il jette le feu par les yeux comme un Demoniacle, il mugle comme une beste sauvage, il grince les dents comme un sanglier, il dresse le poil comme un Herisson, il esgratigne de ses griffes comme un Tygre, il trepigne des pieds comme un bouffon. Bref il n'a aucune façon, ny contenance d'homme. Aussi il n'est pas homme, n'ayant plus de raison.» Nicolas Abraham, sieur de La Framboisière, *Les œuvres*, vol. 2, Paris, Veuve Marc Orry, 1613, in-4°, p. 178.

[136] Marin Cureau de la Chambre, *Les caractères des passions*, vol. 2, Paris, Rocolet, 1660 [1640], in-4°. Il définit la colère comme «une agitation turbulente que la Douleur et la Hardiesse excitent dans l'Appetit, par laquelle l'Ame se retire en elle mesme pour s'esloigner de l'injure receuë, et s'esleve en mesme temps contre la cause qui la luy a faite afin de s'en venger. Et de là nous pouvons juger que comme cette Passion est mixte, ses causes et ses effetcs sont aussi de mesme nature: Car elle a veritablement deux objets, sçavoir est l'injure, et celuy qui l'a faite; elle a deux fins, l'une de s'esloigner du Mal, l'autre de s'en venger; elle est enfin composée de deux mouvemens, qui s'estant unis font l'agitation turbulente, où nous avons dit que consistoit la principale difference de cette Passion.» (p. 356–357.)

[137] René Descartes, *Les passions de l'âme*, Paris, Vrin, 1966 [1649]. «La Colere est aussi une espece de Haine ou d'aversion, que nous avons contre ceux qui ont fait quelque chose de mal, ou qui ont tasché de nuire, non pas indifferemment à qui

rique et la philosophie morale, décrit la colère à la manière d'un «physicien» en s'attachant à la physiologie, au phénomène circulatoire du sang et des sucs alimentaires, de même qu'aux causes et aux signes extérieurs. De là, il en vient à distinguer deux types de colère : celle de ceux qui rougissent et celle de ceux qui pâlissent, affirmant que la seconde est plus à craindre que la première car elle mène à la vengeance. Charles Le Brun, quant à lui, semble opérer une synthèse des propos tenus par Cureau de la Chambre et Descartes au sujet de la colère quand il prononce sa conférence sur l'expression des passions. La première partie de la définition de la colère reprend visiblement celle de Cureau de la Chambre : «La *colère* est une agitation turbulente que la *douleur* et la hardiesse excitent dans l'appétit, par laquelle l'âme se retire en elle-même pour s'éloigner de l'injure reçue, et s'élève en même temps contre la cause qui lui fait injure afin de s'en venger[138]». La seconde partie fait plutôt référence aux théories de Descartes :

> Mais s'il est vrai qu'il y ait une partie où l'âme exerce plus immédiatement ses fonctions, et que cette partie soit celle du cerveau, nous pouvons dire de même que le visage est la partie du corps où elle fait voir plus particulièrement ce qu'elle ressent. Et comme nous avons dit que la glande qui est au milieu du cerveau est le lieu où l'âme reçoit les images des passions, le sourcil est la partie de tout le visage où les passions se font mieux connaître, quoique plusieurs aient pensé que ce soit dans les yeux[139].

2.B. Finalités et usages du savoir sur les passions

Ces descriptions, pathologies et typologies sont évidemment orientées vers une finalité toute pratique et répondent à un objectif précis : une représentation des passions. Pour Aristote, mais aussi pour ceux qui s'attachent à la rhétorique des passions de manière générale, la passion, en l'occurrence

---

que ce soit, mais particulièrement à nous. Ainsi elle contient tout le mesme que l'Indignation, et cela de plus qu'elle est fondée sur une action qui nous touche, et dont nous avons Desir de nous vanger. Car ce Desir l'accompagne presque tousjours, et elle est directement opposée à la Reconnaissance, comme l'indignation à la Faveur. Mais elle est incomparablement plus violente que ces trois autres Passions, à cause que le Desir, joint à l'Amour qu'on a pour soy mesme, qui fournit à la Colere toute l'agitation du sang, que le Courage et la Hardiesse peuvent causer ; et la Haine fait que c'est principalement le sang bilieux qui vient de la rate, et des petites venes du foye, qui reçoit cette agitation, et entre dans le cœur ; ou à cause de son abondance, et de la nature de la bile dont il est meslé, il excite une chaleur plus aspre et plus ardente, que n'est celle qui peut y estre excitée par l'Amour, ou par la Joye.» (Art. CXCIX.)

[138] Charles Le Brun, *L'expression des passions et autres conférences. Correspondance*, Paris, Dédale, Maisonneuve et Larose, 1994 [1698], p. 58 (en italique dans le texte).

[139] *Ibid.*, p. 60–61.

la colère, est un levier qui permet de toucher l'auditeur ou le lecteur. Elle est un moyen décisif de persuasion, et la passion étant un mouvement qui affecte les individus et fait varier leur jugement, l'orateur aura bien soin de la ressentir lui-même afin de l'inspirer efficacement à son auditoire. Pour reprendre l'image de Michel Meyer[140], les passions constituent un clavier sur lequel le bon orateur joue pour convaincre. Quintilien dans *L'institution oratoire*[141] et Cicéron dans *De l'orateur*[142], font de l'*actio* (la quatrième partie de la rhétorique) un concept fondamental de la rhétorique des passions, en insistant sur l'importance du geste et de la voix comme auxiliaires de la persuasion. Gisèle Mathieu-Castellani, qui définit et présente très bien les enjeux de l'*actio*, dit à ce sujet:

> l'*actio* comprend à la fois le *motus*, les mouvements du corps et des membres, les gestes, et le *vultus*, les jeux de physionomies; elle est le faire-valoir du style: le ton, les accents, la voix et ses modulations, les gestes, le visage, ses mimiques sont des auxiliaires de la persuasion. Le rôle de la persuasion est avant tout de mettre en lumière et d'imiter les «mouvements de l'âme», les passions, souvent dans l'ombre, et obscures: il convient de les manifester, de leur donner du relief. À chaque passion son expression, et tout le corps doit devenir éloquent[143].

L'art du corps, du geste et de la voix est donc nécessaire pour emporter l'assentiment de l'auditoire, pour communiquer la passion que l'on veut susciter et ainsi persuader. S'inscrivant dans cette tradition, les rhétoriques du XVIIe siècle répertorient et codifient les différents savoirs sur la voix et sur le geste, attribuant à chaque passion les traits qui lui sont propres. Ainsi, l'orateur qui veut susciter la colère n'a plus qu'à suivre et à intégrer ces règles précises pour représenter et donner à voir l'homme en colère. Pour ne s'en tenir qu'à l'exemple de la voix, Michel Le Faucheur[144] dit de celle du colérique qu'elle est aiguë, impétueuse, violente et qu'elle est marquée par de fréquentes reprises d'haleine. René Bary[145] et plus tardivement Grimarest[146], distinguent

---

[140] Michel Meyer, «Aristote ou la rhétorique des passions», dans Aristote, *Rhétorique des passions. Livre second, chapitre I–II*, Paris, Rivages, 1989, p. 158.

[141] Quintilien, *Institution oratoire*, Paris, Belles Lettres, 1975–1978.

[142] Cicéron, *De oratore*, Paris, Belles Lettres, 1971.

[143] Gisèle Mathieu-Castellani, *La rhétorique des passions*, Paris, PUF, 2000, p. 76–77.

[144] Michel Le Faucheur, *Traitté de l'action de l'orateur, ou de la prononciation et du geste*, Paris, A. Courbé, 1657, in-12, 243 p.

[145] René Bary, *La rhétorique françoise; où l'on trouve de nouveaux exemples sur les passions et les figures*, Paris, Le Petit, 1659, in-12, 423 p.

[146] Jean-Léonor Le Gallois, sieur de Grimarest, *Traité du récitatif dans la lecture, dans l'action publique, dans la déclamation et dans le chant, avec un traité des accents, de la quantité et de la ponctuation*, Paris, J. Le Febvre, 1707, in-12, 237 p.

la colère simple (dont la voix est tantôt élevée tantôt grondante), de la colère qui s'accompagne d'une vengeance immédiate (la voix étant éclatante et indistincte), de la colère dont la vengeance est différée (la voix étant alors fort émue et néanmoins haute). La rhétorique, qui s'attache aussi à l'art du discours, propose une série de figures et de tropes qui permettent de persuader, de conserver l'attention de l'auditeur et de représenter les passions. Bernard Lamy, dans sa *Rhétorique ou l'art de parler*[147], partant du principe que les passions se peignent tant dans le discours que sur le corps, et que chaque passion a son langage particulier, recommande à l'orateur d'utiliser les tropes et les figures (les figures étant les expressions qui sont les caractères des passions) propres à chaque passion afin de toucher et de convaincre l'auditeur. Il se contente toutefois de formuler les principes généraux sans prescrire de façon systématique les figures que l'on doit utiliser pour représenter chacune des passions. Il suggère plutôt de s'étudier soi-même lorsque l'on est en colère (les propos et les discours tenus), et de lire des textes littéraires et religieux (Virgile ou la Bible, par exemple) pour le découvrir car il n'y a pas meilleure école.

Chez Marin Cureau de la Chambre, l'étude des passions s'inscrit à l'intérieur d'un vaste projet : l'art de connaître les hommes. Le langage du corps trahit les mouvements secrets de l'âme, les intentions cachées, et en posant l'adéquation entre l'être et le paraître, l'âme et le corps, l'intériorité et l'extériorité, il rend visible aux yeux de tous ce qui est invisible par définition[148]. Savoir lire les signes des passions qui paraissent à la surface du corps devient un moyen privilégié de connaître les mouvements qui agitent l'homme, de percer ses secrets et d'interpréter ses pensées. L'on comprend aisément que ce précieux outil ait délaissé les cabinets d'étude pour être rapidement mis à profit dans le cadre d'une société de cour qui repose sur le sens de l'honneur, le maintien de son rang et le soin de sa réputation, jusqu'à Louis XIV dont on dit qu'il mettait à contribution la science de Cureau afin de juger les individus sur leur physionomie avant d'engager un postulant à une fonction publique. Ainsi que le font remarquer Jean-Jacques Courtine et Claudine Haroche[149], la physionomie rejoint la civilité : elle fournit à chacun un guide de conduite dans la vie civile basée sur l'observation du visage de l'autre afin de connaître les hommes et leurs mobiles, et pouvoir éventuellement les gouverner.

---

[147] Bernard Lamy, *La rhétorique ou l'art de parler*, Paris, Pralard, 1688, in-12, 380 p.

[148] Lire à ce sujet Lucie Desjardins, «Dévoiler l'intime : la savante éloquence des passions au XVIIᵉ siècle», *Érudition et passion dans les écritures de l'intime*, Québec, Nota Bene, 1999, p. 169–181.

[149] Jean-Jacques Courtine et Claudine Haroche, *Histoire du visage. Exprimer et taire ses émotions (du XVIᵉ siècle au début du XIXᵉ siècle)*, Paris, Rivages, 1988.

Senault, dans l'épître qu'il adresse au Cardinal de Richelieu, montre que gouverner ses passions permet de gouverner l'État. Il pose pour illustre exemple le cardinal lui-même qui, étant maître de ses passions, présente toujours un visage impassible, tranquille, a-pathique, ne donnant aucune prise à ses adversaires. Se libérer de l'emprise des passions permet d'échapper au poids du regard des autres pour éventuellement les gouverner. Les passions sont donc ennemies du roi car elles nuisent à ses intérêts politiques. Le roi doit plutôt opter pour ce que Courtine et Haroche nomment une « politique du silence » qui repose sur une impassibilité et une parfaite maîtrise de soi[150].

Une des finalités pratiques du savoir sur les passions est d'apprendre l'art de se gouverner soi-même et de gouverner les autres, avant de pouvoir gouverner l'État. Les manuels de civilités du XVIIᵉ siècle prônent un comportement fondé sur la mise à l'écart des excès (les dérèglements des passions et ses emportements), sur une maîtrise du corps et du langage, sur une pleine possession de soi. Il s'agit, pour le courtisan, d'intérioriser ses passions afin de conserver sa contenance extérieure, de faire preuve de retenue, de modération et d'ouverture, éléments essentiels et constitutifs de la civilité qui assurent une bonne qualité d'échange avec les autres membres de la société, et qui permettent de plaire dans le monde. Ainsi, une personne renfrognée, colérique ou jalouse déplaira et ses excès, condamnés de tous, la couvriront de ridicule. Cette conduite (dictée par les contraintes et les réseaux d'interdépendances qui exercent des pressions de plus en plus fortes sur les individus évoluant dans cette hiérarchie sociale déterminée qu'est la société de cour, ainsi que l'a montré Norbert Élias[151]), indique clairement que l'art d'observer ses semblables et de contrôler ses passions, donc l'art de connaître les hommes, est un art crucial dans l'univers de la cour. Le courtisan, fort de ce savoir, épie sans cesse son voisin ou son ennemi, et l'art de déchiffrer un visage devient une arme essentielle pour qui veut élucider les intrigues de la cour. Et puisqu'un regard, une rougeur, un soupir, tout a une signification, il suffit de connaître et de reconnaître les signes pour déjouer son adversaire et s'en rendre maître. Inversement, ce savoir, qui déploie les replis les plus intimes de l'homme, rend également possible la dissimulation des passions au plus profond de soi: en connaître les mouvements, permet de s'observer soi-même et de se défier de ses propres agitations, d'apprendre à maîtriser et à refouler ses passions. La cour devient ainsi un vaste théâtre où chacun s'épie et se surveille, où chacun feint ou dissimule une passion, et où le port du

---

[150] Cette question a également retenu l'attention d'Hélène Merlin-Kajman, *L'absolutisme dans les lettres et la théorie des deux corps. Passions et politique*, Paris, Honoré Champion, 2000.

[151] Norbert Élias, *La société de cour*, Paris, Flammarion, 1985 [1974].

masque devient une seconde nature. Cet univers du double et du faux, de la dissimulation et de l'illusion, s'il est sévèrement condamné par des moralistes comme La Rochefoucauld et La Bruyère, est également finement repris par les textes littéraires qui jouent sciemment sur cette tension entre la nécessité de déchiffrer les autres et le désir de demeurer soi-même indéchiffrable.

2.C. Circulation et diffusion

Si la nouvelle devient un nouveau lieu de l'écriture de la morale de cour dans la seconde moitié du XVIIᵉ siècle, c'est principalement parce qu'elle est solidaire des différents savoirs qui circulent sur les passions, qu'elle les condense puis les diffuse de manière souple, synthétique et agréable, sous une forme qui est susceptible de plaire à un public mondain. La circulation des savoirs sur la passion s'explique de diverses manières et il est assez complexe puisqu'il joue sur plusieurs aspects : soit la traduction des traités anciens, la réédition des traités théoriques, la circulation orale, par le biais des conférences publiques données dans les académies ou les salons qui vulgarisent ces savoirs en les adaptant pour un large public, par les sermons et les prédications. Ce phénomène touche tous les domaines artistiques, tant la musique, l'opéra, le chant, la déclamation, la peinture, la sculpture que la littérature. C'est ce qui permet de dire que, « si la question des passions nourrit bien sûr l'intérêt du dialogue entre les arts, en retour, la confrontation des arts ne manque pas d'éclairer singulièrement la place centrale et la complexité de la question des passions au XVIIᵉ siècle[152] ».

Dès la seconde moitié du XVIᵉ siècle, l'intérêt pour les grands textes de l'Antiquité grecque et latine est si important que plusieurs équipes se donnent pour tâche d'en rendre la lecture accessible par leur traduction en langue vernaculaire. Les auteurs les plus traduits sont Aristote, Platon, Plutarque, Cicéron, Lucien, Tacite et Tite-Live. Vers les années 1620–1630, les éditions savantes qui étaient publiées en lourds in-folio et dont le prix était considérable font généralement place à des livres de format réduit (in-12), qui se présentent, ainsi que le remarque Henri-Jean Martin, « sous l'aspect simple et maniable d'un ouvrage de culture courante, voire d'un livre de classe[153] ».

---

[152] Ce phénomène a d'ailleurs donné lieu à une très intéressante exposition à la Cité de la musique de Paris du 23 octobre 2001 au 20 janvier 2002, qui mettait bien en évidence les rapports qui unissent peinture, sculpture, opéra et musique aux différents traités des passions en posant la question de l'expression et de la représentation des passions dans l'art français du XVIIᵉ siècle. Voir aussi à ce sujet le catalogue de l'exposition : Emmanuel Coquery et Anne Piéjus (dir.), *Figures de la passion*, Paris, Musée de la musique, Cité de la musique, 2001, dont nous citons ici la page 14.

[153] Henri-Jean Martin, *Livre, pouvoirs et société à Paris au XVIIᵉ siècle (1598–1701)*, t. I, Genève, Droz, 1969, p. 190–191.

Aristote est très certainement la figure qui règne avec le plus d'autorité parmi les philosophes de l'Antiquité. Pour ne prendre que l'exemple de sa *Rhétorique*[154], elle est traduite et publiée plus de neuf fois entre 1608 et 1698. *De la colère* de Sénèque[155] connaît un succès similaire puisqu'il y a au moins douze rééditions de la traduction faite par Pierre Du Ryer qui circulent entre 1604 et 1669. On compte six rééditions du *De Oratore* de Cicéron[156] entre 1640 et 1692 et Michel de Pure donne une traduction de l'*Institution oratoire* de Quintilien[157] en 1663. Au contraire, *Les œuvres morales et meslées* de Plutarque[158] qui ont été traduites par Jacques Amyot cessent d'être rééditées massivement

---

[154] *Les trois livres de la Rhétorique d'Aristote, traduits de grec en françois par Jean du Sin*, Paris, D. Douceur, 1608, in-8°, réimp. en 1613; *La Rhétorique d'Aristote, traduicte en françois par le sieur Robert Estienne*, Paris, impr. R. Estienne, 1624, in-8°; *La Rhétorique d'Aristote. Les deux premiers livres traduits du grec en françois par feu sieur Robert Estienne et le troisiesme par Robert Estienne, son nepveu*, Paris, impr. R. Estienne, 1630, in-8°; *La Rhétorique d'Aristote en françois (par François Cassandre)*, Paris, L. Chamhoudry, 1654, in-4°; *La Rhétorique royale d'Aristote, traduite de grec en françois par monsieur Bauduyn de la Neufville*, Paris, A. Boutonné, 1669, in-12; *La Rhétorique d'Aristote*, Paris, J. B. Loyson, 1673, in-8°; *La Rhétorique d'Aristote*, Paris, D. Thierry, 1675, in-8°; *La Rhétorique d'Aristote*, Amsterdam, J. L. de Lorme, 1698, in-8°.

[155] Sénèque, *De la colère*, Paris, A. de Sommaville, 1651, in-12, réimp. en 1661; *De la colère*, Paris, Compagnie des libraires associés, 1669, in-12; *Les œuvres morales et meslées de Sénèque, traduites de latin en françois et nouvellement mises en lumière par Simon Goulant*, t. II, 1595 (réed. en 1604 et 1606); *Les œuvres de L. Annaeus Senecca, mises en françois par Mathieu de Chalvet*, Paris, A. Langelier, 1604, in-fol., (réed. en 1616, copies qui circulent à Rouen en 1618 et 1634, réed. nouvelle et augmentée qui circule à Paris en 1624 et 1638); *Les œuvres de Sénèque, de la traduction de Monsieur François de Malherbe, continuées par Pierre du Ryer*, t. II, Paris, A. de Sommaville, 1659, in-fol.

[156] *La Rhétorique de Cicéron, ou les trois livres du dialogue de l'Orateur, traduits en françois par l'abbé Cassagne*, Paris, C. Barbin, 1673, in-8°, qui sera également publiée à Paris, L. Billaine, 1673, in-8°, Paris, D. Thierry, 1673, in-8° et à Lyon, H. Molin, 1692, in-12; *Les œuvres de Cicéron (trad. Pierre Du Ryer)*, 11 vol., Paris, A. de Sommaville, 1640–1657, in-12; *Les œuvres de Cicéron (trad. Pierre Du Ryer)*, 12 vol., Paris, Compagnie des libraires associés, 1670, in-12.

[157] *De l'institution de l'orateur, avec les notes historiques et littérales, par Michel de Pure*, 2 parties en 1 vol., Paris, F. Clouzier, 1663, in-4°.

[158] *Les œuvres morales et meslées, traduites du grec en françois par Jacques Amyot* sont publiées à Paris dans les éditions suivantes: J. Le Bouc, 1603, in-8°, s.é., 1603, in-8°, s.é., 1604, in-4°, R. Fouet, 1606, in-4°, s.é., 1606, in-4°, J. Limbert, 1616, in-8°, François Gueffier, 1616, in-8°, C. Morel, 1618, in-fol., s.é., 1618, in-fol., A. Robinot, 1645, in-fol., s.é., 1645, in-fol., s.é., 1655, in-fol.; à Lyon: P. Frelon, 1605, in-fol., P. Frelon, 1611, in-8°, P. Frelon, 1615, in-8°, s.é., 1615, in-8°; et à Genève: impr. de J. Stoer, 1604, in-fol., s.é., 1604, in-fol., impr. de J. Stoer, 1627, in-fol.

après 1655, la grande édition de la *République* de Platon[159] remonte à 1600, alors que le *De ira Dei* de Lactance n'est pas traduit de tout le XVIIe siècle. Ainsi que le fait remarquer Henri-Jean Martin : « les seules œuvres véritablement constructives, conformes à la doctrine traditionnelle, qui attirent alors l'attention, sont, avec quelques ouvrages de logique, les traités des passions que publie Coëffeteau ou Cureau de la Chambre, annonciateurs par ailleurs de l'intérêt croissant que prendra désormais un très vaste public aux questions psychologiques et morales[160] ». Une simple recension des rééditions des traités des passions, manuels de civilité, peintures morales, réflexions philosophiques ou théologiques et autres rhétoriques confirme ces dires. Pour ne s'en tenir qu'aux cas les plus probants, le *Tableau des passions humaines* de Coëffeteau[161] est réédité sept fois entre 1620 et 1664, *De l'usage des passions* du père Senault[162] est réédité jusqu'à dix-sept fois en moins de trente ans. *Les passions de l'âme* de Descartes[163] connaissent un sort similaire puisque l'ouvrage est réédité dix fois en trente ans. Marin Cureau de la Chambre n'a pas moins de succès car son *Art de connoistre les hommes*[164] compte 6 rééditions entre 1659 et 1669, alors que ses *Charactères des passions*[165] sont sans cesse repris entre 1645 et 1663. Quant aux

---

[159] La République de Platon traduite de grec en françois et enrichie de commentaires par Loys Le Roy, Paris, A. Drouart, 1600, in-fol.

[160] Henri-Jean Martin, *Livre, pouvoirs et société à Paris au XVIIe siècle (1598–1701)*, op. cit., t. I, p. 223.

[161] Nicolas Coëffeteau, *Tableau des passions humaines, de leurs causes et de leurs effets*, Paris, S. Cramoisy, 1620, in-8°, réimp. en 1625 et 1629 ; Paris, M. Henault, 1630, in-8° ; Paris, M. Collet, 1631, in-8° ; Paris, M. Henault, 1632, in-8° ; Paris, P. Trabouillet, 1664, in-12.

[162] Jean-François Senault, *De l'usage des passions*, Paris, Veuve J. Camusat, 1641, in-4° (7 rééditions entre 1641 et 1648) ; Paris, Société, 1651, in-8° ; Paris, J. Bouillerot, 1652, in-8° ; Leyde, J. Elsevier, 1658, in-12 ; Paris, C. Journel, 1660, in-12 ; Paris, J. Bouillerot, 1661, in-12 ; Paris, P. Le Petit, 1664, in-12 ; Paris, Compagnie des marchands libraires du Palais, 1665, in-12 ; Amsterdam, J. de Ravesteyn, 1668, in-12 ; Paris, L. Raveneau, 1669, in-12.

[163] René Descartes, *Les passions de l'âme*, Paris, H. Legras, 1649, in-8° ; Amsterdam, L. Elzevier, 1650, in-12 ; Paris, G. Aliot, 1650, in-8° ; Paris, T. Quinet, 1650, in-8° ; Paris, E. Pépingué, 1650, in-8° ; Rouen, J. Besongne, 1651, in-4° ; Paris, M. Bobin et N. Legras, 1664, in-12 ; Paris, T. Girard, 1664, in-12 ; Paris, N. Bobin, 1679, in-12 ; Paris, T. Girard, 1679, in-12.

[164] Marin Cureau de la Chambre, *L'art de connoistre les hommes*, Paris, Rocolet, 1659, in-4° ; Amsterdam, J. Le Jeune, 1660, in-12, réimpr. en 1669 ; Paris, J. D'Allin, 1662, in-4°, 2e éd. en 1663 et 3e éd. en 1667.

[165] Marin Cureau de la Chambre, *Les characteres des passions*, Paris, Rocolet, 1645, in-4° ; vol. 1, Paris, Rocolet, 1648, in-4° ; vol. 2, Paris, Rocolet, 1660, in-4° ; vol. 3–4, Paris, Rocolet, 1659 ; vol. 5, Paris, J. D'Allin, 1662 ; 5 vol., Amsterdam, A. Michel, 1658–1663, in-12 ; 5 t. en 2 vol., Paris, J. D'Allin, 1662, in-4° (2e éd. en 1663).

Peintures morales du père Le Moyne[166] elles sont rééditées cinq fois entre 1640 et 1672. Parmi les manuels de civilité et arts de vivre à la cour, celui de Nicolas Faret[167] est le plus prisé puisqu'il donne lieu à neuf rééditions, *Le nouveau traité de civilité* de Courtin[168] le suit de près avec ses huit rééditions, et les rééditions de *L'honnête femme* de Du Bosc[169] sont encore plus nombreuses. Du côté de la médecine et des traités de physionomie, Galien[170] et Hippocrate[171] continuent à exercer leur autorité (d'ailleurs la grande édition des œuvres de ce dernier est achevée d'imprimer entre 1670 et 1679). Docteurs et médecins ont constamment recours à leurs textes, comme c'est le cas pour La Framboisière[172] dont les *Œuvres* sont éditées en 1613 puis reprises en 1631. Si la réédition des rhétoriques et arts du discours se fait plus discrète, elle n'en a pas moins une certaine importance, que l'on songe à *La rhétorique françoise* de René Bary[173] ou à celle

---

[166] Pierre Le Moyne, *Les peintures morales ou les passions représentées par tableaux, par charactères, et par questions nouvelles et curieuses*, 2 vol., Paris, Cramoisy, 1640–1643, in-4° (2ᵉ éd. 1643–1645); Paris, J. Cottin, 1669, in-12; Paris, C. Osmont, 1672, in-12.

[167] Nicolas Faret, *L'honneste homme, ou l'art de plaire à la cour*, Paris, T. Du Bray, 1630, in-4°; Paris, T. Du Bray, 1631, in-8°; Paris, S. Petit, 1639, in-8°; Lyon, N. Gay, 1640, in-8°; Lyon, G. Valfray, 1640, in-8°; Paris, M. Bobin et N. Legras, 1658, in-12; Strasbourg, impr. de E. Welper, 1664, in-8°; Paris, A. Besoigne, 1681, in-12; Paris, P. Trabouillet, 1681, in-12.

[168] Antoine de Courtin, *Nouveau traité de civilité qui se pratique en France parmi les honnestes gens*, Paris, H. Josset, 1671, in-12 (8 rééditions entre 1671 et 1695); Antoine de Courtin, *Suite de la civilité françoise*, Paris, A. Josset, 1675, in-12 (2ᵉ éd. en 1680).

[169] Jacques Du Bosc, *L'honneste femme*, Paris, J. Billaine, 1632, in-8° (3ᵉ éd. en 1635); Paris, J. Jost, 1635, in-4° (3ᵉ éd.); Paris, A. Soubron, 1634, in-4°; Paris, A. Courbé, 1636, in-4°; Paris, P. Auboin, 1639–1640, in-8°; Rouen, Veuve Du Bosc, 1639 et 1643, in-8°; Paris, H. Legras et M. Bobin, 1658, in-12 (4ᵉ éd.); Paris, N. Trabouillet, 1662, in-24 (4ᵉ éd.).

[170] Claude Galien, *Le livre de Galien, de l'art de guérir par la saignée, traduit du grec par Louis Savot*, Paris, P. Mettayer, 1603, in-12; *Le livre de l'art de guérir par la saignée*, Paris, s.é., 1656, in-8°; *De l'usage des parties du corps humain, traduit du grec et latin*, Paris, C. Du Mesnil, 1659, in-4°.

[171] Hippocrate, *Les aphorismes d'Hippocrate, avec le commentaire de Galien sur le premier livre, traduicts de grec en françois par J. M. Breche*, Lyon, J. A. Huguetan, 1605, in-16 (rééd. en 1606, 1615, 1627, 1634, 1646 et 1671); *Les aphorismes d'Hippocrate traduittes de nouveau en françois par M. Jean Viger*, Lyon, J. A. Huguetan, 1620, in-16 (rééd. nouvelle et augmentée à Paris, J. d'Houry, 1666, in-12); *Aphorismes d'Hippocrate traduicts en françois*, Paris, E. Michallet, 1685, in-12; *Les œuvres du grand Hippocrate*, Paris, L'Autheur, 1667, in-4°; *Les prognostics d'Hippocrate avec son serment et son traité des maladies vierges, mis en françois par le sieur de Mirabeau*, Paris, J. d'Houry, 1668, in-12.

[172] Nicolas Abraham, sieur de La Framboisière, *Les œuvres*, 2 vol., Paris, Veuve Marc Orry, 1613, in-4°; Paris, M. Sommius, 1613, in-4°; Paris, J. Cottereau, 1631, in-fol.

[173] René Bary, *La rhétorique françoise où l'on trouve de nouveaux exemples sur les passions et sur les figures*, Paris, P. Le Petit, 1659, in-12 (rééd. en 1665 et 1673).

de Bernard Lamy[174], au traité de Michel Le Faucheur[175] ou à *L'art de discourir des passions* de Louis de Lesclache[176].

Sorel dans sa *Bibliothèque françoise* brosse un tableau de ce que pouvaient être les lectures et connaissances des honnêtes gens. Il répertorie et commente les ouvrages qu'il juge essentiel dans chaque discipline, que ce soit la langue, la rhétorique, la philosophie, les sciences pures et naturelles, la médecine, la jurisprudence, l'instruction chrétienne, la dévotion, la conduite dans la vie civile, ou la politique. Ce témoignage a une certaine importance pour cette étude puisque plusieurs écrivains, philosophes, penseurs et théoriciens des passions y figurent et recoupent ceux qui se trouvent dans la recension faite plus haut, faisant ainsi foi de leur large diffusion et de leur accessibilité pour le lecteur mondain. Parmi ceux-ci, Sorel recommande à l'homme d'esprit et à l'honnête femme qui veulent parler avec éloquence la lecture de la *Rhétorique* d'Aristote qui a été traduite depuis peu par Estienne et Cassandre, et les *Institutions oratoires* de Quintilien dont l'abbé de Pure a fait la traduction. Qui veut apprendre à bien raisonner devrait lire principalement Aristote, Platon, Plutarque, Sénèque ; sur la philosophie touchant à l'essence de Dieu, Lactance et Saint-Augustin. Si on cherche à s'instruire sur l'anatomie, le corps et l'âme de l'homme, il convient de lire Galien, Descartes, *Le tableau des passions* de Coëffeteau, *Les charactères des passions* de Cureau de la Chambre, *Les œuvres* de La Framboisière ainsi que celles d'Hippocrate traduites en français et commentées par Jean Breche. Les auteurs les plus prisés pour l'instruction chrétienne et la dévotion sont saint Thomas (dont le père Coëffeteau a fait d'excellentes paraphrases), François de Sales, l'évêque Du Bellay (Jean-Pierre Camus) et le père Caussin. *Les peintures morales* du père Le Moyne et le traité *De l'usage des passions* du père Senault enseignent à modérer et à régler les passions, à en faire un usage légitime. Pour la conduite de la vie, la préférence de Sorel va à *L'honneste homme* de Faret, à *L'honneste fille* et à *L'honneste garçon* de Grenaille, ainsi qu'à *L'honneste femme* du père Du Bosc.

Si la bibliothèque imaginaire de Sorel a quelque chose d'idéal, les tableaux statistiques préparés par Henri-Jean Martin[177] à partir des inventaires après décès conservés dans les archives notariales permettent de mieux évaluer la pénétration de ces ouvrages dans les bibliothèques privées du temps, et force

---

[174] Bernard Lamy, *La rhétorique ou l'art de parler*, Paris, A. Pralard, 1688, in-12 (3ᵉ éd.).

[175] Michel Le Faucheur, *Traitté de l'action de l'orateur, ou de la prononciation et du geste*, Paris, A. Courbé, 1657, in-12 ; Paris, L. Billaine, 1667, in-12.

[176] Louis de Lesclache, *L'art de discourir des passions, des biens et de la charité, ou une méthode facile pour découvrir les avantages qu'on peut recevoir de l'ordre des choses*, Paris, Rondet, 1665, in-12 ; Paris, L'autheur, 1670, in-4°.

[177] Henri-Jean Martin, *Livre, pouvoirs et société à Paris au XVIIᵉ siècle (1598–1701)*, op. cit., t. I, p. 490–515, t. II, p. 926–952.

est de constater que les titres qui figurent sur leurs rayons sont similaires. Entre 1642 et 1670, sur les 200 inventaires examinés, on compte 40 ouvrages de saint Augustin, 19 de saint Thomas, 44 d'Aristote, 26 de Platon, 87 de Plutarque, 78 de Sénèque, 38 de Cicéron, 4 de Quintilien, 10 de Galien, 8 d'Hippocrate, 6 de La Framboisière, 4 de Descartes, 1 *Tableau des passions* de Coëffeteau, 8 *Charactères des passions* de Cureau de la Chambre, 7 ouvrages du père Senault et 9 du père Le Moyne. Tandis que sur les 100 inventaires les plus explicites entre 1671 et 1700, on trouve 43 ouvrages de saint Augustin, 18 de saint Thomas, 39 d'Aristote, 9 de Platon, 28 de Plutarque, 39 de Cicéron, 7 de Quintilien, 32 de Sénèque, 6 d'Hippocrate, 7 *Charactères des passions* de Cureau de la Chambre, 2 *Passions de l'âme* de Descartes, 6 ouvrages du père Senault et 6 du père Le Moyne. Ces recensions sont importantes pour la topique culturelle que nous nous proposons de faire car elles mettent au jour le savoir commun que partagent les écrivains et les lecteurs de ce temps. Elles ont aussi orienté notre recherche en nous indiquant quels sont auteurs les plus susceptibles d'avoir influencé les nouvellistes dans leur représentation littéraire des passions (ce dont il sera question au chapitre II de cette étude).

Mais il n'y a pas que la lecture « érudite » qui permet d'acquérir un tel savoir. Les connaissances des honnêtes gens seraient surtout tributaires des conversations et conférences mondaines, et ce sont les femmes et les salons qui ont joué un rôle déterminant dans cette forme de culture orale. Les salons, ainsi que l'a montré Linda Timmermans[178], sont des lieux d'accès privilégié au savoir pour les femmes, où abbés et savants viennent faire part de leurs connaissances, faisant ainsi office de précepteur. L'homme a donc un rôle important à jouer dans la vie intellectuelle et littéraire des salons car il est la source du savoir, celui qui fréquente le monde et qui est à l'affût des dernières tendances et créations littéraires. La présence de plusieurs abbés, religieux ou moralistes dans les salons s'explique d'ailleurs par leur qualité d'enseignant. Les hommes ayant droit à une éducation beaucoup plus complète et spécia-lisée que les femmes, ils viennent partager leur savoir dans les salons, perpé-tuant ainsi leurs connaissances et en faisant l'apanage des femmes. Les salons sont un lieu de compromis idéal car tout en demeurant dans la sphère do-mestique (la femme reçoit chez elle), elle côtoie des hommes cultivés et au bel esprit et parvient à parfaire son éducation une fois le cursus scolaire féminin traditionnel complété. Plus que par de simples lectures, c'est la fréquentation des salons littéraires qui permet aux femmes d'échanger leurs idées, de mettre en pratique leurs nouveaux acquis, d'améliorer leurs connaissances en étant

---

[178] Linda Timmermans, *L'accès des femmes à la culture (1598–1715) : un débat d'idées de Saint François de Sales à la marquise de Lambert*, Paris, Honoré Champion, 1993. Les lignes qui suivent reprennent sa démonstration.

sans cesse en contact avec des gens savants et férus de belles lettres. Et si les femmes profitent du savoir des hommes pour enrichir leurs connaissances, les hommes, eux, ont pour avantage d'apprendre les bonnes manières, les règles de la politesse mondaine et la civilité, qualités nécessaires pour faire bonne impression à la cour. C'est d'ailleurs ce qu'avoue l'abbé Charles Cotin, un poète habitué des salons et des ruelles, dans ses *Lettres galantes*, perpétuant l'idéologie de la femme civilisatrice : « les femmes de qualités ont poli mes mœurs et cultivé mon esprit ». Les salons littéraires, s'ils sont d'abord des lieux où l'on se divertit, sont aussi des lieux d'échanges où le savoir est un enjeu important. La vogue des conférences mondaines relève de cette pratique (à la fois distrayante et instructive) et s'expliquerait par la volonté de ces femmes d'acquérir les connaissances nécessaires sur différents domaines (science, théologie, grammaire, philosophie, etc.) en invitant un spécialiste à venir partager son savoir et son expérience dans un salon. « Auprès des marquises, les penseurs apprendraient les usages, et les marquises verraient leur esprit s'éclairer au voisinage des penseurs[179] », écrit François Bott. Il n'est qu'à penser à Fontenelle qui fréquentait le salon de Mme de la Sablière et pour laquelle il a écrit ses *Entretiens sur la pluralité des mondes*, et c'est encore chez elle que le docteur Bernier, médecin du Grand Mogol, venait raconter ses innombrables souvenirs de l'Orient, des Indes et de la Chine, et pour elle qu'il composa son *Abrégé de la philosophie de Gassendi*.

Les conférences n'ont pas uniquement lieu dans les salons ainsi que le montre Henri-Jean Martin[180]. Théophraste Renaudot est le premier à organiser des conférences s'adressant d'abord à de jeunes médecins, et qui deviennent par la suite une sorte d'université libre où l'on discute de divers sujets. Ces réunions qui sont faites en français, et qui ont lieu tous les lundis de 1632 à 1643, attirent un auditoire important. Autour de 1655, les conférences mondaines connaissent un grand succès. « Parmi les conférenciers les plus célèbres, Louis de Lesclache prodiguera ainsi durant 34 ans, de 1635 à 1669, un enseignement en français, destiné à un public de grandes dames et de gens de cour – commentant Aristote et discourant des philosophes modernes », note Henri-Jean Martin[181]. Jean Le Soudier sieur de Richesource reçoit une, puis trois fois par semaine un auditoire de jeunes ecclésiastiques. Plus tard, Rohaut explique la doctrine de Descartes en privé à de grands personnages ou à une large foule lors de conférences publiques. Mais l'un des cas les plus éclatants

---

[179] François Bott, « Avant-propos », dans Bernard Le Bovier de Fontenelle, *Entretiens sur la pluralité des mondes*, Paris, Éditions de l'Aube, 1994 [1990], p. 9.
[180] Henri-Jean Martin, *Livre, pouvoirs et société à Paris au XVIIe siècle (1598–1701)*, *op. cit.*, t. II, p. 657–659.
[181] *Ibid.*, p. 657.

est certainement celui du peintre Charles Le Brun qui, lors de la conférence inaugurale de l'Académie Royale de peinture et de sculpture, le 17 avril 1668, diffuse un savoir philosophique et médical (Cureau de la Chambre, Descartes) en enseignant la théorie de l'art (l'expression des passions en peinture) à un auditoire composé de collègues et d'étudiants mais aussi de mondains et de gens de toutes conditions. Michel Anguier prononce également de nombreuses conférences à cette nouvelle académie sur la pratique de la sculpture, l'anatomie et l'expression des passions.

Vers le milieu du XVIIᵉ siècle, l'éloquence religieuse n'est plus seulement destinée aux savants et aux docteurs en théologie mais s'adresse aussi aux fidèles de l'élite de la société. Les prédicateurs tâchent de reconquérir les âmes lors des grandes fêtes liturgiques et des carêmes, et ils abordent le plus souvent des questions de morale et de pratique religieuse[182]. L'évolution de l'éloquence religieuse se manifeste par le choix même des sujets qui sont abordés. On délaisse peu à peu le dogme et la théologie pour accorder une place de plus en plus importante à la morale, aux devoirs pratiques du chrétien et à la peinture des passions, ainsi qu'en font foi les sermons de Senault, Bossuet, Bourdaloue, Fléchier ou Massillon. Il se dégage à la lecture des sermons de Bossuet une peinture des passions assez sombre puisqu'il les présente comme étant destructrices pour l'équilibre moral et ce pour quatre raisons majeures, ainsi que le remarque Jacques Truchet[183]: les passions s'attaquent à la raison qui devient la servante et non plus la maîtresse du corps, elles détruisent la liberté de l'homme (Bossuet reprend le lieu commun de l'homme esclave de ses passions), elles ne désarment pas avec l'âge et elles n'apportent aucune satisfaction à ceux qui s'y abandonnent puisqu'elles sont insatiables. Il présente ainsi la situation dans le *Sermon du mauvais riche* (ou sur l'impénitence finale) qu'il a prêché le 5 mars 1662 dans le cadre du carême du Louvre:

> Donc, dans l'âme de ce mauvais riche et de ses cruels imitateurs, où la raison a perdu l'empire, où les lois n'ont plus de vigueur, l'ambition, l'avarice, la délicatesse, toutes les autres passions, troupe mutine et emportée, font retentir de toutes parts un cri séditieux, où l'on n'entend que ces mots: «Apporte, apporte: *Dicentes: Affer, affer*»[184].

Bourdaloue, successeur et rival de Bossuet, dans son sermon *Sur la pensée de la mort* qu'il a prêché à Notre-Dame le vendredi des Cendres de 1671, voit en

---

[182] Voir à ce sujet Henri-Jean Martin, *Livre, pouvoirs et société à Paris au XVIIᵉ siècle (1598–1701), op. cit.*, t. II, p. 787–789.

[183] Jacques Truchet, *La prédication de Bossuet*, Paris, éd. du Cerf, 1960, p. 229–232.

[184] Jacques-Bénigne Bossuet, *Sermon sur la mort et autres sermons*, Paris, Garnier-Flammarion, 1996, p. 66–67. Il reprend également ce propos dans le *Sermon sur la nécessité de la pénitence*.

cette pensée, à l'instar de saint Paul, un remède contre les passions qu'il juge vaines, insatiables, sans bornes et de ce fait condamnables :

> Il ne faut donc pas s'étonner que la mort ait une vertu spéciale pour nous détacher de tout. Et telle était l'excellente conclusion que tirait saint Paul, pour porter les premiers fidèles à s'affranchir de la servitude des passions, et à vivre dans la pratique de ce saint et bienheureux dégagement qu'il leur recommandait avec tant d'insistance[185].

De même, dans la quatrième partie de *La vie morale*, il recommande une offensive vigoureuse contre l'ennemi intérieur, les passions, afin de conserver l'innocence du cœur et de respecter la loi de Dieu. Plus généralement, Bourdaloue prêche à ses fidèles la paix d'une âme détachée de toutes passions et préoccupée seule des devoirs du chrétien ; il leur apprend à affermir leur volonté souvent fragile contre les passions insidieuses et violentes. Les sermons permettent donc de diffuser, au public de la cour, de la ville, mais aussi de province, un enseignement sur les passions qui s'inspire principalement de l'Écriture et de la tradition, des pères de l'Église, en particulier de saint Augustin, saint Jean Chrysostome, saint Bernard et Tertullien.

Malgré une certaine méfiance, justifiée semble-t-il[186], à l'égard de la rhétorique, et malgré les protestations dirigées contre les orateurs qui en abusent et qui ne cherchent qu'à briller par leurs beaux discours et à se faire admirer sans plus se soucier de l'enseignement évangélique, les prédicateurs reconnaissent l'utilité et la force de persuasion de la rhétorique. Ils ont recours à l'éloquence de la chaire, donnant à voir à leur auditoire une mise en application du savoir sur les passions tel que codifié dans les ouvrages de rhétorique et d'éloquence. L'homme d'Église devant, par sa voix et son geste, toucher son auditoire et l'émouvoir, il prêche donc sur des tons différents selon le sujet traité, choisit le style propre à plaire et à toucher, adapte ses gestes et sa voix aux circonstances et aux auditoires. Cette éloquence sacrée doit agir sur le cœur, les sens et l'imagination des fidèles, tout comme la simplicité et le naturel du discours, garant de la sagesse et de la vérité de la parole de Dieu, doit agir sur leur intelligence. La diffusion du savoir sur les passions, par un

---

[185] Boudaloue, Fléchier, Massillon, *Sermons, oraisons funèbres*, Paris, Mignot éditeur, s.d., p. 58.

[186] On sait que La Bruyère écrit à ce sujet : « Le discours chrétien est devenu un spectacle. Cette tristesse évangélique qui en est l'âme ne s'y remarque plus : elle est suppléée par les avantages de la mine, par les inflexions de la voix, par la régularité du geste, par le choix des mots et par les longues énumérations. On n'écoute plus sérieusement la parole sainte : c'est une sorte d'amusement entre mille autres ; c'est un jeu où il y a de l'émulation et des parieurs », *Les caractères*, « De la chaire », I.

jeu de complémentarité, se situe donc sur deux plans, le contenu du sermon et la performance du prédicateur.

La reprise des savoirs dans les autres domaines de l'art contribue aussi à en favoriser la circulation, tout en donnant à voir ou à entendre une certaine représentation. Les arts sont certainement un puissant relais dans la circulation des savoirs sur les passions, relais qui fonctionne un peu à la manière de ces fresques, sculptures et peintures ornant les cathédrales médiévales et qui avaient pour fonction de diffuser les différents enseignements tirés de la Bible aux croyants n'ayant pas un accès direct et sûr aux textes fondateurs.

La question de l'expression des passions est au cœur des préoccupations et débats qui agitent l'Académie royale de peinture et de sculpture, car la peinture doit à la fois représenter et exciter les passions. Or, il semble que ce soit « par une connaissance physiologique des mouvements passionnels, de leur origine et de leurs mécanismes, que le peintre va pouvoir représenter au mieux leurs marques visibles sur le corps[187] ». C'est du moins ce que dit Félibien à ce propos : « Pour bien peindre, il faut qu'un peintre ait exactement observé les marques qu'elles [les passions] impriment au-dehors, [...] qu'il sache ce qui les fait naître dans le cœur de l'homme[188] ». Une série de dessins et de diagrammes illustrent la conférence sur les passions tenue par Le Brun et représentent cette typologie de l'expression faciale de chacune des passions. Charles Coypel dessine également plusieurs têtes d'expression pour orner son *Ecce Homo*, ouvrage dans lequel il démontre la mécanique des mouvements faciaux. Tous deux introduisent dans le domaine de l'art une théorie des passions qui doit beaucoup à Descartes et à Cureau de la Chambre et cherchent à en donner un équivalent visuel. Ces savoirs sont donc à leur tour repris et mis à profit en peinture, notamment par Antoine Coypel qui reprend les traits du diagramme de la colère de Le Brun (le regard épouvantable et enflammé, le visage rouge, les narines ouvertes, un ris cruel et dédaigneux) quand il peint son héros de profil dans *La colère d'Achille*[189], tandis que la gestuelle et les attributs (Achille tirant son épée et se tenant de manière menaçante) reprennent l'enseignement de Cesare Ripa dans l'*Iconologia*. Plus tôt, en 1648, Poussin lorsqu'il peint son *Paysage avec un homme tué par un serpent*, s'inspire de Descartes dont il est l'exact contemporain et « donne à voir littéralement la passion de la terreur en des formes dans lesquelles la décrivent *Les passions de l'âme* parlant de la peur ou de l'épouvante[190] ». Cette codification des gestes

---

[187]   Emmanuel Coquery et Anne Piéjus (dir.), *Figures de la passion, op. cit.*, p. 30.

[188]   Félibien cité dans Emmanuel Coquery et Anne Piéjus (dir.), *Figures de la passion, op. cit.*, p. 30.

[189]   Ce tableau sera également tissé sur une tapisserie à deux reprises aux Gobelins (entre 1718 et 1733), ce qui fait foi du succès de cette œuvre.

[190]   Emmanuel Coquery et Anne Piéjus (dir.), *Figures de la passion, op. cit.*, p. 41.

qui traduisent une passion en peinture a également une autre fonction : celle d'enseigner aux acteurs et chanteurs de l'époque l'éloquence du geste, se posant ainsi comme un répertoire des gestes, des postures, des expressions et des mouvements des passions les plus répandus[191].

On observe un semblable phénomène de reprise des savoirs dans le domaine de la sculpture. Charles Le Brun, à la suite d'une commande de Colbert en 1674, conçoit une série de sculptures pour orner le parc de Versailles. Parmi celles-ci, se trouve le groupe intitulé « Les quatre Tempéraments ou Complexions de l'homme » qui se compose du Colérique, du Sanguin, du Mélancolique et du Flegmatique. Chacune des figures représentée respecte l'expression et les attributs proposés par Ripa dans l'*Iconologia*. En 1652, Michel Anguier travaillait déjà à un ensemble de statuettes[192], dans lequel chacun des dieux représente un tempérament, porte un attribut et est accompagné de l'animal qui lui est associé, puisant à la fois dans l'iconologie traditionnelle et la médecine humorale : Pluton est le mélancolique, Mars le sanguin, Amphitrite la flegmatique, Jupiter et Neptune les colériques.

La musique peut aussi représenter la nature de la passion. Descartes affirme que « sa fin est de plaire, d'émouvoir en nous des passions variées[193] », et plus loin il écrit que la musique « a été inventé[e] pour exciter les mouvemens de l'âme[194] ». La ligne mélodique doit, selon les théoriciens de l'époque, imiter et dépeindre les passions du discours, alors que le chant doit la rendre de la manière la plus juste qui soit. La musique est donc pensée, ainsi que le souligne Frédéric de Buzon, « comme un art destiné à produire des effets sur l'âme par l'intermédiaire du sens », et « la théorie n'est conçue que dans sa finalité artistique : déterminer quelles *affectiones* (propriétés) du son produisent des *affectus* (passions) variées »[195]. Cette conception traditionnelle de la musique doit beaucoup aux traités musicaux qui, depuis l'Antiquité, associent chaque mode à l'expression d'une passion particulière, et affirment que chaque mode est propre à exciter une passion : le mode dorique évoque ce qui est stable, grave et sévère, le mode phrygien ce qui est véhément et furieux, le mode lydien est associé aux choses lamentables et funèbres, l'hypo-

---

[191] Voir à ce sujet l'entretien avec Michel Verschaeve sur l'éloquence du geste dans Emmanuel Coquery et Anne Piéjus (dir.), *Figures de la passion, op. cit.*, p. 52–54 ; et sur le parallèle entre le chanteur et l'orateur, voir p. 25.

[192] La série de statuettes est composée de : Jupiter foudroyant, Junon jalouse, Neptune agité, Amphitrite tranquille, Pluton mélancolique, Mars qui quitte les armes, et Cérès éplorée.

[193] René Descartes, *Abrégé de musique*, Paris, PUF, 1987 [1650], p. 54.

[194] *Ibid.*, p. 136.

[195] Frédéric de Buzon, « Présentation », dans René Descartes, *Abrégé de musique, op. cit.*, p. 9 (en italique dans le texte).

lydien à la suavité, à la joie et à la douceur, le mode myxolydien aux plaisirs de l'amour, l'ionique au festif, à la gaieté et à l'espérance. Au XVIIᵉ siècle, les textes théoriques poursuivent cette réflexion sur l'expression des passions en musique. Que l'on pense à Marin Mersenne qui, dans son *Harmonie universelle* (1636), défend une approche empirique de l'expression musicale des passions et développe une théorie de la représentation des passions similaire à ce que Le Brun fait en peinture, ou à Marc Antoine Charpentier qui écrit des *Règles de composition*, ouvrage dans lequel il propose une typologie qui attribue une propriété expressive à chaque tonalité (le *fa majeur* est furieux et emporté, le *la mineur* tendre et plaintif, le *si bémol majeur* magnifique et joyeux, etc.). Jean-Baptiste Lully suit de très près ces traités musicaux théoriques dans ses compositions. La scène du récitatif d'*Armide* (acte II, scène V), tragédie qu'il met en musique en 1686, traduit exactement les passions contraires et les hésitations qui agitent l'héroïne lorsque Renaud est livré à sa vengeance. De même, à la fin du troisième acte d'*Alceste ou le triomphe d'Alcide* (1674), chaque voix du chœur exprime une passion particulière (frayeur, réjouissance, imploration) en respectant scrupuleusement la typologie musicale.

*

Si les textes littéraires sont solidaires de la réflexion théorique contemporaine sur les passions et diffusent à leur tour un certain savoir, la mise en scène ou la représentation qu'ils en font est loin de s'en tenir au simple placage des savoirs et des codes qui existent. Au contraire, le passage vers les textes littéraires permet de les réactualiser, de les respecter, de les contester, de les inverser, de les superposer, de les juxtaposer, de les enrichir et de les complexifier, en les pliant aux exigences dramatiques, narratives et structurelles du récit. L'objet de cette étude sera donc de voir quels sont les discours, les savoirs et les pratiques que les nouvelles privilégient quand elles mettent en scène la colère et la vengeance. En quoi sont-elles solidaires ou non de ces différents savoirs? Comment les écrivains les utilisent-ils dans les textes littéraires et à quel effet? Quelles sont les fonctions et l'utilité du savoir sur les passions dans les nouvelles? Quelles sont les stratégies narratives auxquelles le jeu des passions donne lieu? Quels sont les modèles de comportements préconisés ou condamnés, les leçons de morale que le lecteur peut en tirer? Les questions soulevées seront traitées en trois temps: quels sont les liens et les enjeux qui se tissent entre les savoirs qui sous-tendent la représentation du corps en colère, comment, à partir des modèles de comportements prescrits ou proscrits se dessine un art d'aimer, et comment, de la même manière, on peut en dégager un art de vivre en société.

Chapitre II : Le corps en colère

« [N]ous avons des signes trop apparents [de la colère], en [ces] membres
où reluit d'avantage l'image du cœur ; la langue, les yeux, et le visage se
ressentent le plus des violents efforts de cette furie[1] ».

Les nouvelles semblent convier le lecteur à une promenade au sein d'une galerie de portraits par la peinture des passions qui agitent les personnages. Ces
descriptions de corps transportés de fureur, de regards inquiets, de soupirs
languissants ou de visages d'un calme apparent, sollicitent l'attention et la
perspicacité du lecteur en l'invitant à deviner la nature de la passion (feinte ou
véritable) en cause. Quant aux savoirs qui sous-tendent ces représentations,
ils guident le lecteur dans son interprétation en lui permettant de déchiffrer
correctement chacun des signes des passions. Partant de cette image, nous allons brosser le portrait des gentilshommes irrités et des belles courroucées en
répertoriant les marques physiques que la colère imprime sur le corps. Nous
mettrons au jour les types de savoir qui circulent dans les nouvelles grâce aux
descriptions des transformations physiques que subissent les personnages qui
s'emportent. Ensuite, nous tâcherons de voir s'il existe des signes distinctifs
qui sont propres à la colère masculine et à la colère féminine, si la description
du corps en colère respecte la division sexuelle qui a cours alors. Nous essaie-
rons de dégager l'enseignement moral que les auteurs prétendent dispenser
à leurs lecteurs par le biais de ces portraits, puis nous verrons comment cette
éloquence du corps se déploie et se donne à lire au sein même des nouvelles,
quelles sont les mises en scène et les jeux plus problématiques auxquels la
représentation du corps en colère donne lieu.

1. La galerie des portraits

1.A. *Les yeux*

Une première lecture du corpus montre clairement que la représentation
littéraire de la colère est solidaire de la réflexion théorique qui s'élabore

---

[1] Nicolas Coëffeteau, *Tableau des passions humaines, de leurs causes et de leurs effets*,
Paris, Martin Collet, 1631 [1620], in-8°, p. 581.

parallèlement, qu'elle recoupe ces différents savoirs, qu'elle les récupère, les synthétise et les diffuse dans ces descriptions, que ce soit celle des yeux, du visage, de la voix, du corps ou du geste.

Les yeux sont la partie du corps la plus souvent décrite lorsqu'un personnage se met en colère, se rattachant en cela au lieu commun qui veut que les yeux soient les fenêtres de l'âme, qu'ils permettent de voir l'intériorité, ce qui en fait l'élément le plus déterminant de la représentation physique des passions: «les yeux [sont] les truchements de l'esprit, pour-ce qu'ils expriment toutes les affections et pensées d'iceluy[2]». Le regard devient ainsi un indice qui indique à coup sûr la colère du personnage, et dont la signification est la plus forte et la moins équivoque. C'est pourquoi bien des personnages se contentent de manifester leur irritation par le regard sans donner prise à d'autres mouvements du corps.

C'est dans les yeux d'Aurélie que Narcisse, suite à un baiser qu'il lui a volé pendant son sommeil, lit sa colère: «elle me jetta un regard plein de colere qui me fit assez connoistre le desordre où j'avois mis sa pudeur, et ce que je devois attendre de son ressentiment[3]». L'abbé Torche, aussi bien que Coëffeteau et que Cureau de la Chambre, affirme que les yeux se ressentent des violents efforts de la colère, qu'ils en sont les signes apparents[4], que l'individu fait bien juger «par ses regards furieux qu'il roule en son esprit les desseins de quelque grande et horrible vengeance[5]». Selon Cureau de la Chambre, il existe deux regards familiers aux colériques: le regard farouche et le regard furieux. Ce sont bien ces regards que lancent tous les personnages dans les nouvelles. Prenons pour exemple cette scène muette dans les *Annales galantes* où «L'Empereur promenoit ses regards furieux, tantôt sur l'Imperatrice, tantôt sur le Duc, et même souvent sur la Duchesse[6]», lorsqu'il les rencontre au hasard et croit être victime de l'infidélité de sa femme qui est passionnément amoureuse du duc, l'empereur étant lui-même épris de la duchesse.

Le regard sévère, terrible ou menaçant, qui est pourtant pratiquement absent des différents traités, est souvent décrit par les nouvellistes qui l'emploient pour faire part de l'irritation qui agite un personnage, ou pour montrer comment un personnage intimide ceux sur qui il pose ce regard. C'est le

---

2 Nicolas Abraham, sieur de La Framboisière, *Les œuvres*, 2 vol., Paris, Veuve Marc Orry, 1613, in-4°, p. 1278.

3 Antoine Torche, *Le chien de Boulogne ou l'amant fidelle, nouvelle galante*, Genève, Slatkine Reprints, 1979 [1668], p. 37.

4 Nicolas Coëffeteau, *op. cit.*, p. 581.

5 Marin Cureau de la Chambre, *Les charactères des passions*, vol. 2, Paris, Rocolet, 1660 [1640], in-4°, p. 303.

6 Marie-Catherine Hortense Desjardins, dite Mme de Villedieu, *Les annales galantes*, dans *Œuvres complètes*, vol. 3, Genève, Slatkine Reprints, 1971 [1671], p. 27.

cas de Séliman qui a des regards terribles quand il apprend que son frère veut (prétendument) attenter à sa couronne[7], et de la comtesse Éléonore qui, dans *Le comte d'Ulfeld*, regarde Cornifix avec une sévérité capable de faire trembler le plus assuré de tous les hommes quand il lui déclare son amour[8]. Une autre variation du regard plein de colère, est celui qui est accompagné de dédain, de mépris et parfois même de fierté, correspondant en cela à Cureau de la Chambre quand il écrit: «si tost qu'un homme en est atteint [de la colère], il se sent enflammé de dépit et de desdain[9]». Ainsi, dans la nouvelle de Poisson, Marignan regarde sa femme qu'il croit infidèle avec des yeux pleins d'indignation et de mépris[10], tout comme Célie pose sur Clavonne des yeux pleins de colère et de mépris pour lui reprocher la trahison dont il s'est servi dans le but d'éloigner son rival dans *Le portrait funeste*[11].

En outre, la colère peut éclater et se manifester par des regards enflammés. Il s'agit là d'un trait présenté par l'ensemble des théoriciens des passions et qui semble avoir été largement repris et diffusé. Il n'est qu'à penser à Sénèque[12] pour qui les symptômes manifestes de la colère sont les yeux qui s'enflamment et lancent des éclairs, ou à La Framboisière[13] qui, reprenant les propos de Sénèque, dit du colérique qu'il jette le feu par les yeux. Coëffeteau affirme que «les yeux sont tous pleins de feu et de flammes que cette passion allume, ils paraissent ardents et estincelans[14]», tout comme Senault[15] écrit que la colère allume des flammes dans les yeux. Cureau de la Chambre[16] précise que les yeux du colérique sont rouges et enflammés, étincelants et ardents, et Le Brun[17], suivant la description de Cureau, déclare que celui qui ressent la colère a les yeux rouges et enflammés, la prunelle égarée et étincelante. Les nouvelles sont solidaires de ces savoirs car le feu de la colère paraît dans le regard des personnages irrités pour des motifs des plus divers. Les yeux du Palatin s'enflamment de colère dès qu'il entend prononcer le nom

---

7   *Tachmas, prince de Perse. Nouvelle historique, arrivée sous le Sophy Séliman, aujourd'huy régnant*, Paris, Estienne Loyson, 1676, in-12, p. 156.

8   Michel Archard Rousseau, sieur de La Valette, *Le comte d'Ulfeld, grand maistre de Danemarc. Nouvelle historique*, vol. 1, Paris, Claude Barbin, 1678, in-12, p. 40.

9   Marin Cureau de la Chambre, *op. cit.*, p. 301.

10 Poisson, *Les dames galantes ou la confidence reciproque, nouvelle*, vol. 2, Paris, s.é., 1685, in-12, p. 147.

11 A. Ancelin, *Le portrait funeste, nouvelle*, Paris, Pierre Bienfait, 1661, in-8°, p. 177.

12 Sénèque, *Dialogues. De Ira/De la colère*, t. I, Paris, Belles Lettres, 1922, p. 3.

13 Nicolas Abraham, sieur de La Framboisière, *op. cit.*, p. 178.

14 Nicolas Coëffeteau, *op. cit.*, p. 573.

15 Jean-François Senault, *De l'usage des passions*, Paris, Fayard, 1987 [1641], p. 290.

16 Marin Cureau de la Chambre, *op. cit.*, p. 308 et p. 428–430.

17 Charles Le Brun, *L'expression des passions et autres conférences. Correspondance*, Paris, Dédale, Maisonneuve et Larose, 1994 [1698], p. 98.

de celui qui a tué son fils[18], alors que chez Donneau de Visé une coquette relit plusieurs fois avec des yeux étincelants de colère une lettre dans laquelle on outrage sa beauté[19].

1.B. Le visage

Les signes de la colère se remarquent facilement sur le visage, suivant en cela l'enseignement de Le Brun pour qui, «s'il est vrai qu'il y ait une partie où l'âme exerce plus immédiatement ses fonctions, et que cette partie soit celle du cerveau, nous pouvons dire de même que le visage est la partie du corps où elle fait voir plus particulièrement ce qu'elle ressent[20]». La colère se reconnaît d'abord à un certain air qui se communique sur tout le visage de manière très apparente, semble-t-il, puisqu'il n'est pas nécessaire d'apporter à cette description d'autres précisions. On le voit avec le frère d'Isabelle lorsqu'il trouve Dom Pedro aux pieds de sa sœur malgré son interdiction : «Il met d'abord pied à terre ; et m'envisageant avec un air plein de fureur et de mépris, il tire à part Don Pedro, il luy fait ses plaintes[21]». Dans Le pèlerin, le mari qui se croit trompé essaie de dissimuler sa colère mais se trahit au contraire : «il fit appeler la Marquise, et avec un air froid, qui cachoit au dedans toute la violence et toute la rage de plusieurs passions, il lui demanda ce qu'elle avoit fait de son diamant[22]».

Cette passion laisse des marques sur le visage qui sont connues et reconnues de tous, si bien que les nouvellistes se contentent d'écrire que la colère du personnage y est peinte, sans donner plus de détails. Ils ne sont pas très éloignés de la description de Sénèque qui écrit que «la colère s'étale et vient se peindre sur le visage, et plus elle est grande, plus les bouillonnements s'en manifestent[23]», ou de celle de Cureau de la Chambre pour qui «Il est certain qu'il n'y en a point [de passion] qui altere si estrangement le visage que celle-cy [la colère][24]». Ainsi, lorsque Amurat surprend ses rivaux près du sérail, on lit : «A l'égard de Mahomet et de Musulman, il ne leur montra qu'un

---

[18] Jean de Préchac, *Le beau Polonois, nouvelle galante,* Lyon, Thomas Amaulry, 1681, in-12, p. 126.

[19] Jean Donneau de Visé, *L'amour échapé ou les diverses manieres d'aymer, contenuës en quarante histoires ; avec Le Parlement d'Amour,* t. II, Genève, Slatkine Reprints, 1980 [1669], p. 100.

[20] Charles Le Brun, *op. cit.,* p. 60.

[21] Sébastien Bremond, *L'amoureux africain ou nouvelle galanterie,* Amsterdam, Henry et Theodore Boom, 1676, pet. in-12, p. 168.

[22] Sébastien Bremond, *Le pèlerin, nouvelle,* St-Jacques de Galice, George L'Indulgent, s.d. (date supposée 1670), in-12, p. 24.

[23] Sénèque, *op. cit.,* p. 3.

[24] Marin Cureau de la Chambre, *op. cit.,* p. 308.

visage irrité, sans les faire arrêter[25]». Quand Élizabeth voit la bague qu'elle a donnée au duc d'Alençon au doigt d'une fille de la princesse, «la rage, qui s'étoit emparée de son cœur, se fit voir aussi-tost sur son visage[26]». Cette description générale et plutôt abstraite du visage en colère détonne d'autant plus que les traités et typologies sur les passions sont très précis au sujet des transformations que subissent le visage sous le coup de la colère, ils passent minutieusement en revue tous les signes depuis la tête, le front, les sourcils, le poil, les narines, la bouche, les lèvres, les dents, jusqu'à l'haleine. Seules quatre nouvelles brossent un portrait plus complet. L'auteur de *Tachmas, prince de Perse*, recoupe les propos de Marin Cureau de la Chambre[27] sur les traits du front et les mouvements de la tête qui caractérisent l'homme en colère quand il décrit Séliman: «Il ne poussa point alors les choses plus loin; mais il fit assez connoistre par un front severe, par des yeux tout pleins de fureur, et par plusieurs branlemens de teste, que la peine qu'il vouloit faire souffrir à ces Amans n'estoit que diferée[28]». Le rire qui accompagne la colère (toujours selon Cureau de la Chambre[29]) est évoqué dans *Béralde, prince de Savoye* quand Cunégonde monte sur le bûcher pour faire périr sa rivale, «le visage riant, quoy que son rire parût accompagné de depit et de colere[30]». Quant aux dents qui se serrent et qui grincent dans le portrait du colérique de Sénèque[31] et celui de Cureau de la Chambre[32], une histoire du *Mercure Galant* y fait écho lorsqu'un avare se met en colère contre son fils qui lui a pris une partie de son argent: «Il grinçoit des dents, jettoit des regards pleins de fureur, et ne pouva[i]t plus se contenir[33]». Visiblement, ce trait de la colère ne fonctionne pas tellement bien dans les nouvelles. D'ailleurs, l'auteur de *L'infidélité convaincue* tend à dissocier le rire de la colère, l'associant plutôt au

[25] Anne de La Roche-Guilhen, *Le grand Scanderberg, nouvelle*, Genève, Slatkine Reprints, 1980 [1688], p. 73.
[26] *Le duc d'Alançon*, Paris, Frederick du Chemin, 1680, in-12, p. 248–249.
[27] Au sujet du front sévère: Marin Cureau de la Chambre, *op. cit.*, p. 423. Descartes parle également de l'apparition de rides sur le front (*op. cit.*, art. CXIII), et Le Brun écrit que le front paraîtra ridé fortement (*op. cit.*, p. 98). Cureau de la Chambre donne une description détaillée de tous les mouvements de la tête qui se hausse, tourne, branle et se secoue, aux pages 443–454 de l'ouvrage cité.
[28] *Tachmas, prince de Perse, op. cit.*, p. 91–92.
[29] «[Q]uelquefois elles [les lèvres] forment un Ris cruel et desdaigneux»; «Le Ris est souvent un effect de l'indignation ou du mespris qui se mesle avec la Colere [...]; Mais pour l'ordinaire il vient de ce plaisir malin que l'on prend dans la vengeance», Marin Cureau de la Chambre, *op. cit.*, p. 309 et 441.
[30] *Béralde, prince de Savoye*, vol. 2, Paris, Claude Barbin, 1672, in-12, p. 95.
[31] Sénèque, *op. cit.*, p. 3.
[32] Marin Cureau de la Chambre, *op. cit.*, p. 303 et 309.
[33] «Histoire», *Mercure Galant*, Paris, juillet 1689, p. 243.

mépris: «Lysandre qui s'estoit attendu à plus de civilité se piquant de mon dédain enfonça son chapeau et me regardant avec fierté me choqua assez rudement, je me retournay avec un souris de mépris, comme pour luy dire que je le trouvois indigne de ma colere[34]».

L'une des marques les plus visibles est la rougeur ou la pâleur du visage suite au flux ou au reflux sanguin que provoque la colère. À ce sujet, le père Senault écrit: «elle altère sa couleur [à l'homme], elle semble se jouër de son sang, que tantôt elle le retire auprès du cœur, tantôt elle le rejette sur le visage[35]». Suivant cette logique, le visage pâlit sous le coup de la colère lorsque le sang se retire au cœur. Cette pâleur qui est une marque d'impulsions purement corporelles chez Sénèque[36], survient, selon Cureau de la Chambre[37], dans les commencements de la colère, et est un signe de sa hardiesse. Descartes semble partager cette idée quand il affirme que la colère qui se manifeste moins à l'extérieur est plus à craindre et dangereuse que celle qui se manifeste fort[38]. Colinar, par exemple, quand il entend le conte sur le cocufiage qui court à son sujet, «ne pût s'empescher de changer de couleur, et de pâlir de rage: mais comme on ne soupçonnoit pas que cette avanture luy fut arrivée, on ne prit pas garde à ses changemens de visage[39]». La rougeur se manifeste plutôt lorsque la colère fait monter le sang au visage. «Une vive rougeur se répand sur tout le visage sous l'action du sang qui afflue au cœur» explique Sénèque[40], tandis que Cureau apporte les précisions nécessaires sur la teinte de rouge que prend le visage[41]. C'est effectivement ce qui se produit dans *La belle Marguerite* lorsque la comtesse Louise apprend du duc qu'elle s'est méprise sur son compte la nuit précédente, et qu'elle a parlé d'amour avec un marquis plutôt qu'avec lui: «la Comtesse rougit de fureur

---

[34]   *L'infidélité convaincue, ou les avantures amoureuses d'une dame de qualité*, Cologne, Pierre du Marteau, 1676, in-12, p. 134.

[35]   Jean-François Senault, *op. cit.*, p. 290.

[36]   Sénèque, *op. cit.*, p. 30; voir aussi p. 61–62.

[37]   Marin Cureau de la Chambre, *op. cit.*, p. 424.

[38]   René Descartes, *op. cit.*, art. CC, CCI, CCII.

[39]   Jean Donneau de Visé, *Les nouvelles galantes, comiques et tragiques*, t. I, Genève, Slatkine Reprints, 1979 [1669], p. 256–257.

[40]   Sénèque, *op. cit.*, p. 2–3.

[41]   «La Rougeur que cette Passion fait ordinairement monter au visage, n'est pas tout à fait semblable à celle que la Joye, la Honte, et quelques autres Passions y respandent: Elle y est beaucoup plus claire et moins vermeille qu'elle n'est en celles-cy: dautant qu'elle vient du sang bilieux dont la couleur est plus pasle, à cause de la teinture de la bile qui affoiblit l'esclat et le vermillon du sang, et qui forme cette rougeur enflammée que l'on void sur le visage et sur la poitrine de ceux qui sont en colere.» Marin Cureau de la Chambre, *op. cit.*, p. 441–442.

d'avoir esté si grossierement trompée[42]». La rougeur et la pâleur peuvent aussi tour à tour marquer le visage de l'individu animé de colère, comme ce mari fourbé quand il a la preuve de l'infidélité de sa femme : « Il est aisé de juger la rage où fut ce malheureux Mary à la veuë de ce funeste Billet : il palit, et rougit plus de cent fois en un moment[43]». De même, ce cabaretier des *Nouvelles galantes et amoureuses* quand il apprend qu'on a surpris un homme dans le lit de sa femme, «pallit de rage, et en rougit en mesme temps ; mais l'obscurité qui regnoit, empescha qu'on ne pust s'apercevoir des divers changements qui eussent paru sans cela sur son visage[44]». Le visage peut aussi être enflammé suite au bouillonnement du sang qui fait enfler les veines du front, des tempes et du cou. Ainsi, lorsque Amelonde éclate de colère contre Vadelian qui veut toucher son sein, «le feu de son cœur outragé luy monte au visage[45]»; et, quand un médecin de Paris voit un médecin inconnu au chevet de sa patiente, «Le feu luy monta au visage de colere, croiant qu'on le mêprisoit[46]». Ces descriptions s'apparentent aux propos de Cureau de la Chambre qui affirme que, sous l'impulsion de la colère, le visage «s'enflamme et se boursouffle[47]», propos qui sont également repris par Le Brun[48] dans ses conférences.

1.C. *La voix*

Parfois, à l'instar d'un Bernard Lamy[49], c'est la voix qui fait assez connaître les mouvements du cœur de l'homme ou de la femme en colère. La Framboisière donne une explication très claire de ce phénomène dans ses *Œuvres* : «l'affection d'un homme courroucé sera exprime d'une propre maniere de voix, dissemblable des autres, c'est à dire d'une voix aspre, aiguë, precipitee, interrompuë[50]». Cureau de la Chambre dit aussi du colérique que «sa voix

---

[42] *La belle Marguerite, nouvelle*, Paris, Claude Barbin, 1671, in-12, p. 205.

[43] *Les esprits ou le mary fourbé, nouvelle galante*, Liège, Louis Montfort, 1686, in-12, p. 118.

[44] Gatien de Courtilz de Sandras, *Nouvelles amoureuses et galantes. Contenant I. L'amant emprisonné. II. Le mort ressuscité. III. Le mary confident avec sa femme. IV. L'amoureux estrillé*, Paris, Quinet, 1678, in-12, p. 284.

[45] François Hédelin, abbé d'Aubignac, *Amelonde, histoire de nostre temps. Ou l'on void qu'une honneste femme est heureuse quand elle suit un conseil sage et vertueux*, Paris, Jean-Baptiste Loyson, 1669, in-12, p. 267.

[46] *Les nouveaux désordres de l'amour, nouvelle galante*, Liège, Louis Montfort, 1686, in-12, p. 53-54.

[47] Marin Cureau de la Chambre, *op. cit.*, p. 309 ; voir aussi les pages 442–443.

[48] Charles Le Brun, *op. cit.*, p. 98.

[49] Bernard Lamy, *La rhétorique ou l'art de parler*, Paris, Pralard, 1688, in-12, p. 39.

[50] Nicolas Abraham, sieur de La Framboisière, *op. cit.*, p. 1275.

de vehemente et aiguë qu'elle estoit au commencement, se rend à la fin enroüée et affreuse : souvent elle s'arreste tout à coup[51] ». Dès lors, on ne peut s'étonner d'entendre Mahomet s'exprimer de la sorte quand Zogan lui fait voir la difficulté de prendre Constantinople : « Il prononça ces paroles avec une telle vehemence que tous les Bassa tremblans se jetterent la face contre terre, et luy promirent une aveugle obeïssance, et un courage intrepide à exe-cuter ses ordres[52] ». Dans *Célie*, l'aigreur de la voix de l'héroïne laisse deviner sa colère : « Je sçavois bien Philadelphe, dit Celie, que vous ne me deviés rien dire qui ne me choquat au dernier point ; et vous auriez beaucoup mieux fait de suivre mon conseil et de vous taire ; [...] elle auroit continué a luy parler encor plus aigrement, sans qu'elle en fust empeschée par sa vieille Cousine qui se leva pour s'en aller[53] ».

Plus précisément, c'est le ton de la voix et la manière de dire les choses qui sont plus éloquents que la parole car, pour Bernard Lamy (qui cite saint Augustin) les différents mouvements de l'âme répondent à certains tons de la voix, tous les sentiments ont un ton de voix qui leur sont propres[54]. À en croire les nouvellistes du temps, l'individu en colère peut employer un ton de voix furieux, impétueux, impérieux, irrité, agité, aigre, fier ou menaçant, ce qui donne lieu à de nombreuses combinaisons possibles. Les exemples s'accu-mulent dans les textes : Claromir face aux obstacles qui se dressent devant lui, profère « toutes ces paroles d'un ton furieux[55] », Mlle de Guise parle à Givry sur un ton impétueux quand il commet l'irréparable[56]. Dans une histoire du *Mercure Galant*, le père s'adresse à son fils, qui veut épouser une femme sans argent, « d'un ton fort impérieux[57] », Célanire répond à Cleandre d'un ton de voix irrité quand il ose lui déclarer son amour pour elle[58], et la marquise des Roches, sur le point de se mettre en colère contre le baron Saint-Cyr suite à sa déclaration d'amour, se contente de lui parler « d'un ton de voix qui marquoit pourtant son agitation[59] ». Dans *La promenade de Livry* c'est le ton

---

[51]   Marin Cureau de la Chambre, *op. cit.*, p. 309 ; voir aussi les explications physiologi-ques qu'il donne aux pages 436–439.

[52]   Antoine Des Barres, *Irène, princesse de Constantinople. Histoire Turque*, Paris, Claude Barbin, 1678, in-8°, p. 84.

[53]   Jean Bridou, *Célie, nouvelle*, Paris, Claude Barbin, 1663, in-8°, p. 31.

[54]   Bernard Lamy, *op. cit.*, p. 230 ; voir aussi p. 234–235 et p. 366.

[55]   *Le grand Hippomene*, Paris, Claude Barbin, 1668, in-12, p. 3.

[56]   Marie-Catherine Hortense Desjardins, dite Madame de Villedieu, *Les désordres de l'amour*, Genève, Droz, 1995 [1675], p. 203.

[57]   « Histoire », *Mercure Galant*, Paris, septembre 1680, p. 97.

[58]   Madeleine de Scudéry, *La promenade de Versailles*, Genève, Slatkine Reprints, 1979 [1669], p. 139–140.

[59]   Michel Archard Rousseau, sieur de La Valette, *Casimir roy de Pologne*, vol. 1, Paris, Claude Barbin, 1679, in-12, p. 53.

aigre de la comtesse qui laisse deviner sa colère[60], tandis que la belle trompée, ayant vu son perfide amant lui préférer son amie, «l'asseura d'un ton fier et emporté qu'il devoit tout craindre d'elle[61]». Alençon parle à son rival sur un ton fier et menaçant[62], et c'est tout simplement sur un ton plein de colère que Sussex s'adresse aux parents de Julie qui la laissent mourir de douleur sans plus agir quand elle se croit trahie par Hypolite[63].

La chaleur du discours témoigne du feu de la colère car, sous le coup de cette passion, l'individu s'emporte au point de tenir des propos injurieux. Bernard Lamy énonce, de manière générale, que les paroles répondent à la pensée et que le discours d'un homme ému ne peut être égal[64], ce que Sénèque remarquait déjà quand il écrivait que l'irascibilité «poursuit ceux à qui elle s'attaque avec des cris, du bruit, une grande gesticulation et y joint des insultes et des injures[65]». Cureau de la Chambre précise que «[la colère] esclate en ses paroles. Ce ne sont que plaintes, que reproches, qu'injures; ce ne sont que menaces, qu'imprecations, et que blasphemes[66]». On trouve le même type de savoir dans les nouvelles, ce qui donne lieu à d'innombrables scènes où les amants se reprochent leurs trahisons[67], où les parents accablent leurs enfants d'injures suite à leur désobéissance[68], où les amis se plaignent des mauvais

---

[60] «Ce que j'ay à vous faire sçavoir, Monsieur, luy dit-elle, d'un ton de voix aigre, qui luy fit comprendre que le compliment qu'il luy venoit de faire, ne luy avoit pas esté fort agréable, regarde Madame de Boissolle», *La promenade de Livry*, vol. 2, Paris, Charles Osmont, 1678, in-8°, p. 16–17.

[61] «Histoire», *Mercure Galant*, Paris, février I, 1686, p. 107.

[62] «La présence d'un rival [Licestre] qu'il [Alençon] croyoit heureux, réveilla sa colère: Si bien que mettant sur l'heure l'épée à la main, voyons, lui dit-il d'un ton fier et menaçant, si vous serez aussi redoutable dans ce cabinet [de verdure], que vous l'êtes dans celui de la Reine», *Le duc d'Alançon, op. cit.*, p. 93–94.

[63] Marie-Catherine Le Jumel de Barneville, Comtesse d'Aulnoy, *Histoire d'Hypolite, comte de Duglas*, 2 t. en 1 vol., Genève, Slatkine Reprints, 1979 [1690], p. 214.

[64] Bernard Lamy, *op. cit.*, p. 108–109.

[65] Sénèque, *op. cit.*, p. 23.

[66] Marin Cureau de la Chambre, *op. cit.*, p. 301.

[67] «La Marquise se trouva choquée de sa réponse: et comme c'étoit garder peu de mesures avec elle, que d'en user de la sorte, elle luy dit qu'il y avoit déjà long-temps qu'elle commençoit à s'apercevoir de sa mauvaise humeur; mais qu'il ne falloit pas couvrir sa bizarrerie, d'un pretexte qui fit tort aux autres. Il luy échappa aussi de l'appeler lâche entre ses dents, et comme il n'y a rien qui offense tant que la verité, le Marquis s'emporta extraordinairement, et ils en vinrent jusques à se dire des injures.» *Les nouveaux désordres de l'amour, nouvelle galante, op. cit.*, p. 4–5.

[68] «Laurence luy dit tout ce que la colere peut inspirer a une mere irritée, elle la menaça de sa disgrace, et ne luy donna que la semaine entiere pour se resoudre a faire le choix d'un Cloître, ou a Epouser celuy qu'elle luy avoit proposé.» A. F., sieur

services rendus[69]. Quand la distance ne permet pas aux personnages de s'exprimer de vive voix, ils épanchent leur bile d'une autre manière : « Et aprez tous les mouvemens et les emportemens les plus furieux il écrivit à Belize la lettre la plus injurieuse et la plus outrageante, que le dépit et la rage puissent jamais dicter[70] ». Pire encore, ce flot de paroles hargneuses peut se retourner contre le personnage emporté de colère qui « découvre tout ce qu'il a sur le cœur, et trahissant son secret il fait que la vengeance qu'il medite luy est souvent inutile ou pernicieuse[71] ». Cureau de la Chambre explique plus loin ce phénomène : « de la mesme source d'ou luy vient l'abondance des paroles, procede encore cette *franchise indiscrete* qui la rend si facile à descouvrir ses plus secrettes pensées : car il n'y a point de Passion qui soit si mauvaise gardienne d'un secret que la Colere[72] ». Les conséquences de cette indiscrétion peuvent êtres terribles, ainsi que Préchac le souligne dans la très bien nommée nouvelle *Le secret*, où l'on voit un gouverneur d'armée perdre la victoire pour avoir trop parlé sous l'effet de la colère[73].

La colère peut aussi bien être muette et se manifester par un silence méprisant, ainsi que l'expliquent Coëffeteau[74] et Cureau de la Chambre[75]. Des symp-

---

de La Roberdiere, *L'amant cloîtré ou les avantures d'Oronce et d'Eugenie*, Amsterdam, Daniel du Fresne, 1683, in-12, p. 27.

[69] « [I]l n'y eut sorte d'outrages que l'amitié convertie en rage et en fureur ne luy fit vomir contre moy, me nommant mille fois l'Autheur du retardement de son repos, et l'ennemy cruel de sa felicité. Elle se plaignit de moy à tous mes amys », *Histoire espagnole et française ou l'amour hors de saison, nouvelle galante*, Paris, Claude Barbin, 1671, in-12, p. 260–261.

[70] Anne Bellinzani Ferrand, dame Michel, *Histoire nouvelle des amours de la jeune Belise et de Cleante*, 3 parties en 1 vol., Paris, s.é., 1689, in-12, p. 160.

[71] Marin Cureau de la Chambre, *op. cit.*, p. 305.

[72] *Ibid.*, p. 408 (en italique dans le texte).

[73] « [U]n homme de la Ville ayant eu besoin d'un passe-port alla se plaindre à ce Gouverneur, que le commandant de la petite place le luy avoit refusé ; quoy qu'il l'eût demandé de sa part : Le Gouverneur emporté par un mouvement de colere, eut l'indiscretion de luy répondre qu'il ne devoit pas s'en mettre en peine ; et que dans vingt et quatre-heures il n'en auroit plus besoin », Jean de Préchac, *Le secret, nouvelles historiques*, Paris, Charles Osmont, 1683, in-12, p. 91–92.

[74] « [N]ous pouvons exciter la Colere par nostre silence, dautant qu'il peut estre un signe et une marque de mépris » ; « sa bouche ne peut éclore ses paroles ; sa langue est begayante », Nicolas Coëffeteau, *op. cit.*, p. 535 et p. 573–574. Dans le premier cas, le silence est une marque de contrôle de soi, dans le second, il est une conséquence du non contrôle de soi.

[75] Il revient à plusieurs reprises sur le silence de l'individu en colère : « Il tombe tout à coup dans un profond silence » ; « Il y a des Coleres muettes et dédaigneuses » ; « S'il se taist c'est un silence enragé » ; « Il y a neantmoins des Coleres qui sont *Muettes*, et qui ne laissent pas d'estre violentes pour ne faire point de bruit ; souvent mesmes

tômes similaires sont présentés dans les textes étudiés. Dans un premier temps, il arrive que la colère empêche l'individu de parler car il est sans force, comme c'est le cas pour Zélotyde : « La passion transportoit tellement Zelotyde, qu'elle perdit pendant les premiers moments la force de parler[76] ». Cleandre, quand il surprend Julie avec Sainseve, « estoit si transporté qu'il ne pût luy repondre[77] ». Lorsque le dépit et/ou l'étonnement accompagnent la colère, ils accentuent encore davantage l'impossibilité de proférer un seul son, une seule parole. La scène où le prince de Montpensier trouve son ami Chabanes dans la chambre de sa femme l'illustre bien : « Mais quand il ne vit que le comte de Chabanes, et qu'il le vit immobile, appuyé sur la table, avec un visage où la tristesse était peinte, il demeura immobile lui-même ; et la surprise de trouver, et seul, et la nuit, dans la chambre de sa femme l'homme du monde qu'il aimait le mieux, le mit hors d'état de pouvoir parler[78] ». Le silence est parfois plus éloquent que le langage quand il s'agit pour un personnage de signifier sa colère et il peut inspirer la crainte aussi sûrement que les menaces. L'outrageant silence d'Aspasie désespère Alcibiade dans *Les amours des grands hommes*[79], et le silence du duc de Bretagne, en colère contre la princesse sa fille parce qu'il croit qu'elle l'a trahi par amour pour le comte de Richemont, la fait trembler[80].

1.D. Le corps et les gestes

D'autres fois, enfin, c'est le corps tout entier qui s'anime sous le coup de la colère, car, comme le souligne Coëffeteau, la colère imprime de cruelles marques de sa rage sur le corps[81]. Les nouvellistes entremêlent les différents savoirs qui circulent au sujet de la colère enflammant le corps et l'être ; il en est question entre autres chez Coëffeteau[82], chez Cureau de la

---

celles qui sont les plus criardes s'arrestent tout à coup, et tombent dans un silence où la fureur se fait aussi bien connoistre que dans les menaces », Marin Cureau de la Chambre, *op. cit.*, p. 303, 307, 309 et 410 (en italique dans le texte).

[76] René Le Pays, *Zélotyde, histoire galante*, Paris, Charles de Sercy, 1665, in-12, p. 107.

[77] *Les amours de la belle Julie. Histoire nouvelle*, Cologne, Samuel Strasbarck, 1676, in-12, p. 158.

[78] Marie-Madeleine Pioche de la Vergne, Mme de La Fayette, *La princesse de Montpensier*, dans *Nouvelles du XVIIe siècle*, Paris, Gallimard, 1997 [1662], p. 384.

[79] Marie-Catherine Desjardins, dite Mme de Villedieu, *Les amours des grands hommes*, dans *Œuvres complètes*, vol. 2, Genève, Slatkine Reprints, 1971 [1670], p. 101.

[80] Henri de Juvenel, *Le comte de Richemont, nouvelle historique*, Amsterdam, Guillaume Duval, 1680, in-12, p. 14–15.

[81] Nicolas Coëffeteau, *op. cit.*, p. 576.

[82] « [L'ardeur de la Colere] ressemble proprement à la chaleur d'un grand feu, ou à la bille extraordinairement émeüe et agitée, qui consume le sujet auquel elle s'attache » ; « [la colere] enflamme tout le sang et tous les esprits qui affluënt à l'entour

Chambre[83] et chez La Framboisière[84]. L'abbé Torche, par exemple, écrit: «Cependant Alfrede rappelant dans son esprit l'entretien qu'elle venoit d'avoir avec le Comte, s'enflâma de colere contre luy[85]». Préchac décrit ainsi l'emportement du comte de Nevers lorsqu'il rencontre son rival:

> Si vous ne venez icy que pour sçavoir si vos offres sont tousjours plus puissantes que tout mon amour, je veux être le premier à vous apprendre que vostre envie est satisfaite; Mais, ajousta-t-il tout enflammé de colere, si nous estions en un lieu qui ne me deffendit pas de vous attaquer, je vous ferais mettre en estat de satisfaire la mienne[86].

La complexion et les humeurs ont souvent partie liée avec la colère, tout comme certains types et caractères disposent volontiers à l'impétuosité de cette passion. Orbessan, un des personnages de la nouvelle *Histoire du temps ou journal galant*[87], est un atrabilaire qui s'emporte rapidement, alors que l'humeur colérique d'Alcine la rend encline aux éclats de colère[88]. Ces portraits correspondent aux caractéristiques du bilieux qui s'enflamme aisément, tel que présenté par La Framboisière[89], et aux explications de Cureau de la Chambre qui écrit que les bilieux sont les plus colères de tous parce qu'ils ont une chaleur ardente et active[90]. Les nouvellistes semblent toutefois privilégier le naturel emporté pour expliquer les fréquentes et impérieuses colères des personnages. Arsame est décrit dès les premières pages comme un personnage au naturel farouche et emporté[91], de même que la rage de Villa (la femme de Bérenger) et les mauvais traitements qu'elle fait subir à Adelaïs qui refuse d'épouser son fils, s'expliquent par son emportement naturel[92].

---

du cœur, qui est l'organe le plus puissant des Passions: à cause de quoy il s'ensuit un excessif déreglement», Nicolas Coëffeteau, *op. cit.*, p. 526, p. 580–581.

[83]   «[L]a Colere [est] une flamme que la Nature allume dans l'Ame», Marin Cureau de la Chambre, *op. cit.*, p. 289.

[84]   «Le courroux vehement en poussant de furie le sang et les esprits du dedans au dehors, les enflamment», Nicolas Abraham, sieur de La Framboisière, *op. cit.*, p. 177.

[85]   Antoine Torche, *Alfrede, reyne d'Angleterre. Nouvelle historique*, Lyon, Adam Demen, 1678, in-12, p. 74.

[86]   *Histoire du comte de Genevois et de mademoiselle d'Anjou*, Paris, Claude Barbin, 1664, p. 70–71.

[87]   Jean de Vanel, *Histoire du temps ou journal galant*, s.l., s.é., s.d., in-12, p. 173.

[88]   *Alcine princesse de Perse, nouvelle*, Paris, Louis Josset, 1683, in-12, p. 35–36.

[89]   Nicolas Abraham, sieur de La Framboisière, *op. cit.*, p. 176.

[90]   Marin Cureau de la Chambre, *op. cit.*, p. 319.

[91]   François Raguenet, *Zamire, histoire persane*, 2 parties en 1 vol., La Haye, Abraham Troyel, 1687, in-12, p. 6.

[92]   *Histoire d'Adelais de Bourgogne*, Amsterdam, Helvigraad, 1685, in-12, p. 37.

Les transformations physiques que la colère entraîne sur le corps peuvent le rendre difforme et complètement méconnaissable. C'est ce que prétend Sénèque[93] pour qui aucune passion ne bouleverse davantage la physionomie et ne produit chez les gens plus de changement. Coëffeteau[94] écrit aussi que les furieux font connaître l'excès de leur rage par les violents changements qui apparaissent sur leur corps, que la colère altère complètement la constitution, tandis que Cureau de la Chambre[95] ajoute qu'il n'y a point d'homme que la colère ne rende méconnaissable aux siens et à lui-même. Ces bouleversements semblent avoir vivement frappé l'imaginaire des nouvellistes, puisqu'on trouve dans leurs textes plusieurs personnages dont le changement de physionomie répond littéralement à ce principe : du cardinal de Richelieu qui est tellement outré qu'il n'en est pas reconnaissable[96], à la princesse de Phaltzbourg qui est si animée de colère qu'elle ne se connaît plus[97], en passant par la bande de brigands qui se sont à ce point abandonnés à leur colère qu'à peine se reconnaissent-ils eux-mêmes[98]. D'autres se plaisent à insister sur la laideur et la disgrâce qui accompagnent cette métamorphose du corps. Le prince Pacalme tient des propos proches de ceux de Sénèque[99], de Coëffeteau[100], de La Framboisière[101] et de Cureau de la Chambre[102] : « Avez-vous remarqué, disoit ce dernier [Pacalme] à son Rival [Alidor], combien l'humeur colérique de la Princesse la rend difforme ? Ce n'était plus cette Alcine qui dans un sens rassis, est infiniment plus belle que tout ce qu'il y a de plus charmant sous le Ciel[103] ».

---

93 Sénèque, *op. cit.*, p. 61 et 70.

94 Nicolas Coëffeteau, *op. cit.*, p. 573–574 et 576.

95 Marin Cureau de la Chambre, *op. cit.*, p. 308.

96 Isaac Claude, *Le comte de Soissons et le cardinal de Richelieu rivaux de madame la duchesse d'Elbœuf. Nouvelle galante*, Cologne, Pierre Marteau, 1690, in-12, p. 41.

97 *La princesse de Phaltzbourg, nouvelle historique et galante*, Cologne, Pierre Marteau, 1688, in-12, p. 107.

98 Jean Donneau de Visé, *Nouvelles nouvelles*, vol. 1, Paris, Pierre Bienfaict, 1663, p. 59.

99 « [L]a colère est un péril [...] pour les êtres équilibrés et sereins, chez qui elle est d'autant plus laide et dangereuse qu'elle fait en eux plus de changement », Sénèque, *op. cit.*, p. 70.

100 « [S]a constitution est tellement altérée, et son regard est si affreux, qu'il semble hideux et épouvantable mesmes à ses plus chers amis », Nicolas Coëffeteau, *op. cit.*, p. 574.

101 « [Q]ui est celuy qui n'ait horreur du hydeux spectacle de l'homme en cholere ? », Nicolas Abraham, sieur de La Framboisière, *op. cit.*, p. 178.

102 « [C]'est assez de dire que sa mine, son geste et son maintien, est un assemblage de tout ce qu'il y a de difforme dans les plus cruelles maladies, et de ce qu'il y a d'horrible dans les animaux les plus farouches. » Marin Cureau de la Chambre, *op. cit.*, p. 310.

103 *Alcine princesse de Perse, op. cit.*, p. 36.

Des marques qui caractérisent le corps en colère, il ne reste plus qu'à examiner la démarche qui peut être précipitée, irrégulière, et à grands pas. Sénèque la dépeint comme celle des monstres infernaux: «la démarche égarée, enveloppée d'une épaisse fumée, courant sans cesse, dévastant, semant la panique[104]», alors que Cureau de la Chambre reste plus sobre quand il peint l'homme en colère qui marche à grand pas, court, adopte un marcher rapide et léger, ou alors change continuellement de posture et de place[105]. Les nouvellistes sont solidaires de ces deux auteurs puisqu'on trouve autant un Sancerre qui marche et puis s'arrête comme un homme hors de lui-même[106], qu'une sultane furieuse qui se promène à grands pas dans sa chambre sans rien dire[107], ou un Hypolite: «marchant tantost d'un pas precipité, tantost s'appuyant contre un arbre, tantost se couchant sur la terre, il ne trouvoit point de situation tranquille, l'agitation de son esprit, son desespoir, sa colere, toutes ces passions le tourmentoient d'une maniere si violente, qu'il estoit plus proche de la mort que de la vie[108]».

Cette galerie des portraits montre à l'évidence que la description du corps en colère qu'on trouve dans les nouvelles suit de très près la typologie savante de la colère, qu'elle participe d'un même type de doxa, et ce dans le but de la rendre vraisemblable, donc recevable pour le lecteur choisi de l'époque. Peut-être est-ce aussi afin de le toucher et de l'émouvoir, s'inspirant en cela des grands rhétoriqueurs qui affirment que la passion est un moyen décisif de persuasion car elle est un mouvement qui affecte les individus (le lecteur) et influence leur jugement. Ce portrait physique de la colère devient donc un moyen de communiquer au lecteur la passion qui agite le personnage. Mais qui a lu les différents traités sur les passions, ne peut s'empêcher d'être déçu car les représentations littéraires qu'on trouve dans les nouvelles sont beaucoup moins précises que les descriptions savantes qui circulent. Pour ne prendre qu'un exemple, alors que dans les traités on décrit la couleur, la lumière et le mouvement des yeux du colérique, ceux de ses paupières et de ses sourcils, dans les nouvelles, les écrivains se contentent de parler de regards pleins de courroux et d'yeux dans lesquels brille le feu de la colère. Trois hypothèses pourraient expliquer cet écart. D'abord, et c'est ce qui nous semble le plus probable, la simplification des descriptions s'explique par la volonté des mondains (tant écrivains que lecteurs) de fuir tout ce qui sent le pédant,

---

[104] Sénèque, *op. cit.*, p. 62.
[105] Marin Cureau de la Chambre, *op. cit.*, p. 303, 305 et 443.
[106] Marie-Madeleine Pioche de la Vergne, Mme de La Fayette, *La princesse de Clèves*, dans *Romans et nouvelles*, Paris, Garnier, 1958 [1678], p. 283.
[107] *Cleomire, histoire nouvelle*, Cologne, Pierre du Marteau, 1678, in-12, p. 43.
[108] Marie-Catherine Le Jumel de Barneville, Comtesse d'Aulnoy, *Histoire d'Hypolite, comte de Duglas, op. cit.*, 2ᵉ partie, p. 8.

le dogmatique, le savant et l'école. Une description trop détaillée aurait pour effet de décourager le lecteur et non de le toucher. On peut également y voir un symbole de réussite littéraire, du talent de l'auteur qui parvient à synthétiser parfaitement tous ces savoirs et à les représenter en peu de mots mais avec suffisamment de force pour évoquer cette passion et la communiquer au lecteur, correspondant en cela à l'idéal classique. Mieux encore, il nous semble que la narration et les mises en situations permettent d'éviter la lourdeur d'une longue description des symptômes de la colère en préparant la peinture de la passion à venir, en donnant au lecteur suffisamment d'informations pour lui permettre de la reconnaître sans mal. Ces contextualisations suppléent donc efficacement aux simplifications volontaires des portraits des passions et leur donnent, par un jeu de complémentarité, une plus grande portée.

2. La division sexuelle

À cette représentation savante de la physiologie de la colère, se superpose une représentation sociale qui respecte le modèle de la division sexuelle ayant cours alors. La force, le courage, la hardiesse, la fermeté et l'assurance, qualités associées exclusivement à l'homme, et qui s'expliquent notamment par sa complexion – l'homme est chaud et sec, il a un tempérament bouillant selon la théorie humorale – le disposent à une colère grave, violente et vigoureuse selon Sénèque[109], alors que celle de la femme est vive et légère. Partant de cela, il convient de repérer les signes que la colère imprime uniquement sur le corps de l'homme.

Certains regards ne se rencontrent que chez les hommes irrités. D'abord, il y a le regard troublé et les yeux égarés, recoupant la description que donne Cureau de la Chambre : « tantost ils [les yeux] regardent de travers, tantost ils s'arrestent et semblent vouloir sortir de leur place », « les yeux esgarez qui portent continuellement leur veuë çà et là sans l'arrester sur aucun objet, font partie du regard furieux, et ce sont principalement eux qui le rendent affreux et espouvantable »[110]. Le Brun[111] écrit aussi que celui qui ressent la colère a la prunelle égarée et étincelante. Dans *L'amant oysif*, Dom Gomés, qui a bien décodé le regard de Dom Lope, intervient afin d'éviter qu'il n'exerce une vengeance trop sanglante sur Dona Bessona : « [Dom Gomés] qui apprehendoit qu'il [Dom Lope] ne poussa les choses trop avant, parce qu'il avoit reconnu

---

[109] Sénèque, *op. cit.*, p. 44–45.
[110] Marin Cureau de la Chambre, *op. cit.*, p. 308 et p. 430–431.
[111] Charles Le Brun, *op. cit.*, p. 98.

ce jour là beaucoup d'égarement dans ses yeux, le suivit de bien pres, et entra assez à temps pour empescher qu'il n'arrivât un plus grand malheur[112] ». C'est également à ce signe que Clarisse devine le projet de vengeance de Cleante dans la nouvelle *Les assassinats* : « Lors qu'elle le vit entrer avec des yeux égarez et pleins de fureur, comme elle estoit criminelle, elle se douta de son dessein, et s'estant saisie de la premiere chose qui s'offrit à sa veuë, elle prit un Pistolet dont elle sçavoit fort bien tirer[113] ».

Ensuite, il y a le regard qui anticipe le plaisir de la vengeance car, écrit Cureau, « s'il arrive qu'il [l'homme en colère] ait quelque avantage et qu'il pense avoir satisfait à sa Passion [la vengeance], il adjouste l'Insolence à la Cruauté, il outrage son ennemy tout vaincu qu'il est, il se rit de son malheur, et repaissant ses yeux du carnage qu'il a fait, il sent naistre en son cœur une certaine joye maligne qui se respand après sur son visage[114] ». Donneau de Visé n'est pas très éloigné de ce précepte quand il peint le portrait d'Arpagon alors qu'il vient de tuer l'amant de sa femme : « Pendant ce temps Arpagon se promenoit à grands pas dans la chambre comme un homme tout transporté. Il parloit quelquefois en luy mesme, quelquefois il reprochoit à Cleone son infidelité, et quelquefois il regardoit le corps de Cleronte avec des yeux qui goustoient sa vangeance, et qui faisoient connoistre le plaisir qu'il ressentoit de s'estre vangé[115] ». Mlle de Scudéry brosse le portrait de Meliandre en demi-teintes quand Celinte vient implorer son aide après avoir dédaigné son amour : « Meliandre la receut avec beaucoup de respect ; mais malgré qu'il en eust il parut dans ses yeux je ne sçay quelle maligne joye qui luy fit connoistre qu'il estoit bien aise de se voir en pouvoir de se venger de toutes ses rigueurs[116] ».

Si la voix semble posséder les mêmes inflexions chez l'homme et la femme, les soupirs de rage, eux, ne se rencontrent que chez les hommes en proie à une grande colère. Mlle de La Roche-Guilhen écrit que Themir soupire de rage quand il apprend l'entretien qu'ont eu Astérie et Adanaxe[117], et Curly que Gloucester pousse plusieurs soupirs de rage quand Tideric lui apprend la mort de la reine[118]. Les descriptions de ces nouvellistes sont sem-

---

[112] Savinien Riflé, sieur de Garouville, *L'amant oysif, contenant cinquante nouvelles espagnoles, divisé en trois parties*, vol. 1, Paris, Estienne Loyson, 1671, in-12, p. 47.

[113] « Les assassinats. Nouvelle », *Mercure Galant*, Paris, 1674, t. VI, p. 265–266.

[114] Marin Cureau de la Chambre, *op. cit.*, p. 306–307.

[115] Jean Donneau de Visé, *Les nouvelles galantes, comiques et tragiques*, *op. cit.*, t. II, p. 39.

[116] Madeleine de Scudéry, *Célinte, nouvelle première*, Paris, Nizet, 1979 [1661], p. 108.

[117] Anne de La Roche-Guilhen, *Astérie ou Tamerlam*, 2e partie, Paris, Claude Barbin, 1675, in-12, p. 25.

[118] Sieur de Curly, *Tideric prince de Galles, nouvelle historique*, vol. 2, Paris, Claude Barbin, 1677, in-12, p. 196.

blables à celles de Sénèque[119] selon lequel il faut se figurer l'homme en colère sifflant, mugissant, gémissant, et de Cureau de la Chambre qui prétend que, si le colérique se taît, «c'est un silence enragé qu'il interrompt à tous momens par les soûpirs[120]».

Les marques qui paraissent sur le corps de l'homme en colère se distinguent passablement de celles de la femme, et sont des conséquences directes de sa complexion, de son humeur ou de son tempérament. L'homme étant d'un tempérament bouillant, il est forcément emporté par les bouillonnements de sa colère – ainsi que l'on peut le lire dans *Le grand Hippomene*[121] et *Irene, princesse de Constantinople*[122] – et d'un naturel prompt à la colère, à l'exemple de ce jeune comédien[123] ou du jeune Alcibiade[124]. Notons ici que la jeunesse de ces hommes joue pour beaucoup dans leur promptitude puisque, selon Coëffeteau, «les jeunes gens ayant le sang chaud et bouillant, [ils] sont merveilleusement prompts à commettre des insolences[125]». Parfois, l'ardeur de la colère masculine ressemble à la chaleur d'un grand feu et procède jusqu'à la fièvre, ce que La Framboisière explique en ces termes: «le courroux vehement en poussant de furie le sang et les esprits du dedans au dehors, les enflamment tellement, que bien souvent la fiévre en procede[126]». Les descriptions de personnages qui brûlent de colère dans les nouvelles sont comparables à celles qu'on trouve dans les traités, qu'il s'agisse de Givry parlant à son rival Bellegarde[127], ou d'Amurat à qui la colère donne une violente

---

[119] Sénèque, *op. cit.*, p. 62.

[120] Marin Cureau de la Chambre, *op. cit.*, p. 309.

[121] «[P]remierement il [Claromir] dit [à Glicere] le mauvais traitement [qu'il] avoit receu de Cativulcus, du souvenir duquel son ame fut transportée de colere, et s'emporta au dernier poinct; puis quand les boüillons de son emportement furent passez, il manda à son fidelle serviteur lequel de ses Cavaliers iroit le plus viste à Chasteau-peint porter une lettre à la prudente Nerée?» *Le grand Hippomene, op. cit.*, p. 70.

[122] «Je feray mon devoir, Achmet, interrompit l'Empereur, qui sentoit dans son ame s'élever les boüillons d'une colere impetueuse», Antoine Des Barres, *Irène, princesse de Constantinople, op. cit.*, p. 184.

[123] «Il [le jeune comédien] estoit prompt, et sa colere alloit quelquefois jusques à la rage. Il fit beaucoup de bruit, il s'emporta souvent, eut mesme prise avec son Rival», Savinien Riflé, sieur de Garouville, *L'amant oysif, contenant cinquante nouvelles espagnoles, divisé en trois parties, op. cit.*, vol. 2, p. 108.

[124] «[I]l étoit même un peu farouche et prompt à s'irriter», Anne de La Roche-Guilhen, *Les intrigues amoureuses de quelques anciens Grecs*, La Haye, Henri van Bulderen, 1690, in-12, p. 9.

[125] Nicolas Coëfeteau, *op. cit.*, p. 540–541.

[126] Nicolas Abraham, sieur de La Framboisière, *op. cit.*, p. 177.

[127] Marie-Catherine Hortense Desjardins, dite Madame de Villedieu, *Les désordres de l'amour, op. cit.*, p. 196.

fièvre[128]. La chaleur que la colère allume et excite dans le corps peut encore avoir pour conséquence de rendre l'homme tout bouffi, tel Rodolphe dans *Les dames enlevées*[129], le cabaretier des *Nouvelles amoureuses et galantes*[130], ou le chevalier dans «Le mort ressuscité»: «Le chevalier en sentit échauffer sa bile de plus en plus et, pour l'empêcher tout à fait de se posseder, l'exempt lui tira encore quelques noyaux, dont l'un lui donna malheureusement dans le visage, et s'enfuit après cela. Le chevalier, tout bouffi de colère, courut après lui[131]». Ailleurs, il est question du feu du tempérament (sorte de variante du tempérament bouillant) pour expliquer le penchant des hommes à la colère, le cas de Florizel est un bon exemple[132]. Quand les fumées du vin s'ajoutent à tout cela, l'emportement est éclatant ainsi que le remarque Sénèque[133]. La description du personnage d'Ormin dans la nouvelle *Araspe et Simandre* est on ne peut plus explicite[134].

Les théoriciens des passions s'entendent tous sur le mouvement des mains qui caractérise l'homme en colère. Sénèque[135] écrit que les mains s'entrechoquent sans cesse et s'agitent; Cureau[136], que la colère s'accompagne de battements des mains, et que sous le coup de la colère l'individu frappe tout ce qui se trouve sous la main; Senault, que la colère arme les mains de tout ce qu'elles rencontrent[137]; Descartes, qu'elle fait lever la main pour frapper[138]; et Le Brun, que la colère peut s'exprimer par un homme qui ferme les poings et qui semble frapper quelqu'un[139]. Un type de savoir similaire circule dans les

---

[128] Anne de La Roche-Guilhen, *Le grand Scanderberg, nouvelle, op. cit.*, p. 164.

[129] César-François Oudin, sieur de Préfontaine, *Les dames enlevées et les dames retrouvées. Histoire du temps, nouvelles comiques et galantes divisées en deux parties*, Paris, Jean-Baptiste Loyson, 1673, in-12, p. 69.

[130] Gatien de Courtilz de Sandras, *Nouvelles amoureuses et galantes, op. cit.*, p. 257.

[131] Gatien de Courtilz de Sandras, «Le mort ressuscité», *Nouvelles amoureuses et galantes*, dans *Nouvelles du XVIIᵉ siècle, op. cit.*, p. 708.

[132] «Au reste le feu lumineux qu'il a dans l'esprit, luy donne quelque petit panchant vers la colere», Claude Colin, *Eraste, nouvelle: ou sont descrites plusieurs avantures amoureuses*, Paris, Estienne Loyson, 1664, in-12, p. 258.

[133] «[L]e vin allume les colères parce qu'il augmente la chaleur», Sénèque, *op. cit.*, p. 45.

[134] «Ormin naturellement méchant railleur, et en qui les fumées du vin augmentoient le feu du temperament, voyant rire l'un des Violons plus fort que les autres, courut brutalement à luy, et arrachant de ses mains une Taille, qui estoit sa partie, luy en donna sur la teste assez fort, pour blesser d'un mesme coup le Maistre et l'instrument», *Araspe et Simandre, nouvelle*, Paris, Claude Barbin, 1672, in-8°, p. 174–175.

[135] Sénèque, *op. cit.*, p. 2–3 et p. 61.

[136] Marin Cureau de la Chambre, *op. cit.*, p. 305 et 310.

[137] Jean-François Senault, *op. cit.*, p. 290.

[138] René Descartes, *op. cit.*, art. XLVI.

[139] Charles Le Brun, *op. cit.*, p. 60.

nouvelles, que l'on pense à Filaste qui s'emporte et veut donner un coup de poing à Polixene et le frapper car il se moque de lui[140]. Mieux encore, dans *Le chat d'Espagne*, on trouve une petite pièce galante intitulée «Le langage des mains» qui initie les lecteurs à un langage secret et codé qui est beaucoup moins violent et semble, de ce fait, réservé aux dames :

> L'Amant qui ne sçait pas encore la cause de la mauvaise humeur de sa Belle, l'attribuë à quelque chagrin domestique, ou à quelque autre affaire de famille, il veut ainsi qu'il a accoûtumé, luy prendre la main et la presser avec les siennes pour la supplier de luy découvrir la cause de son chagrin, et d'abord elle la retire avec toute la promptitude dont elle est capable : C'est pour lors que cette Main persuade à ce jeune homme, que la colere de sa Maîtresse procede de quelque faute qu'il a commise, ou de quelque rapport désavantageux qu'on aura fait de sa flamme à celle qui l'a allumée[141].

Cette agitation des mains annonce celle, beaucoup plus violente, du corps et des gestes de l'homme en colère. Depuis Sénèque, moralistes et théoriciens ne cessent de peindre les emportements démesurés auxquels est en proie l'homme en colère. Dans le *De Ira*, on lit que le corps tout entier du colérique est en mouvement, en trépidation et qu'il est accompagné d'une grande gesticulation; que l'homme irrité renverse les tables, jette des coupes par terre, se heurte la tête contre les murs, s'arrache les cheveux, se frappe les cuisses et la poitrine[142]. Les *Œuvres* de La Framboisière abondent dans ce sens en disant du colérique qu'il égratigne de ses griffes comme un tigre et trépigne des pieds comme un bouffon[143]. Coëffeteau écrit que la colère rend l'homme agité, violent, outrageux, insupportable, que ses mouvements sont soudains et prompts[144]. Cureau de la Chambre explique que l'ardeur qui paraît dans tous les mouvements du corps vient de la hardiesse et que l'homme en colère frappe, trépigne des pieds, a des mouvements brusques et hardis, qu'il est en agitation continuelle[145], alors que Descartes se contente de remarquer que le tremblement paraît souvent chez ceux qui sont fort en colère[146]. Les nouvelles galantes et historiques, si elles sont beaucoup moins sanglantes que les histoires tragiques du début du siècle, mettent tout de même en scène

---

[140] César-François Oudin, sieur de Préfontaine, *Les dames enlevées et les dames retrouvées*, *op. cit.*, p. 52.

[141] Jacques Alluis, *Le chat d'Espagne, nouvelle*, Cologne, Pierre du Marteau, 1669, in-12, p. 169–170.

[142] Sénèque, *op. cit.*, p. 2–3, 23–24 et 61.

[143] Nicolas Abraham, sieur de La Framboisière, *op. cit.*, p. 178.

[144] Nicolas Coëffeteau, *op. cit.*, p. 546–547, 570 et 574.

[145] Marin Cureau de la Chambre, *op. cit.*, p. 305, 310, 422, 443–445.

[146] René Descartes, *op. cit.*, art. CC.

des personnages masculins aux gestes brusques et aux comportements très violents qui sont solidaires de ces descriptions savantes. L'homme jaloux qui découvre les infidélités de sa bien-aimée a des transports violents et impétueux, il fait preuve de rudesse et de brusquerie dans ses actions. Le plus souvent, il court jusqu'à la chambre de sa femme, en enfonce la porte ou brise la vitre, comme c'est le cas de Bérenger quand il sait que sa femme est en compagnie de Fédéric[147], du Prince de Montpensier quand il entend une voix masculine provenir de la chambre de sa femme[148], et d'un mari quand il croit que sa femme est au lit avec son amant[149]. La colère donne même lieu à de nombreuses querelles domestiques et à des cas de violence conjugale, ce qui s'explique principalement par l'autorité absolue que le mari exerce sur sa femme, le père sur sa fille ou le tuteur sur sa pupille. Ces emportements vont du simple soufflet – le président est si irrité quand il découvre les intrigues d'Iris qu'il lui donne un soufflet de toute sa force[150] – aux mauvais traite-ments et aux violences épouvantables. C'est le cas de Kervaut qui «traitt[e] sa niéce aussi cruellement que sa colere le luy inspir[e][151]» quand il apprend qu'elle aime Bois-Plessis, d'un père qui fait souffrir sa fille quand elle résiste à son projet de mariage[152], et d'un mari qui exprime sa fureur en traitant in-dignement sa femme qu'il croit infidèle[153]. Il est à noter que, même lorsqu'ils sont métamorphosés en animaux, les hommes font preuve de violence dans leurs emportements. Le petit chien Favory raconte cet épisode: «une Dame me demanda à Melite, et me troqua pour une Espagneule, qui assurément

---

[147] « Ils étaient dans cette posture [Fédéric aux pieds de la reine] quand ils entendirent enfoncer la porte de la chambre et virent entrer le roi, l'épée à la main.» Catherine Bernard, *Fédéric de Sicile*, dans *Œuvres*, t. I, *Romans et nouvelles*, Fasano/Paris, Schena/Nizet, 1993 [1680], p. 150.

[148] «[L]e prince, ayant enfoncé la porte du passage, entra comme un homme possédé de fureur et qui cherchait des yeux sur qui la faire éclater», Marie-Madeleine Pioche de la Vergne, Mme de La Fayette, *La princesse de Montpensier, op. cit.*, p. 384.

[149] «Il n'écouta rien, et donnant des pieds contre la Porte avec une violence qui ne se peut concevoir, il l'enfonça dés les premiers coups.» «Les apparences trompeuses, histoire», *Mercure Galant*, Paris, octobre 1679, p. 215.

[150] Poisson, «Histoire d'Iris», *Les dames galantes ou la confidence réciproque*, dans *Nou-velles du XVIIᵉ siècle, op. cit.*, p. 891–892.

[151] *Monsieur de Kervaut, nouvelle comi-galante*, vol. 1, Paris, Claude Barbin, 1678, in-12, p. 144.

[152] «Son Pere la voulant contraindre d'épouser un Homme d'un âge fort avancé, elle resista à ses volontés, et comme il avoit l'affaire à cœur, et qu'il estoit violent quand il s'emportoit, il s'oublia tellement dans les mauvais traitements qu'il luy fit souffrir, que perdant enfin patience, elle résolut de fuir déguisée en Homme.» «Histoire», *Mercure Galant*, Paris, août 1685, p. 196–197.

[153] «Aventure tragique d'Angers», *Mercure Galant*, Paris, janvier 1681, p. 336.

ne me valoit pas, et que je mordis de colere trois ou quatre fois[154]». Le chat Almanzor qui entend médire à son sujet réagit de même:

> La lâcheté de ces Chevaliers qu'Almanzor avoit toûjours crû estre de ses amis, le toucha tellement sous sa nouvelle figure qu'il faillit à enrager dans sa peau, et ne pouvant plus prendre plaisir à de pareils discours, il sauta avec impetuosité au milieu d'eux, et passa dans une autre chambre, à dessein d'interrompre leur conversation, ou du moins de ne la plus oüir[155].

Un peu à l'image de la colère et de l'étonnement qui laissent sans voix, l'immobilité est un signe de la passion qui agite l'homme et dont l'impétuosité vient, pour un temps seulement, freiner les mouvements violents. Le prince des *Annales galantes*, quand il apprend qu'il a servi de messager à son infidèle épouse, réagit ainsi: «[cette découverte] le rendit immobile pendant quelques momens. A cette premiere surprise succeda l'emportement; sa fureur s'alluma à celle du Roi son beau-pere, ce ne furent que menaces et resolutions violentes[156]». De même, Cléante demeure d'abord immobile en entendant le récit détaillé des infidélités de Bélise, puis il s'abandonne à «tous les mouvemens et les emportemens les plus furieux[157]».

La description du corps féminin en proie à la colère s'appuie et conforte le lieu commun de la faiblesse naturelle de la femme. C'est parce que la femme est physiologiquement différente (elle est froide et humide, au contraire de l'homme) qu'elle est naturellement plus faible. Cela a pour effet de rendre sa colère violente car le naturel des femmes est plus infirme et elles n'ont pas assez de force pour soutenir l'impétuosité de cette passion, c'est du moins ce qu'affirme Senault[158].

La colère féminine possède quatre signes distinctifs qui relèvent de cette faiblesse dite naturelle. Premièrement, la rougeur du visage. Suivant en cela l'enseignement de Descartes, pour qui:

> on juge ordinairement que la Colere de ceux qui palissent est plus à craindre, que n'est la Colere de ceux qui rougissent. Dont la raison est, que lors qu'on ne veut, ou qu'on ne peut, se vanger autrement que de mine et de paroles, on employe toute sa chaleur, et toute sa force des le commen-

---

[154] Antoine Torche, *Le chien de Boulogne ou l'amant fidelle, nouvelle galante, op. cit.*, p. 152.

[155] Jacques Alluis, *Le chat d'Espagne, nouvelle, op. cit.*, p. 93.

[156] Marie-Catherine Hortense Desjardins, dite Mme de Villedieu, *Les annales galantes, op. cit.*, p. 37.

[157] Anne Bellinzani Ferrand, dame Michel, *Histoire nouvelle des amours de la jeune Belise et de Cleante, op. cit.*, p. 159–160.

[158] Jean-François Senault, *op. cit.*, p. 296.

cement qu'on est emeu, ce qui est la cause qu'on devient rouge : outre que quelquefois le regret et la pitié qu'on a de soy mesme, pource qu'on ne peut se venger d'autre façon, est cause qu'on pleure[159],

les femmes sont plus sujettes à la colère rouge, et sont moins à craindre que les hommes puisque leur projet de vengeance est le plus souvent voué à l'échec. Il n'est qu'à penser à ce passage de la première partie des *Désordres de l'amour* de Mme de Villedieu où les deux rivales de Mme de Sauve rougissent de colère et de confusion suite à l'échec de leur premier projet de vengeance[160]. Deuxièmement, les larmes. Les femmes seraient les seules à pleurer quand elles sont en colère[161], les larmes étant une résultante physique de leur faiblesse naturelle et de leur impossibilité à pouvoir se venger, ainsi que l'écrit Cureau de la Chambre :

> pour l'ordinaire elles [les larmes] n'ont point d'autre source que le Despit que l'on a de ne se pouvoir venger. C'est pourquoy les femmes et les enfans sont plus sujets à pleurer au fort de cette Passion que les hommes ; parce qu'ils reconnoissent alors leur foiblesse, et qu'ils sont contraints de souffrir l'outrage qu'on leur fait sans en pouvoir tirer raison[162].

La colère larmoyante de Cunégonde lorsqu'elle revoit Béralde, son insensible amant, n'échappe pas à cette règle :

> Comme je montois à cheval, Cunegonde éplorée survint ; Ingrat Beralde, s'écria-t-elle d'un ton de colere qu'un torrent de pleurs radoucit un moment après, n'avés-vous donc tant fait l'insensible à la plus tendre, et à la plus pure flâme qui fut jamais, que pour aimer une infame, qui deshonore en arrivant et vôtre amour et son époux et l'Empire ?[163]

Les cris, les menaces et les injures seraient aussi le plus souvent l'apanage des femmes, car n'ayant pas le pouvoir de se venger en actes, la parole devient la seule arme admissible pour elles. Les nouvelles galantes et historiques partagent cette conception que l'on retrouve tant chez Cureau de la Chambre[164],

---

[159] René Descartes, *op. cit.*, p. 208.
[160] Marie-Catherine Hortense Desjardins, dite Madame de Villedieu, *Les désordres de l'amour*, *op. cit.*, p. 24.
[161] Les enfants et les vieillards, en tant qu'êtres faibles, s'ajoutent aussi à cette liste.
[162] Marin Cureau de la Chambre, *op. cit.*, p. 434.
[163] *Béralde, prince de Savoye*, *op. cit.*, vol. 2, p. 85–86.
[164] « Mais si la Foiblesse se joint encore avec elles [la douleur et la hardiesse], la Colere devient tellement criarde, et va à un tel excez de paroles et de menaces, qu'on peut dire alors qu'il est impossible d'arrester ; comme on peut la remarquer en celle des femmes, des enfants et autres semblables », Marin Cureau de la Chambre, *op. cit.*, p. 407.

chez Coëffeteau[165], que chez le père Senault[166]; elles sont très nombreuses à
mettre en scène des femmes qui disent tout haut ce que la colère leur inspire
de pire. La colère de Divine quand elle découvre que c'est La Valiniere et non
son mari qui a profité de ses faveurs est assez éloquente en effet:

> Divine qui le reconnut à sa voix, se mit à crier de toute sa force, et entra
> dans une fureur, qu'il seroit difficile d'exprimer aussi grande qu'elle
> l'estoit: voyant que personne ne venoit à son secours, et que son perfide
> amant la retenoit dans son lit avec violence elle s'abandonna aux larmes,
> et luy dit toutes les injures que sa colere luy inspira: les noms de traître,
> lâche et barbare, furent les moindres, dont elle se servit, pour luy repro-
> cher sa perfidie[167].

Et plus loin, lorsque l'amant essaie de se justifier: «Divine l'interrompit, et
continüa à l'accabler d'injures et de reproches; elle le menaça de luy susciter
son mary, ses parens, et de perir elle-même, pour vanger le cruel outrage
qu'elle venoit de recevoir[168]». Inversement, lorsqu'un écrivain veut mettre en
scène une femme forte et puissante (une sultane ou une reine par exemple),
il évite de lui faire dire des injures. C'est le cas de Racima qui est en colère
contre Mahomet II qui la délaisse pour Éronime: «elle ne s'amusa point aux
plaintes et au murmure, et chercha les moyens de se vanger[169]». Le rang de
Racima lui donne un statut privilégié, la rend presque l'égale de l'homme
et donc en mesure de se venger, la distinguant ainsi des femmes de simple
condition qui ne peuvent passer aux actes.

Une exception mérite de retenir notre attention, il s'agit de ces hommes
qui se laissent aussi aller à dire les pires injures, mais seulement lorsqu'ils
sont en situation de faiblesse et qu'ils sont, pour ainsi dire, «féminisés». Les
cas les plus fréquemment illustrés dans les nouvelles sont ceux où le galant
est un jaloux, est amoureux d'une coquette ou d'une belle infidèle. Le jaloux
étant un homme qui a perdu la raison, il accable injustement (ou non) la
dame aimée quand il la croit infidèle et tombe dans les pires excès. Le roi,
en colère quand il lit une lettre pleine de tendresse et d'ambition écrite par
la duchesse à Antoine, réagit ainsi: «Henry desesperé de ce qu'il venoit d'apprendre de la Duchesse, fut chés elle dans la violance de son transport, et luy

---

[165] «Il ne vomit que menasses, ne parle que de sang et de vangeance», Nicolas Coëffeteau, op. cit., p. 574.

[166] «[La colère met] des menaces en la bouche», Jean-François Senault, op. cit., p. 290.

[167] Jean de Préchac, Nouvelles galantes et avantures du temps, t. II, Paris, Compagnie des
Libraires, 1680, in-12, p. 27–28.

[168] Ibid., p. 29.

[169] Marie-Catherine Le Jumel de Barneville, Comtesse d'Aulnoy, Nouvelles d'Elisabeth,
vol. 4, Paris, Claude Barbin, 1674, in-12, p. 64.

dit tout ce que la colere peut inspirer à un Amant jaloux[170]». Celui qui aime une coquette est soumis à ses changements d'humeurs et est le jouet de ses caprices. Tel est le cas de Ménandre dans *Les diversitez galantes* quand il découvre que sa coquette est toujours amoureuse de son galant à Paris: «Je luy parlay avec transport de la passion qu'elle avoit si long-temps conservée pour ce Galand; et comme l'on éclatte souvent plus fort apres s'estre long temps contraint, je laissai agir mon ressentiment et ma colere. Je luy reprochay tout ce que j'avois fait pour elle, et toutes les obligations qu'elle m'avoit[171]». Celui qui est trahi par sa maîtresse ou sa femme est victime de son inconstance et la colère qu'il éprouve contre son ingrate éclate dans ses paroles. Ainsi, quand Dorylas surprend Corsique dans les bras d'Évandre: «[il] n'est guere maistre de son ressentiment; Dorylas pourtant ne voulut point perdre sa Maistresse, mais il vomit contr'elle *Tout ce que la rage fait dire, Quand elle est maistresse des sens*[172]». Les cris, les menaces et les injures sont bel et bien la seule vengeance possible allouée aux faibles, la vengeance de ceux qui ne peuvent se venger réellement.

La dernière caractéristique proprement féminine du corps en colère est certainement l'absence quasi totale de gestes brusques contrairement à ceux de l'homme qui sont très violents. Seuls les actes peu compromettants lui sont permis car la femme ne doit pas faire d'éclat, elle ne doit pas dépasser les limites qui sont imposées à sa condition, elle doit rester dans la sphère de la vie privée et ne pas manifester sa colère par des gestes qui l'exposeraient au regard public. S'il lui arrive, à l'occasion, de se jeter au visage de son adversaire[173], c'est qu'elle est seule avec lui et sans témoins (et encore est-ce à la suite du seul motif reconnu comme étant juste et légitime pour une femme, soit l'enlèvement, qui est perçu comme le pire outrage qu'on puisse faire à sa vertu, ce qui entraîne automatiquement la colère). La femme se contente la plupart du temps de le désirer sans (pouvoir) le faire, dans le cas où elle éprouve du ressentiment à l'égard d'une rivale par exemple[174]. Le seul acte violent permis ne touche personne, et est somme

---

[170] *Dom Sebastien, roy de Portugal. Nouvelle historique*, vol. 3, Paris, Claude Barbin, 1679, in-12, p. 75–76.

[171] Jean Donneau de Visé, *Les diversitez galantes*, Paris, Ribou, 1664, in-12, p. 16.

[172] *Nouvelle ou historiette amoureuse*, Paris, Charles de Sercy, 1670, in-12, p. 80–81 (en italique dans le texte).

[173] «Me voyant ainsi trahie, je m'abandonnay à mon desespoir, et ne regardant plus Cleonte que comme un infame Ravisseur, je me jettay sur son visage où je luy imprimay des marques de ma juste colere.» A. Ancelin, *Le portrait funeste, nouvelle, op. cit.*, p. 122.

[174] «[Q]uelques fois elle [la sultane] vouloit se jetter à son visage [Cleomire] pour punir les charmes qui lui avoient enlevez un si grand bien: quelques fois elle estoit sur le

toute assez innocent, puisqu'il s'agit pour la femme de jeter, déchirer ou mettre brusquement au feu une lettre de l'amant qui la trahit. Cet emportement du geste a le plus souvent lieu dans sa chambre, pièce maîtresse de la vie privée, loin du regard des autres. Artémise n'agit pas autrement lorsqu'elle reçoit une lettre de son Poliante qu'elle croit infidèle: «Elle fut si faschée d'avoir esté surprise par Poliante, de qui elle n'auroit pas ouvert la Lettre si elle avoit pû apprendre qu'elle estoit de luy sans l'ouvrir, qu'elle s'en vengea sur la Lettre mesme, et la jetta au feu sans vouloir faire l'honneur à celuy de qui elle venoit d'en lire un seul mot[175]».

3. L'enseignement moral

En plus de suivre la division sexuelle et de faire circuler un certain savoir sur les passions, la représentation du corps en colère est mise au profit de l'éducation morale du lecteur. Sans avoir des objectifs précis d'édification, ces nouvelles forment un nouveau lieu de diffusion de la morale de cour, elles se posent souvent comme des exemples pour le lecteur qui doit apprendre à domestiquer ses passions. Participant ainsi au processus de civilisation des mœurs, elles deviennent un petit guide, utile et divertissant selon l'esthétique mondaine, à l'usage des honnêtes gens, et *a fortiori* des honnêtes femmes[176]. La rhétorique des passions est, dans un premier temps, mise à profit par l'auteur dans sa nouvelle puisqu'elle doit toucher le lecteur en lui donnant à lire des descriptions du corps en colère vraisemblables puisque solidaires de toute une réflexion théorique. Elle intervient, dans un deuxième temps, pour le convaincre et le persuader du bien fondé d'adopter les modèles de comportements présentés. La rhétorique passe ainsi du registre de la connaissance à celui de l'action.

---

point d'aller querir un poignard pour arracher le cœur de cette infidelle; et ensuite revenant un peu à soy, et jettant les yeux sur cette pauvre malheureuse, Où estes-vous ma raison, disoit-elle, et bien Constance ne m'aime plus?» *Cleomire, histoire nouvelle, op. cit.*, p. 42.

[175] Edme Boursault, *Artémise et Poliante, nouvelle*, Paris, René Guignard, 1670, in-12, p. 137.

[176] La nouvelle de René le Pays en est un bon exemple: «Cependant il est des femmes sujettes à cette passion [la jalousie], aussi bien que des Hommes, et il est bon de leur apprendre par cette Histoire, combien cette frenesie est contraire au repos, combien elle rend extravagantes celles qui s'en laissent surmonter, et combien enfin elles se font haïr, quand elles aiment d'une si honteuse maniere», *Zélotyde, histoire galante, op. cit.*, p. 36.

Cette volonté d'éducation prend plusieurs formes dans les nouvelles et diffère selon que la leçon s'adresse à l'homme ou à la femme de qualité. Le plus souvent, l'homme peut donner libre cours à son irritation, et les marques qui s'impriment sur son corps, les mouvements qui l'agitent, ne viennent que souligner l'éclat de sa colère. Mais il est des cas plus problématiques où une certaine retenue est de mise. Nous allons tâcher de voir comment ces avertissements et ces enseignements se manifestent dans les textes littéraires.

Parmi les modèles de comportements présentés aux hommes, il y a celui de la limitation des éclats qui intervient dans des situations précises. La présence d'autrui est certainement le cas qui vient le plus souvent modérer les emportements de l'homme en colère, qui se contente alors de signifier son irritation par un regard furieux. C'est ce que fait Abdemar quand il surprend Almanzor auprès d'Almanzaïde : « le Prince Abdemar entra, il jetta d'abord sur Almanzor des regards d'indignation [...]. Peut-estre qu'il se fust emporté contre Almanzor dans l'humeur où il se trouva, si Roxane ne fut entrée, Almanzor se retira[177] ». Au contraire, lorsque Clausias fait publiquement de grandes plaintes et des reproches à son infidèle, ce comportement est généralement condamné par les personnages qui assistent à la scène :

> Il crût donc si bien l'avoir [raison], qu'emporté de rage, de jalousie et d'amour, il luy fit inconsiderément de grandes plaintes, devant plusieurs Personnes du Logis, et luy dit qu'il la traiteroit comme les Amans ont droict de traiter les Coquettes qui font des infidelitez pareilles à celle dont il la croyoit coupable, et qu'il avoit dequoy la faire rougir. Belise se tint fort offencée de ce procedé, qui fut aussi desaprouvé de toute la Compagnie, encore que chacun crût que la violence de l'amour le pouvoit excuser[178].

La maîtrise et le contrôle de soi sont également fortement valorisés puisqu'ils sont présentés comme des qualités dignes des meilleurs hommes et associés à la grandeur du personnage. C'est parce que le prince Abdemar a de la vertu qu'il n'éclate pas contre Almanzaïde qui refuse de l'aimer et se contente de lui lancer un regard plein de courroux[179]. Inversement, les auteurs se permettent de porter un jugement sévère sur les actions et de les condamner explicitement quand elles sont contraires au comportement que doit adopter l'honnête homme, en ayant recours à un discours axiologique. Dans la nouvelle *Le pèlerin*, le mari maîtrise d'abord sa colère et ses transports jaloux, mais

---

[177] Anne de La Roche-Guilhen, *Almanzaïde, nouvelle, op. cit.*, p. 116–117.

[178] Jean Donneau de Visé, *Les nouvelles galantes, comiques et tragiques, op. cit.*, t. III, p. 385–386.

[179] « [M]ais cependant il n'éclata point, et le Prince tout jaloux qu'il est, ayant de la vertu, n'a rien fait contre ma vie et ma fortune. » Anne de La Roche-Guilhen, *Almanzaïde, op. cit.*, p. 63.

il perd rapidement le contrôle quand il se retrouve seul avec sa femme au point de la maltraiter, violences qui sont condamnées et présentées comme étant «bien indignes d'un homme de sa qualité[180]». De même, on dit d'un mari jaloux qui donne des coups à sa femme et fut vingt fois sur le point de la tuer qu'«il fit des choses indignes d'un Homme[181]», le ravalant du coup au statut de bête féroce.

Tourner en ridicule certains comportements – dire des injures, notamment parce que c'est là un signe de la faiblesse de l'homme, ou encore l'absence de contrôle sur soi – est un procédé auquel les nouvellistes ont recours pour créer une distance et ainsi favoriser le regard critique du lecteur sur l'anti-modèle présenté. Il n'est qu'à penser au personnage de Dom Alvaros qui, en apprenant les infidélités de sa maîtresse, oublie l'endroit où il se trouve (il est caché sous le lit de sa maîtresse), et s'emporte en faisant des reproches à sa belle, signalant ainsi sa présence au mari[182].

Un cas exceptionnel mérite d'être souligné, il s'agit de l'application à la lettre de l'enseignement de Sénèque, pour qui le meilleur remède pour guérir l'homme en colère est de lui présenter un miroir et de lui faire voir les transformations que subit son corps et qui l'enlaidissent[183], conseil que La Framboisière a également repris dans ses *Œuvres*[184]. Dans une des nouvelles du recueil *L'amour échapé*, une dame fait voir à un homme prompt, à l'aide d'un miroir, la laideur qui le défigure quand il s'emporte afin de le dégoûter de lui-même et de lui apprendre à ne plus se mettre en colère, s'il veut se faire aimer des dames:

---

[180] Sébastien Bremond, *Le pèlerin, nouvelle, op. cit.*, p. 24–25.

[181] Savinien Riflé, sieur de Garouville, *L'amant oysif, contenant cinquante nouvelles espagnoles, op. cit.*, vol. 1, p. 90.

[182] «Quoy, perfide, s'écria-t-il, tu me trahis? Ah! je m'en estois toûjours douté. Il s'arresta apres avoir reconnut sa faute. Il est aisé de s'imaginer la surprise de Dom Juan; il se leva aussitost, courut à son épée, appella du secours. Dom Alvaros qui ne vouloit pas estre lardé dans l'endroit ou il estoit, en sortit promptement.» *Ibid.*, p. 85.

[183] Partant du principe selon lequel, «Rien pourtant n'est si utile que de regarder d'abord la laideur, ensuite le danger de la chose», Sénèque, par l'intermédiaire de Sextius, affirme: «Souvent, dit Sextius, des gens irrités se sont bien trouvés de regarder un miroir: ils ont été stupéfaits d'être si changés; comme dans une confrontation, ils ne se sont pas reconnus. Et combien peu l'image réfléchie par le miroir révélait de leur véritable difformité», Sénèque, *op. cit.*, p. 61 et p. 62–63.

[184] «Pour reprimer sa cholere impetueuse, [il] faut regarder en un miroir les mines qu'on fait, durant sa fureur. Qui est celuy qui n'ait horreur du hydeux spectacle de l'homme en cholere?» Nicolas Abraham, sieur de La Framboisière, *op. cit.*, p. 178.

> Quand elle vit que la fureur où il estoit luy faisoit faire mille grimaces en parlant, elle luy dit avec un air qui marquoit qu'elle avoit pitié de luy, qu'il se regardast dans un grand miroir, vis-à-vis duquel elle l'avoit fait mettre exprés; et il n'y eut pas plûtost jetté les yeux qu'il les abbaissa, faisant voir sur son visage une certaine rougeur que le dépit ne manque jamais d'y produire. Voyez, luy dit alors cette belle, de quelle maniere l'emportement change les gens: quand vous estes tranquille, vostre visage paroist le plus doux du monde, et il y peu de belles qui pûssent vous resister: Mais quand vous vous emportez, vous n'estes plus semblable à vous-mesme; vous paroissez le plus laid des hommes, et il n'y a point de femmes qui pûssent vous aimer, et qui voulussent mesme vous regarder, tant vous faites peur lorsque vous estes en cet estat. Cloreste profita de cet avis, et prit si bien garde à luy qu'il ne s'emporta de long temps devant qui que ce fut[185].

Quand ils s'adressent aux femmes, les nouvellistes décident parfois de formuler clairement la leçon de morale en de sages conseils, comme ceux que prodigue Cleandre à Amelonde. Ainsi, si le roi lui déclare sa flamme, Cleandre lui dit: «d'abord mettez en œuvre toute la juste indignation d'une pudeur outragée, employez y la fermeté du cœur, sans emportement de geste ny de voix[186]». Et la découverte par Amelonde de la perfidie de Servilie donne lieu à cet échange:

> Mais quoy faut-il éclater contr'elle? luy feray-je des reproches de sa perfidie? quand j'auray fait beaucoup de bruit me sera t'elle plus favorable? et si j'irrite sa colere, deviendra-t'elle plus douce pour moy? Non, Madame, luy répondit Cleandre, et j'estime que vous devez dissimuler et souffrir; tandis qu'un ennemy ne pense pas estre connu, il n'est méchant qu'à demy; mais quand il sçait bien qu'il est découvert, il ne garde plus de mesure; il dit tout, il fait tout, il entreprend tout; ses yeux n'ont pour nous que du poison, ses paroles sont toutes enflamées du feu de la calomnie; et toute sa personne communique à tous ceux qui l'approchent, la peste qu'il a dans le sein. Travaillez à vous defaire d'elle sans qu'elle s'en apperçoive; faites moins de parties ensemble; ne vous voyez pas si souvent, et défiez vous de tous ceux qui sont dans ses interests[187].

Ces conseils prônent tous une certaine maîtrise de soi qui passe par le contrôle, voire la dissimulation, des marques physiques de la colère, en l'occurrence, celles de la voix et des gestes.

---

[185] Jean Donneau de Visé, *L'amour échapé ou les diverses manieres d'aymer, op. cit.,* t. II, p. 149–151.

[186] François Hédelin, abbé d'Aubignac, *Amelonde, histoire de nostre temps, op. cit.,* p. 89.

[187] *Ibid.,* p. 221–229.

Une seconde stratégie consiste à tourner en ridicule le comportement des femmes qui, sous l'emprise de la colère, perdent tout contrôle et sens de la retenue, ces descriptions deviennent ainsi, implicitement, des modèles à ne pas suivre. L'exemple le plus probant est certainement celui de l'extravagante Zélotyde qui prétend être aimée de tous, même des héros de romans, et est en proie à des excès de colère et de jalousie déraisonnables. Elle s'emporte ici contre Cephise quand elle le voit déchirer une lettre qu'elle suppose lui venir d'une maîtresse :

> Mais il fut bien étonné de se sentir caresser à coups de pieds, à coups d'ongles, et à coups de dents. La passion transportoit tellement Zelotyde, qu'elle perdit pendant les premiers moments la force de parler : mais certes, MONSEIGNEUR, elle ne perdit pas celle de fraper, d'égratigner, et de mordre[188].

Le traitement comique devient un moyen efficace de détourner les femmes de ce modèle et la violence des gestes est alors généralement condamnée.

À ces contre-exemples on oppose de nombreux exemples de femmes qui parviennent avec plus ou moins de facilité à exercer un contrôle sur les mouvements que leur dicte leur colère. Ces exemples ont toujours une connotation très positive afin d'être reçus le mieux possible des lecteurs. Dans cet extrait de *Zizimi prince Ottoman*, la Baronne est présentée comme une femme très sage car elle ne témoigne rien de sa colère contre son mari, se contentant de chasser sa rivale (sa nièce) :

> D'ailleurs, elle s'imagina d'avoir assés bien triomphé, d'avoir éloigné Sidonie et se croyant alors en surté des sujets de jalousie qu'elle luy avoit donnez estant à Bastie ; elle n'en vouloit pas davantage. La Devise [le mari a fait graver la devise de sa maîtresse sur toutes les vitres de la maison] neanmoins ne luy plut pas, et elle m'a dit qu'elle eut besoin de toute sa moderation pour s'empécher de casser les vitres sur lesquelles je l'avois fait mettre[189].

Certains nouvellistes tâchent plutôt de prescrire des comportements visant à limiter l'éclat de la colère féminine en présentant des femmes qui, par exemple, préfèrent témoigner de leur colère en refusant volontairement de parler à leur galant au lieu de l'accabler d'injures. L'absence de paroles ou un silence méprisant serait à la fois un moyen plus éloquent pour la femme de signifier son irritation à celui qui en est la cause, et une pratique plus recevable dans le cadre d'une vie de cour. C'est le cas de Mlle de Montmorency

---

[188] René Le Pays, *Zélotyde, histoire galante, op. cit.*, p. 106–107.
[189] Guy Allard, *Zizimi prince Ottoman, amoureux de Philipine-Helene de Sassenage. Histoire dauphinoise*, Grenoble, Jean Nicolas, 1673, in-12, p. 166.

lorsqu'elle rencontre Turenne qu'elle croit infidèle : « de son costé Mademoiselle de Montmorency n'ayant pas moins de ressentiment, n'eut garde de luy
adresser la parole[190] ».

D'autres enfin, mais ce sont les moins nombreux, visent directement le
point faible des femmes, soit leur coquetterie ou leur vanité. À la manière du
De Ira de Sénèque, ils font craindre aux femmes les marques physiques de la
colère car elle est affreuse et disgracieuse[191]. L'abbé Du Bosc, dans son traité
d'éducation des femmes, avait déjà recours à cette stratégie quand il écrivait
que la colère est contraire à la beauté, reprenant à son tour l'enseignement
de Sénèque :

> Je n'ay jamais oüy parler qu'on ait veu une belle furieuse. Je veux qu'on
> ait besoin de la Philosophie pour se deffendre des autres passions, pour
> celle-cy c'est assez d'un miroir : il ne faut que se voir pour se corriger, et
> c'est peut-estre pour cela qu'elle trouve [*sic*] la veuë, de peur qu'on ait
> honte en la voyant. Cette passion est trop violente, pour ne pas effacer les
> plus beaux traicts du visage ; les yeux peu à peu changent leurs charmes en
> effroy, le chagrin de l'ame se dépeint dans tout le maintien, et cela peut ar-
> river à un tel poinct d'horreur, qu'on ne les ose approcher sans Exorcisme,
> non plus que des possedées, de qui elles ont la façon et les grimasses[192].

Donneau de Visé met en scène, dans une nouvelle au registre comique, une
demoiselle qui, ayant assimilé cette leçon, craint la colère car elle enlaidit et
brouille le teint : « Araminte étant ainsi couchée et ne pouvant voir ce qui se
passait dans sa chambre, attendait son lavement avec toute la patience imagi-
nable, ayant fait serment à sa beauté de ne se mettre jamais en colère, crainte
de se trop échauffer et de faire par là rougir son teint, qu'elle chérissait plus
que tous les biens du monde[193] ».

La volonté d'éducation civile et morale des lecteurs joue donc un rôle
important dans la représentation littéraire des passions, dans l'absence quasi
totale de femmes dont le corps et les gestes sont peints sous l'emprise de la
colère. Si on peut certainement interpréter ce phénomène dans ce sens : ne
pas donner à voir ce qui est par définition condamnable, on peut aussi y voir
le désir de respecter la sacro-sainte valeur féminine, la pudeur, qui fait en
sorte qu'une honnête femme n'expose pas à la vue de tous son corps, qu'elle

---

[190] Pierre d'Ortigue, sieur de Vaumoriere, *Diane de France. Nouvelle historique*, Paris,
       Guillaume de Luyne, 1675, in-12, p. 146.
[191] Voir à ce sujet la description hideuse que Sénèque fait de la colère dans ses *Dialo-
       gues. De Ira/De la colère, op. cit.*, p. 2–3.
[192] Jacques Du Bosc, *L'honneste femme*, Paris, H. Legras et M. Bobin, 1658 [1632], in-12,
       p. 143.
[193] Jean Donneau de Visé, « L'apothicaire de qualité, nouvelle galante », dans *Nouvelles
       du XVIIe siècle, op. cit.*, p. 401.

garde une certaine distance et fait preuve de retenue. Cet enseignement est similaire à celui de l'abbé Du Bosc, pour qui «la pudeur naturelle [des femmes], oblige davantage à la retenuë[194]». Plus loin, il précise que: «la pudeur est absolument necessaire à l'un et l'autre sexe, mais particulièrement à celuy des Dames. C'est la marque et la defence de la chasteté[195]». On remarque également que les leçons de morale qui visent les femmes sont plus nombreuses que celles écrites à l'usage des hommes, ce qui s'explique certainement par le fait que le lectorat des nouvelles est davantage féminin, ou que les hommes sont plus «libres» par rapport aux strictes prescriptions morales.

4. Le jeu des passions

La rhétorique des passions se déploie au sein même de la nouvelle, elle en nourrit l'intrigue et conditionne les rapports que les personnages entretiennent entre eux. La nouvelle devient en quelque sorte un laboratoire où l'on met à l'épreuve l'application des savoirs sur les passions, ce qui donne lieu à une exploration de ses différents usages et cas de figures. Quelques exemples suffiront pour comprendre ce jeu dans les nouvelles galantes et historiques. Les personnages masculins et féminins semblent avoir parfaitement compris et intégré ce savoir sur les passions et connaissent bien les marques que la colère imprime sur le corps, assez du moins pour les simuler ou les dissimuler au besoin.

Il y a d'abord ceux qui manifestent volontairement aux autres leur colère, qui profitent de l'altération qu'elle produit à la surface de leur corps pour la signifier et se faire bien comprendre, sans ambiguïté possible. Ils laissent éclater fièrement leur colère afin de signifier leur grandeur et de réattester leur valeur aux yeux d'autrui, conduite qui s'explique par la dimension sociale importante de la «juste colère». Ainsi, apprenant la rupture de la promesse de mariage de la famille de Mlle de Mézières au profit de la famille des Bourbon, le duc de Guise fait paraître sa colère et son ressentiment devant le principal intéressé, prouvant ainsi qu'il ne peut supporter un affront si sensible:

> Ce procédé surprit extrêmement toute la maison de Guise, mais le duc en fut accablé de douleur, et l'intérêt de son amour lui fit recevoir ce changement comme un affront insupportable. Son ressentiment éclata bientôt malgré les réprimandes du cardinal de Guise et du duc d'Aumale, ses oncles, qui ne voulaient point s'opiniâtrer à une chose qu'ils voyaient ne pouvoir empêcher. Il s'emporta avec tant de violence, en présence du

---

[194] Jacques Du Bosc, *op. cit.*, p. 45.
[195] *Ibid.*, p. 167.

jeune prince de Montpensier, qu'il en naquit une haine entre eux qui ne finit qu'avec leur vie[196].

On voit alors quel est l'effet immédiat de cette démonstration sur les autres personnages, comment l'éloquence du corps agit de façon efficace et convaincante puisqu'ils se mettent à craindre et trembler devant cette terrible colère. Telle est la réaction de Don Estevan qui veut, par sa démarche, signifier à sa femme la jalousie et la fureur qui l'animent, et Dona Anna qui le décode très bien s'explique afin de l'apaiser[197]. Les mouvements qui agitent Celie, en proie à une grande colère, effraient Clavonne dans *Le portrait funeste*:

> Celie ne luy respondoit qu'avec des injures capables de refroidir un homme moins passionné que Clavonne. Elle n'oublioit pas de luy reprocher la trahison dont il s'estoit servy pour esloigner son Rival, ny l'avantage qu'Aronte avoit remporté sur luy, pendant quoy elle se promenoit dans sa chambre avec des transports si violens, qu'elle faisoit trembler Clavonne tout assuré qu'il estoit[198].

Puis, les galants adoptent le comportement désiré par la belle colérique. À preuve, dans les *Nouvelles de l'Amerique*, la conduite de l'indiscret Alferes envers Léonor lisant une lettre faussement attribuée à son amant: «il luy demanda la cause d'une si grande tristesse, mais elle ne lui répondit qu'avec un regard qui luy faisoit assez connoître la colere dans laquelle elle estoit d'estre interrompuë; et que le plus sain party qu'il pouvoit prendre estoit la retraite, ce qu'il fit[199]».

Il y a ceux et celles qui, moins habiles, ne parviennent pas à maîtriser ces marques quand ils sont sous le coup de l'émotion, et se trahissent, quel que soit le soin qu'ils prennent à dissimuler leur colère: «Glassonde vivoit dans un calme d'esprit apparent, et quelque precaution qu'elle apportast pour cacher le ressentiment de la tromperie qu'elle croyoit que Genseric luy faisoit, il en paroissoit toûjours quelque chose sur son visage, ou en ses actions,

---

[196]   Marie-Madeleine Pioche de la Vergne, Mme de La Fayette, *La princesse de Montpensier, op. cit.*, p. 362.

[197]   «[Il] se promena sans dire aucune parole, et sembloit en se promenant vouloir monstrer par ses démarches que la fureur et la jalousie estoient maistresse de son ame»; «Je voy Don Estevan, le sujet de vostre colere: je sçay que la bien-seance ne permet pas qu'une femme soit seule avec un homme, mais quand vous sçaurez pourquoy ce cavalier est icy, peut-estre n'en aurez vous aucun meschant soupçon.» *Cléante ou Don Carlos, nouvelle*, Paris, Thomas Jolly, 1662, in-12, p. 256–257 et p. 258.

[198]   A. Ancelin, *Le portrait funeste, nouvelle, op. cit.*, p. 177.

[199]   *Nouvelles de l'Amérique ou le Mercure Ameriquain. Où sont contenuës trois histoires veritables arrivées en nôtre temps*, Rouen, François Vaultier, 1678, in-12, p. 21.

ou en ses discours[200]». Ces signes physiques qui échappent à la volonté des
personnages les rendent vulnérables au regard d'autrui ainsi que le montre
cet extrait où Chaumont est en colère suite au procédé du comte qui l'ignore
puis la rejette: «Cette fille au sortir de la chambre de la Reine l'étoit allée
attendre dans l'antichambre, le cœur si outré de ce qui lui étoit arrivé, que
sans prendre garde qu'elle avoit des ennemis qui observoient sa conduite,
elle s'étoit mise à un coin, où le nez dans son mouchoir elle avoit versé une
infinité de larmes[201]».

Parfois les personnages contiennent ou dissimulent leur colère dans un
but précis, celui d'endormir la défiance d'un ennemi et de mener à bien une
vengeance. C'est ce que fait Liris qui veut se venger de la tentative d'enlèvement d'Argestan mais: «Elle fit semblant d'en estre persuadée [qu'elle a rêvé
son enlèvement], encore qu'elle ne le crût pas, et luy fit la meilleure mine du
monde, afin de s'en vanger plus aisément[202]». Certains se jouent sciemment
de ces signes, tel Tisandre des *Nouvelles nouvelles* qui, conscient du message
que porte son regard enflammé, adoucit un peu ses yeux afin d'inciter un
des bandits à lui raconter le sanglant massacre qui vient de se produire. Le
contrôle exercé sur son corps lui permet d'obtenir la confidence désirée[203].
De même, dans *L'amant oysif*, le prince qui est conscient du pouvoir de son
regard en colère joue avec ces signes selon l'effet qu'il désire produire. Afin
de susciter la crainte, il regarde des pieds à la tête avec des yeux enflammés
de colère celui qui a conseillé au mari jaloux de jouer un mauvais tour, puis
il change sa physionomie pour un visage riant afin d'obtenir de cet homme
qu'il rejoue le même tour au mari jaloux, ce qu'il fera[204]. Il y a aussi ces personnages qui portent le masque de la dissimulation seulement quand ils sont
en public et qui l'enlèvent aussitôt qu'ils sont à l'abri du regard des gens, ce
que l'on voit avec la rancune du chevalier de Vareville contre le chevalier de
Virlay:

> Le chevalier de Vareville avait toujours sur le cœur que le chevalier de
> Virlay l'avait banni de chez Mme de Montferrier; il déguisait son dépit et,
> quand on lui demandait comment allait son intrigue avec cette dame, il
> protestait qu'il n'en avait jamais eu et que s'il la voyait moins qu'à l'or-

---

[200] Robert-Alcide de Bonnecase, sieur de Saint-Maurice, *Fleurs, fleurettes et passe-temps,
ou les divers caracteres de l'amour honneste*, Paris, Jacques Cottin, 1666, in-12, p. 602.

[201] Isaac Claude, *Le comte de Soissons et le cardinal de Richelieu rivaux de madame la duchesse d'Elbœuf. Nouvelle galante, op. cit.*, p. 60.

[202] Jean Donneau de Visé, *L'amour échapé ou les diverses manieres d'aymer, op. cit.*, t. III,
p. 242.

[203] Jean Donneau de Visé, *Nouvelles nouvelles, op. cit.*, vol. 1, p. 56.

[204] Savinien Riflé, sieur de Garouville, *L'amant oysif, contenant cinquante nouvelles espagnoles, op. cit.*, vol. 2, p. 276–277.

dinaire, c'est qu'il avait des affaires qui l'en empêchaient; mais, dans les rencontres, il faisait assez connaître qu'il en voulait à Virlay et qu'en son âme il le regardait avec des yeux de rival[205].

D'autres possèdent «naturellement» le don de la dissimulation, ce qui leur permet de limiter les éclats de leur emportement, à l'exemple du duc d'Anjou:

> La jalousie, le dépit et la rage, se joignant à la haine qu'il avait déjà pour lui firent dans son âme tout ce qu'on peut imaginer de plus violent, et il eût donné sur l'heure quelque marque sanglante de son désespoir si la dissimulation qui lui était naturelle ne fût venue à son secours, et ne l'eût obligé, par des raisons puissantes, en l'état qu'étaient les choses, à ne rien entreprendre contre le duc de Guise[206].

D'autres fois, et il s'agit là d'une situation réservée exclusivement aux femmes, les dames simulent une colère, reprennent fidèlement tous les codes physiques de la colère, par feinte ou par ruse, et ce afin d'atteindre leur objectif qui, le plus souvent, consiste à éloigner les soupçons du mari ou de l'amant sur leur infidélité et à les retourner contre lui. La stratégie opère de manière efficace dans cette nouvelle de Courtilz de Sandras:

> elle regarda son mary avec des yeux, où il sembloit qu'il n'y eust que du dépit, et de la colere. Sont-ce là, perfide, lui dit-elle, les marques que tu me dois donner de ta fidelité, et pendant que tu m'obliges à mener une vie de Religieuse, tu prétens donc qu'il te sera permis de t'abandonner à toutes sortes de débauche. Qu'as-tu à me dire après ce que je vois de mes yeux? [...] Le Catelan extremement confus de ces reproches, sentit augmenter le trouble que luy avoit causé la veuë de sa femme, si bien qu'il ne sceut qu'y repondre. Le feu qu'elle avoit pris tout d'un coup, et sans paroistre y réver, luy faisant croire qu'elle estoit innocente, et qu'il étoit coupable[207].

La coquette Mme de Montferrier, afin de détourner la colère légitime de Naumanoir, l'amant qu'elle a trompé, feint à son tour d'être en colère contre lui en lui supposant une aventure avec Mme de Vareville, et pour donner plus de crédit à sa fausse colère, elle reprend parfaitement le modèle de l'amante justement irritée. Malheureusement pour elle, Naumanoir ne sera pas convaincu par son talent de comédienne: «et ce fut, mon cher ami, où je vis la coquetterie jouer tous les tours dont elle est capable. On commença par

---

[205] Marie-Catherine Hortense Desjardins, dite Madame de Villedieu, *Le portefeuille*, dans *Nouvelles du XVIIᵉ siècle, op. cit.*, p. 608.

[206] Marie-Madeleine Pioche de la Vergne, Mme de La Fayette, *La princesse de Montpensier, op. cit.*, p. 374.

[207] Gatien de Courtilz de Sandras, *Nouvelles amoureuses et galantes, op. cit.*, p. 222–225.

me quereller; on m'appela léger et parjure; on voulut me faire croire qu'on n'avait feint tout ce qui s'était passé que pour éprouver mon amour. Je n'étais pas d'humeur à donner dans ce panneau[208]».

Les nouvellistes décrivent aussi comment les autres personnages lisent et interprètent ces signes physiques de la colère, comment ils mettent à profit leur science pour percer le secret du galant ou de la belle, et comment ils s'assurent qu'aucun indice ne leur échappe. Quand elle croit, avec raison, que le duc de Guise la sacrifie à Madame, et qu'il passe pour être amoureux d'une autre femme aux yeux de toute la cour, la princesse de Montpensier s'agite, elle est troublée, tient des propos confus, le ton de sa voix marque sa colère, et «le duc de Guise, qui avait beaucoup d'esprit et qui était fort amoureux, n'eut besoin de consulter personne pour entendre tout ce que signifiait les paroles de la princesse[209]». Dans *Béralde, prince de Savoye*, Hedemont devine que Cunégonde est en colère contre lui, qu'elle croit qu'il l'enlève alors qu'il la sauve de ses ennemis, ce qui lui permet de rétablir immédiatement la situation et d'éviter les débordements de cette fureur en se justifiant auprès d'elle: «je vis bien dans ses yeux qu'elle avoit du ressentiment contre moy, de ce que je l'avois fait venir chés ma mere. Belle Cunegonde, luy dis-je, je connois vôtre colere, et je vous assure que je ne la merite pas[210]». Il en est même qui reconnaissent les signes de la colère et en devinent la cause avant celui qui est agité par cette passion. La reine, par exemple, étudie la physionomie de Briséide et en tire les conclusions qui s'imposent:

> Mais la Reyne, qui s'estoit preparée cette fois à l'observer n'eut pas plûtôt veu ce changement de couleur sur son visage, qu'elle fut assurée de ses tendres sentimens pour ce Prince; et la regardant dez lors comme sa rivale declarée, Elle se fit un plaisir d'augmenter sa peine vous voyez, Madame, luy dit elle, d'un air de raillerie, que le Comte de Saluces a joué de bonheur. Il a esté le dernier, à courir aprez moy, pour me chercher, et s'est trouvé le plus heureux[211].

La codification de la colère par le geste, le regard, la voix et le discours est donc mise au service de la représentation des passions des personnages, et les nouvelles font voir, par l'intermédiaire des autres personnages, comment cette lecture des marques physiques de la colère est rendue possible et ce

---

[208] Marie-Catherine Hortense Desjardins, dite Madame de Villedieu, *Le portefeuille, op. cit.*, p. 591.

[209] Marie-Madeleine Pioche de la Vergne, Mme de La Fayette, *La princesse de Montpensier, op. cit.*, p. 372.

[210] *Béralde, prince de Savoye, op. cit.*, vol. 2, p. 137–138.

[211] Sébastien Bremond, *La princesse de Monferrat. Nouvelle, contenant son histoire et les amours du comte de Saluces*, Amsterdam, Abraham Wolfgang, 1676, in-12, p. 101.

qu'elle permet de déduire. Mais il existe aussi de mauvais lecteurs, car «l'art de connoistre les cœurs par les mouvemens du visage, n'est pas le plus assuré du monde; et les plus habiles s'y sont quelques fois trompez[212]». C'est d'ailleurs ce que dira Mme de Landroze au marquis qui a mal interprété ses passions, confondant les signes de l'amour avec ceux de la colère, croyant qu'elle le haïssait quand il paraissait du courroux sur son visage et dans ses manières alors qu'elle l'adorait en réalité[213].

La reconnaissance des signes physiques de la colère peut être mise à profit par les personnages pour en éviter les conséquences funestes, elle joue alors un rôle actif puisqu'elle modifie les actions et fait dévier l'intrigue de la nouvelle, ces indices permettant de prévoir la colère à venir et de la déjouer. C'est l'égarement qu'il a lu dans les yeux de Dom Lope qui permet à Dom Gomés de sauver Dona Bessona en empêchant Dom Lope de pousser trop avant sa colère[214]; c'est dans les yeux égarés et pleins de fureur de Cleante que Clarice devine son dessein de vengeance et en évite à temps la portée[215]. Dans la nouvelle *Astérie ou Tamerlam*, ce sont les menaces de Thémir, qui est trop en colère pour garder le silence, qui donnent à la princesse des soupçons sur les funestes projets qu'il veut entreprendre contre Adanaxe et lui permettent de le protéger[216]; et c'est la connaissance du naturel prompt de son frère qui décide la sœur à accompagner Isabelle et permet d'éviter toutes les conséquences violentes de cette colère sur sa nièce dans *L'amoureux africain*[217]. Et puisque la colère délie les langues, les personnages n'auront pas de scrupule à inciter les gens irrités à parler afin de percer leur secret ou d'en apprendre davantage sur eux. Que l'on songe seulement à cette dame qui, dans *Le secret* de Préchac, veut profiter de la colère du confident de son mari pour le faire parler et découvrir ses intrigues cachées[218].

---

[212] *Ibid.*, p. 75.

[213] «Quand il vous paroissoit du courroux sur mon visage et dans mes manieres, je vous adorois au fond de mon cœur, et je vous aimois avec une tendresse dont la vivacité m'avoit esté jusques alors inconnuë.» Jean de Préchac, *Les désordres de la Bassette, nouvelle galante*, Paris, Quinet, 1682, in-12, p. 91.

[214] Voir la citation de la note 112, p. 94.

[215] Voir la citation de la note 113, p. 94.

[216] Anne de La Roche-Guilhen, *Astérie ou Tamerlam*, op. cit., 2ᵉ partie, p. 38.

[217] «Mon Pere en fut dans un furieux courroux contre moy; et quoyque mon frere luy peût dire, pour adoucir un peu ce qui me regardoit; il voulut dés le mesme jour m'envoyer querir; et fit partir le train qu'il falloit pour me ramener. Ma Tante, qui sçavoit mieux que personne la promptitude de son frere, ne voulut pas me laisser venir toute seule; elle eut dessein de m'accompagner», Sébastien Bremond, *L'amoureux africain ou nouvelle galanterie*, op. cit., p. 165.

[218] «[L]a Dame s'imaginant de profiter de la colere du Cavalier luy fit parler par un des meilleurs et n'oublia rien pour tâcher à découvrir par le moyen de ce confident

Certains personnages connaissent tous les codes qui régissent la colère féminine, au point de l'anticiper et de la prévoir. Le roi Chilperic, par exemple, dans *Mérovée fils de France*, craint le ressentiment de Frédegonde, l'amante qu'il délaisse, quand il approche de Soissons avec sa nouvelle épouse. C'est précisément cette appréhension de la colère à venir et son désir d'en éviter les retombées funestes (l'assassinat de Galsuinte par Frédegonde) qui ont dicté sa conduite, le roi croyant saper la possibilité de vengeance de sa maîtresse en posant cet irrémédiable geste :

> Il se representoit déjà Frédegonde, qui avec ces paroles impérieuses dont elle avoit coutume d'user dans son ressentiment, le venoit assassiner de reproches, l'accusoit de foiblesse, et lui juroit une haine irréconciliable. Aussi faut-il avoüer que rien n'a jamais égalé le dépit de cette Ambitieuse, et qu'aussi-tost qu'elle eut receu les nouvelles de ce Mariage, elle s'abandonna à tous les sentimens de rage et de desespoir dont une Femme peut estre capable[219].

On voit même des personnages qui profitent de leurs connaissances de l'humeur bouillante ou du naturel emporté des gens de leur entourage, pour échauffer leur bile et provoquer volontairement leur colère. Dans «La manière d'aimer des prompts», une des nouvelles du recueil de Donneau de Visé, une dame essaie tant bien que mal de provoquer la colère de Cloreste pour gagner son pari (soit que l'emportement prendra le pas sur l'amour car l'amour n'est pas assez fort pour faire quitter aux gens leurs défauts). Elle fait tout ce qui est en son pouvoir pour exciter sa bile, d'abord sans succès car, quand Cloreste a des petits commencements de colère, il les étouffe aussitôt, mais elle finit tout de même par gagner[220]. D'autres encore ont si bien intégré les codes qu'ils recréent les conditions favorables à la colère et la provoquent de façon stratégique. Naumanoir se montre fin stratège en révélant à Virlay les infidélités de Mme de Montferrier afin de provoquer les éclats de sa colère

---

irrité quelque chose qu'elle vouloit sçavoir des intrigues de son mary», Jean de Préchac, *Le secret, nouvelles historiques, op. cit.*, p. 71–72.

[219] *Mérovée, fils de France. Nouvelle historique*, Paris, Estienne Loyson, 1678, in-12, p. 88–89.

[220] « [E]lle l'entreprenoit sur toutes choses; elle s'opposoit à tous ses sentimens, et faisoit tout ce qu'elle pouvoit pour exciter sa bile; mais toûjours inutilement. Il avoit bien quelques petits commencemens de colere; mais il l'étouffoit aussi-tost, et tout son dépit se dissipoit par une rougeur au visage, qui cessoit incontinent. » « [E]lle entreprit Cloreste à son ordinaire, afin qu'il fut plus disposé à prendre feu quand son laquais viendroit, et qu'il s'emporta plus aisément contre luy. Son dessein reüssit pour cette fois: Il s'emporta contre son laquais, qui luy ayant répondu avec insolence, redoubla mesme son emportement. » Jean Donneau de Visé, *L'amour échapé ou les diverses manieres d'aymer, op. cit.*, t. II, p. 153–154 et p. 155.

et ainsi convaincre Mme de Vareville de son innocence: «C'était à cette colère où je l'attendais, et je ne lui avais appris la trahison de Mme de Montferrier que pour lui faire faire l'éclat dont j'avais besoin. Je n'oubliai donc rien pour augmenter son ressentiment: je lui dis toutes les circonstances du méchant tour qu'on lui faisait[221]». On le voit, la colère est si codifiée et prévisible, et les savoirs théoriques et les pratiques si bien assimilées, qu'il est possible pour un mondain de l'anticiper, de la construire et de la provoquer volontairement.

*

La mise en scène du corps en colère dans les nouvelles galantes et historiques au XVIIe siècle est donc étroitement liée à la rhétorique des passions et dépasse largement la simple reprise des savoirs qui sous-tendent sa représentation. Elle a des finalités très concrètes qui se jouent sur deux plans, selon le public visé. D'abord, lorsque cette représentation s'adresse aux lecteurs, elle cherche surtout à diffuser de manière souple, synthétique et agréable un savoir que tous les mondains peuvent mettre à profit et intégrer dans le cadre de la vie de cour. Elle préconise le respect des règles sociales fondées sur la division sexuelle, elle a une vocation d'éducation, elle contribue à polir les mœurs de cette société en présentant des comportements fondés sur la mise à l'écart des excès (les dérèglements des passions et leurs emportements), sur une maîtrise du corps et du langage, sur une pleine possession de soi. Il s'agit alors pour le courtisan de domestiquer ses passions et ses marques physiques afin de conserver sa contenance extérieure, de faire preuve de retenue, de modération et d'ouverture, de s'assurer une bonne qualité d'échange avec les autres membres de la société et ainsi de plaire dans le monde. Ensuite, la représentation des passions, en l'occurrence la colère, quand elle vise le public interne du texte (les personnages), nourrit l'intrigue: le jeu de connaissance-reconnaissance des signes physiques de la passion qui s'instaure entre les personnages, modifie leurs paroles et leurs actions, ce savoir qui précède l'action vient traverser la démarche des personnages, ce qui fait dire à Amelia Sanz que: «Nous sommes donc face à une éthique de l'action construite sur l'adresse face et contre l'Autre[222]», simulacre qui n'est pas sans rappeler la vie telle qu'elle se pratique à la cour.

---

[221] Marie-Catherine Hortense Desjardins, dite Madame de Villedieu, *Le portefeuille, op. cit.*, p. 600.

[222] Amelia Sanz, «La nouvelle historique entre deux siècles: fondement d'une narrativité», *XVIIe siècle*, n° 198, janvier-mars 1998, p. 162.

Chapitre III : L'art d'aimer

« L'emportement est presque toujours une marque d'amour[1] ».

La prépondérance accordée à tout ce qui concerne l'amour dans les nouvelles galantes et historiques ne fait aucun doute : cette passion est à l'origine de chacune des intrigues, elle inspire les plus belles scènes de galanterie, elle dévoile les secrets les mieux cachés de l'histoire, elle motive les grandes comme les petites actions, elle alimente les conversations, en plus de faire l'objet de fréquentes analyses et réflexions (par le biais, bien souvent, de la peinture des passions qui agitent les personnages). D'ailleurs, pour Delphine Denis : « Il apparaît très vite que la matière amoureuse, jusque là spécifiée par le qualificatif *galant*, devient constitutive de la nouvelle en général ; c'est en tout cas ainsi que le comprend Richelet, dans la définition qu'il propose de la nouvelle : "La matiere des nouvelles, ce sont les finesse et les tromperies galantes, et tout ce qui se passe dans le commerce du monde amoureux"[2] ». Partant de là, il nous a semblé pertinent de nous interroger sur les liens qui se tissent nécessairement entre deux passions omniprésentes dans les nouvelles – la colère et l'amour – de voir en quoi et comment elles influent l'une sur l'autre. Ces pages porteront essentiellement sur le discours amoureux qui sous-tend la codification de la colère et la vengeance dans notre corpus, sur l'art d'aimer qui s'y dessine en filigrane. Pour ce faire, nous identifierons les situations et les motifs qui provoquent la colère et la vengeance des personnages en répondant à la question : contre qui et pourquoi se mettent-ils en colère et cherchent-ils à se venger ? Puis, reprenant les grands axes qui ont orienté notre réflexion dans le chapitre précédent, nous insisterons sur les différences qui existent entre l'expression de la colère et de la vengeance masculine et féminine. Nous pourrons ensuite dégager la valeur morale associée à chacun des cas relevés en nous demandant dans quelles circonstances la colère et la vengeance sont-elles légitimes (voire nécessaires) ou non.

---

[1] Poisson, « Histoire d'Iris », *Les dames galantes ou la confidence réciproque*, dans *Nouvelles du XVIIᵉ siècle*, Paris, Gallimard, 1997 [1685], p. 889.

[2] Delphine Denis, *Le Parnasse Galant. Institution d'une catégorie littéraire au XVIIᵉ siècle*, Paris, Honoré Champion, 2001, p. 294.

Nous verrons comment se mettent en place les principes d'éducation des mœurs et les leçons de morale que les nouvellistes prétendent donner à leurs lecteurs en relevant les situations où l'on proscrit ou prescrit la colère et la vengeance. Enfin, nous mettrons au jour les jeux et les stratégies auxquels cette connaissance-reconnaissance des règles donne lieu dans les nouvelles, les feintes, les ruses, les simulations et les dissimulations auxquelles se prêtent les personnages et leur incidence sur la structure même du texte littéraire.

1. La colère et la vengeance au service de l'amour

1.A. La déclaration d'amour

L'une des causes de colère féminine la plus fréquemment invoquée dans les nouvelles est celle qui fait suite à une déclaration d'amour, on en compte plus de cinquante cas. Cette règle qui peut adopter les formes les plus diverses est l'une de celles avec laquelle les nouvellistes aiment prendre le plus de liberté, s'amusant à l'inverser ou à la respecter à leur guise, afin de répondre aux exigences dramatiques et de la plier aux ressorts romanesques de leur intrigue. Alors que Jean-Michel Pelous explique la sévérité de la dame par son désir de différer autant qu'il se peut la scène de l'aveu qui « est pour la femme un moment difficile et dangereux, une défaite qui marque presque fatalement la fin de son règne[3] », il nous semble que la fonction première de cette colère est de se porter garant de la vertu, de la délicatesse et de l'honneur de la dame. En effet, ce qui l'irrite n'est pas tant de savoir qu'un homme est amoureux d'elle que le fait que cet homme ait pu penser que son comportement et ses manières la disposaient à recevoir favorablement cette déclaration, que son peu de vertu ou son absence de scrupules autorisait l'homme à se déclarer, bref qu'il s'en fasse une idée qui est désavantageuse et préjudiciable à la dame. La colère suite à la déclaration d'amour devient un moyen pour la femme de se dissocier des coquettes dont elle réprouve le comportement et la légèreté, de signifier à l'homme qu'elle est vertueuse et qu'il doit donc la traiter avec respect. Angélique explique en ces termes, dans *L'amant oysif*, pourquoi elle considère comme un outrage les déclarations d'amour que les hommes adressent aux femmes :

---

[3] Jean-Michel Pelous, *Amour précieux, amour galant (1654–1675). Essai sur la représentation de l'amour dans la littérature et la société mondaines*, Paris, Klincksieck, 1980, p. 65.

Il est certain, reprit Angelique, que ces pretendus témoignages d'une grande passion, sont d'infaillibles preuves d'un tres grand mépris, et je declare qu'on ne peut plus sensiblement m'outrager, que de ne garder pas avec moy les mesmes mesures que je voy garder avec beaucoup d'autres[4].

En fait, cette colère féminine prend le contre-pied d'une autre règle, moins courante cependant, selon laquelle: «Nous sommes dans un Siecle où l'on trouve rarement de ces scrupuleuses qui se font une offence d'une déclaration d'amour. Tout ce qui flate est reçeu avec plaisir, et les Belles ne sont jamais fâchées qu'on leur en conte[5]». Cette opinion peu flatteuse des femmes qu'ont certains hommes est présente dans seulement deux nouvelles, et encore se limite-t-elle aux coquettes. Donneau de Visé, par exemple, écrit au sujet de Lucresse: «celle-cy ne voulut-point prester l'oreille aux discours de Timante; [...] Ce n'est pas qu'il lui déplust, et qu'une declaration d'amour l'offençast, les Coquettes y sont trop acoustumées pour s'en estonner[6]». Si ces deux règles opposées coexistent, la colère qui a pour fonction de défendre la vertu de la femme l'emporte nettement (du moins en nombre) dans les nouvelles, ce qu'on peut expliquer par le désir des nouvellistes de séduire le lectorat féminin en prenant sa défense contre ses détracteurs. On peut y voir aussi un écho aux traités de civilités féminins qui prônent chez le beau sexe la vertu, la pudeur et la chasteté. Jacques Du Bosc, par exemple, écrit que: «les femmes [...] doivent tousjours témoigner quelque pudeur en la compagnie des hommes»; «la chasteté appartient aux femmes particulièrement, puisque celles qui ne l'ont plus sont prises pour des monstres[7]». Les textes littéraires prennent ainsi le relais des traités[8]. Ils dispensent le même enseignement mais le présentent de manière encore plus agréable, par le biais de nombreux exemples (fictifs) de femmes qui s'irritent suite à la déclaration d'amour pour protéger leur vertu, les proposant comme autant de modèles à suivre à leurs lectrices.

---

[4] *L'amant de bonne-foy*, Paris, Charles de Sercy, 1672, in-8°, p. 245–246.

[5] «La ridicule prévention, histoire», *Mercure Galant*, Paris, février 1679, p. 48–49.

[6] Jean Donneau de Visé, *L'amour échapé ou les diverses manieres d'aymer, contenuës en quarante histoires; avec Le Parlement d'Amour*, t. II, Genève, Slatkine Reprints, 1980 [1669], p. 108–109. Arbanante fait une observation similaire au sujet de la coquette Mlle d'Ecugy (Poisson, *Les dames galantes ou la confidence reciproque, nouvelle*, vol. 2, Paris, s.é., 1685, in-12, p. 215).

[7] Jacques Du Bosc, *L'honneste femme*, Paris, H. Legras et M. Bobin, 1658 [1632], in-12, p. 85.

[8] Cette maxime que lit Clarice dans *La duchesse de Milan*, en est un bel exemple: «La vertu doit regler toutes les actions d'une fille. Aussi-tost qu'elle s'aperçoit que quelqu'un l'aime, elle doit le fuir, éviter sa rencontre, et ne rien oublier de tout ce qui pourroit le rebuter particulierement si elle juge que cela ne luy convint pas.» Jean de Préchac, *La duchesse de Milan*, Paris, Charles Osmont, 1682, in-12, p. 31.

Toutefois, la défense de la vertu n'est pas l'unique cause de cette colère de femmes. En effet, les nouvellistes présentent une série de règles qui dévoilent les motifs véritables (secrets et intimes) de la colère féminine suite à une déclaration d'amour. D'abord, dans une quinzaine de cas, on note que la déclaration faite par un homme qui n'est pas aimé de la dame entraîne systématiquement la colère de celle-ci et que cet amour est sans espoir. La colère de la duchesse de Milan contre le ministre qui ose lui avouer son amour qu'elle considère injurieux et qui dure jusqu'à sa mort, en est un exemple[9]. Deuxièmement, si en plus de ne pas avoir le bonheur de plaire à la dame, le galant ajoute encore à son crime celui d'être d'un rang indigne du sien, la colère de la belle est alors impitoyable. Cette colère a une double fonction: signifier au galant qu'elle ne l'aime pas, et lui rappeler les honneurs qu'il doit à sa naissance. Courtin suit fidèlement cette règle quand il peint l'irritation de la princesse Anne contre le jeune Dom Juan qui a l'insolence de lui déclarer son amour[10]. Troisièmement, il suffit que la belle aime ailleurs pour que l'amant non aimé enflamme sa colère au moment où il lui déclare son amour. L'amour qu'elle porte à son amant rend importun tous les autres galants, et insupportable tous leurs sentiments. Cette règle est présente dans au moins huit nouvelles mais la grande et longue colère de Mademoiselle de Guise, qui fait suite aux propos d'amour tenus, prétendument, par Givry dans une lettre, dans les troisième et quatrième parties des *Désordres de l'amour* de Mme de Villedieu, est certainement le cas le plus exemplaire. La colère de Mlle de Guise est longuement élaborée (une vingtaine de pages), cette passion est à la fois l'élément déclencheur du récit, le schéma structurant son déroulement et le principe justifiant les agissements des personnages. Elle se pose, un peu à la manière de l'*exemplum*, comme l'illustration d'une maxime qui serait: «Quand on déplaît à une dame, tout lui paraît injurieux, son être, sa présence, offense la dame[11]». Mme de Villedieu combine les différentes règles

---

[9] «Insolent, repliqua la Duchesse outrée d'un discours si peu respectueux, retirez-vous de devant moy, et ne m'obligez point à appeler des Gardes pour faire punir votre audace sur le champ.» *Ibid.*, p. 239.

[10] «[P]renez garde, luy dit-elle de perdre le respect que vous me devez, et songez, qu'on n'offense point la fille de Maximilian, et la niece de vostre Maistre impunement. Ce discours étonna le Prince, quelque resolution qu'il eût prise: mais il en estoit venu trop avant pour demeurer en si beau chemin, et il alloit continuer à se découvrir, quand la Princesse sortit brusquement de la chambre. Il fit tout ce qu'il put pour la retenir, mais elle estoit trop en colere», Antoine de Courtin, *Dom Juan d'Autriche. Nouvelle historique*, Paris, Quinet, 1678, in-12, p. 52–53.

[11] Givry explique en ces termes la colère de Mlle de Guise: «Mais c'est que d'un amant qui déplaît toutes choses sont injurieuses. C'est ma personne qui offense Mademoiselle de Guise, et non mon amour». Marie-Catherine Hortense Desjardins, dite Madame de Villedieu, *Les désordres de l'amour*, Genève, Droz, 1995 [1675], p. 204.

pour donner encore plus d'ampleur à la colère de son héroïne et rendre Givry triplement fautif. Si la colère de Mlle de Guise ne connaît pas de répit, c'est parce que Givry ne tient pas compte de son rang, qu'il ose lui avouer son amour alors que rien chez elle ne l'y autorisait, mais c'est surtout parce que Givry est un amant importun. La véritable cause de cette colère de Mlle de Guise vient de ce qu'elle n'aime pas Givry et que son cœur penche plutôt en faveur de Bellegarde. Mlle de Guise admet elle-même que l'espoir de se savoir aimée de Bellegarde a provoqué sa colère contre Givry tout autant que le fameux billet d'amour : « Quand je reçus la lettre que tu sçais, il me sembla avoir vu celui qui me l'apportoit à la suite de Bellegarde ; je la crus de lui, et le dépit de ce qu'elle n'en étoit pas m'irrita autant contre Givry que son crime même[12] ». Dès lors, tout ce que fait Givry ne peut que l'irriter davantage. Elle ne peut souffrir que Givry persiste dans la passion qu'il lui voue et tout ce qui la lui rappelle (gestes, paroles ou soupirs) irrite la belle et est condamné sévèrement. Par exemple, lorsque Givry et Bellegarde se disputent l'honneur de protéger la maison de Mlle de Guise, c'est contre Givry qu'elle s'emporte, alors que Bellegarde a droit à son pardon ; elle regarde Givry avec indignation et lui tient des propos aigres, tandis qu'elle pose avec trouble ses yeux sur Bellegarde et qu'elle lui parle avec douceur. On est donc tenté de déduire que l'absence d'amour favorise les éclats de colère, alors que sa présence en estompe toute trace. Cela étant dit, peut-être devrions-nous y voir une marque d'ironie propre à Mme de Villedieu qui lui permet de prendre une certaine distance par rapport à une « règle de civilité féminine » et de proposer que l'amour d'un autre soit un motif de colère tout aussi important que celui qui se porte à la défense de la vertu.

Mais la situation est loin d'être aussi simple car l'homme aimé offense parfois tout autant sa dame quand il lui déclare son amour, du moins chez la dizaine de nouvellistes pour qui la colère à la défense de la vertu doit l'emporter sur la passion amoureuse. La colère en plusieurs étapes et qui s'étend sur plus de deux mois de Celanire contre Cleandre qui a osé lui déclarer son amour, dans *La promenade de Versailles*, est certainement la plus convaincante[13]. Le respect de cette règle ne va pas toujours de soi pour les personnages, surmonter leur inclination naturelle exige d'eux un effort dont les textes rendent compte. Si certains personnages féminins font subir une longue colère à l'être aimé, la plupart d'entre eux avouent se mettre

---

[12] *Ibid.*, p. 183–184.
[13] Madeleine de Scudéry, *La promenade de Versailles*, Genève, Slatkine Reprints, 1979 [1669], p. 138, 139–140, 142, 147–148, 149, 151 et 152. Cette sévérité est l'un des rares cas qui permet de distinguer une autre génération d'écriture. Notre corpus étant assez homogène, nous n'avons pu faire état d'une « évolution » dans les règles qui encadrent la colère et la vengeance.

en colère presque à regret et malgré eux. Lindamire dit le faire par devoir : « Elle aimoit Fleurian, et n'en vouloit rien faire paroistre ; elle croyoit mesme qu'elle estoit obligée de se fâcher de la declaration qu'il venoit de luy faire[14] ». La belle inconnue n'est pas aussi persuasive. Si sa volonté est assez forte pour l'inciter à suivre la règle et à se mettre en colère contre Clearque qui lui déclare sa flamme, sa passion amoureuse marque au même moment son visage et la trahit : « La bien-seance voulut pourtant qu'elle fit paroistre un peu de courroux de sa declaration : Elle luy dit qu'il alloit bien viste, et voulut y adjouster encore quelque chose, mais la rougeur qui luy monta au visage l'empescha de poursuivre, et fit connoistre à Clearque qu'elle l'aimoit plus qu'elle ne vouloit faire paroistre[15] ». Clearque est un fin herméneute puisqu'il sait démêler les signes physiques de la colère prétendue des marques réelles que la passion amoureuse impriment sur le corps de sa dame (c'est-à-dire la rougeur dans un cas comme dans l'autre), ce qui souligne bien le caractère ambivalent de cette colère féminine qui peut soit être une preuve d'amour, soit une marque d'indifférence. Toute la difficulté réside alors dans l'art de discerner sa véritable nature.

Il semble donc que les mouvements naturels de l'âme (ou du cœur) l'emportent sur ceux qui sont commandés par la raison, que l'amour prime sur les devoirs de la bienséance, que la colère ne puisse tenir quand le cœur de la belle est enflammé par celui qui lui déclare ses sentiments. Lorsque Poliante confesse à Célinte qu'elle est l'objet de sa flamme, l'auteure reconnaît que son héroïne devrait se mettre en colère, mais l'amour qu'elle porte à Poliante est trop avancé dans son cœur pour faire place à la fureur. Tout au plus Célinte paraît-elle sévère : « Il lui en parla mesme avec tant de respect, et tant d'esprit, qu'elle ne put se fascher, joint que l'aimant déjà plus qu'elle ne vouloit, et plus encore qu'elle ne pensoit, elle estoit toute disposée à adoucir toutes les paroles de Poliante, elle luy parut pourtant plus severe qu'il ne l'avoit cru[16] ». Mlle de Scudéry présente la passion amoureuse comme une inclination naturelle ayant le pouvoir de freiner une autre passion, la colère dictée par l'usage. Cette succession dans le mouvement des passions qui agitent les belles après la déclaration de l'être aimé, est très bien décrite dans la nouvelle de Mme d'Aulnoy, lorsque Mariane apprend que Graville est amoureux d'elle :

---

[14]   Savinien Riflé, sieur de Garouville, *L'amant oysif, contenant cinquante nouvelles espagnoles, divisé en trois parties*, vol. 3, Paris, Estienne Loyson, 1671, in-12, p. 71.

[15]   Jean Donneau de Visé, *L'amour échapé ou les diverses manieres d'aymer, contenuës en quarante histoires ; avec Le Parlement d'Amour*, op. cit., t. II, p. 311–312.

[16]   Madeleine de Scudéry, *Célinte, nouvelle première*, Paris, Nizet, 1979 [1661], p. 98.

elle se souvint sans colere que Bonneval luy avoit dit que le Comte estoit amoureux d'elle. Sa severité vouloit qu'elle s'en fâcha: mais je ne sçay quoy qu'elle ne connoissoit pas adoucissoit le premier mouvement; et faisant qu'elle n'estoit point fâchée d'avoir touché le cœur de Graville, une douce langueur qui s'empara de son ame la rendit melancolique sans sujet, et luy faisoit éviter tous les plaisirs pour chercher la solitude[17].

Cette règle est reprise par de nombreux nouvellistes (une dizaine), si bien que ce comportement semble être la norme, il devient même une façon détournée pour la belle de faire savoir au galant que son amour est partagé.

L'absence de colère suite à une déclaration peut avoir encore d'autres motifs. D'abord, lorsque la dame est fautive, c'est-à-dire lorsqu'elle provoque, volontairement ou non, l'aveu du gentilhomme en lui demandant de voir le portrait de sa bien-aimée qu'il tient caché, en insistant pour lire des vers qu'il dit être secrets, ou en lui demandant d'expliquer librement le sujet de son chagrin ou de sa rêverie, elle ne peut par la suite se mettre en colère. L'absence de colère après une déclaration d'amour devient, dans cinq nouvelles, le prix à payer pour avoir satisfait sa curiosité. La marquise Des Roches l'avoue ainsi dans *Casimir roy de Pologne* :

> Elle fut sur le point de se mettre en colere, de me bannir de sa presence: mais comme elle m'avoit pressé de luy declarer ma pensée, elle se contenta de me dire d'un ton de voix qui marquoit pourtant son agitation: si j'avois esté moins curieuse il est certain, Monsieur, que vous n'auriez pas pris la liberté de me parler de la maniere que vous venez de le faire, et que le respect que vous devez à nostre sexe vous en auroit empesché: mais puisque par ma faute j'ay donné lieu à celle que vous avez faite, je ne veux pas vous en punir comme j'aurois pû faire sans cela[18].

Mais cette absence de colère n'a pas toujours de nobles motifs et peut même être la conséquence d'un comportement peu digne de la belle, donnant lieu à une autre gestion des relations sentimentales qu'on retrouve dans huit nouvelles. En effet, il arrive que la dame évite de s'emporter uniquement par intérêt, lorsqu'elle a besoin de l'aide ou de la protection du galant qui se déclare, ou encore lorsqu'elle attend un bienfait de cet homme et entend tirer profit de son amour pour elle. L'ambition, tout comme cela était le cas de l'amour, est une passion particulière qui peut l'emporter sur la colère. Donneau de Visé évoque cette règle pour justifier le comportement de Philoxaride qui ne se met pas en colère suite à la déclaration de Tisandre, et l'oppose à

---

[17]   Marie-Catherine Le Jumel de Barneville, Comtesse d'Aulnoy, *Nouvelles d'Elisabeth*, vol. 1, Paris, Claude Barbin, 1674, in-12, p. 112–113.

[18]   Michel Archard Rousseau, sieur de La Valette, *Casimir roy de Pologne*, vol. 1, Paris, Claude Barbin, 1679, in-12, p. 53–54.

celle selon laquelle une femme s'emporte contre un amant importun quand elle aime ailleurs :

> Quoy qu'il n'y ait rien qui excite plus la colere d'une fille, et qui luy fasse plus de peine, que lors que l'on luy demande un cœur, dont elle a dé-ja disposé, et que ceux qui s'opiniastrent à s'en vouloir rendre maistres, causent souvent plus de haine, qu'ils ne donnent d'amour, et rencontrent, en cherchant le secret de plaire, celuy de se rendre insuportables Tisandre estoit trop heureux pour estre traitté comme le reste des hommes, et si Philoxaride avoit de l'amour pour Nearque (qui est ce Rival de Tisandre dont je vous ay parlé) elle avoit aussi de l'ambition, et cette passion estant plus forte que celle d'amour, elle se resolut de faire bonne mine à Tisandre ; par ce qu'il luy pouvoit faire tenir à la Cour un rang beaucoup plus considerable que Nearque[19].

L'auteur de *La comtesse de Salisbury ou l'ordre de la Jaretière*, expose de différentes manières cette règle, selon l'usage qu'il veut en faire. Dissimuler la colère peut être un moyen pour un personnage féminin d'arriver à ses fins en faisant croire au galant qu'il est aimé, ce que fait Alix :

> Oüy, dît-elle, je le veux écouter sans colere, et sans faire paroistre aucun chagrin ; puis qu'il m'aime je veux faire servir le pouvoir que j'ay sur lui à remplir mesme mon devoir, j'exigeray de lui cette preuve de son amour aussi bien que de la generosité de son cœur, et bien loin que le comte de Salisbury puisse se plaindre de cette conduite, c'est à cet innocent artifice qu'il devra sa liberté[20].

Alix joue ici sur le principe qui voudrait que l'amour l'emporte sur la colère quand l'être aimé déclare son amour, pour rendre son comportement vraisemblable et faire croire au roi que sa passion est réciproque. Plus loin, c'est au tour de la comtesse de Montford d'alterner entre les règles existantes, elle tient un double discours selon les circonstances et les enjeux en cause. Elle reçoit d'abord sans colère la déclaration du comte de Salisbury afin qu'il épouse son parti et défende ses intérêts : « Peut-estre qu'en d'autres temps elle auroit pris l'amour du Comte pour quelque chose d'injurieux, et qu'elle auroit, ou fuy avec soin sa presence, ou reprimé fierement son audace s'il avoit eu celle de se declarer. Mais dans cette conjoncture de ses affaires elle avoit à se ménager l'amitié du Comte[21] ». Puis, une fois que son mari est libéré, elle traite le comte avec mépris et hauteur, s'emportant contre lui quand il ose lui

---

[19] Jean Donneau de Visé, *Nouvelles nouvelles*, vol. 1, Paris, Pierre Bienfaict, 1663, in-12, p. 21–22.

[20] D'Argences, *La comtesse de Salisbury, ou l'ordre de la Jaretiere*, Paris, Claude Barbin, 1682, in-12, 1re partie, p. 50.

[21] *Ibid.*, 1re partie, p. 199.

parler d'amour. La règle selon laquelle une femme se met en colère suite à la déclaration du galant quand elle aime ailleurs prend alors le dessus[22].

Si fréquentes soient-elles, les colères féminines après une déclaration d'amour n'ont que peu d'envergure et ces emportements donnent lieu à peu d'éclats, respectant en cela la règle de bienséance qui veut qu'une femme contienne sa colère et ses débordements. Les nouvellistes présentent toute une série de modèles à leurs lecteurs qui exposent les différentes réactions possibles et leur enseignent quelles sont les conduites souhaitables, celles qu'il faut préférer à d'autres et adopter selon la situation. Le silence, la froideur, l'indifférence ou le mépris que la dame témoigne à l'amant qui a osé lui déclarer son amour paraît souvent bien pire que toute autre manifestation de colère, jusqu'à l'absence de colère qui est employée dans huit nouvelles pour signifier à l'amant que son amour n'est pas payé de retour. C'est ce qu'écrit Catherine Bernard à propos de Mlle de Roye : « elle répondit à Sancerre avec cette indifférence qu'un amant trouve plus insupportable que la colère[23] ». Mais l'absence de colère pouvant s'expliquer soit par l'indifférence de la belle soit par son inclination, il arrive que des personnages se méprennent sur la signification de ce silence, et qu'on doive les rappeler à l'ordre. Marianne, plus savante dans l'art de déchiffrer les marques que les passions impriment sur le corps que le jeune Norfolk qu'elle n'aime pas car il est d'une condition sociale inférieure à la sienne, est plus explicite :

> Quelque respectueuse que fussent ces paroles, le Duc les prononça pourtant d'une manière qui témoignoit qu'il avoit expliqué la froideur de la Princesse à son avantage. Marianne le reconnut à une certaine joye qu'elle vit briller dans ses yeux au travers de toute leur tristesse. Si bien que ne voulant pas l'entretenir dans son erreur, elle lui répondit alors plus fièrement que la premiére fois : Je vous avoüe (lui dit-elle) que l'amitié que j'ay toûjours eu pour vous, m'avoit fait regarder avec chagrin le changement de vôtre humeur ; mais puis qu'il a une cause si desavantageuse pour moi, je me donnerai bien garde d'y penser ; et si je m'en aperçois malgré moi, ce ne sera que pour avoir de la haine et du mépris pour ce qui me donnoit auparavant de la compassion[24].

---

[22] « Car la Princesse n'eut pas plûtost appris les conditions de la Tréve [du retour de son mari], et reconnu qu'il luy devenoit par là inutile, qu'elle le méprisa et le traita avec une fierté et des hauteurs insuportables. Elle le remît au mesme estat qu'il estoit avec elle avant qu'il eust la hardiesse de se déclarer ; de sorte qu'à peine osoit-il parler de sa passion, que d'un ton imperieux elle luy imposoit silence, et luy deffendoit de paroistre jamais devant elle, s'il n'étoufoit cette amour dont elle se sentoit outragée. » *Ibid.*, 2ᵉ partie, p. 84–86.

[23] Catherine Bernard, *Le comte d'Amboise, nouvelle,* dans *Œuvres,* t. I, *Romans et nouvelles,* Fasano/Paris, Schena/Nizet, 1993 [1689], p. 301.

[24] *Le duc d'Alançon,* Paris, Frederick du Chemin, 1680, in-12, p. 122–123.

La dame peut également opter pour la raillerie, la moquerie et le rire plutôt que pour l'emportement, comportements qui ont l'avantage de s'insérer finement et sans heurts dans la vie de salon et de cour, et qui signifient au galant qu'elle ne le prend pas au sérieux, qu'elle n'accorde aucune importance à sa déclaration, et surtout, qu'elle ne l'aime pas. On en trouve cinq exemples dans les textes du corpus, dont celui de Stéphanie suite à la déclaration de Lindamar: «elle ne s'empescha point d'en rire, et me regarda[it] avec un estonnement qu'elle feignit encore plus grand que celuy où l'engagerent mes paroles[25]». Certaines fuient ouvertement la présence de l'amant importun après la déclaration, évitent de lier tout commerce ou toute conversation avec lui, ou maintiennent entre eux le plus de distance possible. C'est ce que font les honnêtes femmes comme Celanire qui, bien qu'elle soit fort en colère contre Cleandre, déclare: «qu'encore que je continuë de vivre tres-civilement avec vous, je n'oublierai jamais l'injure que vous m'avez faite aujourd'huy[26]». Plus loin, on la voit tenir parole: «sans faire d'incivilité à Cleandre, elle fut adroitement, par cent maniéres différentes, luy témoigner qu'il luy avoit mortellement déplu, tantost en évitant, non seulement de luy parler, mais en fuiant ses regards, et tantost par un air indifférent qui le mettoit au desespoir[27]».

Les seules colères qui sont autorisées à éclater, sont celles qui ont pour fonction de venir au secours de la vertu de la dame, fonction qui est, rappelons-le, au fondement même de cette règle de conduite. Cette situation survient principalement quand l'amour du galant est illégitime, c'est-à-dire quand la belle est promise à un autre ou que l'un des deux amants est déjà marié. La colère devient alors un juste moyen de condamner les outrageux désirs du gentilhomme et d'éviter que cette passion ne tourne à l'adultère. Astérie éprouve de la colère et du ressentiment contre Eurimante parce qu'il lui avoue son amour alors qu'elle est promise à Artemon (son meilleur ami), et qu'il a offensé sa vertu en croyant qu'elle agréerait sa passion. Son irritation dure plus d'un an après la mort d'Artemon:

> Il faudroit, chere Emeride continua-t-elle, que vous m'eussiez vüe alors, ou plustost que vous eussiez sçeu tout ce qui se passoit dans mon ame pour juger de ma colere contre Eurimante et contre moy même. Je ne pouvois trouver d'expression assez forte pour luy faire concevoir la grandeur de l'injure qu'il venoit de me faire et je ne croyois pas assez me punir, que de me reprocher avec un déplaisir mortel, mon extréme imprudence. Enfin après que je luy eus marqué par des paroles sans ordre, une partie de mon

---

[25] Claude Colin, *Eraste, nouvelle: ou sont descrites plusieurs avantures amoureuses*, Paris, Estienne Loyson, 1664, in-12, p. 160.

[26] Madeleine de Scudéry, *La promenade de Versailles, op. cit.*, p. 139–140.

[27] *Ibid.*, p. 147–148.

ressentiment, je ne voulus point m'appaiser pour toutes les assûrances qu'il me donna de son repentir, et de ne me parler plus de sa passion. Je luy dis qu'il m'avoit trop offencée d'avoir osé me dire qu'il m'aimoit, et que ne devant pas luy pardonner une semblable hardiesse, quand méme j'aurois été libre, il devoit juger qu'en l'état où j'étois, je le fairois encore moins. Enfin la pensée qu'il m'avoit cruë assez foible pour ne pas desaprouver son amour, fit un si cruel effet sur mon esprit que je le quitay, luy disant, que je le regardois desormois comme mon mortel ennemy[28].

Les colères d'Anne de Bretagne qui ponctuent la nouvelle de l'abbé de Villars suivent aussi fidèlement cette règle et varient en fonction du caractère injurieux (ou non) de la passion du duc d'Orléans. D'abord, elle s'outrage des regards amoureux du duc d'Orléans quand elle le croit marié à Jeanne fille de France; ensuite elle apaise sa colère quand elle apprend que son mariage n'a pas été consommé, son amour n'ayant alors plus rien d'offensant pour sa vertu; puis elle se fâche à nouveau contre lui puisqu'il continue de l'aimer alors qu'elle a épousé le roi Charles VIII[29].

Gentilshommes et amants connaissent bien ce type de conduite féminine, ils craignent tant de provoquer la colère de leur belle qu'ils hésitent longuement avant de se déclarer, sachant que leur audace pourrait leur être fatale. Il n'est pas rare de lire dans les nouvelles des passages qui décrivent justement les doutes et les hésitations qui assaillent le galant au moment de se déclarer et qui le découragent parfois au point d'y renoncer (nous en avons répertorié dix-huit). On assiste à un double emploi des codes qui régissent la colère dans les textes. Les codes permettent aux nouvellistes de diffuser un enseignement sur les conduites à adopter tout comme ils leur servent à alimenter leur intrigue et rendre les comportements de leurs personnages crédibles donc vraisemblables. C'est précisément la connaissance de cette colère féminine qui entrave l'intrigue et modifie l'action des personnages dans quelques nouvelles. Les auteurs la prennent comme point de départ pour justifier la nécessité, pour leurs personnages masculins, de dissimuler leur amour, ce que l'on voit avec Zamire qui craint trop d'irriter Mirame pour lui révéler sa passion et n'ose rien en faire paraître[30]. Donneau de Visé, dans son recueil *Les*

---

[28] *La mère rivale, histoire du temps*, Paris, Charles Sercy, 1672, in-8°, p. 37–39.

[29] Nicolas-Pierre-Henri Montfaucon de Villars, *L'amour sans faiblesse*, t. I, Paris, Claude Barbin, 1671, in-12, p. 23, p. 25–26, p. 40–41, p. 41–42, et p. 272–273.

[30] « Je fus plus de six mois à Ctesiphonte sans m'oser declarer à la Princesse. Toute civile et toute obligeante qu'elle étoit pour moi, la crainte de l'irriter sçavoit bien retenir mon ardeur dans le plus profond respect, et si je m'abandonnois quelquefois à des regards trop amoureux, je cachai avec soin les mouvemens qui les conduisoient. » François Raguenet, *Zamire, histoire persane*, 2 parties en 1 vol., La Haye, Abraham Troyel, 1687, in-12, p. 194.

nouvelles nouvelles, se joue de cette règle et la traite de façon tragi-comique en mettant en scène l'infortuné Démocrate qui, charmé par la belle Sestiane, veut la séduire par ses actions avant de se déclarer afin d'éviter de la mettre en colère ; mais il tarde tant à parler que lorsqu'il se résout enfin à le faire, le père de Sestiane vient de la promettre à un autre. Voilà qui illustre à quel point « la prudence peut être funeste et rendre malheureux », affirmation de départ que le narrateur entend démontrer à l'assemblée et qui sert d'ailleurs de titre à cette nouvelle[31]. Cela dit, la plupart des dames devinent que c'est la crainte de provoquer leur colère qui empêche leur galant de se déclarer, et y voient une preuve d'amour. C'est ce que confesse Belise tout en soulignant le caractère artificiel de cette colère féminine dictée par l'usage : « Agenor m'aime : non qu'il me l'ait dit, Madame, car enfin je vous en avertirois ; mais, selon moy, il m'aime d'autant plus qu'il ne me l'a point dit encore, et qu'il aime mieux garder un secret qui le tyrannise, que de s'exposer à me déplaire, par un aveu, *dont la pluspart de celles de mon sexe font toûjours semblant de s'offencer*[32] ». Il n'en faut pas plus pour que ce comportement soit érigé en règle et proposé comme modèle aux lecteurs. Le galant devra toucher la belle par son silence avant de se déclarer s'il veut éviter de provoquer sa colère, ce que le sieur de Curly formule ainsi : « tout Amant qui sçait toucher une maîtresse par son silence, ne la desoblige jamais, quand il luy fait sa declaration, et qu'il sçait l'accompagner de beaucoup d'honnesteté[33] ».

Les hommes discutent entre eux de ce comportement féminin qu'ils connaissent parfaitement et en reconnaissent la légitimité, tel le marquis de Tarnai qui tient ces propos au duc de Norfolk : « les premiéres rigueurs de la Princesse, ne doivent pas vous rebuter ; c'est ainsi que toutes les femmes en agissent, et puisque la première loy de leur sexe est de mal-traiter ceux qu'elles estiment le plus ; je ne voudrois pas pour vôtre intérêt, qu'elle vous eût esté moins sévere[34] ». Ce débat pour savoir si un amant doit ou non se déclarer n'est pas nouveau et faisait déjà l'objet d'une longue conversation

---

[31] « [E]t ceux qui sont assez vains pour croire qu'ils pourront l'obtenir [la conquête de la belle] avant que d'avoir appris à aimer, doivent attirer sur eux l'indignation et la colere de celle dont il demande le Cœur. Voilà, continua Democrate, ce qui m'a fait tarder si longtemps à vous découvrir l'ardeur qui me brûle, et comme je craignois de vous irriter par l'aveu de mon amour, j'y voulois disposer votre ame par mes soins, par mes assiduitez, et par mille autres marques de la plus violente passion qui fut jamais. » Jean Donneau de Visé, « La prudence funeste », *Nouvelles nouvelles*, *op. cit.*, vol. 1, p. 144–145.

[32] Edme Boursault, *Le marquis de Chavigny*, Paris, Edme Martin, 1670, in-8°, p. 117–118 (nous soulignons).

[33] Sieur de Curly, *Tideric prince de Galles, nouvelle historique*, vol. 1, Paris, Claude Barbin, 1677, in-12, p. 52–53.

[34] *Le duc d'Alançon*, *op. cit.*, p. 130.

dans la *Clélie* de Mademoiselle de Scudéry[35]. Les hommes tâchent ensuite de découvrir des stratégies qui leur permettent d'avouer leur passion sans encourir la colère de la belle, ils cherchent différents moyens pour arriver à leur fin et proposent des solutions. Ils mettent en commun leur science de l'amour et des femmes, faisant ainsi de la nouvelle un laboratoire où l'on expérimente diverses conduites et une école où l'on (in-)forme le lecteur à ce sujet. En plus du silence qui doit précéder l'aveu, les soins et les services peuvent attendrir la plus inexorable maîtresse, méthode que prisait également Faret dans son traité de civilité[36]. Le marquis conseille au comte d'offrir des cadeaux à la dame et de la divertir avant de se déclarer : «Et après tout cela, si tu la trouves quelque jour plus gaye et plus emportée qu'à l'ordinaire, profite de l'occasion, pousse, entreprend tout, et ne t'effraye pas d'une vertu apparente : Si tu échoüe, demande pardon, et t'excuse sur la violence de ta passion. Il y a toûjours grace chez les Dames pour cette sorte d'injure[37]». L'écrit peut parfois être un moyen pour le galant de se déclarer et d'éviter la colère de la dame aimée (c'est ce que fait Polixene dans un billet qu'il glisse adroitement à Angélique[38]), mais cette méthode est loin d'être la plus sûre car la belle peut tout aussi bien s'irriter et vouloir le punir de cette audace, ce que craint (à tort) Don Pedro dans *L'amoureux africain*[39].

Une fois l'aveu murmuré, les amants s'attendent au pire et s'offensent à leur tour lorsque la belle ne prend pas la peine de se mettre en colère car ce manquement au code est vu comme une marque d'indifférence à leur égard :

> Et pour ce qui est de l'outrage que vous m'avez fait [sa déclaration d'amour], j'ay eu jusqu'ici tant de sujet de me loüer de vous, que je veux tâcher de l'oublier, de peur de me souvenir que j'ay sujet de m'en plaindre.

---

[35] Madeleine de Scudéry, *Clélie, histoire romaine*, t. IV, Paris, A. Courbé, 1654–1660, p. 1360–1366.

[36] Nicolas Faret écrit à propos des soins qu'il faut rendre aux femmes pour leur plaire : «il y a mille petits soins, et mille petits services à rendre aux femmes, qui estans rendus à temps, et souvent reïterez, font à la fin sur leurs esprits de plus fortes impressions, que les plus importants mesmes, dont les occasions ne s'offrent que rarement», *L'honnête homme ou l'art de plaire à la cour*, Genève, Slatkine Reprints, 1970 [1630], p. 98.

[37] Jean de Préchac, *Les désordres de la Bassette, nouvelle galante*, Paris, Quinet, 1682, in-12, p. 24. On retrouve un discours similaire dans «La rupture, histoire», *Mercure Galant*, Paris, février 1679, p. 186–187.

[38] César-François Oudin, sieur de Préfontaine, *Les dames enlevées et les dames retrouvées. Histoire du temps, nouvelles comiques et galantes divisées en deux parties*, Paris, Jean-Baptiste Loyson, 1673, in-12, p. 42.

[39] Sébastien Bremond, *L'amoureux africain ou nouvelle galanterie*, Amsterdam, Henry et Theodore Boom, 1676, in-12, p. 151.

> Ah! Belise, luy dit Agenor, c'est me punir bien plus cruellement, que
> si vous éclattiez contre mon audace : vostre emportement me feroit du
> moins connoistre l'émotion de vostre cœur ; et cette cruelle indifference
> m'apprend que tout ce que je vous ay dit, ne vous a pas assez touchée,
> pour daigner vous en émouvoir[40].

Inversement, ils se réjouissent de voir la belle s'emporter de façon si charmante, voyant là un signe de son amour, et ne voudraient pas qu'elle soit
moins irritée : telle est la réaction de Cleandre devant l'irritation de Celanire[41]. Quant au duc de Parme, il va jusqu'à remercier Diane, duchesse de
Valentinois, de sa colère : « Que je veux du bien à vôtre colere, car elle m'a fait
connoître tout mon bonheur. Encore une querelle, Madame, je vous prie[42] ».
D'autres, moins perspicaces, ont besoin du secours d'un ami pour leur expliquer la réaction de la belle qu'ils ne savent interpréter correctement, service
que l'Amiral rend obligeamment à Dom Juan en lui faisant voir que la fuite
de sa maîtresse et la sévérité qu'elle a fait paraître signifient qu'elle n'est pas
insensible à son amour :

> Seigneur ? lui dit-il, avez vous oublié que je viens de déclarer votre amour
> à Madame, en votre présence, et qu'elle n'en a puni l'aveu que d'un ordre
> à son Muletier de faire avancer ses mulets : Hé ! vous ne contez cet ordre
> pour rien ? repartit tristement Dom Juan ; cette rougeur de colere, ce mé-
> pris, cette fuite : tout cela ne vous semble pas une punition assez severe ?
> Je ne sçai ce que tout cela seroit en Espagne, interrompit l'Amiral, mais
> en France ce n'est pas grand-chose, la rougeur de Madame n'a rien eu
> d'ennemy, et quelques couleurs que votre timidité donnât à la fuite de la
> Princesse, elle suppose toûjours une crainte d'être vaincuë[43].

Cet exemple souligne bien, outre son caractère national, le problème d'un
code (la colère, l'emportement) qui dit tout le contraire de ce qu'il exprime
(l'amour, l'inclination), les tensions constantes entre ces deux passions appa-
remment contradictoires, la nécessité de connaître les nombreuses règles qui
expliquent les causes véritables de la colère féminine et les savoirs qui concer-
nent l'éloquence du corps pour interpréter correctement la conduite de la
belle. Or, c'est justement le rôle que les nouvelles prétendent tenir auprès de
leurs lecteurs en leur offrant un répertoire des différents cas de figure, par le
biais de descriptions et de discussions intégrées à même leur récit.

---

[40] Edme Boursault, *Le marquis de Chavigny*, *op. cit.*, p. 137–138.

[41] Madeleine de Scudéry, *La promenade de Versailles*, *op. cit.*, p. 148.

[42] Marie-Catherine Hortense Desjardins, dite Mme de Villedieu, *Journal amoureux*,
     dans *Œuvres complètes*, vol. 3, Genève, Slatkine Reprints, 1971 [1670], p. 164.

[43] *Ibid.*, p. 254.

La colère masculine, au contraire de celle de la femme, se manifeste rarement suite à une déclaration d'amour, ce qui s'explique par l'existence d'un
code de l'amour différent pour les hommes et les femmes. Dans un cas, on
recommande aux hommes de prendre les devants et de faire les premiers pas ;
dans un second, on conseille aux femmes de ne rien entreprendre, se déclarer
en premier étant perçu comme une preuve de faiblesse, comportement que
les hommes ne peuvent que mépriser[44]. La seule exception dans les nouvelles
est celle de Cléante qui se met en colère contre Bélise car elle ose lui avouer
son amour par lettre alors qu'il est en deuil de sa femme, dont il est toujours
amoureux et chérit le souvenir plus que tout. Cléante juge cet aveu inconve-
nant et importun, et lorsque Bélise lui propose un rendez-vous, ce procédé
l'offense encore davantage[45]. Cet exemple est particulièrement intéressant
puisque l'auteure semble vouloir montrer qu'un homme peut être aussi
délicat qu'une femme dans sa manière d'aimer, et pour en convaincre son
lecteur, elle reprend le motif de la colère le plus typiquement féminin qu'elle
réécrit au masculin. En plus de créer un effet de surprise dans le texte et de divertir ainsi les lecteurs, l'emploi nouveau de cette règle permet à l'auteure de
proposer aux hommes de ce siècle une manière d'aimer qu'elle souhaite plus
tendre, plus respectueuse et plus délicate. Il semble que le meilleur moyen
pour y parvenir soit de reprendre point par point le comportement prescrit
aux femmes en de pareilles circonstances.

À en croire ces usages de la colère féminine, le parfait amant serait
condamné à l'adoration muette et respectueuse, aux soupirs et à une longue
expectative. La belle dame inflexible s'offensant obligatoirement après une
déclaration d'amour, l'amant est assuré de déplaire par l'aveu de sa passion,
jouant ainsi, selon Jean-Michel Pelous «le rôle ingrat du conquérant à qui
sont refusés les moyens de sa conquête et de l'orateur privé du droit à la
parole[46]». Or, nous l'avons vu, il existe heureusement des situations qui
permettent à l'homme de se déclarer et d'autres où la femme peut choisir
de ne pas se mettre en colère, permettant ainsi à leur amour de progresser
plutôt que de piétiner et ce, en dépit du fait que selon le code du tendre :

---

[44] C'est du moins les propos que Béralde tient au roi d'Arles dans les premières
pages de la nouvelle *Béralde, prince de Savoye*, vol. 1, Paris, Claude Barbin, 1672,
in-12.

[45] «Cette lettre ayant été renduë à Cléante dans les premiers mouvemens de sa douleur, il en fut si offencé, qu'aprez l'avoir lûë il la jetta à la tête de celui qui l'avoit
apportée, et le menaça s'il étoit jamais assez hardi de se charger d'un semblable
message, de le faire assommer.» Anne Bellinzani Ferrand, dame Michel, *Histoire
nouvelle des amours de la jeune Belise et de Cleante*, 3 parties en 1 vol., Paris, s.é.,
1689, in-12, p. 80–81. Voir aussi p. 82, 84, 96 et 97.

[46] Jean-Michel Pelous, *op. cit.*, p. 43.

«Le plus grand service qu'on puisse rendre à l'amour est de l'empêcher de vieillir[47]».

1.B. Les obstacles de l'amour

Plus fréquents sont les cas où l'homme se met en colère lorsque l'on fait obstacle à ses amours (une vingtaine au total comparativement à douze pour les femmes). Ces obstacles peuvent prendre des formes diverses, qu'il s'agisse d'éloigner la femme aimée, de lui faire prendre la fuite, d'interdire au galant de la voir, de s'opposer à son mariage ou alors de la promettre à un autre. Dans tous ces cas la conséquence reste la même, soit de provoquer la colère de l'amant qui voit ses amours contrariées par des personnes ou des circonstances extérieures et indépendantes de sa volonté. Cette règle s'explique aisément à partir de la définition aristotélicienne qui est reprise tout au long du XVIIe siècle, dans laquelle il est écrit que l'on se met facilement en colère contre ceux qui nous nuisent, nous font volontairement du tort et contrarient nos projets[48]. Toujours selon Aristote, l'homme se met en colère lorsque «l'on fait fait obstacle à quelque désir, directement [...] ou indirectement, l'effet est le même dans les deux cas. Nous nous mettons encore en colère contre tous ceux qui s'opposent à notre action, ou ne la secondent pas ou contrarient notre désir en quelque autre façon[49]». Plus loin, il conclut : «Si donc l'on est malade, pauvre, {en guerre}, amoureux, altéré, en général possédé d'un désir qu'on ne réussit pas à satisfaire, l'on est irascible et prompt à s'emporter, surtout contre ceux qui se désintéressent de notre situation ; par exemple, [...] quand on est amoureux [contre ceux qui se désintéresent de] cet amour[50]». De même, l'homme se laisse porter à la colère quand le contraire de ce qu'il espérait (en l'occurrence la réalisation de ses amours) se produit «car ce qui était très inattendu cause plus de peine[51]». Contrarier les amours d'autrui devient donc une manière de manifester délibérément son dédain à quelqu'un en nuisant à ce à quoi il attache le plus d'importance. Ce principe rejoint la définition de la colère que donne Aristote, mais en déplace quelque peu l'enjeu puisque ce dédain est privé et non public.

L'amant qui voit ses amours contrariées, selon cette logique, a donc doublement raison de se mettre en colère et de chercher à se venger, étant

---

[47] *Idem.*

[48] Nicolas Coëffeteau, par exemple, reprend presque textuellement les propos d'Aristote à ce sujet, *Tableau des passions humaines, de leurs causes et de leurs effets*, Paris, Martin Collet, 1631 [1620], in-8°, p. 551.

[49] Aristote, *Rhétorique*, t. II, Paris, Belles Lettres, 1938, 2, 1379 a.

[50] *Idem.*

[51] *Idem.*

donné le dédain que lui signifie autrui en faisant entrave à ses projets amoureux et l'inadéquation entre ses espérances et le résultat de sa quête amoureuse. Les nouvellistes évoquent d'abord cette règle pour légitimer les agissements de leurs personnages. La grande colère de Mustapha quand il apprend la fuite de Dona Manuela dont il est amoureux (ce qui le pousse à faire couper la tête des quatre femmes et des deux eunuques qui ont favorisé cette fuite[52]) est un exemple d'emportement particulièrement sanglant qui doit beaucoup au fait que la brutalité est un trait de caractère associé aux gens de cette nation. Puis, les nouvellistes tendent à limiter la portée de cette colère et à la rendre acceptable dans le cadre d'une société aux mœurs policées, en accumulant les exemples de personnages qui ne posent pas de gestes sanglants. En effet, la plupart des amoureux dans leurs nouvelles se contentent de manifester leur colère en accablant d'injures celui ou celle qui agit contre leurs intérêts. Les propos colériques que le duc de Misnie adresse à Mathilde qui l'a empêché d'épouser Éléonor en sont un exemple[53]. La colère est donc autorisée mais du moment qu'elle ne conduit pas à une vengeance violente.

Conséquemment, les projets de vengeance qu'on propose aux lecteurs sont somme toute assez modérés et demeurent dans les limites de la bienséance. D'ailleurs, un seul cas de vengeance funeste a été relevé, ce qui prouve que ce comportement est loin d'être valorisé par les nouvellistes qui tâchent d'atténuer les désirs de vengeance sanglante. Il s'agit de Bartelimi qui, dans les *Nouvelles de l'Amérique*, se venge de son précepteur qui l'empêche de voir Clemence en le tuant, avant d'aller s'enfermer (pour se cacher ou se punir ?) dans un couvent[54]. Blesser l'amour-propre de celui ou de celle qui éloigne volontairement la femme aimée pour nuire à l'amoureux est, selon les nouvellistes, l'un des moyens privilégiés par les hommes du monde pour se venger. Le dynamisme de ce schéma qui entraîne une suite d'action-réaction est à l'œuvre dans une nouvelle du *Mercure Galant*, il en structure l'intrigue et a une incidence sur le comportement des personnages. Un cavalier s'emporte quand il découvre la fourberie d'une veuve qui a éloigné sa belle et décide de se venger. Pour mener à bien ce projet, il dissimule sa colère (car il est l'homme du monde qui se possède le plus), feint de l'aimer

---

[52] Jean de Préchac, *Cara Mustapha, grand vizir. Histoire contenant son élévation, ses amours dans le serail, ses divers emplois, le vray sujet qui luy a fait entreprendre le siege de Vienne, et les particularitez de sa mort*, Paris, C. Blageart, 1684, in-8°, p. 279.

[53] Catherine Bernard, *Les malheurs de l'amour. Première nouvelle. Éléonor d'Yvrée*, dans *Œuvres, op. cit.*, p. 216.

[54] *Nouvelles de l'Amérique ou le Mercure Ameriquain. Où sont contenuës trois histoires veritables arrivées en nôtre temps*, Rouen, François Vaultier, 1678, in-12, p. 206.

pour ensuite l'épouser et mieux pouvoir la rejeter en l'abandonnant, seule, dans un couvent[55]. Après avoir juré de se venger de la jeune veuve de la manière la plus terrible qui soit, on voit donc le cavalier éprouver « le plaisir de contenter sa vangeance, en tourmentant à son gré sa plus mortelle en-nemie[56] ». L'atteinte à la réputation serait un second moyen de vengeance efficace et très prisé par les hommes de la cour, passant alors d'une injure qui relève du domaine privé à une vengeance qui a des retombées dans la sphère publique. Ainsi, dans Les caprices de l'amour, Cleomede se venge de la fausse prude qui veut nuire à ses amours avec Alcidiane en la menaçant à son tour de publier son aventure avec un galant si elle persiste dans cette voie[57].

La colère des femmes contre ceux qui traversent leurs amours obéit aux mêmes règles que celle des hommes mais c'est la portée morale qui les différencie. En effet, pour un exemple de femme honnête qui est en proie à une juste fureur quand on l'empêche de voir son amant (on peut penser à la colère de Yolande de Sicile lorsque la cour d'Espagne interdit au Prince de la voir car on le sait amoureux d'elle[58]), on en trouve dix de fausses prudes, de coquettes ou d'infidèles qui se mettent en colère contre celui qui nuit à leur intrigue galante. La colère qui brûle la marquise quand son mari chasse son amant de leur maison est à lire dans ce sens : « Quand Mainville fut sorti, la Marquise indignée de ce qui venoit de se passer, et ne pouvant souffrir la separation de son Amant, commença à décharger sa colere sur son Mary. Elle luy dit que sa bizarrerie étoit sans exemple, et qu'elle n'avoit qu'à publier son procedé pour le perdre de reputation par tout[59] ». La colère des femmes peut être présentée comme déraisonnable, autre moyen utilisé par les nouvellistes pour dévaloriser cette passion, telle la colère de Xantipe contre Socrate qui a, par ses leçons de philosophie, empêché Alcibiade de

---

[55] « La prison où je vous laisse n'est pas fort desagréable. Vivez y sans moy, qui ne vous verray jamais. Il me seroit inutile de vous expliquer le desespoir de cette nouvelle Mariée, qui comprit par ce Billet la vangeance que le Cavalier avoit voulu tirer d'elle. » « Histoire », Mercure Galant, Paris, décembre 1689, p. 223.

[56] Ibid., p. 224–225.

[57] Il lui promit de ne se point servir de l'avantage qu'il avait sur elle « mais il ne voulut jamais luy rendre la lettre, il luy dit, qu'elle devoit avoir quelque égard pour luy, et l'épargnez plus qu'elle n'avoit fait chez Madame de .... puisqu'il avoit dequoy se vanger, si son humeur mal faisante luy faisoit des affaires. » Sieur de Beaucourt, Les caprices de l'amour, t. I, Paris, Claude Barbin, 1681, in-8°, p. 117–118.

[58] Jean de Préchac, Yolande de Sicile, t. I, Lyon, Thomas Amaulry, 1678, in-12, p. 43–44.

[59] Les nouveaux désordres de l'amour, nouvelle galante, Liège, Louis Montfort, 1686, in-12, p. 119.

l'aimer[60]. La manifestation de leur irritation est également plus modérée puisque la plupart de ces dames tâchent de contenir les éclats de leur colère. Toutefois, cette retenue loin d'être une marque de la modestie féminine, souligne encore davantage leur duplicité et leur fausseté. C'est le cas de la marquise, pour revenir à l'histoire des *Nouveaux désordres de l'amour*, lorsqu'elle apprend que son mari veut la suivre aux eaux de Bourbon, endroit où elle doit rencontrer son amant. La présence de cet importun mari qui compromet son intrigue galante provoque sa colère mais elle la contient afin de ne pas éveiller ses soupçons : « La colere de la Marquise fut extraordinaire en cette rencontre, et si elle eut osé, elle l'eut fait êclatter par d'étranges marques. Elle songea alors à rompre cette partie ; mais faisant reflexion que ce seroit faire voir trop clairement son intrigue, elle resolut de faire avertir Mainville de ce qui se passoit, afin qu'il prit ses mesures pour la voir en chemin[61] ».

La colère n'étant pas valorisée, il en découle que les femmes sont résolument moins portées à se venger de celui ou de celle qui fait obstacle à leur amour. En fait, seulement deux cas figurent dans l'ensemble du corpus étudié. D'abord, dans la nouvelle *Cléante ou Don Carlos*, il y a Isabelle qui envisage la mort ou la vie au cloître comme un moyen de se venger de la dureté de son père qui s'oppose à son amour pour Cléante. Le priver de sa présence devient ainsi son seul recours pour le fléchir : « la mort ou un Cloistre sçaura me vanger de la dureté d'un Pere inexorable, et vous prouver en mesme temps que je vous suis fidelle[62] ». Cette stratégie est efficace dans un premier temps puisque voyant sa fille sur le point de mourir, Don Antonio lui promet de la donner en mariage à Cléante, mais aussitôt qu'elle revient à la vie, il oublie sa promesse et fait tout ce qui est en son pouvoir pour désunir les amants. Il est à remarquer que cette vengeance punit tout autant, si ce n'est davantage, celle qui l'exécute que celui dont elle veut se venger, qu'elle demeure dans la sphère de la vie privée et n'empiète en rien sur celle de la vie publique. De plus, non seulement cette vengeance est-elle de peu d'éclat, mais elle est inopérante, vouée à l'échec. Plus élaboré est, dans la nouvelle de Anne de La Roche-Guilhen, le projet de vengeance de Xantipe contre Socrate qui a, selon elle, empêché Alcibiade de l'aimer. Sa vengeance sera proportionnelle au mal qu'il lui a fait :

---

[60] « Elle connut le mal que la severité du premier [Socrate] lui avoit fait, et portant toute sa colere sur cét Ennemi de son repos, elle fit mille imprecations contre la Philosophie », Anne de La Roche-Guilhen, *Les intrigues amoureuses de quelques anciens Grecs*, La Haye, Henri van Bulderen, 1690, in-12, p. 26.

[61] *Les nouveaux désordres de l'amour, nouvelle galante*, op. cit., p. 41.

[62] *Cléante ou Don Carlos, nouvelle*, Paris, Thomas Jolly, 1662, in-12, p. 182.

> Cependant Xantipe qui n'étoit plus possedée que de l'envie de le faire souffrir [Socrate], oublia sa vanité, pour se satisfaire; et dans le même lieu où elle avoit apris de la bouche d'Alcibiade, que sans Socrate, il l'eut aimée, elle fit un vœu solennel de n'épargner rien pour se venger de lui; et si sa jalousie donna quelques soupirs au destin d'Hyparette, sa colere les étouffa[63].

Elle décide d'abord de ridiculiser Socrate, cet ennemi de l'amour, en le rendant amoureux d'elle et en l'épousant: «La vindicative Xantipe écoutoit ce discours, dont l'action tendre et animée de Socrate lui confirmoit la verité, avec attention, elle sentit ses peines soulagées[64]». On voit dans ce passage combien elle se délecte des mots d'amour que lui adresse Socrate, car il est bien connu depuis Homère que le désir de vengeance qui accompagne la colère semble «plus doux encore que le miel sur la langue, quand, dans une poitrine humaine, il monte comme une fumée[65]». Xantipe poursuit sa vengeance en brouillant Socrate avec Alcibiade, en lui faisant voir Alcibiade comme un rival plutôt que comme un ami: «Xantipe déterminée à tout sacrifier au plaisir de se venger, ne songea plus qu'à profiter absolument des foiblesses de Socrate, et à se lier avec lui pour mieux posseder la victime[66]». Elle ne peut se refuser le plaisir de faire savoir à Socrate qu'elle s'est vengée de lui, car pour être complète la vengeance doit être connue publiquement ou du moins par un certain public, faisant ainsi écho aux propos d'Aristote quand il écrit que la vengeance n'est pas satisfaite si nous présumons que la personne maltraitée ne se doute ni de l'auteur ni du motif de la vengeance exercée contre elle[67]. Elle lui avoue donc n'avoir feint de l'aimer que pour mieux le ridiculiser: «Je vous declare donc que je ne vous aime, ni ne vous aimerai jamais, et que la seule envie de me venger de vous m'a obligée à renoncer au repos de ma vie[68]», ce que Socrate accepte avec philosophie. Cette grande vengeance féminine qui semble, *a priori*, être un succès, n'a pas si bien réussi finalement puisque Xantipe n'a pas le bonheur de voir souffrir Socrate quand il apprend qu'elle s'est jouée de lui[69]. Tous ces artifices ont

---

[63] Anne de La Roche-Guilhen, *Les intrigues amoureuses de quelques anciens Grecs, op. cit.,* p. 28.

[64] *Ibid.,* p. 45.

[65] Homère, *L'iliade,* t. III, Paris, Belles Lettres, 1949, chant XVIII, v. 109–110.

[66] Anne de La Roche-Guilhen, *Les intrigues amoureuses de quelques anciens Grecs, op. cit.,* p. 77.

[67] Aristote, *Rhétorique, op. cit.,* 3, 1380 b.

[68] Anne de La Roche-Guilhen, *Les intrigues amoureuses de quelques anciens Grecs, op. cit.,* p. 103.

[69] «Xantipe, qui ne s'étoit pas attenduë à ce retour de la Philosophie de Socrate, fut au desespoir de lui trouver de si fortes armes contre sa fureur; et le [regarda] avec le mêpris qui devoit alors la suivre inseparablement», *ibid.,* p. 107.

donc été vains puisque Alcibiade épouse Hyparette dont il est amoureux, et que Xantipe reste seule et malheureuse avec un époux qu'elle n'aime pas[70]. Encore une fois, la vengeance présentée se retourne contre celle qui prétend en tirer satisfaction, sa valeur est contestée et sa portée se limite à la sphère de la vie domestique.

De tous les obstacles qui peuvent s'élever contre les amants, il va sans dire que le pire qu'on puisse faire au gentilhomme amoureux est de tuer sa bien-aimée et de le priver à jamais de sa présence. En ce cas, la modération n'est plus de mise, la colère est terrible (qu'on pense à la fureur de Gloucester suite à la mort de Catherine dans *Tideric prince de Galles*[71]), et la vengeance sanglante, immédiate, proportionnelle à l'offense. Rien ne pouvant compenser la perte de la dame aimée, l'amoureux n'hésite pas à tuer le criminel. Par exemple, dans *L'amour échapé*, Egiston venge la mort de Volamire en tuant son mari Argimede[72], et dans une histoire du *Mercure Galant* on lit: « Le Cavalier voyant sa Maîtresse morte, tira aussi son Poignard, et le plongea aussitost dans le cœur de l'Assassin[73] ». La logique qui permet de rendre cette colère, mais plus encore cette vengeance acceptable (et même souhaitable), tient du fait que venger la mort de la dame est autant un devoir moral que l'ultime preuve d'amour que le galant peut donner à la mémoire de sa chère morte. La vengeance, loin de correspondre à un simple mouvement passionnel (de colère), devient un geste posé par devoir, il répond à des obligations qui sont justes et raisonnables. Et quelle preuve d'amour plus spectaculaire que de tuer celui qui a ravi la vie de la dame aimée? On comprend que ce type de vengeance qui frappe l'imaginaire occupe une place de choix dans la fiction, les auteurs voyant là un procédé littéraire pouvant aisément captiver leurs lecteurs. Cette règle, qui est mentionnée dans au moins dix nouvelles, est si reconnue que l'on s'étonne quand un personnage ne prend pas immédiatement l'épée pour se venger et on n'hésite pas à le rappeler à l'ordre pour ranimer sa vaillance. C'est ce que fait le corsaire Trik à l'égard du prince de l'Escalette qui se désespère suite à la mort de sa chère Yolande qui a été tuée (du moins le croit-il) par les Espagnols: « Trik [...] luy representa qu'il étoit indigne d'un grand courage de s'abandonner à la douleur, qu'il falloit prendre son party sans balancer, et qu'il marqueroit bien mieux son amour en vangeant sa Maîtresse, et en conservant une haine irreconciliable contre

---

[70] *Ibid.*, p. 124.
[71] Sieur de Curly, *Tideric prince de Galles, nouvelle historique, op. cit.*, vol. 2, p. 196–197.
[72] Jean Donneau de Visé, *L'amour échapé ou les diverses manieres d'aymer, contenuës en quarante histoires; avec Le Parlement d'Amour, op. cit.*, t. III, p. 90.
[73] « Histoire », *Mercure Galant*, Paris, juin 1682, p. 321–322.

les Espagnols, qu'en se laissant aller à un desespoir inutile[74] ». L'effet attendu
des remontrances de Trik sur le prince n'est pas long à venir : « La perte de sa
Maîtresse et le desir de se vanger des Espagnols l'occupoient entierement[75] ».

Les nouvellistes s'appuient également sur cette règle de colère et de vengeance masculine pour donner lieu à diverses stratégies narratives, pour faire
rebondir l'intrigue, et pour expliquer les gestes de leurs personnages. C'est
parce qu'ils connaissent le désir de vengeance et l'anticipent que certains
sont en mesure de protéger la victime du vengeur. Racima, par exemple, dans
la nouvelle de Mme d'Aulnoy, sait que Mahomet voudra tuer Soliman quand
il le trouvera dans la chambre car il croira alors qu'il est là pour tuer Éronime
(sa maîtresse bien-aimée), ce qui est vrai. Pour éviter que Soliman ne soit tué
par Mahomet, Racima prend sur elle tout le blâme[76]. Certains personnages
plus malins se jouent de cette règle, tel Dom Carlos qui, dans une nouvelle
du recueil de Garouville, feint de vouloir venger la mort de Dona Mariana,
qu'il a tuée, pour éviter qu'on le soupçonne du meurtre et pour en accuser
son rival Dom Emanuel et ainsi s'en venger : « Ne vous en étonnez pas [de ma
douleur], dit-il à la compagnie, il me restoit encore un peu de tendresse pour
Dona Mariana, et je ne puis apprendre son malheur sans soûpirer, et si je
sçavois l'autheur de sa mort, poursuivit-il, je serois le premier à la vanger[77] ».
Mais Dom Emanuel découvre sa fourberie et le tue à son tour : « Leur combat
dura quelque temps, mais enfin la mort de Dona Mariana fut vangée ; Dom
Carlos mourut en desesperé, et Dom Emanuel fut apprendre sa mort à tous
ceux qui sçavoient son crime[78] ». C'est bien la connaissance des mouvements
des passions et des usages qui régissent la colère et la vengeance, qui permet
aux nouvellistes de construire une intrigue cohérente, qui sert de fondement
à la conduite de leurs personnages.

Bien que deux fois moins nombreuses, les femmes comme les hommes
s'emportent et se font un devoir de venger la mort de leur mari ou de leur
amant. La vengeance qui devient alors le dernier service rendu à la mémoire
de l'être cher est perçue positivement. Si les nouvellistes du temps n'hésitent

---

[74] Jean de Préchac, *Yolande de Sicile, op. cit.*, vol. 2, p. 34–35.

[75] *Ibid.*, p. 37.

[76] « C'est moy qui l'ay conduit icy, dit-elle, et c'est moy seule que tu dois punir, je
l'avois armé de ton propre poignard pour me défaire de ma Rivale, nostre entreprise
est malheureusement manquée, vange toy si tu l'ose, elle ne joüira pas long-temps
du plaisir de ma perte, et la sienne n'étoit pas le plus grand des maux qui te peuvent
arriver. » Marie-Catherine Le Jumel de Barneville, Comtesse d'Aulnoy, *Nouvelles
d'Elisabeth, op. cit.*, vol. 4, p. 125–126.

[77] Savinien Riflé, sieur de Garouville, *L'amant oysif, contenant cinquante nouvelles espagnoles, divisé en trois parties, op. cit.*, vol. 1, p. 295.

[78] *Ibid.*, p. 302.

pas à présenter ces dames qui se vengent comme des modèles de vertu à suivre (on voit par exemple l'admiration qu'Aurelie voue à Sempronie qui n'a pas craint d'exposer sa vie pour venger la mort de son amant[79]), ils sont toutefois plus nuancés quand il s'agit de mettre en scène cette vengeance. Il semble plus facile pour eux de valoriser la colère et de légitimer le désir de vengeance que sa mise en acte. En fait, la plupart des personnages féminins se contentent de vouloir se venger et d'exprimer haut et fort ce désir, sans y donner suite. C'est le cas d'Artémise qui « ayant veu tomber à ses pieds un Cavalier qu'elle prit pour Poliante, elle ne vouloit que vanger sa mort sur celuy qui l'avoit causée[80] », et de Célinte qui menace de se venger si Meliandre tue son Poliante : « Ah ! Cruel s'escria alors Celinte, sçachez que si Poliante meurt je differeray ma mort jusques a ce que je sois vangée de tous ceux qui auront causé la sienne, et que vous n'aurez pas plus mortelle ennemie que moy[81] ». Lorsque la vengeance a effectivement lieu (dans cinq cas), elle est assez modérée. La seconde maîtresse de Dom Gaspard, par exemple, venge la mort de son amant qui a été tué par Dona Montalva, sa première maîtresse qu'il a quittée, en publiant les lettres que cette dernière lui avait écrites, compromettant ainsi la réputation et le mariage de Dona Montalva[82]. La vengeance peut également être différée. Certaines grandes dames, plus avisées, préfèrent s'en remettre aux soins de la justice, comme le fait Dona Salazar en poursuivant sans relâche et pendant près de treize ans celui qui a tué son amant le jour de ses noces. Une fois qu'elle l'a retrouvé, elle le fait arrêter et se réjouit qu'il soit trouvé coupable par la justice[83].

Les vengeances sanglantes ne sont pas entièrement exclues mais elles se font rares puisque seulement deux cas ont été repérés dans le corpus. Il y a d'abord la vengeance privée et tragique de Bérénice qui se donne la mort pour venger celle de Philadelphe et lui prouver son amour, car elle se sent coupable et, en effet, la princesse favorite Ptolemaïde a fait tuer Philadelphe qu'elle aimait parce qu'il lui préférait Bérénice[84]. Surtout, il y a la vengeance

---

[79] Du Moulin, *Aurélie, nouvelle héroïque*, Paris, Jean Guignard, 1670, in-12, p. 62.

[80] Edme Boursault, *Artémise et Poliante, nouvelle*, Paris, René Guignard, 1670, in-12, p. 387.

[81] Madeleine de Scudéry, *Célinte, nouvelle première, op. cit.*, p. 108–109.

[82] Savinien Riflé, sieur de Garouville, *L'amant oysif, contenant cinquante nouvelles espagnoles, divisé en trois parties, op. cit.*, vol. 2, p. 111–112.

[83] *Ibid.*, vol. 3, p. 159.

[84] « Ah ! cher Philadelphe, n'ay-je eu de l'amour que pour t'assassiner ? Mais c'en est trop, il faut que ma main te venge par un prompt sacrifice. Vous Heros, dont j'ay troublé la gloire et le repos, et qui devriez tous revivre dans Philadelphe : Toy mere malheureuse, qui dés nôtre enfance me confias son cœur dans une autre espoir : Infortuné Morat, Amis desesperez, et vous aussi Ptomelaïde, venez me faire souffrir mille tourmens. Et s'enfonçant un poignard dans le sein : Venez, dit-elle, enfin par

spectaculaire (par l'impact qu'elle a sur la scène publique) de la duchesse qui immole l'empereur et l'impératrice qui ont tué son mari, en les faisant tuer à leur tour. Cette vengeance n'est pas sans soulever des problèmes d'ordre moral ainsi que le souligne l'auteure :

> Pourquoi cette fureur ? dira quelqu'un, que ne s'arrêtoit-elle au milieu de sa course ? La mort de l'Imperatrice étoit juste, la Duchesse se la devoit, elle l'accusoit du meurtre de son Epoux, et quand elle n'auroit pas été l'unique instrument de sa mort, elle en étoit toûjours la cause secrette ; puisque si elle n'avoit point aimé le Duc, Othon ne se fût pas fait un honneur d'ôter du monde un homme trop aimé de sa femme : Mais pour l'Empereur, il ne devoit pas être compris dans cette vengeance, il pouvoit être innocent ; et quand il auroit été coupable, il faloit lui faire racheter sa vie par le don d'une Couronne Imperiale. J'avoüe que cette objection n'est pas hors de propos[85].

À la lumière de ces exemples, il ressort que, si le désir de venger la mort de l'amant est légitimé et reconnu comme juste, sa réalisation est loin de faire l'unanimité auprès des nouvellistes qui privilégient les vengeances modestes à celles qui sont funestes, sans pour autant condamner celles-ci entièrement. Ils proposent également aux lecteurs une nouvelle avenue qui est sans doute plus conforme aux mœurs de la nouvelle société de cour : soit de demander à l'État d'intervenir plutôt que de se faire justice eux-mêmes. Ce comportement va évidemment dans le sens de la monopolisation de la vengeance par l'État qui se met en place au XVIIe siècle[86]. Ce discours sur la nécessaire prise en charge de la justice par l'État au nom de l'ordre social, sur le passage de la vengeance privée et aveugle à la justice publique et éclairée, et sur la fonction pacificatrice de telles lois, se trouve d'ailleurs déjà chez Cureau de la Chambre :

> elles [les lois] se sont tousjours reservé la vengeance des injures, et quiconque l'a voulu usurper sur elles, a fait un crime d'un juste ressentiment [...]. En effect elles ne pouvoient pas laisser à des particuliers une puissance qui n'appartient qu'au public, ny mettre les armes de la Justice entre les mains d'une Furieuse sans abandonner à l'insolence et à la cruauté, la vie et la fortune des hommes, et sans rompre ces sacrez liens qui unissent ensemble pour former les Communautez et les Republiques[87].

---

ma mort, prendre la vengeance qui vous et dûë. » Girault de Sainville, *Philadelphe. Nouvelle égyptienne*, Paris, François Michon, 1687, in-12, p. 186–187.

[85] Marie-Catherine Hortense Desjardins, dite Mme de Villedieu, *Les annales galantes*, dans *Œuvres complètes*, vol. 3, Genève, Slatkine Reprints, 1971 [1671], p. 28.

[86] Nous reviendrons de façon plus détaillée sur cette question au chapitre IV–3.

[87] Marin Cureau de la Chambre, *Les caractères des passions*, vol. 2, Paris, Rocolet, 1660 [1640], in-4°, p. 299.

À ces règles de la colère et de la vengeance des amants suite aux obstacles qu'on fait à leurs amours, pourraient bien s'en ajouter deux autres qui relèvent davantage de l'art d'aimer et du code du tendre, c'est du moins ainsi que les nouvellistes les formulent dans leurs textes. D'abord, il arrive que les dames, loin de condamner ce motif de colère, y voient plutôt une preuve de la sincérité de leur amour et du feu de leur passion : « l'emportement des amans n'a jamais passé pour un crime parmi les Dames délicates, et soit qu'il naisse de l'amour, ou qu'il parte de la jalousie, il fait toujours une figure agréable dans une intrigue galante[88] ». Tel est donc l'enseignement que les hommes doivent tirer de ces modèles où la colère est préconisée. Dans cette situation précise, la colère deviendrait même une arme de séduction et un moyen de pimenter une intrigue qui ne doit jamais, ô! grand crime, s'affadir, c'est donc pour cette raison qu'on la valorise. Cette colère typiquement masculine fait partie des nombreux devoirs que le galant doit accomplir s'il désire conquérir sa belle. La fonction de cette colère au service de l'amour étant de témoigner de l'ardeur de sa passion, il va sans dire qu'elle n'est jamais accompagnée par la vengeance.

Inversement, renoncer à faire éclater sa colère et sa vengeance contre ceux qui font obstacle à ses amours quand c'est la belle qui le commande, peut devenir un moyen de lui plaire par la soumission à ses désirs. L'absence de colère et de vengeance devient alors une forme d'obéissance suprême à l'égard de sa dame et une reconnaissance de sa supériorité. On trouve une douzaine d'exemples de cette autre règle de la colère masculine dans les nouvelles. Pensons notamment aux *Nouvelles d'Elisabeth* où Percy contient, à la demande d'Anne, son irritation contre le père de sa belle lui interdisant de la voir, renoncement qu'il présente clairement comme une preuve d'amour et une forme d'obéissance : « il songea d'abord à se vanger et à commencer même par Wolfey, qu'il regardoit comme la principale cause de son malheur. Mais considerant qu'on lui deffendoit de suivre les mouvemens de sa colere [Anne le lui commande dans sa lettre], il se contenta de s'affliger[89] ». Plus loin, il revient à la charge quand il écrit à sa dame : « Il n'y auroit point de considerations, qui pussent arrêter mon ressentiment, si l'injustice de mes Ennemis m'avoit fait perdre vôtre cœur. Je vous obeiray, quoy qu'il m'en coute[90] ». Ces deux dernières règles ne sont pas longuement développées par les nouvellistes, elles servent moins à alimenter l'intrigue qu'à étoffer et

---

[88] Marie-Catherine Hortense Desjardins, dite Mme de Villedieu, *Journal amoureux, op. cit.*, p. 173.

[89] Marie-Catherine Le Jumel de Barneville, Comtesse d'Aulnoy, *Nouvelles d'Elisabeth, op. cit.*, vol. 3, p. 96.

[90] *Ibid.*, p. 97.

diversifier le discours amoureux, et à proposer aux lecteurs une éthique de la colère et de la vengeance conforme à l'art d'aimer.

1.C. Outrager l'être aimé

La colère étant provoquée, selon Aristote, lorsque notre personne ou un de nos proches est victime d'un mépris public et injustifié, il va de soi que les amoureux s'emportent immédiatement contre celui ou celle qui ose outrager l'être aimé et désirent s'en venger. Ils le font d'autant plus que cette injure est perçue comme un signe de dédain, une façon de leur manifester que la personne offensée ne mérite pas qu'ils tiennent compte d'elle, qu'elle n'a aucune valeur. Et puisque les amoureux ne font plus qu'un, porter atteinte à la réputation de l'un c'est également outrager l'autre. Le dédain peut être signifié en méprisant, en vexant ou en outrageant la victime et ce, tant par les paroles que par les gestes posés. Tel est donc le principe à l'origine de cette règle.

La colère masculine faisant suite à l'enlèvement ou à l'emprisonnement de la belle reprend ce schéma traditionnel dans les nouvelles. La colère flamboyante de Catilina quand il apprend que Caius a emprisonné Aurélie en est un exemple :

> la colere succedant à ses douleurs, il parut avec un visage si furieux, et des yeux si égarez, qu'il auroit fait peur aux plus asseurez. Il eut des transports effroyables, lors qu'il songea a la lacheté d'Antoine ; car il conjectura d'abord que c'étoit un effet de son desespoir, et comme s'il l'eût veu alors, il luy fit des reproches dignes de son lasche procedé ; et lors qu'il en vint aux menaces, il fit éclater sa rage, et jamais homme n'eut de si violens sentimens. Il chargea ensuite le Ciel de mille imprecations, s'emporta contre les Dieux mémes, qui se plaisoient, disoit-il, de troubler les plus belles sympathies, et jura de ne jamais brûler d'encens sur leurs Autels[91].

Mais plus encore que la colère, c'est la vengeance qui est prisée car on en fait une action valeureuse. Selon cette règle, la vengeance est tout à fait légitime et pleinement justifiée, elle peut donner lieu à des crimes ou à des rébellions sans susciter de condamnation, et ce, quelle que soit la nature de l'outrage (médisance, insulte, injure, mauvais traitements, mort d'un être cher). Préchac, dans *L'héroïne mousquetaire*, associe étroitement ce comportement de vengeur à celui du parfait amant et de l'honnête homme, par les commentaires qui ponctuent la narration. D'abord, au sujet de la colère que Marmon éprouve contre Ronceval qui tient des propos outrageants sur Christine, on lit : « Marmon en ayant oüy parler assez confusément, en eut toute l'indigna-

---

[91]   Du Moulin, *Aurélie, nouvelle héroïque, op. cit.*, p. 102–104.

tion, et tout le ressentiment d'un veritable Amant[92]». Marmon sait toutefois garder une certaine mesure, n'osant faire d'éclat en présence de sa belle et, avec «toute la delicatesse d'un honneste homme, [il] luy fit une profonde reverence et se retira[93]». Puis, il venge vaillament Christine de son détracteur :

> Marmon luy declara qu'il estoit venu pour luy demander raison de ce qu'il avoit dit au desavantage de la plus charmante personne de l'Univers. Ce discours surprit un peu le Vicomte, qui d'abord voulut tourner cela en raillerie ; Mais se voyant pressé de mettre le pistolet à la main, il luy répondit fort fierement, et se battit ensuitte avec assez de valeur ; Mais soit que Marmon fut plus brave, ou que l'amour le rendit plus adroit, il luy tira son coup si à propos, qu'il le tua sur la place[94].

La fonction principale de ce type de colère et de vengeance dans les nouvelles est donc de réaffirmer la valeur de la dame aimée aux yeux de ceux qui l'ont contestée, de sauver son honneur et sa réputation, mais aussi de prouver le courage de l'amant qui n'hésite pas à punir l'insolent qui a outragé sa dame.

La colère et la vengeance féminines lorsqu'on outrage l'être aimé, si elles répondent aux mêmes exigences que celles de l'homme, ne sont pas valorisées de la même manière et les exemples sont moins abondants (on trouve 5 femmes pour 10 hommes dans les nouvelles). Les dames n'hésitent pas à s'emporter lorsque l'on raille ou parle avec mépris de l'être aimé, ainsi qu'en fait foi la colère de la sœur de Mendosse suite aux propos tenus par le ministre au sujet de Dom Juan dont elle est amoureuse : «[le ministre] se mettant à railler mal à propos sur Dom Juan, la [sœur de Mendosse se] mit tellement en colere, qu'elle le menaça de le faire jetter par ses fenestres[95]». Mais il est à remarquer que seuls les hommes se vengent dans cette situation. Si les femmes peuvent se mettre en colère, elles n'ont pas les moyens ni la force de venger l'être aimé, elles ne sont pas autorisées à faire d'éclat sur la scène publique. Il semble que, dans leur cas, être en proie à une colère flamboyante est un moyen suffisant pour prouver au galant son amour, nul besoin d'aller plus avant. La vaillance et le courage que suppose ce type de vengeance seraient donc uniquement l'apanage des hommes.

Dans une toute autre logique, la colère et la vengeance sont valorisées quand elles deviennent une manière de prouver son amour, de faire connaître à l'autre les sentiments que l'on éprouve à son égard. Être irrité et vouloir se venger signifient que la personne nous tient à cœur, qu'elle a pour

---

[92] Jean de Préchac, *L'heroïne mousquetaire, histoire véritable*, Paris, Theodore Girard, 1677, in-12, p. 112.

[93] *Ibid.*, p. 113.

[94] *Ibid.*, p. 115–116.

[95] Antoine de Courtin, *Dom Juan d'Autriche. Nouvelle historique, op. cit.*, p. 166–167.

nous une grande valeur, que son malheur nous touche autant que si nous en avions nous-mêmes été victime et que son honneur nous est cher. Cette règle répond au code de l'amour tendre qui veut non seulement que l'on respecte l'être aimé mais aussi qu'on le fasse respecter, qu'on se porte à sa défense, comportement qui, on s'en doute, est réservé aux hommes. Sans opérer une dissociation complète de la colère et de la vengeance, on remarque toutefois que les nouvellistes privilégient nettement la vengeance, ses effets étant interprétés comme un acte d'amour, un service rendu à sa belle, un devoir de galanterie.

La vengeance que les hommes prétendent tirer de ceux qui outragent la dame aimée peut être très élaborée, et elle joue un rôle déterminant dans l'art d'aimer et de se faire aimer. Quel que soit le type d'outrage subi par la dame (mauvais traitements, injures, médisance ou perte d'un être cher), la vengeance qui s'ensuit est immédiate et a pour principale fonction de révéler l'amour de l'amant-vengeur à sa maîtresse. Plus encore, il s'agit d'un devoir auquel l'amoureux ne saurait se soustraire puisque la dame aimée s'attend à ce que son amant la venge, exigence qui est formulée par les personnages féminins dans les nouvelles. C'est bien cet enseignement que les nouvellistes ont à cœur de diffuser dans leurs textes, passant ainsi de la prescription à l'exemplification. Cette volonté d'éducation amoureuse et morale semble être à l'origine d'une nouvelle de Donneau de Visé qui a une fonction d'*exemplum*. Il y met en scène des personnages qui ont un point de vue différent sur cette question, et dont le comportement illustre les positions qu'il est possible d'adopter en de telles circonstances, certaines étant plus recommandables que d'autres. D'abord, quand vient le temps pour Celie de choisir un amant, elle en veut un qui porte l'épée pour la venger de tous les affronts qu'elle a reçus, elle en fait un critère de sélection, une condition *sine qua non*, ne pouvant ou ne voulant aimer qu'un galant qui a du cœur[96]. En effet, venger la dame outragée est une façon pour l'amant de prouver sa vaillance et son courage, d'être admiré par la dame et éventuellement de s'en faire aimer. Au contraire, refuser ou éviter de la venger est un signe de faiblesse et de lâcheté, et le meilleur moyen de se faire mépriser par la dame aimée. Pacifique est sans doute le contre-modèle le plus convaincant. Trop lâche pour venger sa maîtresse Celie des injures reçues, il va même jusqu'à faire des civilités à ses ennemis pour éviter d'avoir à les affronter et d'être maltraité par eux, ce qui irrite sa maîtresse qui se venge en lui trouvant un remplaçant[97]. Mais lorsque les dames ne cherchent pas tant un amant qu'un vengeur, les

---

[96]   Jean Donneau de Visé, *L'amour échapé ou les diverses manieres d'aymer, contenuës en quarante histoires ; avec Le Parlement d'Amour, op. cit.*, t. II, p. 210–211.

[97]   *Ibid.*, p. 213–214.

hommes sont en droit de se plaindre de leur ingrate maîtresse et de se venger à leur tour en l'abandonnant ou en aimant une autre belle. C'est ce que fait Artabaze après avoir inutilement servi Celie, suite au discours que lui a tenu son ami. Ce dernier n'étant pas aveuglé par l'amour a percé les véritables motifs qui font agir Celie :

> cette femme ne t'aime point asseurément ; on craint pour les jours de ce qu'on aime, quand on a le cœur atteint d'un veritable amour. Bien loin de luy découvrir alors les offenses qu'on a receuës on les dissimule, de crainte de l'exposer au peril : Mais celle dont tu es amoureux témoigne par les commissions qu'elle te donne, qu'elle te regarde plûtost comme le vangeur de tous les affronts qu'elle a reçeus, que comme un Amant dont la vie luy est chere[98].

Les dames n'hésitent pas à se donner à celui qui les vengera de l'outrage subi, à l'épouser à condition qu'il la venge auparavant, espérant ainsi engager ces messieurs à mieux les servir et à seconder leurs intérêts, qu'ils soient privés ou publics. C'est cette règle qui sert à légitimer le comportement des personnages et qui permet (dans le cas des nouvelles historiques) de révéler les motifs secrets mais véritables des conquêtes et autres grandes batailles. Irene, dans la nouvelle de Des Barres, promet à Demetrius de l'épouser s'il l'aide à venger la mort de son père[99]. C'est donc par amour pour elle, pour la servir en la vengeant, pour lui rendre sa couronne et les terres de son royaume, qu'il prend le commandement d'une troupe contre Mahomet II, le fils d'Amurat à qui il a remis les rênes du pouvoir. Les nouvellistes évoquent aussi cette règle pour mettre de l'avant les stratégies auxquelles elle peut donner lieu. Étant bien connue des personnages, certains y ont recours sans scrupule et savent l'utiliser à d'autres fins, entremêlant intérêt privé (amoureux) et intérêt public (politique). Le duc de Bretagne, par exemple, dans la nouvelle de l'abbé Villars, commande à sa fille Isabelle de se faire aimer du duc d'Orléans, afin de l'engager à servir ses intérêts contre le roi de France et de s'assurer que ce dernier prenne le parti de leur vengeance : « il luy fit comprendre que cet amour estoit de consequence pour ses affaires, l'exhorta de le bien conserver, et sur tout de ménager autrement l'esprit de ce Prince que n'avoit fait la Princesse Anne ; de luy inspirer l'ambition de regner, et la vengeance de leurs communs ennemis[100] ».

---

[98]   *Ibid.*, p. 224–225.

[99]   « Un jour luy proposant la vengeance de sa mort, elle luy jura qu'il ne devoit se promettre de l'épouser qu'en luy mettant sur la teste la Couronne de l'Asie qu'Amurat luy retenoit. » Antoine Des Barres, *Irène, princesse de Constantinople. Histoire Turque*, Paris, Claude Barbin, 1678, in-8°, p. 11.

[100] Nicolas-Pierre-Henri Montfaucon de Villars, *L'amour sans faiblesse, op. cit.*, t. I, p. 121.

Quand il s'agit de servir leurs intérêts particuliers, les hommes savent tourner à leur avantage ce devoir et ils en profitent pour faire connaître à la belle qu'ils l'aiment, la venger d'un outrage devient un moyen de déclarer sa flamme sans s'attirer la colère de l'aimée. Ils sont donc nombreux à s'offrir au ressentiment de la dame dont ils sont amoureux pour lui prouver la profondeur de la passion qu'elle leur inspire, espérant se rendre digne de la belle et en être aimé en retour. Cette règle, fidèlement suivie, dicte l'agissement d'un chevalier dans *Le mort ressuscité*. Il venge sa dame d'un homme de qualité qui a tenu un discours impertinent sur sa conduite pour la servir et mériter son amour, il espère ainsi la toucher et en effet elle sera sensible à l'action du chevalier[101]. Les galants, conscients du fait que venger la belle offensée est un moyen assuré pour lui plaire, poussent l'audace jusqu'à lui demander de leur être fidèle en reconnaissance du soin qu'ils prennent de la venger. Ainsi, le prince de l'Escalette prie Yolande de Sicile de ne pas en aimer un autre : « Si elle [la passion de Yolande pour le prince] est trop foible [pour résister à des mariages avantageux], souvenez-vous du moins de ce que vous devez à vostre vangeance, et ne doutez jamais de la fidelité du Prince de l'Escalette[102] ». Ce à quoi la belle Yolande répond :

> Il est vray qu'on me propose des partis considerables : mais pouvez-vous croire qu'ayant un pere à vanger, et vous ayant connu, je puisse confier à quelque autre le secret de ma vangeance, après vous avoir abandonné celuy de mon amour ? N'en doutez jamais, et soyez bien persuadé qu'il n'y a que la mort qui puisse vous ravir vostre Yolande[103].

Le pacte est donc scellé et l'échange fait de bonne foi puisque la dame reconnaît que c'est par amour que le galant agit en la vengeant et qu'elle s'engage à l'aimer en retour. Cet exemple, en plus de lier la colère et la vengeance au code de l'amour tendre, montre la fonction structurante de cette règle dans les nouvelles. En effet, le schéma de la colère et de la vengeance rend la progression de l'intrigue cohérente, devenant le point de départ d'une série d'actions qui sont entreprises tout au long de la nouvelle (sa lutte contre le parti des Espagnols et son alliance avec le corsaire Trik, par exemple) et qui conduisent à un dénouement heureux ou malheureux, selon que le mariage de ce couple uni par l'amour et la vengeance est conclu ou non. Précisons que cette nouvelle étant inachevée, il nous est impossible de nous prononcer sur sa fin probable.

---

[101] Gatien de Courtilz de Sandras, *Le mort ressuscité*, dans *Nouvelles du XVIIᵉ siècle, op. cit.*, p. 702–703.

[102] Jean de Préchac, *Yolande de Sicile, op. cit.*, t. I, p. 54–55.

[103] *Ibid.*, p. 57.

Toujours dans la logique du service amoureux, une autre règle est mise de l'avant par les nouvellistes, qui, elle, ne valorise pas la vengeance. Une femme peut parfois demander expressément à son galant de ne pas la venger, ce que fait Celanire en empêchant Cleonte de répondre à la satire qui l'a insultée : « il est à propos que je vous die, que rien ne me peut davantage desobliger, et que ma conduite est telle, que je ne veux jamais que le silence pour me défendre[104] ». Elle affirme même être au-dessus de ces attaques et par conséquent ne pas désirer s'en venger, sachant que l'auteur du mal paiera de toute façon pour ce qu'il a fait : « car pour moi je méprise si fort ces sortes d'ouvrages, et ceux qui les font, que je n'en ai pas le moindre chagrin, et n'en demande pas la moindre vengeance, car ceux qui font une mauvaise action, en sont toûjours punis par la honte qui la suit[105] ». Cette règle qui, *a priori*, rejette la vengeance au nom de l'amour et de l'obéissance à la dame, doit aussi être entendue dans deux autres sens. D'abord, celui de la division sexuelle : le silence pour une femme est plus éloquent que les injures, ainsi que nous l'avons noté au chapitre précédent. C'est d'ailleurs cette attitude face à la médisance que l'abbé Du Bosc recommande aux honnêtes femmes dans son traité :

> Le mespris des injures fait mourir la medisance, et le ressentiment la res-suscite. C'est reconnoistre la force de ses armes, que d'avoüer qu'elles nous ont un peu blessés. Et celles qui s'emportent avec excez pour le sentiment des injures, satisfont aux desseins de ceux qui les veulent offencer : parce que c'est rendre nostre ennemy content, que de luy témoigner qu'il nous empêche de l'estre[106].

Ensuite, celui d'un discours moral et religieux qui incite au pardon, vertu des chrétiens et des honnêtes femmes, et qui remet à Dieu le soin de cette vengeance, car selon la loi divine, ce pouvoir lui appartient[107]. Rarement évoqué dans les nouvelles, ce discours religieux sur lequel prend appui la règle que

---

[104] Madeleine de Scudéry, *La promenade de Versailles, op. cit.*, p. 335.

[105] *Ibid.*, p. 336–337.

[106] Jacques Du Bosc, *L'honneste femme, op. cit.*, p. 70.

[107] Voir par exemple Jean-François Senault : « C'est pourquoy nôtre Religion défend aussi bien la vengeance que l'injure ; et sçachant bien que nous ne pouvons pas garder la Justice en punissant nos outrages, elle nous commande de les remettre entre les mains de Dieu, et d'en laisser les châtimens à celuy, dont les jugemens pour être cachez, ne sont jamais injustes ; Elle nous enseigne que c'est entreprendre sur ses droits que de vouloir venger nos affronts, et que comme toute la gloire luy est deuë, parce qu'il est nôtre Souverain, toute la vengeance luy appartient, parce qu'il est nôtre juge », *De l'usage des passions*, Paris, Fayard, 1987 [1641], p. 301. Antoine de Courtin rappelle aussi la loi de Jésus Christ dans son traité *Suite de la civilité françoise, ou traité du point d'honneur, et des regles pour converser et se conduire sagement*

nous venons d'évoquer semble ne convenir qu'aux femmes qui n'ont pas le moyen de se venger, et pour lesquelles la pratique de la vengeance n'est pas souvent recommandable.

2. La colère et la vengeance suite à l'infidélité de l'être aimé

De tous les cas de colère et de vengeance répertoriés, celui qui retient le plus souvent l'intérêt des nouvellistes et qui est le plus fréquemment mis en scène dans les textes, est provoqué par la découverte de l'infidélité ou de l'inconstance de l'être aimé. On dénombre pas moins de cent vingt nouvelles qui valorisent tantôt la colère et la vengeance, tantôt leur absence, au nom de différents principes, ainsi que nous allons le voir.

2.A. *Une marque d'amour*

D'abord, les écrivains présentent la colère sans la vengeance comme une marque d'amour. L'éclat de la colère étant un indice suffisant, il n'est nul besoin de recourir à la violence effective de la vengeance dans ce cas. Cette règle, qui vaut autant pour les hommes que pour les femmes, repose sur l'idée que la « haine-jalouse » n'est « qu'un amour en colere, qui demande a estre caressé[108] », plaçant d'emblée la colère sous l'égide de l'amour. La colère est alors valorisée car on y voit une preuve de plus de l'attachement et de la profondeur des sentiments que l'on éprouve pour l'autre. Au contraire, on suppose qu'une personne indifférente ne se mettrait pas en colère en découvrant qu'elle a été trompée, elle en profiterait seulement pour quitter facilement et sans heurt cette odieuse personne. Afin de s'assurer que cette colère soit correctement interprétée, les personnages expliquent leur emportement à la lumière de cette règle, ils donnent les clefs nécessaires pour qu'on puisse déchiffrer sa véritable nature, soulignant du coup l'ambiguïté d'un code qui veut dire exactement le contraire de ce qu'il signifie. Cherchant à se justifier auprès de Tideric, Catherine lui dit : « Je vous croyois coupable, répondit la Reine, et pouvois-je mieux vous marquer que vous m'estiez cher, qu'en vous témoignant le ressentiment que j'avois de vostre inconstance ?[109] » Cette colère, quand elle est bien comprise des personnages, a encore l'avantage d'être une preuve d'amour aussi convaincante que les prévenances qui précèdent un aveu. La comtesse d'Avertan expose clairement cette idée lorsque

---

avec les incivils et les fâcheux, Paris, Louis Josse et Charles Robustel, 1717 [1675], in-12, p. 203 et p. 251.

[108] Jean Donneau de Visé, *Nouvelles nouvelles*, op. cit., vol. 3, p. 70.

[109] Sieur de Curly, *Tideric prince de Galles, nouvelle historique*, op. cit., vol. 2, p. 97.

Vandreville est furieux contre elle, ayant découvert qu'elle a écrit des billets galants à d'autres hommes que lui : «Mais ce n'est point assez que je sois justifiée dans vostre esprit, continua-t'elle, puis que je ne vous suis pas indifferente, et que j'ay sujet de le croire sur la foy d'un emportement qui m'a plus persuadée de vostre tendresse, que tous vos soins ne l'eussent pû faire en six mois[110]». Tout comme cela était le cas pour la déclaration d'amour, les personnages craignent moins la colère de l'être aimé que son silence, l'une étant un signe de son affection, l'autre un signe de son indifférence[111]. C'est bien cette logique, qui fait correspondre la colère à un excès d'amour, qui permet à une dame de passer outre aux emportements du chevalier : «Non, mon cher comte, ne craignez point que je me plaigne de votre colère. Je me plaindrais bien plutôt si vous n'en aviez point eu. Vos reproches, il est vrai, blessent ma fidélité, mais je leur pardonne ce qu'ils ont d'injurieux en faveur de ce qu'ils ont de passionné[112]». Sachant cela, les personnages qui préfèrent garder le secret de leur amour ont recours au silence affecté. Julie, par exemple, veut que Lucile cache à Hypolite la douleur que lui cause son infidélité pour ne pas qu'il sache qu'il est encore aimé : «ne parles jamais de moy à vostre barbare de frere, ou si vous ne pouvez vous en dispenser, dites lui que je n'ay point été emüe de son infidelité, que l'indifference a pris la place de la colere, et que je n'ay pas seulement prononcé son nom[113]». Les nouvellistes qui évoquent cette règle cherchent donc surtout à lier la colère à un art d'aimer. Ayant diffusé cet enseignement par le biais d'exemples fictifs, ils y ont recours afin de rendre les agissements de leurs personnages vraisemblables aux yeux des lecteurs. Plus rarement, ils s'en servent pour relancer leur histoire après que l'infidélité d'un galant ait provoqué la colère de sa belle et mis leur amour (et donc le récit) en péril. La nouvelle *Les disgraces des amants* en est un exemple. Un chevalier ayant reconnu dans l'irritation d'une marquise une colère d'amour, il en profite pour s'expliquer et renouer leur intrigue : «elle luy fit mille reproches de son peu d'amour, et de ce qu'il tournoit toutes ses pensées vers la Comtesse. Elle luy disoit cela avec un emportement qui n'est pas concevable ; mais comme sa colere étoit la marque assurée de son affection, il ne fut pas difficile au Chevalier de

---

[110] *La promenade de Livry*, vol. 2, Paris, Charles Osmont, 1678, in-8°, p. 135–136.

[111] «Que vous diray-je, Madame ? Je n'eus aucun chagrin de sçavoir que vous étiez irritée. Je craignois bien plus vostre indiférence que vostre colere», Poisson, *Les dames galantes ou la confidence reciproque, nouvelle, op. cit.*, vol. 2, p. 101.

[112] «Histoire», *Mercure Galant*, mars 1683, dans *Anthologie des nouvelles du Mercure Galant (1672–1710)*, Paris, S.T.F.M., 1996, p. 292.

[113] Marie-Catherine Le Jumel de Barneville, Comtesse d'Aulnoy, *Histoire d'Hypolite, comte de Duglas*, t. I., Genève, Slatkine Reprints, 1979 [1690], p. 217–218.

faire sa paix avec elle. Ce fut neanmoins à condition qu'il ne verroit plus la Comtesse[114]».

L'absence de colère et de vengeance peut aussi être une preuve d'amour, mais ce comportement, loin d'être valorisé, est plutôt associé à la faiblesse amoureuse de l'homme ou de la femme, il devient un signe de leur aveuglement. Les personnages hésitant entre leur amour qui les incline à passer outre l'infidélité de l'être aimé sont ceux dont l'amour n'est pas payé de retour, qui sont en position d'infériorité et de soumission. Ce conflit entre l'amour, la colère et le désir de vengeance est illustré dans les nouvelles par une dizaine d'hommes et une quinzaine de femmes. On évoque d'abord cette règle pour expliquer le comportement des personnages. Le ressentiment du roi ne résiste pas à la vue de sa maîtresse : «Il tourna la teste vers Madame d'Etampes, et il la trouva si belle, que sa colere ne put tenir contre tant de charmes[115]». La colère d'Hyparette quand elle découvre l'infidélité d'Alcibiade ne peut triompher de son amour : «Hyparette ne se trouva pas si maîtresse d'elle quand Callias se fut retiré, et cherchant de la colére dans le fonds de son cœur, elle n'y trouva que de la tendresse[116]». Il en va de même de la vengeance. Le duc d'Elbœuf est trop amoureux de sa femme pour désirer se venger bien qu'il sache qu'elle le trompe avec le cardinal :

> Cela devroit bien-être [que je vous tue], Madame, lui répondit le Duc, si j'avois plus d'égard à l'affront que vous me faites, qu'à l'amour que j'ai toûjours eu pour vous. Ouï je ne devrois plus songer maintenant qu'à me venger moi-même ; mais soit que je n'aie gueres d'honneur, ou qu'il y ait des raisons de foiblesse qui me retiennent, et que je n'approuve pourtant pas, je vois mon infamie comme un homme qui ne se sent point[117].

Rosinde tient des propos similaires à son infidèle Cleomedon : «Apres ce que je sçay de vostre conduite, je ne devrois plus vous regarder que comme l'on doit considerer l'homme du monde, qui tient le moins sa parole. Mais quoy ! j'ay beau me tourmenter, toute ma colere ne me sçauroit porter à me venger

[114] Louis, chevalier de Mailly, *Les disgraces des amans*, Paris, Gabriel Quinet, 1690, in-8°, p. 175.

[115] Marie-Catherine Hortense Desjardins, dite Mme de Villedieu, *Journal amoureux, op. cit.*, p. 264.

[116] «Hyparette, toute endurcie qu'elle étoit, passoit de tristes heures, et l'amour qui ne meurt pas si facilement qu'il nait, combattoit souvent sa colere.» Anne de La Roche-Guilhen, *Les intrigues amoureuses de quelques anciens Grecs, op. cit.*, p. 67. Voir aussi p. 78–79.

[117] Isaac Claude, *Le comte de Soissons et le cardinal de Richelieu rivaux de madame la duchesse d'Elbœuf. Nouvelle galante*, Cologne, Pierre Marteau, 1690, in-12, p. 90–91.

sur vous-mesme de vostre inconstance[118]». Ces passages décrivent les passions contradictoires qui agitent les personnages en associant la vengeance à un devoir d'honneur (ce que nous verrons un peu plus loin) et son absence à la faiblesse amoureuse.

Cette règle est aussi prisée par les nouvellistes car elle crée un certain effet d'étonnement chez le lecteur en ne donnant pas lieu au comportement qui est attendu des personnages. Ils en font un obstacle qui permet de faire échec aux projets d'autres personnages, et qui a une incidence sur leurs entreprises. Naumanoir veut inciter la Bretonne et Mme de Vareville à se venger de l'infidèle Virlay, se servir de leur ressentiment pour se venger lui-même de son rival mais il se heurte à leur refus :

> Je ne me pique point de générosité avec un ami qui m'a trahi et, non seulement je blâmai cette femme de sa faiblesse [la Bretonne qui pardonne à Virlay ses infidélités], mais j'allai chez Mme de Vareville pour l'avertir de ce qui se passait et pour solliciter contre le chevalier sa fierté et sa vengeance. Je ne trouve dans tous les cœurs que de la tendresse et des indulgences pour cet ingrat : on est persuadé de ses tromperies sans avoir la force de lui en vouloir du mal ; les charmes de sa personne font oublier sa méchante foi[119].

Il apprend à ses dépends que lorsqu'une femme est trop amoureuse, elle ne peut vouloir du mal à son galant. Ressort narratif efficace, les nouvellistes emploient parfois cette règle pour donner une tournure tragique à leur intrigue, opérant ainsi un renversement de situation. L'exemple le plus frappant est celui de la maréchale qui, telle une autre Hermione, demande à Montesquiou de tuer le prince de Condé pour la venger de son infidélité. L'amour ne tarde pas à prendre le dessus sur son ressentiment, elle révoque son ordre mais trop tard et s'en repent amèrement : «Elle fit d'abord éclater un désespoir qui, s'étant apaisé peu à peu, fut suivi d'une douleur qui dura le reste de sa vie ; et lorsque à son retour Montesquiou eut l'insolence de lui demander le prix de son crime, elle le regarda comme le monstre le plus horrible que la nature eût jamais produit[120]».

---

[118] Claude Colin, *Eraste, nouvelle : ou sont descrites plusieurs avantures amoureuses*, op. cit., p. 90–91.

[119] Marie-Catherine Hortense Desjardins, dite Mme de Villedieu, *Le portefeuille*, dans *Nouvelles du XVIIe siècle*, op. cit., p. 616.

[120] Edme Boursault, *Le prince de Condé*, dans *Dom Carlos et autres nouvelles du XVIIe siècle*, Paris, Gallimard, 1995 [1675], p. 359–360.

2.B. *Une trahison*

Une des règles qui légitime l'emportement est celle qui fait de l'infidélité un outrage sensible, une trahison et une marque d'ingratitude. Ici, l'amour est secondaire nous dit-on: «Que la femme soit aimée, ou qu'elle soit indifferente; son infidellité est toûjours fâcheuse pour un homme de cœur[121]». Irritation, colère, rage, fureur, les hommes ne se possèdent plus quand ils découvrent l'infidélité de leur dame. Ils adressent des reproches à la coupable, lui lancent des injures, se plaignent de son inconstance. Cette violence verbale qui éclate remplace celle de la vengeance car elle suffit à témoigner leur mécontentement. La colère de Ménandre quand il découvre que sa coquette est toujours éprise de son galant à Paris est très éloquente en effet: «Je luy parlay avec transport de la passion qu'elle avoit si long-temps conservée pour ce Galand; et comme l'on éclatte souvent plus fort apres s'estre long temps contraint, je laissai agir mon ressentiment et ma colere. Je luy reprochay tout ce que j'avois fait pour elle, et toutes les obligations qu'elle m'avoit[122]». De la même manière, les femmes affirment ne pas mériter cet injuste traitement, elles ressentent cruellement cette offense, ce manquement aux devoirs du parfait amant, leur amour-propre en est aussi touché que celui des hommes. L'emportement des femmes suite à l'infidélité est terrible, qu'il s'agisse d'une sultane (Validé, faisant face à son infidèle Mustapha, «le repoussa rudement, et choisit les termes les plus outrageants pour luy reprocher sa perfidie[123]») ou d'une simple bourgeoise: «Mainville sur qui la Bourgeoise avoit les yeux tournez, ayant fait un peu trop de caresse à la Marquise, il est difficile d'exprimer le déplaisir qu'elle en eut. Transportée de colere elle fut de ce pas pour faire mille reproches à ce perfide[124]». Les nouvellistes suivent assez fidèlement cette règle de la colère, qu'elle préside à la conduite de leurs personnages ou qu'elle serve de point de départ à leur intrigue, telle la nouvelle qui a pour titre *L'amante infidèle*[125]. À la manière d'un *exemplum*, elle illustre la juste fureur d'un cavalier quand il découvre, après avoir été deux ans à l'armée, que sa belle l'a trompé et qu'elle doit se fiancer à un magistrat.

La connaissance de cette règle conditionne les comportements adoptés par les personnages dans les nouvelles et les rend vraisemblables. Dans la nouvelle *Le mary jaloux*, Diane, sachant qu'elle provoquera la fureur de son mari si elle lui est infidèle, hésite à donner libre cours à son inclination:

---

[121] Marie-Catherine Hortense Desjardins, dite Mme de Villedieu, *Les annales galantes*, *op. cit.*, p. 35.

[122] Jean Donneau de Visé, *Les diversitez galantes*, Paris, Ribou, 1664, in-12, p. 16.

[123] Jean de Préchac, *Cara Mustapha, grand vizir, op. cit.*, p. 107.

[124] *Les nouveaux désordres de l'amour, nouvelle galante, op. cit.*, p. 30–31.

[125] «L'amante infidèle, histoire», *Mercure Galant*, Paris, mars 1679, p. 99–124.

«Mais, la Mothe, repliqua-t-elle, vous ne voyez pas que si je m'abandonne au penchant qui me porte à vouloir encore en estre aimée [du marquis], sa passion, toute innocente qu'elle est, m'exposera à la fureur du Comte, s'il vient à la découvrir[126]». La crainte de la colère à venir les incite à poser des gestes pour y échapper, telle «la belle Julie» qui appréhende le juste emportement de Cleandre suite à son infidélité et qui se sauve pour l'éviter[127]. La colère suite à l'inconstance étant prévisible, on peut choisir de la révéler pour parvenir à ses fins. C'est le cas de Silévie qui annonce à Célie l'infidélité (prétendue) d'Artaxandre tout en sachant qu'elle provoquera inévitablement sa colère, voyant là un moyen de la détacher de son amant et de la décider à épouser Philadelphe selon le vœu de ses parents[128]. Et puisqu'elle est aisément décelable, il est possible d'agir à temps pour remédier à la situation. Le duc de Guise, en fin herméneute, devine que c'est l'annonce de son mariage avec Madame qui cause la colère de la princesse de Montpensier et il y renonce pour l'apaiser et lui plaire[129].

Ce savoir ouvre la voie aux jeux de feintes qui nécessitent une certaine habileté de la part des personnages. Ils peuvent simuler la colère pour percer un mystère, tel le duc qui s'anime de colère devant le comte, en prétextant avoir découvert l'infidélité de «la belle Marguerite», pour étudier ses réactions et les marques qui paraissent sur son visage, et ainsi savoir si le comte en est amoureux, si ses doutes sur l'infidélité de sa belle sont justes ou non[130]. La simulation, ici associée à la fausseté, peut aussi servir à endormir

---

[126] Louise-Geneviève Gomes de Vasconcelle, dame Guillot de Beaucour, *Le mary jaloux, nouvelle*, Paris, Michel Guerout, 1688, in-12, p. 169–170.

[127] «La belle Julie le lendemain ne sçavoit comment se racommoder, elle n'osa point venir chez elle parce qu'elle craignoit le juste emportement de Cleandre.» *Les amours de la belle Julie. Histoire nouvelle*, Cologne, Samuel Strasbarck, 1676, in-12, p. 59.

[128] Jean Bridou, *Célie, nouvelle*, Paris, Claude Barbin, 1663, in-8°, p. 157–158.

[129] «[M]ais quel fut son étonnement lorsque, voulant parler à cette belle princesse, il trouva qu'elle n'ouvrit la bouche que pour lui faire des reproches épouvantables, que le dépit lui faisait faire si confusément qu'il n'y pouvait rien comprendre, sinon qu'elle l'accusait d'infidélité et de trahison. Désespéré de trouver une si grande augmentation de sa douleur où il avait espéré de se consoler de toutes les siennes, et aimant cette princesse avec une passion qui ne pouvait plus le laisser vivre dans l'incertitude d'en être aimé, il se détermina tout d'un coup. "Vous serez satisfaite, madame, lui dit-il. Je m'en vais faire pour vous ce que toute la puissance royale n'aurait pu obtenir de moi. Il m'en coûtera ma fortune, mais c'est peu de chose pour vous satisfaire."» Marie-Madeleine Pioche de la Vergne, Mme de La Fayette, *La princesse de Montpensier*, dans *Nouvelles du XVIIe siècle, op. cit.*, p. 376.

[130] *La belle Marguerite, nouvelle*, Paris, Claude Barbin, 1671, in-12, p. 38.

les soupçons, et nombre de femmes ont recours à cet artifice, à l'exemple de la coquette Mme de Montferrier qui feint d'être en colère après l'infidélité de Naumanoir pour masquer sa propre infidélité[131]. Tout aussi adroitement, mais plus politiquement, Mme de Candale prétend être irritée contre l'infidèle Orléans qui aime supposément Mme de Beaujeu pour faire croire à cette dernière qu'elle est véritablement aimée du duc, et ainsi prévenir les effets de son ressentiment contre eux:

> vous n'aurez pas long-temps la joye de m'avoir trahie, je vous haïray autant que je vous ay aimé, et ma haine ne sera peut-estre pas si impuissante qu'elle ne me vange un jour de vostre perfidie. Il répondit à ses reproches d'une manière à la confirmer dans sa premiere pensée, et elle feignit si bien d'en estre cruellement irritée, que sur de si flatteuses apparences, la Princesse se laissa persuader que le Duc d'Orleans l'aimoit[132].

D'autres personnages construisent les conditions favorables à l'émergence de la colère dans un but précis, montrant ainsi qu'ils connaissent et maîtrisent parfaitement cette règle. Toujours dans *Le portefeuille*, Naumanoir révèle à Virlay les infidélités que lui fait Mme de Montferrier afin de provoquer sa colère et de convaincre par cet éclat Mme de Vareville de son innocence, elle qui le soupçonne à tort d'avoir lié commerce avec Mme de Montferrier[133]. Provoquer la colère d'autrui en lui apprenant l'infidélité de sa belle est un moyen plus ou moins admis de se venger d'un amant dont on a été dédaigné; c'est du moins l'intention de la belle Roxane qui désire montrer le billet qu'Almanzor a écrit à Cleonis pour provoquer la colère du roi qui la dédaigne en lui préférant Cleonis, ce dont Abdemar veut la dissuader[134]. On peut donc affirmer, à la lumière de ces exemples, que les nouvellistes en

[131] «On commença par me quereller, on m'appella léger et parjure, on voulu me faire croire qu'on n'avait feint tout ce qui s'était passé que pour éprouver mon amour.» Marie-Catherine Hortense Desjardins, dite Mme de Villedieu, *Le portefeuille, op. cit.*, p. 591.

[132] Claude Boyer, *La comtesse de Candale*, t. II, Paris, Jean Ribou, 1672, in-8°, p. 192–193.

[133] «C'était à cette colère où je l'attendais, et je ne lui avais appris la trahison de Mme de Montferrier que pour lui faire faire l'éclat dont j'avais besoin. Je n'oubliai donc rien pour augmenter son ressentiment: je lui dis toutes les circonstances du méchant tour qu'on lui faisait; il m'apprit la conversation qu'il avait eue avec cette femme en sortant de chez M. le maréchal de ***; nous résolûmes d'aller au même moment lui reprocher tant de perfidies et cette résolution ne fut pas plutôt prise qu'elle fut exécutée.» Marie-Catherine Hortense Desjardins, dite Mme de Villedieu, *Le portefeuille, op. cit.*, p. 600.

[134] Anne de La Roche-Guilhen, *Almanzaïde, nouvelle*, Paris, Claude Barbin, 1674, in-12, p. 157.

viennent à proposer une éthique de l'action qui se construit sur le jeu de (re-) connaissance de cette règle.

2.C. De la jalousie

La jalousie provoque aussi la colère et le désir de vengeance, on parle alors de « jalouse colère », pour reprendre l'expression du temps. Les emportements et le ressentiment, lorsqu'ils sont associés à la jalousie, sont peu valorisés et doivent, de ce fait, dissuader les lecteurs de s'abandonner à ces mouvements passionnels[135]. La colère est présentée dans les textes comme un aveuglement déraisonnable, et la vengeance, comme un acte de faiblesse et de lâcheté. Dans l'*Aventure tragique d'Angers*, on assiste à l'emportement jaloux du mari qui croit (à tort) sa femme infidèle :

> Il luy fit d'abord les reproches les plus aigres des honnestetez qu'elle avoit pour le Marquis, et la Dame n'ayant pas laissé de le voir encor chez une Amie malgré sa défense, il n'en fut pas plutost averty, qu'il perdit l'usage de sa raison. Il vint des paroles à des traitemens indignes, et fit connoistre à sa Femme par une fâcheuse épreuve, qu'il estoit jaloux jusqu'à la fureur[136].

La comtesse de Candale, qui prévoit et craint la colère de son mari jaloux, cherche un portrait qu'elle a perdu. Cet exemple qui montre le raisonnement absurde du jaloux, rend le mari peu sympathique, alors que sa pauvre épouse excite la pitié du lecteur :

> Voyant la colere où estoit mon mary, j'apprehendois qu'il ne s'imaginast que je ne l'eusse donné [le portrait], il croit si fortement que j'aime le Prince, et que j'en suis aimée, que tout ce que j'ay pu dire et tout ce que j'ay pu faire, n'a jamais sceu luy persuader le tort qu'il avoit d'estre jaloux : je craignois donc que ce portrait ne l'augmentast encore, et comme je voulois éviter ces reproches, je l'ay cherché dans les endroits même où il ne pouvoit pas estre ; mais j'ay esté assez malheureuse pour ne le pas trouver. Ainsi, poursuivit-elle en pleurant, je suis encore plus cruellement exposée à la furie du Comte, si vous ne me protegez contre sa violence[137].

L'amant jaloux opte pour la trahison de la dame en révélant ses infidélités à son mari afin de les brouiller et d'attirer sur l'ingrate les foudres de sa colère. La faiblesse ressentimenteuse du jaloux est ainsi associée à une faible

---

[135] Madeleine Bertaud a bien montré dans son étude que la jalousie est une passion au centre des débats moraux (*La jalousie dans la littérature au temps de Louis XIII. Analyse littéraire et histoire des mentalités*, Genève, Droz, 1981).

[136] « Aventure tragique d'Angers », *Mercure Galant*, Paris, janvier 1681, p. 335–336.

[137] Claude Boyer, *La comtesse de Candale, op. cit.*, t. I, p. 133–134.

vengeance puisqu'il en remet le soin à un tiers. C'est ce que choisit de faire Dom Gomés qui, dans *L'amant oysif,* se venge de Dona Bessona qui a pris un nouvel amant en avertissant son mari de ses infidélités:

> Apres avoir souffert longtemps toutes les peines que les Amans jaloux endurent quand ils ne sont pas aimez, il resolut de se vanger et de Dona Bessona et de Dom Joseph; et apres avoir resvé longtemps aux moyens d'en venir à bout, il resolut de se servir de Dom Lope. Il l'anima pour cet effet contre sa Femme; il luy representa que Dom Joseph la voyoit tous les jours, il lui fit remarquer ses assiduitez, il luy dit que c'estoit un lâche de le souffrir et fit enfin si bien, que Dom Lope crût qu'il y alloit de son honneur de se vanger de l'un et de l'autre, et qu'il en chercha les occasions[138].

Et en effet, cette vengeance, bien que différée, sera efficace, car le mari qui en prend le relais, n'hésitera pas à maltraiter son infidèle épouse, la blessant elle et son amant d'un coup de poignard[139]. Une autre stratégie pour dissuader la pratique de la vengeance jalouse, est de punir le criminel ou de le ridiculiser. Le sieur de Garouville choisit cette voie quand il écrit au sujet de Dom Gonsalo qui s'emporte contre sa femme lorsqu'elle accouche d'une fille qui ne lui ressemble pas du tout, voyant là un signe de son infidélité: «Il en fut au desespoir; et sur ce que ce Devin luy avoit dit, il crût qu'il n'estoit pas Pere de cet Enfant; et sans consulter que sa fureur, il tua sa femme d'un coup d'épée. [...] Le Devin apprit cette nouvelle, et s'enfuit aussitost. Les soupçons de Dom Gonsalo furent trouvez injustes; il fut condamné à mort; et personne n'ayant pû obtenir sa grace, il fut executé[140]». Le traitement tragi-comique de l'excès de colère dans cette situation discrédite complètement la furieuse vengeance qui s'ensuit, avant de la condamner ouvertement et légalement. Dans la même veine, il y a des personnages qui se permettent de jouer avec cette règle, d'y recourir de manière stratégique. Dona Barbara organise toute une comédie pour faire croire (faussement) au marquis que sa femme est infidèle et que le gouverneur est amoureux d'elle. Se moquer de lui, le tourner en ridicule devient un moyen de le punir des injustes soupçons qu'il a nourris à l'égard de sa femme:

> il [le gouverneur] alloit sans pouvoir jamais tirer une parole de lui [le marquis] jusqu'à ce qu'ils eurent trouvé les Dames, qui se promenoient, et qui rioient encore de l'avanture, contre lesquelles il evapora une partie de sa rage, accablant sa femme d'injures, dans lesquelles l'honneur de Dona

---

[138]   Savinien Riflé, sieur de Garouville, *L'amant oysif, contenant cinquante nouvelles espagnoles, divisé en trois parties, op. cit.,* vol. 1, p. 45–46.

[139]   *Ibid.,* p. 46. Voir aussi les nouvelles «Dona Eugenia» et «Dona Montalva» de ce recueil qui présentent le même type de vengeance, vol. 1, p. 90 et p. 112.

[140]   *Ibid.,* vol. 3, p. 220–221.

Barbara n'étoit pas peu interessé. Le Gouverneur écoutait tout cela sans dire mot, ayant une extreme impatience d'apprendre le sujet de tous ces emportemens. Mais ces Dames, qui rioient des fureurs du Marquis redoublerent leurs éclats sur l'étonnement du Gouverneur à qui, quand le jaloux se fut retiré, elles firent confidence de tout ce qui s'étoit passé[141].

Le scénario est pratiquement le même quand ce sont les femmes qui sont victimes d'infidélités. La marquise, par exemple, éprouve de la jalousie et une colère effroyable quand elle croit que son mari aime la Bassette et cherche à se venger[142]. Mais les dames jalouses préfèrent se venger de leur infidèle en brouillant les nouveaux amants, en traversant leur amour, en tâchant de les séparer à jamais et là encore le mariage devient un enjeu majeur. L'intrigue d'une histoire du *Mercure Galant* est entièrement construite à partir de cette règle. Une jeune veuve se venge de l'infidélité de son cavalier en le brouillant avec une belle brune qui, se croyant délaissée à son tour par le cavalier à la suite d'un rendez-vous manqué, se résout par dépit à épouser le financier[143]. On lit un peu plus loin le contentement que la veuve tire d'une telle vengeance :

> La Dame, qui estoit du Mariage, tourna la teste vers luy [le cavalier], et se sépara de la Compagnie, pour se donner le plaisir d'aller insulter à sa douleur. Ah, Madame, qu'ay-je veu, luy dit-il tout consterné ? Sa réponse fut qu'elle estoit contente, puis que le chagrin où il estoit luy faisoit connoistre que rien ne manquoit à sa vangeance[144].

Tourner les excès de jalouse colère en ridicule est une stratégie à laquelle les nouvellistes ont aussi recours afin de discréditer ce comportement auprès des femmes. La pauvre Zélotyde qui est en proie à une jalousie maladive et au ressentiment dès qu'un héros de roman fait une déclaration d'amour à une belle, en est un exemple assez convaincant :

---

[141] Sébastien Bremond, *Le pèlerin*, nouvelle, St-Jacques de Galice, George L'Indulgent, s.d. (date supposée 1670), in-12, p. 95–96.

[142] « [L]a Marquise, qui sans examiner autre-chose s'imagina que son mary aimoit une Dame de ce nom, et qu'il faisoit de grandes dépenses avec elle, sa jalousie luy en fit penser beaucoup au delà par la facilité que la pluspart des femmes ont à croire les infidelitez de leurs marys, elle ne respira que vengeance, et s'abandonnant à tous les conseils violens, que sa colere luy inspiroit, elle resolut de rompre ce commerce, et de faire quelque grand esclat pour empescher son mary de le continuer. » Jean de Préchac, *La noble vénitienne ou la Bassette, histoire galante*, Paris, Barbin, 1679, in-12, p. 101–102.

[143] « Histoire », *Mercure Galant*, Paris, mars 1682, p. 253.

[144] *Ibid.*, p. 254–255.

Dans les Romans, elle enrageoit de voir Celadon amoureux d'Astrée ; et si elle eust pû, elle eust étranglé Clelie, afin de luy arracher le cœur d'Aronce. Toutes les actions que faisoient ces Heros fabuleux, pour satisfaire à leur amour, estoient pour elle autant de coups de poignard ; et cent fois dans la rage que luy inspiroient les declarations qu'ils faisoient à leurs Maistresses, elle a jetté le Roman au feu, pour contenter son dépit, et se venger de l'injure qu'elle croyoit avoir receuë[145].

2.D. Un devoir et un droit

« Cette disgrace est de celles dont il n'y a que l'éclat qui fait la honte. Quand l'infidelité d'une femme est publique, il n'y a rien de si injurieux pour un Epoux ; si elle est secrete, ce n'est qu'une bagatelle[146] ». Ce n'est pas l'amour qui est en jeu selon cette maxime mais bien l'honneur, l'endroit le plus sensible où puisse être atteint un honnête homme. Deux règles, diamétralement opposées, coexistent dans les textes à ce sujet, mais sur un mode différent puisque c'est le constat public ou non de l'offense qui détermine l'usage de l'une plutôt que de l'autre. La première valorise l'absence de colère et de vengeance suite à l'infidélité car on évite ainsi les éclats. Contenir sa colère, selon ce principe, serait le meilleur moyen pour l'honnête homme de préserver son honneur et de prévenir les atteintes à sa réputation. C'est donc la prudence et la crainte d'étaler au grand jour l'infidélité de leur épouse (ou de leur maîtresse) et d'en faire rejaillir la honte sur eux-mêmes, qui incite les personnages masculins à modérer leur colère et ses éclats ; le moindre bruit devant une tierce personne suffirait à les trahir et c'est ce qu'ils veulent éviter à tout prix. Dans ce cas, renoncer à la colère serait un moindre mal. Ces considérations dictent en effet la conduite de Florange qui prend même le parti de la simulation pour éloigner sa femme de Mainville sans que sa colère paraisse y être pour quelque chose : « Florange les cherchoit par tout, et les trouvant à l'écart, il en sentit redoubler sa fureur. Il eut la bouche ouverte pour leur demander ce qu'ils faisoient là ; mais considerant que l'éclat qu'il pourroit faire retomberoit sur luy, il fit semblant de se trouver mal, pour avoir pretexte de s'en retourner[147] ».

La seconde règle, elle, légitime la colère et la vengeance quand elles deviennent une manière de défendre son honneur, et de prendre soin de sa réputation sur la scène publique. C'est au nom de ce principe que le mari

---

[145]   René Le Pays, *Zélotyde, histoire galante*, Paris, Charles de Sercy, 1665, in-12, p. 49–50.

[146]   Marie-Catherine Hortense Desjardins, dite Mme de Villedieu, *Les annales galantes*, *op. cit.*, p. 37.

[147]   *Les nouveaux désordres de l'amour, nouvelle galante*, *op. cit.*, p. 32.

décide de s'emporter contre son infidèle épouse, la colère n'étant pas alors un mouvement passionnel déraisonnable mais un moyen de sauver la face. Le «il faut que j'éclate» revendique la colère comme un acte volontaire et raisonné, en souligne le caractère social et codifié :

> Il faut, dit-il en luy-mesme, que j'éclate, que j'envoye querir les Parens de ma Femme, et que je la convainque d'infidélité. [...] Je ne passeray pas pour dupe, si je découvre moy-mesme les choses ; au lieu que si j'attens que les Maçons en fassent des contes, on se rira de moy dans toutes les Compagnies, et je seray la fable publique. Il vaut donc mieux que j'éclate, et que je me separe[148].

Plus encore que la colère, c'est l'acte de vengeance qu'on présente comme un devoir d'honneur, et non comme un transport aveugle et irréfléchi, dans les nouvelles. C'est en ces termes que le comte de Candale explique à Mme de Beaujeu les violences qu'il exerce contre son épouse : «on ne doit point s'estonner si je me plains, et si dans les sujets du desespoir qu'elle me donne, j'ay esté contraint d'avoir recours aux moyens les plus cruels que ma vengeance a pû inventer[149]». Plusieurs gentilshommes tournent leur dessein de vengeance sanglante contre l'amant et laissent la vie sauve à la dame, à l'instar de Dorylas qui «sçavoit trop cette maxime generale, qu'il ne faut jamais se vanger de l'infidélité de sa Maistresse que sur son Rival[150]», et qui met un point d'honneur à la respecter en portant sa vengeance sur Evandre plutôt que sur Corsique.

Ce devoir de vengeance, on en fait rapidement un droit (celui de tuer pour punir la femme ou l'homme coupable d'infidélité) dans les nouvelles[151], opérant ainsi un glissement entre l'offense qui relève du domaine privé et la vengeance qui éclate sur la scène publique. Les auteurs légitiment la vengeance que tirent leurs personnages par les lois et la justice, n'hésitant pas à y faire appel et à les intégrer dans leurs histoires. Le lecteur apprend donc que la loi espagnole permet au mari de tuer sa femme suite à une infidélité, droit que le narrateur adoucit en ajoutant cette remarque :

---

[148] Savinien Riflé, sieur de Garouville, *L'amant oysif, contenant cinquante nouvelles espagnoles, divisé en trois parties, op. cit.,* vol. 3, p. 12–13.

[149] Claude Boyer, *La comtesse de Candale, op. cit.,* t. I, p. 180.

[150] *Nouvelle ou historiette amoureuse,* Paris, Charles de Sercy, 1670, in-12, p. 100.

[151] Éric Méchoulan a bien montré la complexité de ce rapport entre le droit à la vengeance et le devoir de se venger au XVIIe siècle («La dette et la loi : considérations sur la vengeance», *Littératures classiques,* n° 40, 2000, p. 275–294), mais cela n'est pas perceptible dans les textes de notre corpus. On passe de l'un à l'autre dans les nouvelles sans se poser plus de questions.

> Les Loix d'Espagne portent que le Mary qui peut convaincre sa femme d'adultere, ne peut en tirer vangeance, qu'en la faisant mourir luy-mesme de sa main publiquement. Ces Loix qui paroissent d'abord si severes, sont pourtant tres douces, et ne sont faites que pour obliger les Marys, de pardonner à leurs Femmes, parce qu'il s'en trouve peu qui veüillent ainsi paroistre Bourreaux en public[152].

Courtilz de Sandras, dans son recueil de nouvelles qui se veut un complément du *Nouveau Mercure Galant,* raconte des aventures parisiennes arrivées depuis peu et qu'une dame a eu la curiosité de savoir. On y apprend que la justice française se range du côté du cabaretier en lui donnant raison de vouloir se venger de son infidèle épouse : « Cependant le Commissaire informa de tout ; mais il ne luy fut necessaire que de recevoir la deposition du mari. Il convint de ce qu'on l'accusoit ; mais soutint qu'il en avoit raison, et qu'il n'avoit pû trop punir une infame[153] ». On trouve une situation similaire dans la nouvelle du chevalier de Mailly, qu'il présente comme une intrigue véritable s'étant produite à Paris. Lorsque les parents des amants tués par le mari traduisent l'assassin en justice, le tribunal absout le mari et lui donne raison : « Cette action violente avoit tellement animé leurs parens contre le mari qu'ils luy firent un procez criminel, pretendant que c'étoit un assassinat plûtôt qu'une juste punition. Mais la Cour aïant été informée de la verité, renvoya le mari absous, et luy adjugea tous les biens de sa femme[154] ». Ces exemples vont donc à rebours de la prise en charge de la justice par l'État, ainsi que nous l'avons vu plus haut au sujet du désir de venger la mort de l'être aimé, processus en cours au XVIIe siècle mais qui suscite une certaine résistance au sein de la société. On peut probablement les expliquer par le fait qu'ils participent au renforcement du contrôle judiciaire sur les femmes qui a cours à la même époque. Les auteurs jouent sur le flottement qui entoure le droit à la vengeance privée dans ce contexte, pour autoriser et rendre vraisemblables les pratiques de vengeance (fictives ou réelles ?) qu'on retrouve dans leurs textes. Qui plus est, ils mettront en scène des personnages ayant parfaitement intégré cette règle de vengeance masculine, et qui mettent leur savoir au service de leur ruse ou de leurs ambitions politiques. Le parti de Muray désire tuer la reine Marie Stuart en prétextant l'avoir surprise en flagrant délit

---

152 Jean Donneau de Visé, *Les nouvelles galantes, comiques et tragiques,* t. I, Genève, Slatkine Reprints, 1979 [1669], p. 26–27.

153 Gatien de Courtilz de Sandras, *Nouvelles amoureuses et galantes, Contenant I. L'amant emprisonné. II. Le mort ressuscité. III. Le mary confident avec sa femme. IV. L'amoureux estrillé,* Paris, Quinet, 1678, in-12, p. 290–291.

154 Louis, chevalier de Mailly, *Les disgraces des amans, op. cit.,* p. 263–264.

d'adultère, afin de légitimer leur crime et d'éviter que les hommes de pouvoir ne cherchent à leur tour à venger sa mort :

> La pluspart estoit d'advis qu'on devoit passer outre dans la Tragedie, et s'en défaire à quelque prix que ce fust. Leur raison estoit, que l'ayant offensée d'une maniere à n'en pouvoir jamais obtenir de pardon [ils ont tué son ministre chez elle, devant elle], il ne restoit autre esperance de salut que celle là. Ils adjoûtoient, qu'il falloit publier par toute l'Europe, qu'on l'avoit surprise en adultere avec Risso, ce qui seroit un moyen plausible pour appaiser non seulement la fureur du peuple qui s'estoit soûlevé, mais encore le Roy de France et les autres Princes Catholiques qui se croiroient obligez à la vanger[155].

L'avis des nouvellistes au sujet du droit des femmes à la vengeance punitive et sanglante semble partagé et prête à la discussion. Certains légitiment le crime quand il s'agit d'une vengeance qui se porte à la défense de l'honneur. Celui-ci serait tenté d'excuser la belle qui tue son amant parce qu'il la laisse pour une jolie veuve après lui avoir fait miroiter une promesse de mariage : «Je n'ay sçeû ce que la Justice avoit ordonné contre elle. Son crime est de ceux que l'honneur fait faire, et il en est peu qui ne semblent excusables, quand ils partent d'une cause dont on n'a point à rougir[156]». D'autres le sanctionnent sévèrement, ce qu'on voit avec Dona Montalva qui est prise par la justice après avoir poignardé son amant, vengeant du même coup Dom Gusman de l'infidélité de sa femme[157]. Quant à l'auteur anonyme de *L'infidèle puni* (le titre parle de lui-même), il présente son histoire comme le pendant féminin de *L'histoire tragique arrivée à Arles* et il ne se permet que cette remarque : «Les Meurtrieres ont estée connuës. Je n'ay pû sçavoir si on a fait quelques poursuites contre elles. Je sçay seulement que si on punissoit ainsi tous les Inconstans, Paris seroient bien-tost dépeuplé[158]». L'auteur de *L'aventure de l'épée* ne tranche pas non plus la question mais il met en scène une assemblée qui en discute et où chacun a en vue son intérêt. Les hommes secondent l'avis de l'auteur de *L'infidèle puni* tandis que les femmes réclament leur droit à la vengeance :

> Quoy que l'infidelité du Cavalier fust generalement condamnée, on estoit partagé sur la vangeance. Les Hommes disoient que ce seroit vouloir dépeupler le Monde, que de punir de mort tous les Infideles ; et les Dames

---

[155] Pierre le Pesant de Boisguilbert, *Marie Stuart, reyne d'Ecosse. Nouvelle historique*, vol. 1, Paris, Claude Barbin, in-12, p. 211–212.

[156] «Histoire», *Mercure Galant*, Paris, mars 1685, p. 125–126.

[157] Savinien Riflé, sieur de Garouville, *L'amant oysif, contenant cinquante nouvelles espagnoles, divisé en trois parties, op. cit.*, vol. 1, p. 107–108.

[158] «L'infidèle puni, histoire», *Mercure Galant*, Paris, avril 1680, p. 282–283.

prétendoient se faire un si grand effort en recevant les vœux d'un Amant, qu'on ne pouvoit estre de mauvaise foy avec elles sans mériter les plus rudes peines. Il n'estoit pas temps de vuider la question[159].

Les nouvelles deviennent un autre lieu ouvert aux débats sociaux où on présente aux lecteurs, de manière divertissante, les principaux enjeux en cause. Par le moyen de ces discussions et de ces descriptions littéraires, les nouvellistes favorisent les prises de conscience et la participation du lecteur en lui faisant prendre position et en faisant appel à son bon sens pour qu'il puisse juger par lui-même de la valeur de telles pratiques vindicatives et punitives.

2.E. Une tradition littéraire

Les vengeances sanglantes et funestes, qui font suite à un mouvement de colère lorsqu'un personnage découvre l'infidélité de l'être aimé, sont nombreuses dans les textes (on trouve une vingtaine d'exemples masculins contre sept chez les femmes). Les nouvellistes ne se privent pas d'y avoir recours pour pimenter leur intrigue, ils jouent sur la fascination que ces vengeances spectaculaires exercent sur le lecteur pour capter son intérêt. D'abord, les nouvelles s'inscrivent dans une tradition littéraire, celle des contes et autres récits de l'Antiquité et du Moyen Âge, elles misent sur les effets d'intertextualité et ses jeux de renvois pour justifier les vengeances qu'elles mettent en scène. Le banquet de Thyeste, au cœur du drame des Atrides dans la mythologie grecque, avait déjà inspiré la tragédie sanglante *Titus Andronicus* (1590) de Shakespeare. *L'histoire du châtelain de Coucy et de la dame du Fayel*, roman de la deuxième moitié du XIIIe siècle, repris notamment par Jean-Pierre Camus dans *Le cœur mangé* (1630), a donné lieu à diverses versions dans les nouvelles de notre corpus. L'auteur des *Esprits ou le mary fourbé, nouvelle galante* (1686) a réécrit cette histoire, tout comme celui de *La promenade Livry* dont nous avons tiré l'extrait qui suit :

> Le fer et le poignard se presenterent d'abord à son imagination : mais enfin, après avoir bien resvé aux differentes vangeances qu'il pourroit exercer contre cette mal'heureuse, il s'avisa de la plus horrible cruauté qu'on ait jamais imaginée. Il ordonna à son Maître d'Hôtel [...] de faire accommoder ce pauvre cœur dans un ragoût, pour qui il sçavoit que sa femme avoit une amitié particuliere. Elle le mangea presque tout entier, et après qu'elle eut soûpé, il la fit passer dans son cabinet, pour luy apprendre un crime, qui donne mesme de l'horreur à penser, et que j'aurois peine à croire si l'histoire de ce temps-là, ne nous en assuroit. Sçavez-vous bien ce que vous avez mangé, Madame, luy dit-il, en la regardant avec des yeux pleins de rage et de colere, vous avez mangé le cœur du Comte de Coucy ;

---

[159] « Aventure de l'épée », *Mercure Galant*, Paris, novembre 1679, p. 67–68.

[...] sa douleur la porta à une extremité qui ne peut-estre tollerée ; Puisque mon estomac à servy de tombeau pour une chose aussi precieuse que le cœur du Comte de Coucy, dit-elle à son mary après qu'elle fut revenuë de l'evanoüissement où cette funeste nouvelle l'avoit mise, il ne sera jamais soüillé d'aucune viande. Non cruel, reprit-elle, en le regardant avec des yeux où sa colere et sa douleur n'étoient que trop dépeintes, je ne mangeray jamais. Et en effet, quelque chose qu'on luy pust dire pour l'obliger à changer de sentiment, elle se renferma dans une chambre qu'elle fit tendre de deüil, où elle se laissa mourir de faim[160].

L'influence des histoires tragiques se fait également sentir de manière très nette, les titres mêmes des nouvelles revendiquent cette filiation sans ambiguïté possible[161]. Ces histoires, très à la mode en France à la fin du XVIe siècle et au début du XVIIe siècle[162], se veulent des tableaux édifiants des violences et des crimes ayant pour fonction d'en détourner le lecteur[163]. Les auteurs de ces histoires défendent l'idée que l'enseignement de la morale peut aussi bien se faire en présentant des modèles de vertus que par la peinture funeste des dérèglements des passions. Jean-Pierre Camus, affirme à ce sujet que : « les sujets tragiques esmeuvent en enseignant[164] ». Telle est donc la fonction de la vengeance froide, sanglante et calculée du cavalier décrite dans *L'histoire tragique arrivée à Arles* :

---

[160] *La promenade de Livry, op. cit.,* vol. 2, p. 119–124.

[161] « Aventure tragique d'Angers », *op. cit.,* p. 334–339 ; « Histoire tragique arrivée à Arles », *Mercure Galant,* mars 1680, dans *Anthologie des nouvelles du Mercure Galant (1672–1710), op. cit.,* p. 394–400 ; Jean Donneau de Visé, *Les nouvelles galantes, comiques et tragiques, op. cit.*

[162] Ce courant narratif remonte à Belleforest et Boaistuau, traducteurs de Bandello. *Les histoires mémorables et tragiques de ce temps* (1614), de François Rosset ont été rééditées six fois en quatre ans, et de 1614 à 1758 elles connaissent plus de quarante éditions ; elles sont traduites en hollandais, en allemand et en anglais. Jean-Pierre Camus fait paraître 21 recueils de nouvelles tragiques entre 1628 et 1652, les deux plus connus étant *Les spectacles d'horreur* (1630) et *L'amphithéâtre sanglant* (1630).

[163] Anne de Vaucher Gravili fait cette remarque à propos de Rosset : « Ainsi enchâssées dans un cadre moral et didactique, les histoires de Rosset deviennent un instrument de persuasion grâce auquel le lecteur est exhorté, dès le prologue et à la fin de chaque récit, à réprimer ses instincts, à renoncer à se faire justice, selon l'Enseignement de l'Évangile, à respecter les principes d'ordre qui garantissent le repos et la conservation de chacun. » « Introduction », dans François Rosset, *Les histoires mémorables et tragiques de ce temps,* Paris, Le livre de poche, 1994 [1619], p. 9.

[164] Cité par René Godenne dans son « Introduction » à Jean-Pierre Camus, *Les spectacles d'horreur,* Genève, Slatkine reprints, 1973 [1630], p. V–XXVII.

il tira un poignard qu'il tenait caché et l'enfonça dans le sein de son infidèle avec tant de force qu'il eut de la peine à l'en arracher. [...] Le cavalier
prit ce temps pour achever sa vengeance et plongea le poignard derrière
l'épaule et sur la tête de son rival. Le coup glissa et ne fit qu'une grande
ouverture sur le cuir, après quoi le gentilhomme s'étant relevé, mit l'épée
à la main du cavalier. Ce coup ne put empêcher qu'il n'en donnât encore
deux à la dame avec son même poignard, l'un dans le milieu du sein et
l'autre à côté. Cette malheureuse tomba par terre, en prononçant deux ou
trois paroles confuses, que les bouillons de son sang ne lui laissèrent pas
articuler et expira aussitôt après[165].

L'auteur des *Disgraces des amants*, insiste à son tour sur l'instruction et la valeur morale de ces descriptions dans son avertissement au lecteur : « L'unique
objet qui m'y a porté est de faire voir jusqu'où l'Amour nous mène, et combien sont dangereux les effets qu'il produit. Je crois avoir rempli mon dessein [...] du moins par les exemples funestes que je rapporte, et qui doivent
nous empescher pour jamais de nous abandonner au doux, mais trop cruel
penchant de l'amour[166] ». Le cruel raffinement dont cet homme fait preuve
dans sa vengeance, suite à l'infidélité de sa femme, serait donc dissuasif :

il donna un rasoir à sa femme pour en faire un Eunuque : mais comme il
vit qu'elle refusoit de luy obeïr, sa colere redoubla, et il luy dit tout transporté : Comment malheureuse, tu ne veux pas couper ce qui a servi à ton
crime, et à ta débauche ? Tu veux donc impudente, conserver ce qui couvre
tous deux de honte et d'infamie. Ah ! lâche impudique tu periras presen-
tement si tu ne fais ce que je t'ordonne. La crainte qu'elle eut qu'il n'éxe-
cutât ce qu'il disoit, luy fit prendre le rasoir, et d'une main tremblante
l'ayant porté sur l'endroit, elle ne put le couper qu'à demi. Le cœur luy
manqua, et elle tomba à la renverse. Le mari luy donna aussitôt de l'eau
de la Reine d'Hongrie pour la faire revenir, et alors il voulut absolument
qu'elle achevât ce qu'elle avoit commencé. Elle le fit, et le pauvre garçon
mourut deux jours après avec des maux incroyables[167].

Les peintures de vengeances sanglantes, bien que moins fréquentes quand il
s'agit des femmes, frappent tout autant l'imagination. Agamone, dans *Alcine
princesse de Perse*, empoisonne son amant et sa nouvelle épouse avant d'ab-

---

[165] « Histoire tragique arrivée à Arles », *op. cit.*, p. 399–400. Voir aussi la peinture
sanglante et émouvante de la mort de Madame de Saingla et de Soubés, tués par
le chevalier dans un moment de fureur, dans Jean de Vanel, *Histoire du temps ou
journal galant*, s.l., s.é., s.d., in-12, p. 172.

[166] Louis, chevalier de Mailly, *Les disgraces des amans*, *op. cit.*, p.n.ch.

[167] *Ibid.*, p. 241–243. Le Bassa, suite à l'infidélité de sa femme fait aussi castrer son
amant Dom Augustin, mais par un esclave cette fois. Jean de Préchac, *Yolande de
Sicile*, *op. cit.*, t. II, p. 95.

sorber elle-même ce poison[168], et la dame tue son infidèle amant d'un coup de pistolet pour se venger de sa trahison dans « L'infidèle puni »[169].

La poétique même des nouvelles historiques incite les auteurs à peindre à grands traits les vengeances funestes et véridiques, qui prennent alors la forme de complots politiques, afin de révéler au public les motifs secrets (les dérèglements des passions humaines) des grands événements qui ont marqué l'histoire. Dans ces sombres tableaux de la vengeance, on condamne cette pratique car elle répond à un mouvement aveugle (la colère) en plus d'être à la source d'un grand mal. Prenons l'exemple des femmes de pouvoir. Éléonore, suite aux nombreuses infidélités de son mari, le roi Henri II, arme ses enfants contre leur père :

> Elle fit d'abord êclatter sa jalousie par sa mauvaise humeur, mais ne voyant pas que son Mary fit cas de son ressentiment, elle se porta bientôt à toutes les extremités qu'on peut attendre d'une femme, qu'on offense par l'endroit le plus sensible. Le desir de se venger d'un Epoux infidele commença à l'occuper entierement, et elle trouva tant de plaisir dans ses pensées criminelles, qu'elle renonça dans peu de têms aux sentimens de la nature. Elle ne se fit point enfin de difficulté, comme l'Histoire nous enseigne, d'armer les Enfans contre leur Pere, et ce fut dans la guerre que ce Prince se vit obligé d'avoir contre son propre sang, qu'il reconnut, mais trop tard, combien il est dangereux de se charger d'une mêchante femme[170].

Marie se venge de Dom Sebastien qui l'a trompée avec Xerine en l'accusant d'imposture, et c'est cette passion qui serait, selon Mme de Villedieu, vraisemblablement à l'origine de l'emprisonnement de Dom Sebastien et de sa mort, qui clôt la nouvelle :

> L'Amour fit en elle ce qu'il fait dans la plus grande partie des femmes : Elle passa d'une extremité à l'autre ; et sa haine se mesurant sur sa tendresse passée, elle envoïa declarer aux Etats que le Portugais étoit un imposteur […] elle vint en personne à Lisbonne, pour susciter dés ennemis à son perfide. Sa fureur étoit plus clair-voyante que sa tendresse […] ; la jalousie lui inspiroit le desir de se venger[171].

Dans ces deux extraits, on aura remarqué que la vengeance, qui provoque une guerre et une destitution politique, est d'autant plus condamnable qu'elle est associée à la jalousie. Or, on a vu que dans ce cas, l'acte de vengeance est une marque de lâcheté et de faiblesse humaine.

---

[168] *Alcine princesse de Perse, nouvelle*, Paris, Louis Josset, 1683, in-12, p. 91.
[169] « L'infidèle puni, histoire », *op. cit.*, p. 281–282.
[170] *Alix de France, nouvelle historique*, Liège, Louis Montfort, 1687, in-8°, p. 5–6.
[171] Marie-Catherine Hortense Desjardins, dite Mme de Villedieu, *Les annales galantes, op. cit.*, p. 133.

2.F. *Une volonté d'éducation*

Par ailleurs, cette volonté d'éducation donne lieu à toute une série de règles dans les nouvelles qui visent surtout la modération des passions. D'abord, afin de limiter les conséquences fâcheuses et souvent funestes de la colère et de la vengeance qui l'accompagne, les nouvellistes conseillent d'attendre d'avoir des preuves de l'infidélité avant de se courroucer. Nous avons repéré quatre cas masculins et trois cas féminins de ce type d'emportement. Timandre veut avoir des preuves avant de laisser agir sa colère[172], tout comme Yolande suspend son ressentiment en attendant d'être convaincue de l'infidélité de son prince[173]. Peut-être insiste-t-on davantage quand il s'agit des femmes car les nouvellistes mettent en scène des personnages féminins qui s'excusent ou regrettent de s'être emportées injustement (ce qui n'est évidemment pas le cas chez les personnages masculins), soulignant bien par ce moyen l'irrationalité et l'illégitimité sexuelle d'un tel comportement. Les nouvellistes adoptent diverses stratégies à cet égard dans leurs textes : Boursault précise que la colère d'Artémise qui croit Poliante infidèle n'aurait pas eu lieu si elle avait su la vérité[174], Mme de Villedieu fait voir que la colère de l'Amirale cesse quand elle apprend qu'Andelot est innocent et fidèle[175], et l'auteur anonyme de *Nicandre* met en scène une Arténice qui regrette sa colère quand elle entend la justification de Nicandre et qui doit en payer le prix fort : « Quoy ! Nicandre est libre et fidelle, et Artenice est à un autre ? Ah ! maudite colere, en quel abîme d'ennuis m'as-tu precipitée ?[176] » Quant à Bremond, il présente la colère de Briséis comme une colère d'amour, et s'il recommande aux dames de ne pas s'emporter avant d'avoir pu s'expliquer avec leur galant, il n'hésite pas non plus à poser clairement une limite de temps à ce type de colère : « Neanmoins comme la colere des amans ne dure guere plus de vint et quatre heures, ou du moins qu'elle ne doit pas durer d'avantage, le second jour elle s'appaisa un peu, et le troisieme elle se laissa voir dans la même chambre au Comte de Saluces. Il y eut des éclaircissemens et des explications ; la Paix se fit, et plus d'amour que jamais[177] ».

---

[172] « Il avoit toutesfois bien resolu de le faire [de quereller sa femme], mais il attendoit pour éclater, qu'il eut de plus visibles preuves de son amour. » Jean Donneau de Visé, *Nouvelles nouvelles, op. cit.*, vol. 3, p. 104.

[173] Jean de Préchac, *Yolande de Sicile, op. cit.*, t. I, p. 91–92.

[174] Edme Boursault, *Artémise et Poliante, nouvelle, op. cit.*, p. 117–118.

[175] Marie-Catherine Desjardins, dite Mme de Villedieu, *Les amours des grands hommes*, dans *Œuvres complètes*, vol. 2, Genève, Slatkine Reprints, 1971 [1670], p. 70.

[176] *Nicandre, première nouvelle de l'inconnu*, Paris, Claude Barbin, 1672, in-12, p. 133.

[177] Sébastien Bremond, *La princesse de Monferrat. Nouvelle, contenant son histoire et les amours du comte de Saluces*, Amsterdam, Abraham Wolfgang, 1676, in-12, p. 311–312.

Une autre règle valorise l'absence de colère et de vengeance, disant de cette conduite qu'elle est celle de l'homme éclairé par la raison, supposant à l'inverse que ce sont les hommes aveuglés par leurs passions qui donnent suite à leur désir sanglant. Le comportement d'Aronde, dans *Le portrait funeste*, respecte bien cette règle : « Il vouloit retourner à Arles, pour y executer quelque chose de funeste contre le pere et la mere de cet enfant ; mais quand ses premiers transports se furent un peu moderez, et qu'il fut capable d'escouter sa raison ; il considera qu'il valloit mieux ne plus penser à Lysimene, et s'en esloigner autant qu'il pourroit[178] ». Les nouvellistes incitent les hommes à appeler leur raison au secours de leur colère pour se rendre maître de leur ressentiment. Fidèle à cette loi, Dorylas choisit de laisser vivre Corsique pour qu'elle soit en proie à ses remords plutôt que de l'immoler à sa vengeance : « Il eut besoin de toute la force de son esprit, pour s'empescher de se défaire de tous les deux ; et sa raison combatit si vivement sa colere, qu'il eut la patience de voir sans rien dire son Infidelle caresser avec sa main blanche le vieux Evandre[179] ».

La règle du renoncement à la colère et à la vengeance au nom de la raison, chez les femmes, conforte la règle de la division sexuelle. Les femmes qui ont assez de bon sens savent qu'elles sont trop faibles pour se venger par elles-mêmes, du moins est-ce ainsi qu'elles sont présentées par les nouvellistes. La princesse de Phaltzbourg, quand elle a la preuve que Puilaurens aime la princesse de Chimai, a assez de raison pour se rappeler que la faiblesse de son sexe ne l'autorise pas à se venger, et que cette pratique est réprouvée chez les femmes[180]. Les dames sont donc invitées à faire appel à un tiers pour les venger, qu'il s'agisse d'un homme (rejoignant alors la règle de la vengeance au service de l'amour dont il a été question plus haut), ou de Dieu (règle qui va dans le sens de la morale chrétienne que nous avons déjà évoquée).

---

[178]　A. Ancelin, *Le portrait funeste, nouvelle*, Paris, Pierre Bienfait, 1661, in-8°, p. 78.

[179]　*Nouvelle ou historiette amoureuse, op. cit.*, p. 80–81.

[180]　« [E]lle y vit Puilaurens avec la jeune Princesse de Chimai, et cette veuë l'aiant animée d'une maniere qu'elle ne se connoissoit plus, il ne lui resta de raison que pour considerer que la foiblesse de son sexe, ne lui permettant pas d'en prendre vengeance elle-méme, elle étoit obligée de s'en remettre sur quelqu'un » ; « Cette Princesse qui étoit déja assés irritée s'enflammant encore davantage par ces nouveaux outrages jura en elle-méme de s'en venger ou de mourir en la peine. Mais comme elle ne le pouvoit faire par ses mains sans donner lieu de blamer sa conduite, qu'elle savoit déja n'être pas aprouvée de beaucoup de monde, elle eut l'adresse d'engager les Espagnols dans ses interests », *La princesse de Phaltzbourg, nouvelle historique et galante*, Cologne, Pierre Marteau, 1688, in-12, p. 107 et p. 115.

Clarice épouse l'homme qui l'a vengée de son infidèle Cleante[181], alors que Selimene s'exclame: «Justes Dieux, vangez-moy d'un outrage, dont la foiblesse de mon Sexe ne me permet pas de tirer raison[182]». Une histoire parue dans le *Mercure Galant* souligne bien cet enjeu car on y lit que la belle «forma une resolution qui n'estoit pas de son sexe[183]». Le nouvelliste a ensuite recours à un subterfuge puisque la demoiselle se déguise en homme pour pouvoir porter l'épée et tirer elle-même vengeance de son infidèle amant en le tuant[184]. Il se joue de cette règle pour ménager des effets de surprises dans son texte, pour relancer son intrigue et plaire à son public friand de nouveauté.

Si renoncer à la vengeance, pour une femme, s'explique par la faiblesse de son sexe, en revanche contenir sa colère et son désir de vengeance est aussi, sous la plume de certains nouvellistes, la conduite que doit priser l'homme sage et honnête. Toute une série de portraits masculins est peinte ainsi et tâche de prescrire ce comportement aux lecteurs de nouvelles. Le mari de Zeraphina, la voyant amoureuse de Saint Aubin: «ne voulut pas neantmoins témoigner du ressentiment à sa femme, parce qu'il vivoit fort honnestement avec elle[185]». On dit également du commissaire qui voit un officier monter à la fenêtre de Marianne pour y passer la nuit: «Je ne sçay méme si quelques fois il n'eut point envie de la quereller, mais comme il est extremement sage, il fut maître de son ressentiment[186]». Mieux, le président, quand il apprend que Soliman a demandé la faveur d'un rendez-vous nocturne à sa femme, «prit la chose en galant homme, c'est-à-dire sans

---

181 « Elle en eut un tel dépit, qu'il luy échapa de dire un jour en presence d'un Homme qui avoit long-temps soûpiré pour elle, et qui n'avoit pû s'en faire aimer, qu'elle épouseroit celuy qui tuëroit son infidelle. Cet Amant, nommé Philiste, qui l'aimoit toûjours, et qui ne cherchoit qu'à luy plaire, luy dit qu'il la vangeroit de la maniere qu'elle le souhaitoit», «Les assassinats. Nouvelle», *Mercure Galant*, Paris, 1674, t. VI, p. 254–255.

182 Robert-Alcide de Bonnecase, sieur de Saint-Maurice, *Fleurs, fleurettes et passe-temps, ou les divers caracteres de l'amour honneste*, Paris, Jacques Cottin, 1666, in-12, p. 61.

183 « Histoire», *Mercure Galant*, Paris, mars 1685, p. 121.

184 « Il plaisanta sur cette metamorphose; et la Belle luy déclarant d'un ton resolu, qu'il faloit sur l'heure venir avec luy signer un contract de mariage, ou luy arracher la vie, il continua de plaisanter. La Belle outrée de ses railleries, exécuta ce qu'elle avoit resolu. Elle mit l'épée à la main; et le contraignant de l'y mettre aussi, elle l'attaqua avec tant de force, que quelque soin qu'il prît de parer, il fut percé de deux coups qui le jetterent par terre.» *Ibid.*, p. 122–123.

185 Jean de Préchac, *L'heroïne mousquetaire, histoire véritable, op. cit.*, p. 223–224.

186 *La belle Hollandoise. Nouvelle historique*, Lyon, Jacques Guerrier, 1679, in-12, p. 42.

éclat[187]». Pour satisfaire le désir de vengeance qui les tenaille, on leur propose d'avoir recours à divers moyens honnêtes, comme le sont l'indifférence, la tranquillité et le mépris (qu'ils soient feints ou réels). L'honnête Cléante se venge de l'infidèle Bélise en la méprisant, en ayant de l'horreur pour sa conduite et de l'indifférence pour elle[188]; le cavalier au lieu d'éclater quand il apprend le mariage de sa belle veuve participe à la fête, montrant ainsi que la perte de cette infidèle ne l'afflige point[189]. Étant un homme d'esprit et du monde, l'honnête homme troque aussi volontiers l'épée pour la plume. On en trouve un exemple dans une nouvelle du *Mercure Galant*. Ayant appris que sa belle l'a laissé pour épouser un vieillard, «Le cavalier en eut du chagrin, mais comme il était honnête, il ne se vengea de la manière impétueuse dont il fut traité que par ces vers qu'il lui fit tenir[190]». L'accumulation d'exemples de ce type qu'on trouve dans les nouvelles s'inscrit dans un mouvement plus large: celui des traités de civilités qui veulent polir les mœurs de la société de cour en montrant que l'infidélité ne doit pas être une raison sensible pour s'emporter, que le véritable point d'honneur ne réside pas là. Ils ont pour objectifs de faire comprendre aux lecteurs que c'est parce que les hommes ont le cœur trop noble qu'ils ne désirent ni faire éclater leur colère ni se venger, que cette conduite est le propre des honnêtes hommes et qu'elle ne saurait en aucun cas être le fait des lâches ou des faibles.

De même, il est conseillé aux honnêtes femmes de contenir leur colère, de limiter ses éclats et d'avoir plutôt du mépris et de l'indifférence à l'égard de l'infidèle. Cet enseignement est prodigué par une valorisation de ce comportement. On présente positivement des exemples de personnages féminins qui passent outre leur colère, à l'image de la princesse Ermine qui ne s'offense pas de l'infidélité de Tisandre, au contraire des femmes, ce qui la place d'emblée au-dessus de toutes les autres[191]. La simulation et la dissimulation sont souvent d'un grand secours pour ces dames qui doivent cacher les mouvements

---

[187] *Les amours de Soliman Musta-Feraga, envoyé de la Porte prés de sa Majesté en M. DC. LXIX*, Grenoble, E.R. Dumon, 1675, in-12, p. 91.

[188] Anne Bellinzani Ferrand, dame Michel, *Histoire nouvelle des amours de la jeune Belise et de Cleante, op. cit.*, p. 167.

[189] «Cette tromperie l'irrita si fort, qu'il n'est point d'éclat qu'il ne voulut faire. Ses Amis luy firent ouvrir les yeux sur l'avantage que la Belle en tireroit. Il se rendit à cette raion, et jugea plus à propos de montrer par quelque Feste, que la perte d'une Inconstante ne méritoit pas qu'il s'en affligeast.» «La belle inconstante, histoire», *Mercure Galant*, Paris, juin 1681, p. 218–219.

[190] «Histoire des faux cheveux», *Mercure Galant*, juin 1678, dans *Anthologie des nouvelles du Mercure Galant (1672–1710), op. cit.*, p. 50.

[191] Jean Donneau de Visé, *Nouvelles nouvelles, op. cit.*, vol. 1, p. 88.

de leurs passions, donnant raison à Jean-Pierre Cavaillé quand il écrit que la dissimulation peut être honnête et la simulation vertueuse[192]. La comtesse ravale sa colère et son dépit quand son mari s'abandonne avec éclat à sa passion pour une autre femme[193], et Glassonde dissimule (maladroitement) son ressentiment envers son mari Genseric qui aime la ravissante Bertrude malgré le déplaisir qu'elle éprouve[194]. La vengeance que les honnêtes femmes prétendent tirer de l'amant infidèle doit aussi être modérée, non pas dans une logique du point d'honneur comme cela était le cas pour les hommes, mais afin de rester dans les bornes étroites prescrites par la bienséance et ainsi ne pas faire d'éclats en public. Le personnage d'Artémise est particulièrement intéressant puisque, après l'infidélité présumée de Poliante, elle envisage divers moyens honnêtes pour se venger, présentant ainsi aux lecteurs les différentes avenues possibles. D'abord, le remords qu'éprouve Poliante devrait la consoler, l'abbesse du couvent où elle s'est réfugiée lui dit d'ailleurs : « comme il perd incomparablement plus en vous que vous ne pouvez perdre en luy, il ne peut vous offenser qu'il ne vous vange : vous estre infidelle, c'est commettre un crime dont il se punit[195] ». Ensuite, elle choisit de se faire religieuse : « dans la pensée qu'elle eut que ce seroit luy rendre dedains pour dedains, elle prit huit jours après l'habit de Religieuse moitié par dépit, moitié par devotion[196] ». Puis, Artémise affirme que pour toute vengeance elle ne

---

[192] « C'est que la civilité se constitue avec et malgré la morale chrétienne, avec et malgré la morale civique des anciens (Aristote, Cicéron…), de sorte qu'elle continue à valoriser la candeur et la sincérité jusque dans la pratique, déclarée prudentielle et non pas mensongère, des arts de la simulation et de la dissimulation. C'est à ce titre qu'on parle de dissimulation honnête et de simulation vertueuses. » Jean-Pierre Cavaillé, *Dis/simulations Jules-César Vanini, François La Mothe Le Vayer, Gabriel Naudé, Louis Machon et Torquato Accetto. Religion, morale et politique au XVIIe siècle*, Paris, Honoré Champion, 2002, p. 13.

[193] « Elle dissimule son chagrin et, sans se plaindre de son changement, elle fait tout ce qu'une vertueuse personne peut faire pour regagner le cœur d'un mari. » « La comtesse se senti piquée jusqu'au vif de cette réponse [qu'elle ne doit point se scandaliser de la liaison de son mari]. Elle verse quelques larmes, connaît qu'elle ne ferait qu'aigrir les choses si elle portait ses plaintes plus loin et, se [résolut] d'attendre sans éclater qu'il arrive quelque changement dans sa fortune ». « La vertu malheureuse, histoire », *Mercure Galant*, janvier 1678, dans *Nouvelles du XVIIe siècle, op. cit.*, p. 468 et p. 469.

[194] « Glassonde vivoit dans un calme d'esprit apparent, et quelque precaution qu'elle apportast pour cacher le ressentiment de la tromperie qu'elle croyoit que Genseric luy faisoit, il en paroissoit toûjours quelque chose sur son visage, ou en ses actions, ou en ses discours. » Robert-Alcide de Bonnecase, sieur de Saint-Maurice, *Fleurs, fleurettes et passe-temps, ou les divers caracteres de l'amour honneste, op. cit.*, p. 602.

[195] Edme Boursault, *Artémise et Poliante, nouvelle, op. cit.*, p. 114–115.

[196] *Ibid.*, p. 116–117.

veut qu'oublier l'ingrat Poliante[197]. L'absence de vengeance serait la meilleure vengeance que puisse tirer une honnête femme. C'est d'ailleurs ce que prescrit l'abbé Du Bosc aux femmes dans le chapitre de son traité qui porte sur la fidélité du mariage : « Les femmes ont assez d'esprit et de conscience pour croire qu'il leur cousteroit trop cher à se vanger, si elles perdoient leur vertu pour tirer satisfaction du vice [l'infidélité] de leur mari[198] ». Ce sont donc les grandes âmes qui pardonnent et conservent leur tranquillité, ce qu'on voit de manière exemplaire avec Constance qui souhaite mourir en apprenant l'infidélité de son mari car elle n'est pas d'humeur à se venger (la médecine humorale y est aussi pour quelque chose)[199]. Les nouvellistes partent du principe de l'émulation positive pour inciter leurs lectrices à adopter ce comportement, en le présentant comme le fait des plus vertueuses.

La vengeance du galant homme, modèle fort prisé par les nouvellistes, et qui consiste à aimer ailleurs, à cesser d'aimer la belle ou alors à s'en faire à nouveau aimer, répond à la même volonté d'instruction civile, et les exemples fictifs jouent un rôle similaire auprès des lecteurs. Le comte de Genevois, par exemple, pour se venger de l'infidèle Mademoiselle d'Anjou, va retrouver la princesse de Chypre[200], alors que Céphale se fait à nouveau aimer de l'ingrate Ariadne pour ensuite l'abandonner à son tour et la faire souffrir, ce qui lui permet à la fois de se venger et de rétablir sa réputation[201]. La connaissance de cette règle incite les femmes à se confier. C'est parce qu'elles savent que la vengeance de leur galant est satisfaite par l'indifférence dont elles sont victimes, que les dames osent avouer leur infidélité, n'ayant alors plus rien à perdre. Ainsi, Camille déclare à son mari : « j'ai ressenti les plus vives atteintes de l'amour, si je l'ose dire, pour un autre que vous ; mais on a pris soin de vous venger de mon ingratitude par toute ma tendresse méprisée[202] ».

Les nouvellistes proposent également aux belles trompées qui désirent absolument se venger de le faire de manière galante, c'est-à-dire en cessant

---

[197] « Je sçay par experience qu'il n'est point de supplice égal à celuy d'estre méprisé de ce qu'on aime : mais comme je ne cherche point à me vanger, tout ce que je puis faire pour vostre repos est de souhaitter que desormais vous ne songiez non plus à moy, que je ne veux songer à vous. » *Ibid.*, p. 287.

[198] Jacques Du Bosc, *L'honneste femme, op. cit.*, p. 87.

[199] Jean-Baptiste de Brilhac, *Agnes de Castro, nouvelle portugaise*, Amsterdam, Pierre Savouret, 1688, in-12, p. 71.

[200] « Emporté tant par l'amour qu'il avoit pour la Princesse de Chypre, que pour se vanger de Mademoiselle d'Anjou et de son rival, au sortir de chez Mademoiselle d'Anjou il retourna chez la Princesse de Chypre. » *Histoire du comte de Genevois et de mademoiselle d'Anjou*, Paris, Claude Barbin, 1664, in-12, p. 106.

[201] Robert-Alcide de Bonnecase, sieur de Saint-Maurice, *Fleurs, fleurettes et passe-temps, ou les divers caracteres de l'amour honneste, op. cit.*, p. 430.

[202] Catherine Bernard, *Fédéric de Sicile*, dans *Œuvres, op. cit.*, p. 90.

d'aimer l'amant ingrat, en aimant ailleurs ou en se mariant avec un autre homme. Dans la nouvelle *Les dames enlevées et les dames retrouvées*, Florice se venge de l'inconstant Filaste qui lui préfère Olympe en l'abandonnant à son tour quand il revient auprès d'elle[203], tandis que dans *Les amours des grands hommes* Aspasie feint d'aimer Trasibule pour se venger de l'infidèle Alcibiade : « Venez-vous m'aider à prendre vengeance de l'infidélité d'Alcibiade, dit-elle à Trasibule aussi tôt qu'elle le vit. L'ingrat que j'aimois tant et qui le meritoit si peu, m'a cruellement abandonnée; servez mon ressentiment, vous n'y perdrez rien, je puis donner mon cœur, j'en dispose[204] ».

Le mariage par dépit semble être prisé par les dames puisqu'une dizaine d'entre elles choisissent cette voie qui les punit tout autant sinon plus que l'infidèle dont elles veulent se venger. Cette union précipitée correspond à la définition classique de la vengeance et reprend sa structure de base puisqu'un mal (le regret d'avoir perdu une dame de qualité) est rendu pour un autre mal (l'infidélité ou le mépris injustifié de cette dame). C'est bien pour se venger de l'infidélité de Philante que Celiane veut épouser Calcedon : « Elle en fut si irritée, qu'elle se resolut dans le moment d'épouser Calcedon, pour luy faire voir qu'elle s'estoit consolée de sa perte, aussi aisément qu'il avoit fait de la sienne[205] ». C'est par dépit, de même que pour sauver sa réputation et pour irriter Clidamant, que Dorothée choisit d'épouser Nicandre : « Toutes ces choses la mirent dans un tel desespoir, que ne voulant pas avoir l'affront de se voir abandonnée, elle se resolut de se marier la premiere[206] ». L'enjeu est donc le suivant : la dame doit défendre son honneur en prouvant à l'ingrat que son infidélité ne la touche pas, et c'est en posant un geste irréversible (le mariage) qu'elle y parvient le mieux. Ajoutons à cela le fait qu'au XVIIe siècle on donne aussi à abandon le sens de débauche. Furetière, dans son dictionnaire, écrit qu'une fille abandonnée est une prostituée, que « les femmes qui se prostituent mettent leur corps à l'abandon ». On comprend aisément pourquoi les honnêtes femmes ne peuvent souffrir d'être des femmes abandonnées, c'est-à-dire « laiss[ées] au premier qui en voudra, à la discrétion du public ». Le mariage, en plus de sauver la réputation de la dame et de se porter garant de sa vertu, lui permet de réattester sa valeur en montrant à quel point elle est aimable et combien une union avec elle peut être souhaitable, faisant réaliser du coup à l'infidèle tout ce qu'il perd en la laissant. Plus le laps de temps écoulé entre l'abandon de la dame et son mariage est court, plus sa

---

[203] César-François Oudin, sieur de Préfontaine, *Les dames enlevées et les dames retrouvées*, *op. cit.*, p. 381–382.

[204] Marie-Catherine Desjardins, dite Mme de Villedieu, *Les amours des grands hommes*, *op. cit.*, p. 97.

[205] Sieur de Beaucourt, *Les caprices de l'amour*, *op. cit.*, t. II, p. 6–8.

[206] « Le soldat malgré-luy. Nouvelle », *Mercure Galant*, Paris, 1674, t. V, p. 110.

vengeance est éclatante (idéalement, la dame doit se marier avant que son infidèle ne le soit), car elle rend évidente aux yeux de tous (la vengeance pour être efficace, doit être publique, ne l'oublions pas) la suprématie de la dame et l'erreur de l'infidèle.

Ces exemples de vengeances galantes, s'ils répondent à une volonté d'éducation du lecteur, ont aussi une fonction diégétique puisque ce comportement des personnages s'inscrit dans une logique d'actions qui fait progresser l'intrigue. Une histoire parue dans le *Mercure Galant*[207] reprend cette règle de vengeance qui est à l'origine de son intrigue et structure son déroulement, elle montre comment les personnages peuvent s'en jouer adroitement, soulignant ainsi sa fécondité pour les nouvellistes du temps et leur parfaite maîtrise de cette règle typiquement féminine. L'histoire se lit comme suit : un cavalier courtise deux sœurs, d'abord l'aînée, puis la cadette dont il devient amoureux et qu'il veut épouser. Les parents consentent à cette union à condition qu'elle se fasse rapidement et dans le plus grand secret afin d'éviter l'éclat et le ressentiment de l'aînée délaissée. Cette dernière qui souffre du refroidissement que lui témoigne le cavalier rencontre un officier qui la demande en mariage, ce qu'elle accepte pour se venger de l'inconstance du cavalier, ne sachant pas qu'il a épousé sa sœur cadette entre temps. L'aînée veut pousser sa vengeance jusqu'à se faire aimer du cavalier pour pouvoir le dédaigner à son tour en épousant l'officier. Elle signe donc le contrat de mariage, le cavalier disparaît et elle se croit vengée jusqu'au jour où il revient auprès de sa sœur et qu'elle apprend leur mariage secret. L'histoire se clôt sur le dépit qu'éprouve l'aînée en réalisant l'échec de sa vengeance.

Les personnages masculins connaissent aussi ce mouvement qui incite les femmes à aimer ailleurs ou à se marier pour tirer vengeance de leur ingrat et conserver leur honneur. Dans la nouvelle *Les dames galantes*, Blesinac comprend que la marquise a épousé Marignan pour se venger de lui car il vient de s'unir à sa nièce, et Marignan n'en est pas dupe puisqu'il croit que sa femme l'a épousé pour se venger de Blesinac[208]. Cela dit, les personnages masculins ont tôt fait d'en tirer parti, à l'exemple de Fortun qui invite Hermengarde à l'aimer pour se venger de l'ingrat Amador :

---

[207]   « Histoire », *Mercure Galant*, Paris, décembre 1683, p. 41–73.

[208]   Blesinac tient ces propos à la marquise : « Ah ! Madame, me dit-il, que vous reste-t-il plus à faire contre moy, et pourquoy vous estes-vous résoluë à vous vanger, sans estre certaine que j'étois coupable ? » Quant à Marignan : « Il se mit en teste que je ne l'avois épousé que pour me vanger de Blesinac », Poisson, *Les dames galantes ou la confidence reciproque, nouvelle, op. cit.*, vol. 2, p. 61 et p. 148.

> En verité, Madame, luy dit-il, vous n'estes gueres ingenieuse à vous faire
> un grand plaisir ; j'ay ouy dire que la passion des femmes est la vengeance ;
> vous avez si beau sujet de l'exercer en la personne d'Amador, aimez-moy
> pour vous vanger de sa dureté, comme je vous aime pour me vanger de
> l'inconstance de Zelide. Ce n'est pas, Madame, que depuis que j'ay re-
> marqué en vous des traits et des qualitez aimables que Zelinde n'avoit pas,
> je vous jure que ce n'est plus la vengeance qui me fait agir[209].

Ce principe sert de moteur à une histoire du *Mercure Galant* où l'on voit un
adroit cavalier qui, pour se débarrasser d'un rival et épouser la belle qu'il
aime, fait courir le bruit que le marquis trompe la belle, puis profite du dépit
qu'elle éprouve contre le marquis pour l'épouser[210]. Ce type de vengeance
féminine devient pour les personnages masculins un nouveau moyen de
conquérir leur belle, de s'en faire aimer puis de convoler en justes noces,
et bienheureux est celui qui sait s'en servir, rejoignant donc les règles de la
colère et de la vengeance au service de l'amour.

3. La colère et la vengeance suite au comportement indigne de l'être aimé

3.A. *Les injustes soupçons d'infidélité*

Non seulement l'inconstance et l'infidélité sont-elles des motifs qui provoquent fréquemment la colère des hommes et des femmes, mais soupçonner
injustement l'être aimé est indigne du comportement des honnêtes gens. Il
s'agit là d'un manquement des plus élémentaires au code de l'amour galant,
les amoureux se devant respect et confiance. Les hommes sont peu nombreux (deux seulement) à reprocher aux femmes leurs injustes soupçons et à
s'emporter, considérant ces doutes comme une injustice que l'on commet à
leur égard. Il y a Adanaxe qui tient ces propos à Astérie dans la nouvelle de
Mademoiselle de La Roche-Guilhen : « que cette [croyance] est injurieuse, et
que vous avez mal compris le caractere de mon amour » ; « pouvois-je enfin
estre dans la tiedeur dont vous m'avez soupçonné, puisque je vous donnois
sans reserve tous les momens de ma vie, et toute la tendresse d'un cœur que
vous avez outragé par vos deffiances ? »[211] Un pauvre amant se met aussi en
colère contre sa belle qui vient lui reprocher son infidélité dans une histoire

---

[209] *Histoire espagnole ou Dom Amador de Cardone, nouvelle*, Paris, Claude Barbin, 1672,
       in-12, p. 110–111.

[210] « Histoire », *Mercure Galant*, Paris, janvier 1684, p. 132.

[211] Anne de La Roche-Guilhen, *Astérie ou Tamerlam*, 2ᵉ partie, Paris, Claude Barbin,
       1675, in-12, p. 17–18 et p. 19.

du *Mercure Galant*, « sa gloire estoit outragée au dernier point par l'injuste croyance qu'on avoit qu'il fut de mauvaise foy[212] ». Cet usage de la colère masculine a pour fonction de rappeler les dames à l'ordre, l'éclat suffit à réattester leur valeur et leur amour, à faire comprendre aux dames qu'ils n'ont pas dérogé au code de conduite de l'honnête homme et du parfait amant.

Les femmes sont plus d'une vingtaine à s'irriter à ce sujet. Elles ne peuvent supporter qu'on doute de leur constance et de leur amour sans un sursaut de colère ; elles ne pardonnent pas à leur galant d'avoir pu croire qu'elles étaient assez faibles pour succomber aux charmes d'un autre homme, que leurs sentiments et leur sens de l'honneur aient pu être défaillants. Cette règle valorise la colère féminine car elle est juste, qu'elle se porte à la défense de leur vertu et de leur amour. Au sujet de Celanire qui s'irrite contre Cleandre qui n'a pas eu assez confiance en elle, on écrit qu'elle « en eut l'esprit aigri non seulement par une équité naturelle, et par un sentiment de vertu mais encore parce qu'il luy sembla que Cleandre ne se fioit pas assez à sa fermeté[213] ». Dans *La duchesse de Milan*, Clarice explique ainsi à sa mère le sujet de son agitation : « Ne soyez point étonnée du desordre où vous me voyez, Madame, luy dit Clarice en entrant, je devrois pleurer des larmes de sang, le Duc outrage ma vertu, et me croit capable d'une foiblesse pour l'Amiral ; je suis resoluë de luy justifier mes sentimens d'une maniere si convaincante, qu'il ne puisse plus douter de son injustice[214] ». La connaissance de cette règle permet aussi aux dames de se donner des apparences de vertu, pratique que l'abbé Du Bosc condamne ouvertement en l'associant à celle des femmes malhonnêtes. Selon lui, les innocentes se consolent avec la vérité quand elles sont blâmées injustement alors que les fausses vertueuses cherchent à se venger[215]. Les coquettes, en effet, sont très habiles à ce jeu et savent en tirer profit dans les nouvelles. Elles simulent une colère sous prétexte que leurs galants les accusent injustement d'infidélité, elles s'indignent et s'emportent contre ceux qui doutent de leur tendresse, et ce, afin d'éviter qu'ils ne découvrent la vérité. La colère étudiée de la comtesse contre son mari le convainc de son amour et de sa fidélité[216],

---

[212] « Histoire », *Mercure Galant*, Paris, août 1681, p. 234.

[213] Madeleine de Scudéry, *La promenade de Versailles, op. cit.*, p. 419.

[214] Jean de Préchac, *La duchesse de Milan, op. cit.*, p. 151–152.

[215] « [L]es vertueuses sont moins vindicatives estant blasmées que les vitieuses. Parce que comme les plus laides veulent quelque fois estre estimées les plus belles avec le fard : aussi les plus [*sic*] honnestes taschent par leurs artifices de s'acquerir la creance des sages », Jacques Du Bosc, *L'honneste femme, op. cit.*, p. 70–71.

[216] « [P]rofitant de la surprise de son mari, [la comtesse] luy persuada qu'elles estoient d'intelligence ; et apres luy avoir reproché la mauvaise opinion qu'il avoit eu de sa conduite, elle devint furieuse à son tour, et sa colere, que le mari creut de bonne foy, et plusieurs autres circonstances plus veritables, avec le recit de ce qui s'estoit

tout comme la feinte colère de Mme de Tournon apaise les doutes de Sancerre dans *La princesse de Clèves*[217].

La colère féminine est légitime du moment que les éclats sont limités et que la vengeance qui l'accompagne est modérée. Choisir d'aimer celui à qui on la soupçonne déjà d'avoir donné son cœur est le moyen le plus prisé par les dames. Artémise adresse cette mise en garde à Poliante :

> Vous meriteriez que je vous fisse dire vray, répondit Artemise, que le soupçon de Poliante mit en une petite colere qu'elle ne peût s'empescher de faire voir : il seroit juste, ingrat, puisque vous doutez de ma fidelité, que je confirmasse vostre doute ; et pour me vanger de l'outrage que vous m'osez faire, mon inconstance devroit justifier l'apprehension que vous avez[218].

Des menaces, on passe aux actes. L'intrigue d'une nouvelle du *Mercure Galant* repose sur la mise en application de cette règle et tient en peu de lignes. Une dame profite de l'emportement injustifié de l'officier pour s'en défaire et pour nouer commerce avec un galant moins importun. Elle choisit tout naturellement le cavalier avec lequel il croit qu'elle a une liaison afin de le punir davantage de ses injustes soupçons[219]. Les nouvellistes mettent cette règle au service de la vraisemblance de leur histoire, ils montrent l'incidence de ce savoir sur le comportement que leurs personnages adoptent et sur le déroulement de l'action. Une autre nouvelle du *Mercure Galant* illustre cette règle, en faisant même le ressort principal de son intrigue. Elle se résume ainsi : un officier des troupes du roi à Gand est hébergé chez un avocat. Les manières civiles de l'officier font croire au mari qu'il est amoureux de sa femme. Après quelques explications (l'officier a une maîtresse à Paris), le mari reconnaît qu'il a outragé sa femme en l'accusant faussement d'infidélité avec l'officier, et dans la crainte qu'elle se venge en accordant ses faveurs à l'officier, il le fait reloger ailleurs[220]. Les nouvellistes s'inspirent donc avantageusement de cette règle qui a des fonctions littéraires évidentes.

---

passé dans le Convent, dont le Comte se souvint, finirent tous ses soupçons. Il demanda pardon à sa femme, et creut mesme de se souvenir de mille choses dont il n'avoit jamais oüy parler. » Jean de Préchac, *L'heroïne mousquetaire, histoire véritable*, *op. cit.*, p. 231–232.

[217] « Sancerre parla à Mme de Tournon, continua M. de Clèves, il lui dit tout ce que je lui avais conseillé ; mais elle le rassura avec tant de soin et parut si offensée de ses soupçons qu'elle les lui ôta entièrement. » Marie-Madeleine Pioche de la Vergne, Mme de La Fayette, *La princesse de Clèves*, dans *Romans et nouvelles*, Paris, Garnier, 1958 [1678], p. 284.

[218] Edme Boursault, *Artémise et Poliante, nouvelle, op. cit.*, p. 340.

[219] « Histoire », *Mercure Galant*, Paris, mars 1681, p. 151–184.

[220] « Le jaloux sans sujet, histoire », *Mercure Galant*, Paris, avril 1679, p. 90–118.

La volonté d'éducation des lectrices prend diverses formes dans les nouvelles. D'abord, ainsi que nous venons de le voir, on propose aux dames des modèles de vengeance galante qu'on valorise. Mais la leçon peut être formulée de façon plus explicite. Dans le recueil de Mme de La Calprenède, une amie conseille sagement à la belle irritée de désabuser le galant, de le punir par de la froideur : « ne devez vous pas au lieu de condamner ses emportemens avec rigueur, chercher vous mesme les moyens de le desabuser ? et sans en vouloir davantage à ses jours et aux vostres, vous contenter de punir par une penitence legere sa funeste credulité[221] ». Ensuite, selon le principe défendu par les histoires tragiques, la peinture des exemples sanglants sert à dissuader les lecteurs d'adopter de tels comportements, en décrivant avec horreur ces dérèglements et en les condamnant car ils partent d'un mauvais mouvement. Prenons le cas de l'*Aventure tragique d'Angers*. Une femme se venge des injustes soupçons de son mari en se déguisant en homme (stratégie dont il a été question plus haut et qui tient au fait que la faiblesse de son sexe ne lui permet pas de se venger). Elle lui passe ensuite une épée au travers du corps. La belle est tuée à son tour par son amant qui répond à son attaque par un coup d'épée tout aussi funeste[222]. Cette conclusion morale qui châtie le vice respecte donc la poétique du genre.

3.B. L'insoumission et l'indiscrétion

Parmi les devoirs du parfait amant, la soumission et la discrétion figurent au premier rang. Selon cette logique, la dame aimée est en droit de s'attendre à la complète soumission et à l'entière discrétion de son galant et celui qui agit contre sa volonté ou qui ébruite son secret est assuré de courroucer sa belle. C'est donc le non-respect des devoirs exigés du galant homme, la non-conformité entre les actions, les agissements attendus et ceux effectivement adoptés par l'amant qui autorisent la colère des dames.

Les dames sont furieuses quand un homme veut les contraindre à les épouser, et cet emportement est encore plus grand si elles ne l'aiment pas ou

---

[221] Madeleine de La Calprenède, *Les nouvelles ou les divertissemens de la princesse Alcidiane*, Genève, Slatkine Reprints, 1979 [1661], p. 310–311.

[222] « La Dame, aussi fiere qu'elle paroissoit aimable, se trouva si indignée de l'emportement de son Mary, qu'elle resolut de s'en vanger. D'autres auroient borné leur vangeance à rendre heureux le jeune Marquis. Elle en usa d'une autre maniere. » « Si-tost qu'elle l'aperceut, déguisant sa voix, elle luy cria de se défendre, et courut sur luy avec une résolution si déterminée, que quoy qu'il pust faire pour se garantir du coup, elle luy passa l'Epée au travers du corps. » « Aventure tragique d'Angers », *op. cit.*, p. 336 et p. 337. On aura noté au passage le rappel à la règle qui veut qu'une femme se venge de manière plus modérée.

si elles en aiment un autre. Celie est irritée quand Clavonne veut l'épouser par force et de façon déloyale alors qu'elle est amoureuse d'Aronte[223]; Alix se met en colère contre le roi pour les mêmes raisons: «La Princesse sentit redoubler sa colere à ce discours, et comme une grande ame s'irrite plûtôt par les menaces, qu'elle ne se soûmet, elle n'en conçeut que de plus grands mépris pour le vieil Henry[224]». Ces portraits de femmes irritées, vraisemblables car ils s'appuient sur une règle connue et qu'ils contribuent à faire connaître, doivent dissuader les amants de se marier par force en leur faisant craindre l'emportement qui suivra s'ils agissent de même envers leur belle.

L'indiscrétion du galant qui provoque la colère de la dame peut être de deux natures, selon qu'elle se joue sur la scène privée (amour-propre) ou sur la scène publique (réputation). Les nouvellistes évoquent cette règle dans pas moins de vingt-cinq textes. D'abord, le galant peut se rendre coupable d'indiscrétion quand il surprend une conversation qui lui révèle l'amour que la dame lui porte, amour qui était destiné à rester caché d'autant plus qu'une femme ne doit jamais avouer son amour la première. La colère d'Elisabeth, par exemple, contre Lancastre qui a entendu son secret (elle a la faiblesse de l'aimer) est vive:

> Marquis lui dit Elisabeth toute surprise et prevenuë de colere; vous avez l'insolence de venir écouter mes secrets, ne vous excusez-pas, ajouta-elle, voyant qu'il vouloit parler vous ne sçauriês alleguer rien qui vous justifie; mais je vous commande de me dire avec verité s'il y a long-temps que vous nous écoutiez, et si vous avez oüy ce que je vins de dire à la Duchesse de Buckingam; je devrois Madame lui repondit mon Maître, protester à vostre Altesse que je ne faisois que passer, puis que le contraire augmentera sa colere; mais vous me commandez de vous dire la verité, je ne sçaurois vous desobeïr[225].

Plus grave est le crime lorsque l'amant fait connaître leur amour au grand jour, qu'il publie leur liaison, car il met alors en péril la réputation de la dame, sa vertu et sa gloire. Mme de Clèves est en colère contre Nemours et

---

[223] «Elle n'oublioit pas de luy repocher la trahison dont il s'estoit servy pour esloigner son Rival, ny l'avantage qu'Aronte avoit remporté sur luy, pendant quoy elle se promenoit dans sa chambre avec des transports si violens, qu'elle faisoit trembler Clavonne tout assuré qu'il estoit. En suitte elle s'appuyoit sur sa table d'où elle regardoit Clavonne avec des yeux pleins de mespris et de colere: et quand elle se laissoit dans cette posture, elle alloit à ses fenestres d'où regardant les Astres comme la cause de son malheur, elle leur faisoit mille reproches.» A. Ancelin, *Le portrait funeste, nouvelle, op. cit.*, p. 177–178.

[224] *Alix de France, nouvelle historique, op. cit.*, p. 117.

[225] Henri de Juvenel, *Le comte de Richemont, nouvelle historique*, Amsterdam, Guillaume Duval, 1680, in-12, p. 47–48.

lui témoigne de la froideur car il a ébruité l'aveu qu'elle a fait à son mari : « Comment excuser une si grande imprudence, et qu'était devenue l'extrême discrétion de ce prince, dont elle avait été si touchée ?[226] » Cette remarque est d'autant plus intéressante qu'elle souligne l'erreur dont le duc s'est rendu coupable, puis rappelle le comportement qui l'a rendu digne d'être aimé.

Dans une nouvelle qui s'intitule justement *Le secret*, Préchac reprend ce schéma de colère féminine pour structurer son intrigue et rendre le comportement de ses personnages crédibles. Un cavalier décide de conquérir une dame très vertueuse. Il lui fait longuement la cour et, quand il est sur le point d'obtenir ses faveurs, publie son succès avec vanité. La dame l'apprend et rompt tout commerce avec lui : « dans son ame elle fut si oûtrée de l'indiscretion du Cavalier qu'elle passa en un instant d'un amour fort tendre, à une haine implacable, et bien loin de luy pardonner elle n'a jamais voulu le voir ny entrer en aucune explication avec luy[227] ». Les personnages sont bien avertis des dangers qu'il y a à être indiscret et agissent en conséquence. Dafnis, suite à une mésentente entre les amants, remet à Iris les billets galants qu'elle lui a écrits, pour éviter qu'elle puisse le croire indiscret et qu'elle se mette en colère :

> il falloit donc que je vous ostasse la crainte que vous aviez, ou que vous pourriez avoir, que je ferois quelque mauvais usage de ces billets dans ma colere ; et quoy-qu'au pis aller ils ne peussent estre coupables, que de m'avoir témoigné un peu d'estime, je ne voulu pas avoir de quoy montrer à personne que vous m'en eussiez honoré, parce qu'il y a de l'estime qui ressemble à l'Amour, et que la médisance les confond quelquefois ensemble. D'ailleurs je ne creus pas devoir garder des marques de vostre amitié dans un temps où il me sembloit que vous ne m'en jugiez pas digne[228].

Plus loin, Dafnis conclue : « J'eusse esté bien marri que ne me croyant pas amoureux, vous eussiez peu me croire indiscret, et capable de faire ce que fait un amant outragé lors qu'il n'est pas honneste-homme[229] ».

Cette règle de colère féminine servant davantage à ramener le galant à l'ordre et à lui rappeler (ainsi qu'au lecteur) quels sont ses devoirs, elle n'est donc pas accompagnée de vengeance. Sa fonction dans la dizaine de textes qui en traitent est avant tout pédagogique. Les nouvellistes diffusent cette règle qui conforte le code de l'amour tendre en accumulant les exemples de

---

[226]   Marie-Madeleine Pioche de la Vergne, Mme de La Fayette, *La princesse de Clèves*, *op. cit.*, p. 351.

[227]   Jean de Préchac, *Le secret, nouvelles historiques*, Paris, Charles Osmont, 1683, in-12, p. 42–43.

[228]   *L'histoire d'Iris et de Dafnis, nouvelle*, Paris, Barbin, 1666, in-12, p. 130.

[229]   *Ibid.*, p. 131.

comportement à suivre ou à fuir; leurs histoires deviennent ainsi des traités de civilité qui enseignent l'art d'aimer de manière divertissante. Et puisque ce sont les hommes qui doivent toucher les dames par leurs soins et leurs attentions, les dames ne pouvant pas prendre les devants, c'est à eux que s'adresse cette série de mises en garde.

3.C. *Les divers manquements aux devoirs de galanterie*

Dans le même ordre d'idées, la colère féminine qui fait suite aux divers manquements aux devoirs de galanterie vise à prescrire les obligations auxquelles l'amant doit se soumettre, voire à dicter, de manière détournée, une série de comportements que la dame souhaite lui voir adopter. Ce sont justement les règles qui prescrivent cette conduite que nous allons mettre au jour dans les pages qui suivent. Ne pas faire preuve de prévenance et d'attentions délicates ou ne pas s'ingénier à prodiguer de petits soins sont des infractions graves au code de l'amour tendre. Selon cette logique, ces lacunes deviennent autant de preuves que le galant n'aime pas suffisamment la dame, qu'il ne la respecte pas, ne l'estime pas à sa juste valeur, ne la traite pas avec toute l'attention qu'elle mérite, et c'est cette ingratitude qui a pour effet de provoquer sa colère.

Premièrement, desservir la dame, lui rendre un mauvais service ou ne pas se précipiter à son service lui causent du dépit et de la colère. Son irritation est le plus souvent de courte durée et il suffit d'une excuse ou d'un regret exprimé par l'amant pour qu'elle soit touchée et que sa colère fasse place à la douceur. Cette règle est mentionnée dans cinq nouvelles. La belle Marguerite est en colère contre le comte car elle croit qu'il ne l'a pas bien servie auprès du duc puisqu'elle est toujours en retraite et ne peut retourner à la cour, mais elle lui pardonne bientôt: «Ingrat! s'écria-t-elle, est-ce ainsi que vous avez pris mon party quand le Duc vous a fait voir à quel point il estoit irrité contre moy? [...] Le Comte s'excusa si bien, et dit tant de bonnes raisons pour se justifier aupres d'elle qu'ils firent bien-tost la paix ensemble[230]». Dans la nouvelle *Dom Amador de Cardone*, on voit les réactions diverses des dames qui éprouvent du dépit et de la colère lorsque leur barque chavire et qu'elles ne sont pas sauvées par leur amant respectif:

> cette bizarerie de la fortune donna matiere à bien des reproches et à des mépris; Fortun et Dom Amador de Cardone en furent les plus accablez, Cantespine et Zelide estoient violentes, elles croyoient avoir sujet de se plaindre d'eux, et elles n'épargnerent point tous les outrages que leur dépit leur persuada qu'ils meritoient. Le Comte de Barcelone ne fut pas

---

[230]   *La belle Marguerite, nouvelle, op. cit.*, p. 62.

exempt des plaintes de Cantespine; mais pour le Comte d'Urgel, elle eut tant d'indifference pour luy qu'elle ne luy fit pas l'honneur de se plaindre de son procedé[231].

Deuxièmement, un manque de courtoisie élémentaire, la moindre entorse aux règles de politesse est impardonnable de la part d'un galant et irrite la belle, nous dit-on dans une bonne dizaine de textes. Sudelie se met en colère quand elle apprend que le comte de Tekely est parti sans lui dire au revoir: «[Sudelie] fut si offensée de n'entendre plus parler de luy, et sur tout de ce qu'il étoit party sans luy rien dire, qu'elle eut une honte secrete d'avoir eu tant de foiblesse pour un homme qui y répondoit si mal; et dans la colere où elle étoit contre luy, elle chercha à luy trouver des défauts pour se consoler plus aisément de sa perte[232]». De même, Celanire est irritée par Cleandre qui est venu la voir sans lui en avoir demandé la permission au préalable[233].

Ne pas se présenter à un rendez-vous, ne pas daigner répondre à un billet, ne pas donner signe de vie ou refuser un présent est perçu, en troisième lieu, comme un manque d'empressement et de reconnaissance du galant à l'égard de la belle. Ces marques de mépris, d'indifférence et d'oubli froissent la délicatesse de la dame et suscitent immédiatement son indignation. Une quinzaine de nouvellistes évoquent cette règle pour justifier l'emportement de leurs personnages féminins, à l'exemple de cette dame qui est en colère contre Eugenio car il ne s'est pas présenté au rendez-vous la veille, ce qui lui a causé du souci[234]. Cette règle, qui est aussi connue des autres personnages, a une influence sur leurs agissements. Albirond sait pertinemment qu'il doit accepter les présents de la sultane pour ne pas la courroucer: «Albirond ne pouvoit pas refuser cela sans offenser sa nouvelle Maistresse, car elles font un capital d'un refus comme d'un grand mespris[235]». Mme de Tournon qui veut brouiller deux amants, Sansac et Mlle de Roye, part de cette règle pour élaborer sa stratégie:

> On supprima les lettres qu'ils s'écrivaient de part et d'autre et on dit seulement à Mademoiselle de Roye que Sansac lui était très obligé de ses rubans; ce mépris, qu'elle avait si peu mérité, la mit dans une colère

[231] *Histoire espagnole ou Dom Amador de Cardone, nouvelle, op. cit.*, p. 45–47.

[232] Jean de Préchac, *Le comte Tekely, nouvelle historique*, Paris, Claude Barbin, 1686, in-12, p. 53–54.

[233] Madeleine de Scudéry, *La promenade de Versailles, op. cit.*, p. 472.

[234] «La colere la fit plutost rendre que l'amour au lieu de l'assignation. Elle fit de grandes plaintes à Eugenio, luy dit qu'elle avoit esté fort en peine de luy, et qu'elle avoit crû qu'il s'estoit trouvé embarassé dans quelque méchante affaire», «Eugenio. Nouvelle», *Mercure Galant*, Paris, 1674, t. V, p. 20–21.

[235] Sébastien Bremond, *L'amoureux africain ou nouvelle galanterie, op. cit.*, p. 40.

inconcevable. D'abord elle fut surprise de ce procédé, mais son esprit était aigri de longue main par la froideur extraordinaire qu'on lui marquait et tout paraît vraisemblable à la jalousie[236].

Les nouvellistes, en plus de diffuser cette règle pour instruire leurs lecteurs sur l'art d'aimer, en font un procédé littéraire. La colère féminine, prévisible et facilement provocable dans ce contexte, devient un obstacle qui nuit au bon déroulement de l'intrigue en mettant l'amour des amants en péril. C'est effectivement ce qui se produit dans une nouvelle de *Mercure Galant* où une belle choisit, par dépit, d'épouser le financier parce que le cavalier qu'elle aime n'est pas venu à son rendez-vous : « le sujet qu'elle croyoit avoir de se plaindre des mépris du Cavalier, tout cela luy fit une impression si forte, qu'elle signa [le contrat de mariage] comme on le voulut[237] ».

En dernier lieu, porter atteinte à la liberté de la dame n'est pas une pratique davantage recevable. Quand elle croit que le baron Holk a mis Eugénie à son service pour l'espionner, Béralde est en proie à la colère[238]. Pire encore, les mauvais traitements et les marques de violence sont inadmissibles de la part d'un galant homme, et la colère féminine qui s'ensuit est juste et légitime. La cabaretière est en colère contre son mari qui l'a injustement battue et elle décide de se séparer de lui : « Les coups s'impriment bien avant dans l'ame d'une femme, et on n'en voit gueres revenir d'un pareil traittement. La cabaretiere ne voulut point aussi entendre parler de luy pardonner[239] ». Plus loin, on lit : « Elle est extremement irritée, et a la justice de son costé[240] ».

La nouvelle galante « Suite de l'histoire des fleurs » présente la colère provoquée par des manquements aux devoirs de galanterie sous un autre jour, moins favorable aux dames. D'abord, l'auteur prend appui sur cette règle pour expliquer la conduite de ses personnages et pour nourrir son intrigue : « Aucuns devoirs cependant n'estoient rendus de sa part à la Violette. Ce procedé marquoit de l'oubly, de l'indifférence, ou du mépris. Elle en redoubla sa colère contre luy, et vint mesme deux fois dans sa Retraite pour luy en faire des reproches[241] ». Cette nouvelle prenant la forme d'une allégorie, un enjeu moral s'y dessine nécessairement. On en profite donc pour donner une petite

---

[236] Catherine Bernard, *Le comte d'Amboise, nouvelle, op. cit.*, p. 295.

[237] « Histoire », *Mercure Galant*, Paris, mars 1682, p. 253.

[238] « Mais s'étant apperçûe qu'elle [Eugenie] l'avoit suivie [Béralde] et qu'elle l'avoit surprise en pleurant, il luy prit un mouvement de colere qui l'obligea à se tourner du côté de cette fille : Commencez-vous à me persecuter, luy dit-elle ? dites à celuy qui vous envoie chez moy, que je ne l'aimeray jamais », Jean de Préchac, *Le beau Polonois, nouvelle galante*, Lyon, Thomas Amaulry, 1681, in-12, p. 68.

[239] Gatien de Courtilz de Sandras, *Nouvelles amoureuses et galantes, op. cit.*, p. 293.

[240] *Ibid.*, p. 294.

[241] « Suite de l'histoire des fleurs », *Mercure Galant*, Paris, juin 1681, p. 80.

leçon aux lecteurs. Lorsque la Violette cherche à se venger du Muguet en médisant à son sujet, on déplore le dérèglement de ses passions alors qu'on loue la tranquillité du Muguet. Il faut dire que dans cette histoire, on tente surtout de condamner la coquetterie de la Violette qui prétend être aimée de tous. L'action se déroule progressivement : « elle s'attendit donc à un autre [devoir d'amant]. Le temps luy fit voir que son attente estoit vaine. Elle en eut du dépit. La patience luy échapa, et la vangeance s'emparant enfin de son ame, elle se déchaîna d'une telle maniere contre le Muguet, que tout le Parterre en fut surpris et scandalisé[242] ». Puis, vient le jugement moral final :

> L'Iris, ancienne Amie du Muguet, l'avertit des discours outrageans que la Violette tenoit de luy. Il en écouta le rapport avec étonnement, mais aussi avec modération. Elle est en colere, dit-il, il faut l'excuser, et ne la pas croire. Ce peu de mots fut toute sa défense. Il n'y a rien adjoûté jusqu'à ce jour, par le respect qu'il doit au Sexe de cette Fleur, et par la considération des premieres bontez qu'elle a euës pour luy. Tout le Parterre l'a loüé de cette conduite peu ordinaire, a blâmé celle de la Violete, et a declaré qu'une tendresse et des faveurs qu'on accorde à tout venant, méritoient d'estre payées de mépris[243].

Les nouvellistes qui évoquent ces règles dans leurs nouvelles le font donc surtout pour expliquer pourquoi les belles se mettent en colère, pour enseigner aux galants les écarts de conduite à éviter et les comportements à privilégier afin de plaire aux dames, pour structurer le déroulement de leur intrigue et parfois la faire rebondir.

3.D. Le mépris des charmes et de la beauté

Les motifs qui légitiment la colère et la vengeance féminine sont le plus souvent tirés de la sphère de la vie privée et se présentent presque toujours comme des attaques personnelles. La femme est donc ouvertement autorisée à se mettre en colère et peut se venger, dans une quinzaine de nouvelles, lorsque l'on méprise ses charmes ou que l'on fait injure à sa beauté. Sous la plume de Catherine Bernard, cette règle typiquement féminine prend la forme de maximes : « On est particulièrement jalouse de sa beauté, et souvent on ne veut un amant que pour en rendre témoignage » ; « Les mépris qu'on a pour une belle lui font plus de dépit encore que tout ce qu'on pourrait marquer au plus amoureux de tous les hommes »[244]. Cette règle évoque bien entendu la vanité, ce défaut que les moralistes attribuent généralement

---

[242] *Ibid.*, p. 84–85.
[243] *Ibid.*, p. 85–86.
[244] Catherine Bernard, *Fédéric de Sicile, op. cit.*, p. 146.

aux femmes et contre lequel on ne cesse de les mettre en garde[245], mais elle repose surtout sur un schéma de colère et de vengeance bien connu depuis Sénèque et repris par Cureau de la Chambre[246]. L'indignation vient d'une trop haute estime de soi, or les femmes accordent la plus grande importante à leur beauté, elles se sentent donc offensées par ceux qui ne rendent pas justice à l'avantage que la nature leur a donné, y voyant une marque de mépris.

Du moment que la suprématie de sa beauté lui est contestée, la dame est piquée à vif dans son honneur et désire se venger de cet homme, qu'elle l'aime ou non. Cette règle est reprise et modulée dans diverses situations. La colère de Leriane quand elle apprend que son laquais ne la trouve pas belle en est un exemple : « Ayant sçeu un jour que son laquais avoit dit à quelques gens qu'il ne la trouvoit pas belle, elle en eut un tel dépit qu'il la rendit malade jusques à luy faire garder le lit. Elle le maltraita si fort, et le chassa, ne pouvant souffrir devant ses yeux personne qui ne l'adorast[247] ». Cette sensibilité des femmes pour leur beauté ne s'atténue pas avec l'âge, au contraire, et leur irritation tourne à la fureur quand un galant ose les railler au sujet de leur vieillesse. Telle est la réaction de Lingafer lorsqu'elle lit les trois méchantes épitaphes que l'Allemand a composées à son sujet :

Cy dessous gist une enragée, / Qui fust dés le berceau sans grace et sans appas, / Les Vers ne la mangeront pas, / Car ils l'ont déjà mangée.

AUTRE. En laideur, en malice, elle fut sans seconde, / Ses yeux annonçoient les malheurs ; / Passant, sur ce Tombeau ne verse point de pleurs, / Il valoit mieux pleurer lors qu'elle vint au monde.

AUTRE. *C'est icy le Tombeau du Vice : / En ce lieu Linganfer termina sa fureur. / De son sexe elle fut l'horreur, / Du nostre elle fut le supplice*[248].

---

[245] Voir par exemple Jean de La Bruyère, *Les caractères*, « Des femmes », n° 5 à 8. Fénelon, dans son traité de *L'éducation des filles* consacre le chapitre X à « La vanité de la beauté et des ajustements », de même que l'abbé Du Bosc consacre un chapitre à la beauté dans la première partie de *L'honnête femme*. François de Grenaille, dans le chapitre qui porte sur les soins du corps, insiste davantage sur la modestie des filles qui doit paraître jusque dans leur habillement par la simplicité des parures et des vêtements.

[246] Sénèque, *Dialogues. De Ira / De la colère*, t. I, Paris, Belles Lettres, 1922, p. 77. Marin Cureau de la Chambre, *Les charactères des passions, op. cit.*, vol. 2, p. 320–321.

[247] Jean Donneau de Visé, *L'amour échapé ou les diverses manieres d'aymer, contenuës en quarante histoires ; avec Le Parlement d'Amour, op. cit.*, t. II, p. 92–93.

[248] Antoine Torche, *Le chien de Boulogne ou l'amant fidelle, nouvelle galante*, Genève, Slatkine Reprints, 1979 [1668], p. 177–178 (en italique dans le texte). Voir aussi p. 183.

Les femmes s'irritent autant, si ce n'est davantage, quand le galant, en plus de mépriser leur beauté, leur fait l'offense de préférer la beauté d'une autre dame. La description que fait Bremond de la colère de la reine quand elle voit Saluces préférer la beauté de Briséïde à la sienne, respecte cette règle et en souligne bien tous les enjeux[249]. De même, lorsque l'amant ne profite pas des faveurs qu'elle lui offre, la dame s'emporte voyant là un nouvel outrage que l'on porte à sa beauté, une preuve que l'amant n'a que de l'indifférence à son égard et qu'il est insensible à ses grâces. La colère peut être grande, comme celle de Lupanie lorsque son amant la couvre, par pudeur, au lieu de jouir des charmes qu'elle lui expose[250], ou être de courte durée. La sultane, lorsque Albirond reste impuissant devant ses charmes, est en proie à la colère mais ce mouvement est suivi de rires et de railleries[251].

Toutes ces belles éprouvent un vif désir de vengeance, et à en croire Mme de Montferrier qui écrit au chevalier de Virlay, la vengeance n'est d'ailleurs pleinement autorisée qu'à l'occasion d'une démonstration de mépris: «Défaites-vous donc de vos scrupules, et ne vous exposez point à ma vengeance: notre sexe ne la croit jamais si légitime que sur ces sortes de choses[252]». On trouve le même genre d'avertissement sous forme de maximes dans la nouvelle *Dom Amador de Cardone*[253] et dans le *Journal amoureux*[254]. Si la vengeance

---

[249] «[Saluces] n'eut pas plustôt tourné les yeux du costé de la Princesse, qu'Elle vit ses charmes deffaits. Cruelle avanture pour une si belle Reyne, qui avoit meprisé la conqueste de plusieurs Rois. Elle en fut outrée jusqu'au cœur: Neanmoins comme elle avoit assez bonne opinion d'Elle même, pour ne pas ceder à une autre; et qu'une femme se flatte toûjours fort aysement sur sa beauté, Elle voulut revenir à la charge: Elle le regarda, soûpira dans le temps qu'il jettoit les yeux sur Elle; luy sourit, luy parla fort obligemment: tant d'avances devoient produire quelque effet, mais rien, ou bien peu de chose. [...] Ah mon dieu quel depit!» Sébastien Bremond, *La princesse de Montferrat. Nouvelle, contenant son histoire et les amours du comte de Saluces*, *op. cit.*, p. 73–74.

[250] Paul-Alexis Blessebois, *Lupanie. Histoire amoureuse de ce temps*, s.l., s.é., s.d., in-12, p. 100–102.

[251] «L'amoureuse Sultane s'en offense à la fin, sa patience est à bout, et son ame toute enflammée ne pouvoit soufrir plus long-temps auprés d'elle un homme de marbre: elle l'abandonne donc d'un air plein de colere et de mespris sans luy dire une seule parole, et se retire vers son Esclave.» Sébastien Bremond, *L'amoureux africain ou nouvelle galanterie*, *op. cit.*, p. 209. Voir aussi p. 213.

[252] Marie-Catherine Hortense Desjardins, dite Mme de Villedieu, *Le portefeuille*, *op. cit.*, p. 585–586.

[253] «[L]a vengeance est la passion favorite des Dames apres l'amour, elles ne pardonnent gueres une offense qui touche le merite et la beauté», *Histoire espagnole ou Dom Amador de Cardone, nouvelle*, *op. cit.*, p. 23.

[254] «Une Dame vange le mépris qu'on fait de sa beauté préférablement à tous les autres outrages», Marie-Catherine Hortense Desjardins, dite Mme de Villedieu, *Journal amoureux*, *op. cit.*, p. 198.

féminine est légitime quand un homme fait injure à sa beauté, elle ne reste que dans les limites du raisonnable, dans la sphère de la vie privée. Elle peut consister à aimer ailleurs, à nuire aux amours du galant, à le séduire et/ou à cesser de l'aimer. Les nouvelles deviennent en quelque sorte un répertoire qui permet au lecteur d'apprendre de manière divertissante quelles sont les pratiques recommandables et celles dont il faut se méfier. On y passe en revue tous les cas de figures : Mme de L'Archant ne montre pas à Tournon qu'elle l'aime pour se venger du mépris qu'il a fait de sa beauté en lui préférant d'abord Mme d'Annebault[255] ; Madame veut donner de l'amour à Tournon pour se venger du fait qu'il n'a pas remarqué sa beauté et qu'il lui préfère Mme de L'Archant[256] ; Sélimane veut se venger de l'outrage que le sultan a fait à sa beauté en aimant Arianisse[257] ; et Menalippe veut se venger de la raillerie d'Eraste au sujet de son âge et de sa beauté en nuisant à ses amours avec la duchesse de Silesie[258].

La vengeance étant une pratique jugée inconvenante pour le sexe faible, il arrive qu'elles s'en remettent à un tiers. Dans *Le voyage de la reine d'Espagne*, la marquise désire ardemment se venger du mépris que le comte de Beaujeu a fait de sa beauté. Sa fille Perline écrit d'ailleurs un billet au comte pour l'en aviser : « Ma mere est dans le dernier emportement contre vous, elle ne respire que vengeance, et ne parle que de vous arracher les yeux, continués vostre voyage, et laissez passer les premiers transports de sa colere[259] ». La marquise respecte toutefois la règle de la division sexuelle et demande à son fils de prendre le soin de la venger : « sa fureur alla si loin, qu'elle menaça son fils de ne le voir jamais, s'il ne la vangeoit de l'outrage qu'elle pretendoit avoir receu du Comte[260] ». La vengeance féminine est donc reconnue par les nouvellistes comme un juste désir, une douce récompense, et donne lieu à des projets ou à des menaces, mais elle semble n'être permise que du moment qu'elle reste dans un cadre galant et s'intègre facilement aux normes qui régissent l'honnête société. Elle est tolérée lorsqu'elle se limite aux jeux de l'amour, qu'elle ne fait pas couler de sang ni ne provoque de désordre sur la scène publique. Les nouvellistes ne condamnent donc pas les femmes qui s'emportent quand

---

[255] *Ibid.*, p. 225.
[256] *Ibid.*, p. 223.
[257] Anne de La Roche-Guilhen, *Le grand Scanderberg, nouvelle*, Genève, Slatkine Reprints, 1980 [1688], p. 59.
[258] Claude Colin, *Eraste, nouvelle : ou sont descrites plusieurs avantures amoureuses, op. cit.*, p. 32.
[259] Jean de Préchac, *Le voyage de la reine d'Espagne*, vol. 1, Paris, Jean Ribou, 1680, in-12, p. 130–131.
[260] *Ibid.*, p. 149–150.

on outrage leur beauté, mais ils tentent d'en éviter les effets en privilégiant les vengeances galantes dans leurs textes.

L'emploi de cette règle par les nouvellistes ne sert pas uniquement à justifier la colère féminine et à prescrire des bornes au désir de vengeance qui l'accompagne : elle dicte aussi la conduite des autres personnages et structure le déroulement de l'intrigue. Les nouvellistes mettent en scène des hommes du monde qui connaissent (et font connaître au lecteur) cette règle et optent pour un comportement qui les mettra à l'abri de cette grande colère et du désir de vengeance qui l'accompagne. C'est pour en éviter les effets que le comte ne va pas à la rencontre de la marquise, dans *Le voyage de la reine d'Espagne* :

> le Comte ne fut averty de la colere de la Marquise, qu'après qu'il eut apris son départ, une resolution si precipitée l'embarassa extrémement, il voulut la suivre d'abord [...] mais comme il avoit une parfaite connoissance de l'humeur des femmes, il fit reflexion que sa presence ne serviroit qu'à aigrir davantage l'irritée Marquise ; car il est certain qu'une femme ne pardonne jamais le mépris qu'on a fait de sa beauté[261].

Les auteurs y ont aussi recours car la dynamique inhérente à cette règle rend la progression de l'intrigue cohérente. Cet enchaînement d'action/réaction est à l'œuvre dans *Célinte, nouvelle première*. Clariste s'emporte contre Ariston car elle croit qu'il a raillé sa beauté dans quelques vers plaisants qui ont circulé dans le monde : « Il est pourtant certain qu'Ariston n'y avoit point songé, mais comme elle le croyoit, elle en avoit l'esprit irrité, et ne perdoit nulle occasion de luy rendre raillerie pour raillerie[262] ». Elle surnomme Ariston et Méliandre les « vulgaires amants », se souciant peu de nuire à Méliandre qui pourtant ne lui a fait aucune injure. Ce mot d'esprit qui fait le tour de la belle société égratigne au passage l'honneur des deux hommes. Cherchant toujours une occasion de se venger, elle troque la raillerie pour la plume, et compose une chanson – dans laquelle elle ridiculise Ariston – qui connaît un franc succès auprès de la société de salon. Ce couplet que tout le monde chante « devint tellement à la mode, que le pauvre Ariston en eut l'esprit assez mortifié[263] ». Dans cette nouvelle de Mlle de Scudéry, si c'est la fonction structurante de la règle qui est privilégiée, l'enseignement moral et civil n'est pas mis de côté pour autant puisque les moyens de vengeance privilégiés par la belle irritée sont la raillerie et les vers, pratiques acceptables car elles ne détruisent pas l'équilibre du salon mondain.

---

261 *Ibid.*, p. 122–123.
262 Madeleine de Scudéry, *Célinte, nouvelle première, op. cit.*, p. 87.
263 *Ibid.*, p. 93.

3.E. *L'atteinte à la pudeur et à la vertu*

L'histoire se complique pour l'amant car, s'il ne doit pas mépriser la beauté et les charmes de la dame sous peine de provoquer sa colère, il ne doit pas non plus abuser de ses faveurs ni pousser trop loin leur commerce amoureux : tout est une question de juste mesure. La hardiesse et la témérité dont font preuve certains galants irritent les belles qui y voient un outrage à leur vertu, une atteinte à leur pudeur, et un manque de respect. Elles nourrissent un immense ressentiment à l'égard de celui qui croit qu'elles peuvent se donner avec tant de facilité, qu'elles sont assez faibles pour succomber à leurs avances, de la même manière qu'une simple déclaration d'amour suffit à les courroucer. La colère et la vengeance féminine se portent donc, dans ce cas, au secours de leur vertu, en posant des bornes aux désirs des hommes et à leurs initiatives. C'est pour cette raison qu'elles sont valorisées mais l'amour est également en jeu. En portant atteinte à la pudeur et à la vertu de la dame, le galant ne remplit pas les devoirs du parfait amant, et il n'en faut pas plus pour qu'elle en conclue aussitôt : « il ne m'aime pas, s'il m'aimoit il ne chercheroit pas à m'outrager[264] ».

La lecture des nouvelles galantes et historiques permet de mettre au jour les limites que l'amant ne doit pas outrepasser, les règles qu'il doit suivre s'il veut éviter de déplaire à sa belle. Ces règles sont assez simples et correspondent au code de l'amour tendre. D'abord, l'amant ne doit pas se présenter dans la chambre de la dame (dans le sérail dans le cas des nouvelles ottomanes) ni être seul avec elle afin de ne pas l'exposer à la médisance. Ainsi, Clorinde se met en colère quand le marquis se fait hardi au point d'aller dans sa chambre la nuit et le menace de ne plus le voir[265]. Arianisse est en colère quand Musulman vient la voir au sérail déguisé en fille[266]. Le galant ne doit pas chercher à profiter des faveurs de sa dame hors des liens sacrés du mariage. On voit, dans les *Nouvelles galantes et aventures du temps*, que Clorinde éprouve de la colère quand son ancien amant a l'insolence de vouloir reprendre leur commerce amoureux alors qu'elle est mariée à présent : « Clorinde, jugeant par la lecture de cette Lettre, que le Marquis pretendoit se servir de ses premiers droits, eut contre luy toute l'indignation, dont une femme irritée peut estre capable : Il luy passa mille desseins violens par la teste, pour se venger de ce perfide[267] ». La colère de Divine est tout aussi

---

[264] *Béralde, prince de Savoye, op. cit.*, vol. 1, p. 96.

[265] Jean de Préchac, *Nouvelles galantes et aventures du temps*, t. II, Paris, Compagnie des Libraires, 1680, in-12, p. 60.

[266] Anne de La Roche-Guilhen, *Le grand Scanderberg, nouvelle, op. cit.*, p. 165.

[267] Jean de Préchac, *Nouvelles galantes et aventures du temps, op. cit.*, t. II, p. 71–72.

grande en découvrant que c'est La Valinière et non son mari qui a profité de ses faveurs dans son lit :

> Divine qui le reconnut à sa voix, se mit à crier de toute sa force, et entra dans une fureur, qu'il seroit difficile d'exprimer aussi grande qu'elle l'estoit : voyant que personne ne venoit à son secours, et que son perfide amant la retenoit dans son lit avec violence elle s'abandonna aux larmes, et luy dit toutes les injures que sa colere luy inspira : les noms de traître, lâche et barbare, furent les moindres, dont elle se servit, pour luy reprocher sa perfidie[268].

L'amant ne peut espérer voir le corps de la dame aimée de trop près. Amelonde s'emporte quand Vadelian prétend pouvoir toucher son sein parce qu'il lui jette une bourse remplie d'or : « le feu de son cœur outragé luy monte au visage ; et d'un ton de voix aussi ferme que ses sentimens estoient genereux, Impudent, luy dit-elle, où vous ay-je donné sujet d'entreprendre de me faire cette injure ? Et par quelles apparences en toute ma conduite avez vous pû me soupçonner d'une lâcheté ?[269] »

À la lumière de ce que l'on vient de voir, il semble bien que les exemples de colère féminine mis de l'avant par les nouvellistes dans leurs textes servent autant à encourager les dames à adopter un comportement vertueux qui protége leur pudeur[270], qu'à inciter les hommes à éviter les écarts de conduite, que les auteurs cherchent à diffuser, par ce moyen, un double enseignement. Mais qu'en est-il de leur position face à la vengeance ? Lorsque l'injure ressortit du domaine privé, qu'elle est faite à l'abri du regard d'autrui (comme c'est le plus souvent le cas quand il s'agit d'amour et de galanterie), la vengeance des femmes n'est pas valorisée car elle est jugée inutile, la colère étant suffisante pour dissuader l'amant d'aller plus loin. S'ajoute à cela la règle de la division sexuelle selon laquelle les femmes sont trop faibles pour se venger. Les personnages féminins désirent se venger de celui qui a porté atteinte à leur pudeur, souhaitent punir l'indigne amant de sa témérité, mais elles ne vont pas plus avant dans leur projet de vengeance puisqu'il n'y a pas de dom-

---

[268] *Ibid.*, p. 27–28.

[269] François Hédelin, abbé d'Aubignac, *Amelonde, histoire de nostre temps. Ou l'on void qu'une honneste femme est heureuse quand elle suit un conseil sage et vertueux*, Paris, Jean-Baptiste Loyson, 1669, in-12, p. 267.

[270] Les nouvelles recoupent ici l'enseignement qu'on prodigue aux filles dans les manuels de civilité. François de Grenaille, par exemple, écrit : « Je veux que l'honneste fille ait tant de soin de son honneur, qu'elle fuie les moindres dangers, où il pourroit, je ne dis pas se perdre, mais amoindrir son esclat. » (*L'honnête fille où dans le premier livre il est traité de l'esprit des filles*, Paris, Honoré Champion, 2003 [1640], p. 370.) L'honneur des filles résidant, on le sait, dans la chasteté, la continence et la pudicité.

mages publics. Amelonde résume bien la situation quand elle ose se plaindre de sa condition de femme : « Que les femmes sont malheureuses de n'avoir pas droit de prendre les armes pour se venger ! J'en aurois bien la force, mais nous sommes reduites à la necessité de souffrir, et de ne pas éclater d'un outrage qui n'a que notre honneur pour témoin[271] ».

Mais dès que l'injure relève du domaine public, qu'un tiers est témoin de l'offense portée, la vengeance, tout comme la colère qui la précède, devient acceptable et on reconnaît à la femme le droit d'exiger réparation et de rétablir sa réputation. Selon cette règle, l'amant est encore plus coupable s'il ose publier (faussement) qu'il a profité des faveurs de la belle, car non seulement il outrage sa vertu, mais il est indiscret et nuit à sa réputation. C'est donc en toute légitimité qu'elle s'emporte et cherche à se venger afin de sauver son honneur et de protéger sa vertu. La dimension collective de la colère et de la vengeance punitive est évidente dans cette nouvelle du *Mercure Galant* qui prend la forme d'un *exemplum* : « Le beau Sexe outragé s'assemble, On s'anime, on confere ensemble ; Jugez ce qui fut dit, quels Arrests on donna, Et combien l'on se dechaisna[272] ». Les femmes décident de punir le galant qui dit avoir profité de leurs faveurs. Pour se venger, elles lui font une plaisanterie – il est lié, déshabillé et promené partout, technique qui tient de l'ordre du charivari –, puis elles vont se plaindre au juge qui émet un arrêt de cour exigeant du galant qu'il répare l'honneur des honnêtes femmes[273]. Le recours à la justice vient encore souligner le caractère public de l'offense subie et la légitimité du désir de vengeance des femmes, mais en lui donnant une forme plus convenable socialement.

Le pire outrage consiste à enlever la belle puisque cela blesse sa vertu, porte atteinte à son honneur et à sa réputation, en plus de ne pas respecter sa volonté et sa liberté. Tout cela fait que la colère des femmes est juste, légitime et éclatante. Zamire réagit ainsi quand elle comprend que Bastame l'enlève : « Je vis d'abord que le bon office qu'il me rendoit étoit un bien empoisonné,

---

[271] François Hédelin, abbé d'Aubignac, *Amelonde, histoire de nostre temps. Ou l'on void qu'une honneste femme est heureuse quand elle suit un conseil sage et vertueux, op. cit.,* p. 268–269.

[272] « Histoire », *Mercure Galant*, Paris, avril 1686, p. 130.

[273] « Cette Boiteuse dit, que pour vanger l'outrage, Il falloit se saisir de ce lasche Imposteur, Et que sur son honneur Elle leur promettoit de le rendre plus sage. » « Chaque coup est suivy d'une nouvelle injure, Puis on le laisse seul, pleurer son avanture, Apres s'estre si bien vangé, Le Sexe ayant pour Chef cette Boiteuse habile, Alla se plaindre en Corps au Juge de la Ville, De ce faux Détracteur qui l'avoit outragé. » *Ibid.,* p. 130–131 et p. 132. Voir aussi « Histoire », *Mercure Galant*, Paris, avril 1684, p. 195–218, où les femmes se liguent entre elles et battent le galant pour se venger, après avoir eu confirmation des contes qu'il publie à leur sujet.

et que j'allois passer par une épreuve plus cruelle que celle des flammes. Je lui en fis des reproches tels que mon juste ressentiment me pouvoit inspirer. Il y répondit froidement, et me laissa la seule liberté de me chagriner[274]». La vengeance qui suit un enlèvement est proportionnelle à l'outrage fait à la dame puisqu'en agissant ainsi le ravisseur a compromis la demoiselle et irrémédiablement entaché sa réputation: sans vertu, la demoiselle est perdue. Liris souhaite ardemment se venger de la tentative d'enlèvement d'Argestan et en homme du monde, Argestan s'expose à cette vengeance qui échoue finalement: «Son amour se réveilla, il tendit son sein à cette belle irritée, et la pria de le frapper, luy protestant qu'il aimoit mieux mourir que de vivre avec sa haine: Elle n'eut point de retour de tendresse qui l'empeschast d'executer son dessein; Elle le frappa sans consulter que sa vangeance, et luy fit une playe profonde, mais qui par bon heur n'estoit pas mortelle[275]». Les femmes, selon la règle de la division sexuelle, sont toutefois encouragées à ne pas être les ouvrières de leur vengeance, mais à recourir plutôt à un tiers ou à la justice. C'est ce que fait Helena en s'adressant aux juges mais elle se bute à leur refus:

> Je leur répondis fort hardiment, que je ne prétendois pas seulement mon élargissement; mais que je demandois qu'ils me fissent justice de l'affront qu'on m'avoit fait de m'enlever par force de chez moy. A ces paroles, ils furent bien surpris; ils auroient voulu me donner satisfaction mais ils ne le pouvoient, sans ternir la reputation de Dom Sebastian et de Don Sanches son Frere[276].

C'est Dom Diego qui la venge de façon inattendue (non préméditée) en tuant son ravisseur, la vengeance devenant du coup une marque d'amour[277]. On tâche également de limiter l'ampleur que peuvent prendre ces vengeances en déclarant, par exemple, qu'une femme doit se considérer vengée quand quelqu'un la sauve de son ravisseur et qu'elle échappe à son enlèvement. Cleonte rappelle ainsi Celie à l'ordre: «Helas, Madame, interrompit Cleonte, contentez vous qu'Arside vous ayt vengée, sans accroistre mon mal par des reproches qui sont mille fois plus cruels que la mort qu'il m'a donnée[278]». On trouve même un cas de femme sage renonçant à se venger pour ne pas faire d'éclat: il s'agit de Christine, «l'héroïne mousquetaire», qui n'éprouve

[274] François Raguenet, *Zamire, histoire persane, op. cit.*, p. 231.
[275] Jean Donneau de Visé, *L'amour échapé ou les diverses manieres d'aymer, contenuës en quarante histoires; avec Le Parlement d'Amour, op. cit.*, t. III, p. 244–245.
[276] *Nouvelles de l'Amérique ou le Mercure Ameriquain. Où sont contenuës trois histoires veritables arrivées en nôtre temps, op. cit.*, p. 81.
[277] «Ah! Madame, dit Dom Diego, est-ce Don Sebastian à qui j'ay fait perdre la vie? Oüy, répondit Helena, Ha, repartit-il, je suis satisfait! puisque j'ay le bon-heur de vous avoir vengée et délivrée de vôtre plus grand ennemy.» *Ibid.*, p. 90–91.
[278] A. Ancelin, *Le portrait funeste, nouvelle, op. cit.*, p. 14.

pas le désir de se venger de Dom Philippe voulant l'enlever, et qui lui fait simplement part de son refus de l'épouser[279]. On le voit, bien que le droit des femmes à la vengeance soit reconnu dans les nouvelles, on tend à le leur dénier ou alors à leur imposer des limites de plus en plus étroites afin d'éviter les éclats et les débordements qui causeraient du désordre dans la société.

4. La colère et la vengeance suite au mépris de l'être aimé

4.A. Le mépris

Les amants dont l'amour n'est pas payé de retour et qui voient leur passion dédaignée par l'être aimé, sont profondément blessés par ce mépris : ils s'emportent avec fracas et désirent se venger. Cette règle respecte à la lettre la définition aristotélicienne qui veut qu'un individu se mette en colère quand il est l'objet d'un mépris injustifié et qu'il cherche à se venger en rendant dédain pour dédain. Les amoureux ne supportent pas que leur personne suscite des sentiments si peu flatteurs, que le don de leur cœur soit considéré sans valeur par l'être aimé. En ouvrant son cœur et en s'abandonnant complètement à l'autre, l'amoureux(se) espère toucher l'objet de sa flamme, s'attend à ce que sa tendresse donne lieu à de la gratitude de sa part, mais puisqu'il n'en est rien, il (elle) se met en colère. On trouve près de dix exemples de personnages masculins dont la colère répond à cet impératif dans les textes littéraires, qu'il s'agisse de la fierté du cardinal irrité par le mépris que lui témoigne la duchesse[280], ou du grand dépit qu'éprouve Dom Arias lorsque Dona Hermosa le regarde avec mépris[281]. De même, les femmes sont sensiblement blessées par le mépris des hommes qui ne partagent pas leur sentiment d'amour. Retenons l'exemple d'Astérie qui se met en colère quand elle apprend que Tazandre, dont elle se croyait aimée, n'a que de l'amitié pour elle : « La pensée de l'injustice que luy faisoit Tazandre, en l'affligeant, luy donna de l'indi-

---

[279] « Mais Christine qui estoit de l'humeur de la plupart des femmes, qui ne hayssent jamais mortellement les amans mème, qu'elles ne veulent point aimer, fatiguée d'ailleurs des éclats qu'elle avoit déjà causé, elle ne put se résoudre à se vanger cruellement des desseins qu'une passion qu'elle avoit donnée avoit inspirez, et elle se contenta d'entrer dans la chambre de Dom Philippe suivies des nobles de son voisinage ; Elle lui dit avec plusieurs marques de consideration pour sa personne, qu'elle ne pouvoit se resoudre à se marier », Jean de Préchac, *L'heroïne mousquetaire, histoire véritable, op. cit.*, p. 91–92.

[280] Isaac Claude, *Le comte de Soissons et le cardinal de Richelieu rivaux de madame la duchesse d'Elbœuf. Nouvelle galante, op. cit.*, p. 120.

[281] Savinien Riflé, sieur de Garouville, *L'amant oysif, contenant cinquante nouvelles espagnoles, divisé en trois parties, op. cit.*, vol. 2, p. 18–19.

gnation pour luy; et son dépit achevant de l'irriter, elle dit plusieurs fois en elle-mesme, il faut le mépriser comme il me méprise, et il faut qu'il reste dans mon cœur que le regret de l'avoir estimé[282]». Plus encore, lorsque la dame aimée repousse l'amour du galant ou refuse de l'épouser, il y voit un grave signe de mépris. Sa grandeur ou son mérite ne pouvant supporter de prodiguer en vain des preuves de sa passion, sa colère est terrible. Les hommes sont plus d'une quinzaine à s'irriter de la sorte dans les nouvelles. Amurat, pour ne prendre que cet exemple, est si en colère contre Arianisse qui refuse de l'aimer qu'il veut la tuer puis la menace de tuer son père: «Mon Amour vient enfin de céder à ma colère. Un homme comme moi ne doit pas écouter la pitié. Allez donc, Orcan, allez sacrifier l'ingrate Arianisse à la honte de m'avoir fait soupirer inutilement. Son sang éteindra le reste de mes feux[283]». Refuser d'épouser la dame est aussi la plus grande preuve de mépris qu'un homme puisse lui donner, mais cela est peu fréquent (on en trouve seulement trois cas dans les nouvelles). À preuve, cet échange entre le prisonnier Dom Sebastian et Abdelise:

> le Roy m'a commandé de vous dire pour la derniere fois, que nostre mariage étoit le seul moyen, qui pouvoit vous rendre la liberté. Hé bien, Madame, s'il n'est que ce moyen pour me rendre libre, luy répondis-je brusquement, il faudra me resoudre à mourir dans l'esclavage. C'en est trop, me repliqua-t-elle avec transport, vostre dureté va jusqu'à l'outrage[284].

L'homme peut également signifier son mépris à la dame en posant des actions qu'elle considère injurieuses à son égard, ce qui l'irrite profondément. Dans *Les disgraces des amans*, la comtesse est en colère contre le baron qui cesse de venir la voir:

> Ce procedé offença la Comtesse. Elle le regardoit comme un mépris qu'il faisoit de sa personne, et qui luy étoit d'autant plus sensible qu'il venoit de la part d'un homme qu'elle aimoit passionnément. Son chagrin là dessus étoit si grand qu'il y avoit des momens qu'elle ne se connoissoit plus, et d'autres où la rage luy inspiroit la vengeance[285].

Élizabeth, dans *Le duc d'Alançon*, se met dans une grande colère lorsqu'elle voit la bague qu'elle avait donnée au duc au doigt d'une demoiselle de

---

[282] *La mère rivale, histoire du temps*, *op. cit.*, p. 63–64.

[283] Anne de La Roche-Guilhen, *Le grand Scanderberg, nouvelle*, *op. cit.*, p. 11. On lit aussi à la page 100: «Je l'aime, je l'adore, et l'ingrate méprise mon ardeur avec une obstination cruelle. Considére, Aranit, combien il est honteux à un homme comme moi, de soûpirer, et de souffrir en vain; et ménage mes ressentimens.»

[284] *Dom Sebastien, roy de Portugal. Nouvelle historique*, vol. 3, Paris, Claude Barbin, 1679, in-12, p. 180–181.

[285] Louis, chevalier de Mailly, *Les disgraces des amans*, *op. cit.*, p. 253–254.

compagnie de la princesse Marianne. Mépriser son présent est ici un acte bien plus grave qu'un simple manquement aux devoirs de galanterie, cela équivaut à la mépriser elle et son amour[286].

Les personnages témoignent haut et fort de leur désir de se venger de l'ingrat(e) qui les méprise et se font menaçant(e)s, à l'instar de cet amant irrité des mépris de Leonnille[287] ou de Mme de Giac qui éprouve un fort ressentiment suite au mépris du duc de Bourgogne à son égard[288]. Mais les nouvellistes qui autorisent la colère et reconnaissent le désir de vengeance tâchent plutôt d'en limiter les éclats. D'abord, lorsqu'ils décrivent une vengeance sanglante, c'est pour la condamner et faire éprouver au lecteur de l'horreur pour ces dérèglements, la présentant explicitement comme une peinture des effets funestes de cette passion. Dans la nouvelle portugaise *Agnes de Castro*, Dom Alvar se venge d'Agnès, qui après l'avoir méprisé a épousé secrètement Dom Pèdre, en la tuant: «Juste Ciel! dit-elle, en levant ses beaux yeux, si vous voulez vanger Constance, contentez-vous de tout mon sang, et épargnez celui de D. Pedre. Le barbare qui l'écoutoit ne lui donna pas le tems d'en dire d'avantage, et n'ayant pû toucher le cœur d'Agnes, il eut l'affreux plaisir de le traverser d'un poignard[289]». Nul doute, si on se fie à l'emploi des termes choisis par l'auteur pour qualifier cette vengeance (barbare, affreux plaisir), que sa pitié l'incline en faveur de la généreuse dame.

Les nouvellistes prônent les vengeances galantes et modérées dans leurs textes car ces pratiques ne causent pas de désordres publics. Du côté des

---

[286] «Ce mépris prétendu, lui parut l'outrage le plus sensible qu'elle pouvoit jamais recevoir; ses yeux devinrent d'abord étincellans de colére, et la rage, qui s'étoit emparée de son cœur, se fit voir aussi-tost sur son visage.» *Le duc d'Alançon, op. cit.*, p. 248–249.

[287] «Des vœux si mal reconnus, et un amour si mal traité, meritent bien que l'on tasche d'en tirer la vengeance par toutes sortes de voyes. Ingrate Leonnille ton Empire a eu son temps, il faut à present que tu serves de trophée à la victoire que je vais emporter sur ton orgueil», César-François Oudin, sieur de Préfontaine, *Le praticien amoureux. Le poete extravagant, avec l'assemblée des filous et des filles de joye. Nouvelles galantes*, Paris, Jean-Baptiste Loyson, 1670, in-12, p. 35–36.

[288] «[E]lle se laissa aller à des sentimens extrémement opposez au caractere d'une femme qui aime, et s'y arrêtant avec plus de plaisir, qu'il n'eust esté necessaire: elle prit bien-tost d'étranges desseins pour parvenir à la vengeance qu'elle méditoit. Il est vray que l'amour qu'elle avoit eû pour ce Prince, luy revint souvent en la memoire, et il sembloit quelquefois, qu'elle se reprochoit la funeste resolution qu'elle avoit prise contre luy: Mais enfin, ces reflections ne firent pas grand effet, et le souvenir de ces dernieres offenses, l'emportant sur les restes d'une tendresse presque esteinte, elle n'écouta plus que son ressentiment.» Sieur de Curly, *Tideric prince de Galles, nouvelle historique, op. cit.*, vol. 2, p. 8–10.

[289] Jean-Baptiste de Brilhac, *Agnes de Castro, nouvelle portugaise, op. cit.*, p. 103–104.

femmes, on peut penser à la présidente qui se venge du mépris de Medina en le méprisant à son tour[290], ou à Dona Gélasire qui, voulant se venger du mépris de son mari, «crût ne le pouvoir mieux faire, qu'en écoutant ceux qui soûpiroient pour elle[291]». Les personnages masculins qui connaissent bien ce moyen essaient d'en tirer profit afin de se faire aimer en retour, en proposant à la dame de la venger de son indigne amant, offre que fait Métardaout à Sunamire qui a été méprisée par Tachmas[292]. Chez les hommes, il y a le duc qui se venge du mépris de sa maîtresse en aimant davantage sa femme dans l'histoire galante *Le gris-de-lin* :

> Cependant le Duc qui croyoit qu'une Maistresse n'est jamais en droit d'avoir du mépris pour un Amant qu'elle a bien traité, ne se donnoit aucun soin pour se raccommoder avec la Marquise. Il s'imaginoit mesme de se bien vanger d'elle, en donnant mille marques de son amour à sa femme, que sa colere luy faisoit trouver plus aimable que sa Maistresse[293].

Plus loin, il poursuit sa vengeance en portant atteinte à la beauté et à l'âge de la marquise[294]. De même, dans *L'amour échapé*, un riche amant se venge du mépris de la coquette qui lui demande de l'argent en lui écrivant un billet dans lequel il outrage sa beauté :

> Ce riche vilain qui n'estoit pas duppe, et qui estoit ravy d'avoir trouvé l'occasion de se vanger des mépris qu'elle faisoit de son amour, luy r'écrivit, *Qu'elle n'avoit pas bien consulté son miroir lors qu'elle luy avoit écrit ce Billet; et que si elle l'eut bien regardé, ses yeux luy auroient appris que sa beauté ne meritoit pas une si grande somme, et qu'elle avoit tort de se mettre à si haut prix[295].*

[290] «[M]a vengeance, c'est de ne penser jamais en luy, et avoir autant de haine et de mépris pour sa personne, qu'il en a luy seul pour tout nostre sexe.» *Histoire espagnole et française ou l'amour hors de saison, nouvelle galante*, Paris, Claude Barbin, 1671, in-12, p. 181.

[291] Savinien Riflé, sieur de Garouville, *L'amant oysif, contenant cinquante nouvelles espagnoles, divisé en trois parties*, op. cit., vol. 1, p. 257.

[292] *Tachmas, prince de Perse. Nouvelle historique, arrivée sous le Sophy Séliman, aujourd'huy régnant*, Paris, Estienne Loyson, 1676, in-12, p. 139–140.

[293] Jean de Préchac, *Le gris-de-lin. Histoire galante*, Paris, Charles Osmont, 1680, in-12, p. 139–140.

[294] «Le Duc qui ne comprenoit pas d'où pouvoit venir un si prompt changement, fut offensé des mépris de la Marquise après les libertez qu'elles luy avoit permises, et ne put s'empecher de luy dire asses seichement, qu'elle avoit quelque raison de ne vouloir plus porter du gris-de-lin, puisqu'une femme qui avoit passé vingt et huit ans devoit un peu se ménager sur les couleurs qu'elle portoit», *ibid.*, p. 134–135.

[295] Jean Donneau de Visé, *L'amour échapé ou les diverses manieres d'aymer, contenuës en quarante histoires; avec Le Parlement d'Amour*, op. cit., t. II, p. 99–100 (en italique dans le texte).

Dans ces deux exemples, les nouvellistes font un usage intéressant de la règle énoncée plus haut (mépriser les charmes et la beauté d'une belle provoque assurément sa colère) puisqu'ils y ont recours pour en faire un moyen de vengeance acceptable pour leurs personnages.

Une volonté d'éducation est réaffirmée chez certains nouvellistes qui présentent des modèles de comportement où la colère cède sa place à la volonté de s'améliorer, et qui mettent en scène des personnages masculins qui maîtrisent leur emportement et ne donnent pas suite à leur désir de vengeance. Premier exemple intéressant : celui de Dom Juan qui n'éprouve aucun ressentiment suite au mépris de la princesse Anne et qui cherche à se couvrir de gloire pour se rendre digne d'elle et s'en faire aimer[296]. Mieux encore, l'exemple du parfait berger Dafnis qui contient sa colère suite au mépris d'Iris. On ne peut reprocher au juste mécontentement de son cœur de n'avoir point de borne puisqu'il excuse la belle et prend tout le blâme sur lui : « Je dis qu'il n'estoit plus question de me plaindre de n'estre point aymé ; que c'estoit une chose libre, à laquelle je ne pouvois la forcer que par mon merite, que je devois m'en prendre à moy, si je n'en avois pas assez pour l'y obliger, et non pas luy en sçavoir mauvais gré, ny luy en faire des reproches[297] ». Leur condition inégale joue également un rôle important dans sa retenue : « si la grande disproportion qu'il y avoit d'elle à moy, c'est à dire d'une Bergere accomplie, à un Berger qui n'avoit que quelques bonnes qualitez seulement, ne me permettoit point d'avoir de la colere, on me pouvoit souffrir un peu de ressentiment qui estoit une colere modifiée qui avoit ses limites, au lieu que l'autre n'en avoit point[298] ». Les plus honnêtes des hommes ne désirant pas tirer vengeance de leur belle, Dafnis, le parfait berger choisit donc de respecter Iris et renonce au doux plaisir de la vengeance :

> Je dis que je sçavois fort bien le droit qu'un juste ressentiment me pouvoit donner sur elle, que je n'avois de garde de croire que le terme de, *Rigueur*, fust de mon usage à son égard ; et que tout outragé que j'estois, je n'avois d'autre party à prendre que celuy du respect ; que c'estoit toute la vengeance qu'un honneste Berger pouvoit se permettre ; et quoy qu'elle peust faire d'injuste contre moy, je ne me vangerois jamais autrement[299].

Seul et unique exemple de personnage féminin qui adopte ce comportement, la sage maréchale des *Amours des grands hommes* qui opte pour la dissimulation afin de préserver sa dignité : « La Maréchale rougit de dépit du discours de Bussy, ne doutant plus qu'il n'eût cessé de l'aimer, mais voulant lui cacher

---

[296] Antoine de Courtin, *Dom Juan d'Autriche. Nouvelle historique, op. cit.*, p. 73.
[297] *L'histoire d'Iris et de Dafnis, nouvelle, op. cit.*, p. 58.
[298] *Ibid.*, p. 58–59.
[299] *Ibid.*, p. 53 (en italique dans le texte).

son ressentiment[300]». Il est important de noter qu'ici la dissimulation est une pratique honnête et non une marque de fausseté, car elle évite les éclats de colère et permet à la dame de conserver sa contenance extérieure.

L'absence de colère et de vengeance peut aussi être le fait (moins glorieux) de la faiblesse amoureuse. Cette loi du cœur prend la forme d'une maxime dans *Les amours de Soliman*: «Rien n'est si sensible que le mépris reçu de la personne aimée; mais quand l'Amour nous prête encor quelque secours, on passe bientôt à l'oubly de l'injure quelle nous a faite, et pour peu qu'une Belle adoucisse ses regards, l'on sent resserrer sa chaîne plus étroitement qu'auparavant[301]». Cette colère étant affaiblie par l'amour, elle ne peut être que de courte durée, règle qui est évoquée pour justifier la réaction du cardinal: «Cependant comme il est ordinaire que la colere d'un amant est de peu de durée, il arriva qu'il ne fut pas plutôt hors de sa chambre, que son amour reprit la même force qu'il avoit auparavant[302]». Les mouvements d'une colère de cette nature ne peuvent donc pas faire naître de désir de vengeance, à l'exemple de Grand Champ dont l'amour efface le désir de se venger de la marquise qui le méprise[303].

L'absence de colère et de vengeance chez les femmes est aussi associée à la faiblesse amoureuse mais cette règle se double de la maxime «Qu'on est peu raisonnable, quand on aime, et qu'il y a d'incertitude dans une Ame tendre fiere et qui se croit irritée par quelque mépris[304]». Les plus faibles et déraisonnables dames hésitent donc entre leur désir de s'abandonner à leur juste colère et celui d'aimer l'ingrat en dépit de tout; par ailleurs, elles sont deux fois plus nombreuses que les hommes à vivre cette situation (huit contre quatre). Mlle de Limeuil est outrée des mépris du prince de Condé et elle s'en veut de ne pas avoir la force de le haïr[305]. Dans *La princesse de Monferrat*, la reine souhaite revoir le comte de Saluces bien qu'elle soit irritée par ses mépris: «Quelque raison qu'on ait, d'estre plus en colere contre vous, qu'on n'a jamais été, on vous veut voir et vous donner des avis, que vous ne devez pas mépriser[306]». D'ailleurs, cette demande rend le comte de Saluces méfiant:

---

[300] Marie-Catherine Desjardins, dite Mme de Villedieu, *Les amours des grands hommes*, *op. cit.*, p. 46.

[301] *Les amours de Soliman Musta-Feraga, envoyé de la Porte prés de sa Majesté en M. DC. LXIX*, *op. cit.*, p. 95.

[302] Isaac Claude, *Le comte de Soissons et le cardinal de Richelieu rivaux de madame la duchesse d'Elbœuf. Nouvelle galante*, *op. cit.*, p. 121.

[303] *Les nouveaux désordres de l'amour, nouvelle galante*, *op. cit.*, p. 67.

[304] *Le comte d'Essex, histoire angloise*, t. I, Paris, Claude Barbin, in-8°, p. 31.

[305] Edme Boursault, *Le prince de Condé*, *op. cit.*, p. 330.

[306] Sébastien Bremond, *La princesse de Monferrat. Nouvelle, contenant son histoire et les amours du comte de Saluces*, *op. cit.*, p. 170.

il soupçonne la reine de déguiser ses véritables sentiments, convaincu qu'il est que son mépris doit lui attirer une juste colère[307]. L'effet de l'amour se fait évidemment sentir sur le désir de vengeance. La présidente, amoureuse de Médina dans *L'amour hors de saison*, ne peut faire consentir son cœur à tirer vengeance du mépris qu'il lui a signifié : « Quoy que l'indifference que le Marquis de Medina ait pour moy, me cause une douleur cruelle ; je ne sçaurois, dit-elle, me resoudre à la vengeance que la raison m'inspire ; son mépris augmente ma tendresse, et je sens mesme plus d'amour dans ce moment pour luy, que je n'en ay pû concevoir de haine[308] ». Cette règle sur la faiblesse de l'amour vient donc conforter la faiblesse naturelle de la femme, en plus d'expliquer le comportement que certaines d'entre elles adoptent.

Ces règles qui sont évoquées par les nouvellistes pour diffuser un savoir sur l'art d'aimer ainsi qu'un enseignement moral sur la pratique modérée de la vengeance, sont également à la base de la conduite de nombreux personnages. Les nouvellistes les publient à nouveau en montrant que leurs personnages les connaissent parfaitement, ils savent que s'ils témoignent du mépris à l'être qui les aime ils attireront sa foudre. Ils prévoient la colère et la vengeance à venir et en reconnaissent les signes. Dans la deuxième partie des *Désordres de l'amour*, le maréchal devine que c'est par dépit, suite au mépris qu'il lui a témoigné, que la marquise s'agite : « Madame de Bellegarde n'aimoit plus assez son mari pour être capable de grande jalousie. Il n'y a point d'amour si violent qu'un long mépris ne chasse d'un bon cœur, et comme le jugeoit tres-bien le mareschal, il entroit plus de depit et de gloire que de passion dans tout ce qu'elle faisoit[309] ».

L'auteur de la nouvelle *Philadelphe*, par une série de mises en garde et d'avertissements, reprend les règles pour rendre les agissements de ses personnages vraisemblables. Il annonce la vengeance à venir et souligne la possibilité qu'a l'amant de modifier sa conduite pour en éviter les funestes mouvements. Ptomelaïde fait craindre à Philadelphe les effets de sa colère s'il persiste dans son refus de l'épouser : « Philadelphe, encore une fois écoutez, je sens que je vous aime, vous vous perdez si vous me laissez sortir indignée contre vous, la voye est encore ouverte au repentir, ne desesperez point une Amante en fureur ; vous sçavez que s'il m'échappe un mot, c'est fait de votre vie[310] ». Ce dernier dit ne pouvoir aller contre son cœur : « Je sçay que Ptomelaïde m'aime, et que malgré son couroux, si je prenois plus de

---

[307] *Ibid.*, p. 184–185.

[308] *Histoire espagnole et française ou l'amour hors de saison, nouvelle galante, op. cit.*, p. 253.

[309] Marie-Catherine Hortense Desjardins, dite Mme de Villedieu, *Les désordres de l'amour, op. cit.*, p. 109.

[310] Girault de Sainville, *Philadelphe. Nouvelle égyptienne, op. cit.*, p. 50–51.

soin de luy plaire, si mes soûpirs daignoient la flatter qu'un jour je pourrois répondre à ses vœux, ma vie dés ce moment seroit en sureté: mais je n'y puis consentir[311]». C'est donc parce qu'il ne tire pas profit de ce savoir que la vengeance a effectivement lieu: «Ah! je respire enfin, et ma joye est sans égale, puisque le Perfide une fois s'est trahi luy-mesme. Je n'ay plus d'autre soin que celuy de me venger; il faut qu'il meure[312]». Mais suivant la règle de la faiblesse amoureuse, le désir de vengeance de la fière Ptomelaïde fléchit un moment: «quoy ne devrois-tu pas déjà estre vengée? n'es-tu pas encore assez offensée sans faire tant de vains efforts sur ce cœur endurci? que ne le laissons-nous plûtost perir: mais je le voy qui vient, tout mon ressentiment semble se desarmer à sa vûë[313]». Quand la passion de la vengeance finit par l'emporter sur son amour, elle respecte la règle de la division sexuelle puisque Ptomelaïde fait tuer Philadelphe pour se venger de son mépris et de son ingratitude, elle s'en remet à un tiers. La construction de l'action de cette nouvelle s'appuie de manière évidente sur ces règles. Ce savoir permet de conduire l'intrigue de façon cohérente et progressive, tout en ménageant certains effets de suspens quant à l'issue finale (possibilité pour Philadelphe d'éviter sa mort tragique, hésitation de l'amoureuse Ptomelaïde à se venger).

Dans bien des nouvelles, le comportement des personnages varie en fonction de leur connaissance de ces règles. Au contraire de Philadelphe, ils composent leur visage, adaptent leurs discours, modifient leurs faits et gestes afin de prévenir les conséquences fâcheuses de la colère et de la vengeance. Le favori du roi ajuste son discours en conséquence dans la nouvelle de Mme de Villedieu: «il s'attendoit à voir la Princesse mortellement offensée de ce mépris, et c'étoit sur quoi rouloit le fort de sa harangue[314]». La duchesse d'Elbœuf prie le comte de Soissons d'entrer dans ses intérêts pour la protéger car elle prévoit la vengeance du Cardinal suite au mépris dont elle a récompensé son amour[315]. Cette mesure de protection qui dicte la conduite des personnages a aussi une incidence sur le déroulement de l'intrigue, elle vient en modifier la trajectoire ou alors y mettre un point final. *L'amour hors de saison* se clôt en effet sur le retour de Medina à Madrid, départ qu'on justifie ainsi:

---

[311]　*Ibid.*, p. 65.

[312]　*Ibid.*, p. 139.

[313]　*Ibid.*, p. 154–155.

[314]　Marie-Catherine Hortense Desjardins, dite Mme de Villedieu, *Les annales galantes*, *op. cit.*, p. 75.

[315]　Isaac Claude, *Le comte de Soissons et le cardinal de Richelieu rivaux de madame la duchesse d'Elbœuf. Nouvelle galante, op. cit.*, p. 17.

il évita des explications incommodes, et qui auroient esté tousjours inu-
tiles, parce qu'il estoit devenu ennemy juré de l'amour, et plus encore des
femmes, qui toutes unies contre luy, pleines de la rage, et de la fureur de
ces fameuses Bacchantes de la Fable, l'auroient comme un autre Orphée
sacrifié à leur vengeance, s'il ne se fut sauvé en Espagne[316].

Les personnages ont également recours à la simulation pour se protéger. C'est
parce qu'elles anticipent la colère à venir de leur amant méprisé et qu'elles
veulent en éviter les conséquences fâcheuses que les dames sont prêtes à
modifier leur comportement, voire à simuler la tendresse. La marquise des
Nouveaux désordres de l'amour demande à Grand Champ de rester à son service parce qu'elle craint qu'il s'emporte et la trahisse : « Elle considérait que
l'excès de son desespoir le pouvoit porter à reveler son secret, et qu'il valoit
mieux se contraindre que de s'exposer à la colere d'un Amant qui avoit un
juste sujet de se plaindre[317] ». De même, Alix a de petites complaisances pour
le roi par peur de son ressentiment[318]. Lorsque la simulation est au service de
l'amour, elle prend la forme d'un devoir de galanterie. Les parfaits amants
qui se prêtent à ce jeu, défendent la vertu de leur belle aimée en simulant la
colère. La comtesse d'Avredan demande à Vadreville de feindre de s'emporter
contre elle pour convaincre son entourage qu'elle le méprise en ne répondant
pas à son amour, et ainsi préserver sa réputation. Vadreville accepte de jouer
ce personnage et le fait de façon convaincante, nous dit-on[319].

La (dis)simulation de la colère à la suite d'un mépris répond à un but
précis. Par exemple, le duc de Nevers pousse la malice assez loin en feignant
de vouloir se venger de l'ingrate Mlle d'Anjou qui le méprise pour lui faire
croire qu'il est amoureux d'elle. Cette simulation doit faire échouer son
projet de mariage avec le comte de Genevois : « Dans toutes les rencontres
il agissoit envers elle, en luy faisant plusieurs choses obligeantes, comme
un Amant qui veut se vanger d'une Maîtresse ingrate ; et la faisoit passer
adroitement pour n'avoir, ni jugement ni équité, sous pretexte de se plaindre
d'elle[320] ». La connaissance de cette règle qui incite le duc à tromper Mlle
d'Anjou a une incidence directe sur le déroulement de l'intrigue en retardant
le mariage prévu. Les femmes les plus artificieuses cherchent plutôt à cacher
leur irritation, à l'exemple de Frédegonde, afin de mener à bien leur projet de
vengeance :

---

[316] *Histoire espagnole et française ou l'amour hors de saison, nouvelle galante, op. cit.,*
p. 284–285.

[317] *Les nouveaux désordres de l'amour, nouvelle galante, op. cit.,* p. 28.

[318] D'Argences, *La comtesse de Salisbury, ou l'ordre de la Jaretiere. Nouvelle historique, op.
cit.,* 2ᵉ partie, p. 85–86.

[319] *La promenade de Livry, op. cit.,* vol. 2, p. 155–157.

[320] *Histoire du comte de Genevois et de mademoiselle d'Anjou, op. cit.,* p. 18–19.

Meroüée apres avoir longtemps évité ses pieges, voyant enfin un jour qu'elle lui parloit ouvertement de son amour, en fit tout haut une raillerie, et lui dit que pour reconnoître l'affection qu'elle avoit pour lui, il lui feroit épouser un de ses Officiers. Ces paroles firent naître dans l'ame de Frédegonde un dépit furieux et une haine immortelle, qui fut la source de toutes les disgraces de Meroüée, et qui le conduisit au Tombeau. Mais comme la force de cette méchante Femme étoit dans les artifices, elle sût bien dissimuler en cette occasion, elle soûrit à la réponse du Prince, et l'en remercia même civilement[321].

Cette pratique, qui n'est pas valorisée car elle vient souligner la duplicité du personnage, sert de point de départ à la nouvelle dont l'objectif avoué est de présenter le mauvais exemple d'une femme qui a suivi le mouvement de sa passion et qui a ainsi marqué l'histoire. La peinture funeste des dérèglements qui vont s'ensuivre répond donc aux exigences de la poétique de la nouvelle historique, ainsi que nous l'avons vu. D'ailleurs, cet enseignement recoupe celui de Grenaille : « Que dirons-nous de Brunehaut et de Fredegonde, qui ont autrefois desolé generalement toute la France, afin de poursuivre leurs passions particulieres[322] », renforçant ainsi les liens étroits qui se tissent entre les traités de civilités et les nouvelles, où l'on passe de la prescription des règles à leur illustration, favorisant du coup la circulation de ce savoir.

4.B. La froideur et l'indifférence

La froideur et l'indifférence étant des marques de mépris, l'amour et l'honneur des amoureux en sont offensés. Ils ne tolérent pas que leurs sentiments soient aussi mal reçus et ils s'offusquent lorsque leur tendresse est maltraitée. Cette règle est présentée pratiquement de la même manière dans les textes, que celle sur le mépris. Les exemples de personnages qui s'irritent en raison d'un comportement qui témoigne de l'indifférence sont nombreux dans les nouvelles galantes et historiques (nous avons relevé au moins dix cas masculins et onze cas féminins). Parmi les hommes, on retiendra l'horrible fureur de St-Sauveur devant la froideur de Mlle de Chanlieu dans *La fugitive*

---

[321] *Mérovée, fils de France. Nouvelle historique*, Paris, Estienne Loyson, 1678, in-12, p. 15–17.

[322] François de Grenaille, *L'honnête fille où dans le premier livre il est traité de l'esprit des filles*, op. cit., p. 160. Plus loin, il revient à la charge : « Elles sont mortes dans l'infamie parce qu'elles y avoient vescu. Leur memoire nous est en execration, d'autant qu'en nous representant leur vie elle nous represente une infinité de morts. Mais toujours on peut verifier que leur subtilité n'a pensé ruiner la France que pource que leurs passions l'employoient à des usages ruineux, et qu'elles ne vouloient être rusées que pour estre plus cruelles. » *Ibid.*, p. 221–222.

ressuscitée[323]. Les personnages féminins sont tout aussi emportés. La marquise de Termes, par exemple, supporte difficilement le désintéressement dont elle est l'objet: «La Marquise s'aperçut à son retour que sa froideur alloit jusqu'au mépris, et elle en conçut un dépit qui n'eut pas un grand chemin à faire pour passer jusqu'à la rage[324]». Il arrive parfois que la dame préfère dissimuler son ressentiment afin de ne pas faire fuir l'amant, à l'instar d'Homaïs qui cache l'irritation que lui cause la froideur d'Hibraïm dans l'espoir qu'il ait un retour de sentiment vers elle: «Homaïs en estoit outrée jusqu'au fond de l'ame; et elle s'en seroit mise quelque fois volontiers en colere, si elle n'eust craint de tout perdre[325]».

Ces colères éclatantes sont inévitablement suivies d'un désir de vengeance. Almanzor affirme: «je pousuivray Xerise plus vivement que jamais, ou je m'en feray aimer, ou je me vengeray de sa froideur[326]»; D'Arbanante menace la comtesse de se venger de son indifférence[327]; et l'impératrice Marie avertit le duc qu'il a tout à craindre de son ressentiment s'il persiste dans son indifférence[328]. Cette règle sert même d'explication rationnelle et vraisemblable à la nouvelle *Le chien de Boulogne*. En effet, c'est pour se venger de l'indifférence de Narcisse à son égard que la magicienne le métamorphose en

---

[323]　«[T]rouvant malgré ses nouvelles tentatives [de séduction] une resistance qu'il n'avoit pas preveuë, le ressentiment l'emporta sur la raison, et fâché d'avoir été comme la dupe d'une femme il se resolut de n'avoir aucuns égars pour une personne, qui avoit si peu de ménagement pour lui. [...] S. Sauveur se ressentant d'un outrage, qu'il regardoit comme le comble du mépris, entété d'ailleurs de ses bonnes qualitez, passa tout d'un coup à l'extravagance, et resolut de s'en vanger à quel pris que ce fut.» *La fugitive ressuscitée. Nouvelle galante et historique*, Genève, Jean-Louïs Du-Four, 1688, in-12, p. 84–85.

[324]　Marie-Catherine Hortense Desjardins, dite Mme de Villedieu, *Les désordres de l'amour, op. cit.*, p. 92.

[325]　*Homaïs reyne de Tunis*, Amsterdam, s.é., 1681, in-12, p. 41.

[326]　Jacques Alluis, *Le chat d'Espagne, nouvelle*, Cologne, Pierre du Marteau, 1669, in-12 p. 23.

[327]　Poisson, *Les dames galantes ou la confidence reciproque, nouvelle, op. cit.*, vol. 2, p. 259.

[328]　«L'orgueilleuse Marie se voyant donc méprisée par un homme qu'elle avoit crû combler d'honneur, en le favorisant de ses bonnes graces, conçeut un dépit violent qu'elle ne pût dissimuler: Elle commença à lui faire apprehender tout ce qu'une Imperatrice irritée pouvoit entreprendre, et le quittant avec une action qui n'exprimoit que fureur et que ressentiment; Elle lui fit juger, qu'il devoit se dérober à sa vangeance, s'il ne vouloit en éprouver les effets.» Marie-Catherine Hortense Desjardins, dite Mme de Villedieu, *Les annales galantes, op. cit.*, p. 26. Cette série de mise en garde reprend le schéma que nous avons vu plus haut au sujet de la nouvelle *Philadelphe* et, comme dans ce cas, le duc qui refuse de complaire à la dame est tué.

chien[329]. Cela dit, les nouvellistes qui reconnaissent la légitimité de ces colères et ressentiments, proposent à leurs lecteurs (par des avis ou des exemples) des moyens de vengeances honnêtes afin qu'elles ne donnent lieu à aucun excès déraisonnable. Thelemis conseille à Alcibiade de se venger de l'indifférence d'Aspasie en la méprisant à son tour[330], alors que Varranius se venge de sa froide et fière maîtresse en recherchant la compagnie d'autres dames[331]. L'enseignement est le même pour les femmes. Celles qui ne résistent pas au plaisir de se venger le font modérément en cessant d'aimer l'amant qui les a méprisées, en s'en faisant aimer, ou en aimant ailleurs. Au sujet de la Bassette, Préchac écrit : « mais en revanche elle s'est bien vengée sur ses Courtisans des mépris du Roy, elle les occupe tous avec tant de fureur qu'ils ne songent qu'a elle[332] ». Le duc d'Orléans dit à Mme de Candale qu'elle est vengée de l'indifférence qu'il lui témoignait par l'amour qu'elle lui inspire, ce qui donne lieu à cet échange charmant, où chacun finit par y trouver son compte : « Il ne tient qu'à vous de vous vanger, Madame, luy dis-je, et de me rendre cruauté pour cruauté. Je consens agreablement à la vengeance, me répondit-elle, et comme je n'en trouve point de plus douce que de vous faire prendre beaucoup d'amour, je sens bien que je me vengeray longtemps[333] ».

Le galant qui connaît cet usage a tôt fait de suggérer à la belle de lui donner son cœur pour punir l'amant de sa froideur. Verduge, dans les *Nouvelles d'Elisabeth*, encourage donc Eugénie à se venger du mépris de Mansfeld en l'aimant lui[334]. Dans *Les désordres de l'amour*, Bussy souhaite que la marquise l'aime pour se venger des mépris de son mari : « Quoique jeune, il étoit experimenté, il connoissoit l'humeur des femmes, et il espera d'heureux effets de la vengeance de celle-ci. Il lui rendit des soins, et chercha les occasions de la divertir[335] ». Bellegarde s'aperçoit avec joie des démarches de Bussy et,

---

[329] Antoine Torche, *Le chien de Boulogne ou l'amant fidelle, nouvelle galante, op. cit.*, p. 78–79.

[330] Marie-Catherine Desjardins, dite Mme de Villedieu, *Les amours des grands hommes*, *op. cit.*, p. 84.

[331] « [I]l resolut pour se vanger du chagrin que cette personne luy avoit donné, de ne la plus voir, et d'envoyer chercher d'autres femmes ; ce qu'il fit dés le lendemain. » Jean Donneau de Visé, *Les nouvelles galantes, comiques et tragiques, op. cit.*, t. II, p. 138.

[332] Jean de Préchac, *La noble vénitienne ou la Bassette, histoire galante, op. cit.*, p. 143–144.

[333] Claude Boyer, *La comtesse de Candale, op. cit.*, t. II, p. 9–10.

[334] « [J]e taschois de la persuader qu'elle ne pouvoit se venger du tort que le Comte faisoit à ses chagrins, qu'en souffrant les hommages que je leur voulois rendre toute ma vie », Marie-Catherine Le Jumel de Barneville, Comtesse d'Aulnoy, *Nouvelles d'Elisabeth, op. cit.*, vol. 2, p. 231.

[335] Marie-Catherine Hortense Desjardins, dite Mme de Villedieu, *Les désordres de l'amour, op. cit.*, p. 102.

afin de pouvoir se séparer de sa femme, il demande à la suivante d'encourager sa femme à répondre à ces galanteries :

> Raportez-moi les exemples que vous croirez capables de la seduire, et si quelquefois vous la surprenez dans un mouvement de vengeance, dites-lui qu'il n'y en a point de si douloureuse pour les époux que la félicité d'un amant. Si Bussi ne lui plaît pas, qu'elle en choisisse un autre ; il m'est indifferent qui que ce soit, pourveu que je lui sorte de la tête, et qu'elle me fournisse un pretexte de rupture où la Reine Mère ne puisse que me répondre[336].

Mais le mari et l'amant se heurtent à la sévère vertu de la Marquise qui ne prétend pas se venger, et cette honnête conduite vient déjouer leur plan. Du coup, c'est tout le déroulement de l'intrigue qui s'en trouve modifié, et puisqu'il s'agit d'une nouvelle historique, cela a pour la couronne de France les conséquences que l'on connaît. En effet, Bellegarde allume les désirs de Bussy en lui faisant de fausses confidences au sujet de la Marquise, en lui faisant porter des billets qu'il croit de sa main, mais lorsque la Marquise détrompe Bussy, l'inimitié éclate entre les deux hommes. Monsieur prend le parti de Bussy et soulève ses partisans contre le marquis de Bellegarde. Ce dernier quitte donc la cour, fuit en Piémont et, selon Mme de Villedieu, c'est pour se venger de ce traitement qu'il aurait fait perdre à la France cette province italienne.

La volonté d'éducation qui anime certains nouvellistes se fait encore sentir par la valorisation des honnêtes femmes qui ne donnent pas cours à leur vengeance, conduite qu'ils prétendent donner comme modèle à leurs lecteurs. L'exemple de cette dame parle de lui-même : « et par un trait de sagesse qu'on ne peut assez loüer, elle fuyoit d'autant plus le monde, que l'indifférence de son Mary devant exciter son ressentiment, on eust pû la soupçonner, si elle eust souffert des Adorateurs, de chercher l'occasion d'une agreable vangeance[337] ». Mais elle peut aussi prendre la forme d'une allégorie, méthode d'enseignement privilégiée tout au long du XVIIe siècle car elle permet aux lecteurs de participer en trouvant le sens caché et véritable de la narration[338]. La nouvelle tragi-comique « Le moineau » procède de cette manière, de même que la « Suite de l'histoire des fleurs » dont il a été question plus haut. Il s'agit d'un moineau qui éprouve, tout comme les hommes, de la colère suite à la froideur d'une femelle : « mais cette fiere petite beste ne voulant jamais le souffrir, il en eut un tel dépit, qu'il ne laissa presque point

---

[336] *Ibid.*, p. 103–104.

[337] « Histoire », *Mercure Galant*, Paris, janvier 1682, p. 46–47.

[338] Georges Couton dit d'ailleurs au sujet de la personnification dans l'allégorie, qu'il s'agit d'un jeu qui consiste « pour l'auteur à masquer, pour le lecteur à retirer le masque ; le bénéfice étant de stimuler les ingéniosités et les perspicacités. » *Écritures codées. Essais sur l'allégorie au XVIIe siècle*, Paris, Aux amateurs de livres, 1990, p. 97.

passer de jour sans luy arracher quelques plumes[339]». Il n'en faut pas plus pour qu'il tue la femelle qui lui résiste : «cet Amant enragé luy donna tant de coups de bec apres luy avoir arraché toutes ses plumes, qu'il la fit mourir[340]». Alcidiane, la propriétaire du moineau, veut le punir de ce crime en le tuant à son tour mais elle y renonce, mettant elle-même en pratique cette règle de conduite qui veut qu'une honnête femme pardonne. La leçon est donc évidente et ne demande pas trop d'effort d'interprétation au lecteur car il s'agit pour l'essentiel de le divertir en sollicitant son attention pour percer un secret qui doit l'instruire.

L'absence de colère et de vengeance peut également être un signe de faiblesse humaine, ainsi que nous le savons. L'amour, la colère et le ressentiment se livrent un rude combat dans le cœur des amants, car si l'amour les incite davantage au pardon de l'offense, leur fierté s'irrite de la froideur et de l'indifférence qu'on leur témoigne. Cependant, ils ont tendance à se remettre bien vite de leurs emportements dès que l'être aimé paraît à leurs yeux. Les nouvellistes ont recours à cette règle pour expliquer le comportement de leurs personnages et le rendre crédible. Voyons quelques exemples. Le roi, dans la nouvelle de Rousseau de la Valette, s'irrite suite aux refroidissements de Mlle de Schanfeld mais il suffit d'un mot de sa dame pour qu'il s'en repente, de nouveau envoûté par ses charmes :

> ce Prince ne sçachant à qui attribuer cette prompte indifference s'emporta si étrangement, qu'il connut par ses emportemens qu'il estoit encore plus amoureux que jamais : mais tout d'un coup sa colere ayant fait place à sa tendresse, quelques paroles obligeantes qu'elle luy dit, le rendirent aussi content et aussi soûmis qu'auparavant, et comme on est toûjours foible quand on aime beaucoup, il fit des excuses de ses emportemens, il luy protesta de n'estre plus jaloux, et enfin il se separa d'elle avec la pensée de posseder absoluëment son cœur[341].

De la même manière, Mme de Beaujeu oscille entre l'amour et la colère qu'elle éprouve pour l'indifférent duc d'Orléans :

> Madame de Beaujeu n'est gueres plus tranquile, quoy que son dépit et sa colere luy ayent fait entreprendre contre luy, quand elle examine ses sentimens, elle trouve qu'ils sont presque tous amoureux ; mais c'est en vain qu'elle s'irrite d'estre si tendre, l'amour est plus fort que son ressentiment : elle connoist bien qu'elle ne devroit pas aimer, mais son cœur ne peut s'en empescher, et elle n'a pas toujours la force de luy resister[342].

---

[339] « Le moineau, nouvelle », *Mercure Galant*, Paris, 1674, t. V, p. 263.
[340] *Ibid.*, p. 264.
[341] Michel Archard Rousseau, sieur de La Valette, *Casimir roy de Pologne, op. cit.*, t. II, p. 47.
[342] Claude Boyer, *La comtesse de Candale, op. cit.*, t. II, p. 72–73.

Dans *Les désordres de la Bassette*, le marquis quant à lui, essaie (en vain) de se venger de l'indifférence de Mme de Landroze en cessant tout commerce avec elle, mais il l'aime trop pour s'en défaire[343]. Les nouvellistes accumulent donc les exemples dans leurs textes afin de diffuser ce savoir et faire connaître cette règle, mais ils en profitent surtout pour étudier plus en détails les mouvements de l'âme et disséquer le cœur humain, espérant ainsi séduire le public mondain friand de ces sortes d'analyses[344].

4.C. *La préférence*

Les dames ne peuvent mépriser un amant qui les aime et soupirer pour un autre sans s'attirer une horrible colère et éveiller le désir de vengeance de l'amant méprisé. Préférer un autre galant est vu comme un signe de mépris de la part de la dame, ce qui a pour effet d'irriter la gloire de l'homme dédaigné. Le courroux et le désir de vengeance de Sforça contre Clarice qui lui préfère l'Amiral répond à cette règle :

> Non, non, je ne vous en parleray plus, reprit le Duc transporté d'amour et de colere, vous aimez l'Admiral, et vous preferez un étranger qui ne songe qu'à troubler le repos de vostre patrie, à un Prince qui vous aime passionnément ; mais je me vengeray de vostre ingratitude, et j'auray le plaisir de perdre mon Rival. Le Duc sortit en achevant ces paroles, et Clarice fut si interdite et si effrayée de la colere où elle le voyoit contre son Amant, qu'elle demeura long-temps irresoluë[345].

La jalousie, le ressentiment et la fureur du duc de Gloucester quand il se voit méprisé par Catherine et qu'il apprend son commerce amoureux avec Tideric en est un autre exemple[346]. L'inverse est aussi vrai puisqu'un homme ne peut voir la beauté d'une dame, reconnaître la tendresse qu'elle a pour lui et la

---

[343] « Je ne suis pas assez bien vangé, disois-je, en ne la voyant plus : il faut qu'elle se voye méprisée, et que j'en prefere une autre à elle. » Jean de Préchac, *Les désordres de la Bassette, nouvelle galante, op. cit.*, p. 14.

[344] Louis van Delft compare l'écrivain moraliste à un anatomiste qui manie un scalpel : « À la manière du naturaliste, l'écrivain "sonde" la nature humaine, il dissèque, sépare les fibres sans cesse nouvelles, pénètre toujours plus avant dans le tissu de l'être moral », *Littérature et anthropologie. Nature humaine et caractère à l'âge classique*, Paris, PUF, 1993, p. 36.

[345] Jean de Préchac, *La duchesse de Milan, op. cit.*, p. 148–149.

[346] « Le Duc devint furieux à la lecture de ce Billet ; il resta quelque temps, sans sçavoir à quelle resolution il devoit se porter : Mais enfin, ayant fait de grandes menaces contre ces deux Amans mal-heureux, il fit dessein de leur montrer ce que le mépris estoit capable de produire dans l'ame d'un homme prévenu d'une forte passion. Il n'y eut rien qu'il ne s'imaginast pour s'animer à la vangeance », Sieur de Curly, *Tideric prince de Galles, nouvelle historique, op. cit.*, vol. 2, p. 169–170.

sacrifier à une autre, sans un mépris horrible. Les femmes sont toutefois plus nombreuses à s'irriter dans cette situation car on en dénombre pas moins de vingt cas dans les nouvelles contre quinze chez les hommes. Selon cette règle, la dame est en proie à une grande colère car «c'est particulièrement la préférence qui outrage[347]». L'emportement de Mlle de Freslon qui a été dédaignée par un galant du Languedoc à la faveur de la sœur de la comtesse est décrit en ces termes dans la nouvelle *Le solitaire* :

> Comme il n'y a rien de si sensible à nostre sexe, que le mépris, vous pouvez croire combien Mademoiselle de Freslon fut touchée de celuy qu'on avoit pour elle. Sa haine s'augmenta pour moy; et quoy que j'eusse eu une honnesteté, qui alloit jusques à l'injustice à l'égard de ma sœur, puisque je l'empeschois d'agréer la recherche d'un homme qui estoit un bon party; Elle ne gousta aucune de ces raisons, et creut qu'il falloit se vanger de moy, parce que ma sœur estoit belle[348].

La reine est agitée de diverses passions quand elle découvre que Saluces, après avoir méprisé son amour et sa couronne, a un rendez-vous galant avec Briseïde qu'il lui préfère : «la jalousie se meslant avec la honte, le depit et tout ce qu'il y a de plus cruelles passions dans un amour méprisé, la troublérent si fort, qu'elle n'étoit plus capable d'aucune raison[349]». Bien que les nouvellistes formulent et suivent cette règle qui légitime la colère féminine après la préférence amoureuse, ils semblent ne pas l'approuver entièrement puisque la peinture qu'ils en font a toujours quelque chose de déraisonnable, la colère étant présentée comme une passion aveugle qui entraîne des dérèglements.

Les nouvellistes, qui se sont donnés pour mission de polir les mœurs de leurs lecteurs en accumulant les exemples de vengeance où le sang ne coule pas et où l'ordre public est conservé, proposent à nouveau de recourir aux modèles de vengeances galantes. L'amant méprisé peut satisfaire son désir de vengeance en cessant d'aimer la belle ou en aimant d'autres femmes, ce que fait Diotime dans *L'amour échapé*[350]. Il peut brouiller les nouveaux amants en suscitant la jalousie de l'un contre l'autre. Le prince Palatin sait que, pour se venger du mépris de la reine qui lui préfère Saluces, il suffit que Saluces revoie

---

[347] Catherine Bernard, *Fédéric de Sicile, op. cit.*, p. 134.

[348] Marquise de Merville, *Le solitaire. Nouvelle*, Paris, Claude Barbin, 1677, in-12, p. 141.

[349] Sébastien Bremond, *La princesse de Monferrat. Nouvelle, contenant son histoire et les amours du comte de Saluces, op. cit.*, p. 329.

[350] «Cet Amant se voyant abandonné, crût se bien vanger de sa Maîtresse et de son Rival, s'il pouvoit se faire aimer d'Almerie.» Jean Donneau de Visé, *L'amour échapé ou les diverses manieres d'aymer, contenuës en quarante histoires; avec Le Parlement d'Amour, op. cit.*, t. II, p. 197–198.

Briséïde car la reine en sera irritée et jalouse[351]. Les dames ont recours aux mêmes moyens: «La princesse de Sicile était bien aise d'ôter un cœur à celui qui lui ôtait le sien, et de se venger par là de tous les chagrins qu'Amaldée lui avait causés; elle y réussit[352]». Mais la dissimulation étant «un art où les femmes excellent, quand elles ont quelque dessein[353]», elles sont nombreuses à y recourir pour mieux pouvoir se venger. Mme de Tournon a du dépit quand elle découvre que Sansac lui préfère Mlle de Roye, «cependant, sa dissimulation naturelle l'empêcha d'éclater[354]». Plus loin, quand Sansac lui confie vouloir épouser Mlle de Roye, elle est outrée mais choisit encore de cacher sa colère afin de faire échouer ce projet[355]. De même, dans le *Mercure Galant*, on voit une veuve qui éprouve du dépit quand elle apprend que le cavalier la méprise et aime une autre demoiselle, mais elle se contient pour mieux se venger:

> Il ne fit point de façon de luy avoüer ce qu'il sentoit pour la Belle, et sans prendre garde à un peu d'émotion qui parut sur son visage, il la conjura de le servir auprès de sa Mere, sur qui il sçavoit qu'elle avoit quelque pouvoir. La jeune Veuve qui estoit adroite, se contraignit le mieux qu'elle put, pour luy répondre de tout le secours qu'il pouvoit attendre d'elle, fort resolue neanmoins de tirer les avantages de la confidence qui luy estoit faite[356].

Elle réussit dans cette voie puisque, sous le couvert de l'amitié, elle travaille au malheur des amants, elle réussit à les brouiller ensemble de manière définitive et la demoiselle épouse un autre homme.

Au contraire, lorsqu'une femme nourrit un projet de vengeance funeste, on discrédite complètement sa conduite, suivant en cela l'enseignement de l'abbé Du Bosc quand il écrit:

> je ferois plutost une ecole du vice que de la vertu, si je voulois justifier la vengeance pour obliger les Dames au prejudice de la Religion, et de leur humeur mesme, qui n'est portée qu'à la douceur et à la courtoisie. Je loüe seulement la constance de leurs desseins quand ils sont justes, autrement je les offenserois au lieu de les obliger si je deffendois un peché qui leur est si prejudiciable, et qui les fait passer pour des monstres[357].

---

[351] Sébastien Bremond, *La princesse de Monferrat. Nouvelle, contenant son histoire et les amours du Comte de Saluces, op. cit.*, p. 212.

[352] Catherine Bernard, *Fédéric de Sicile, op. cit.*, p. 133.

[353] Jean Donneau de Visé, *Les nouvelles galantes, comiques et tragiques, op. cit.*, t. III, p. 130–131.

[354] Catherine Bernard, *Le comte d'Amboise, nouvelle, op. cit.*, p. 256.

[355] *Ibid.*, p. 266.

[356] «Histoire», *Mercure Galant*, Paris, décembre 1689, p. 199–200.

[357] Jacques Du Bosc, *L'honneste femme, op. cit.*, p. 141.

Dans la nouvelle historique *Le duc d'Alançon*, la peinture sombre de la vengeance finale de la reine correspond à la poétique du genre, mais aussi à une volonté d'éducation morale, civile et religieuse. D'abord, lorsque Élizabeth anticipe avec plaisir la vengeance qu'elle prétend prendre, on qualifie ce plaisir en ces termes : «[Élizabeth] attendit le Duc, qui la vint prendre un moment après, pour la conduire dans la salle du bal toute occuppée de cette joye barbare, que les ames, comme la sienne ont accoutumé de sentir aux approches de la vengeance[358]». Élizabeth offre à Marianne des gants empoisonnés pour éliminer celle que le duc d'Alençon lui a préférée et assiste à sa mort : «Cette crüelle femme venoit se repaître du plaisir de sa vengeance, sur le prétexte de s'informer de la santé de la Princesse[359]». Ce passage condamne doublement l'action de la reine, d'abord en en faisant l'apanage d'une mauvaise femme, ensuite, par le choix du poison qui reste l'instrument de vengeance des lâches et des faibles.

Les nouvellistes dévalorisent tout autant la conduite des amants méprisés qui tournent leur désir de vengeance sanglante contre l'amant qu'on leur a préféré. Par ce moyen, ils entendent punir l'ingrate en lui ôtant ce qu'elle a de plus précieux. C'est ce principe qui dicte la conduite de Belle-Epine ainsi qu'il l'affirme lui-même : «Il vaut mieux immoler mon rival à mon ressentiment. Il y aura plus de gloire pour moy. Mais aussi c'est offenser cette Belle en offensant ce qu'elle aime[360]». De même, lorsque Alcmène tue le mari de Lyriane pour se venger du refus de la dame de l'aimer, on qualifie son action de lâche et d'infâme[361]. On dit également d'Arbanante qu'il se venge lâchement de la comtesse en faisant tuer Blesinac qu'elle lui a préféré[362], et la nouvelle se clôt sur l'assurance qu'on ne laissera pas ce crime (car c'est bien d'un assassinat qu'il s'agit) impuni.

C'est bien parce qu'ils connaissent cette règle que les personnages féminins redoutent la colère de l'amant méprisé et posent des gestes qui vont contre leur volonté. Les femmes tentent par divers moyens d'en éviter les retombées. Négare exerce un contrôle sur elle-même, elle ne peut manifester sa douleur d'être séparée de Tachmas : «La liberté de se plaindre luy estoit

---

[358] *Le duc d'Alançon, op. cit.*, p. 249.
[359] *Ibid.*, p. 263.
[360] Louis, chevalier de Mailly, *Les disgraces des amans, op. cit.*, p. 132–133.
[361] «Il prit le chemin de l'Armée, et se rendit en moins de quinze jours en Catalogne, poussé du dessein de se vanger de cette Belle, par la mort de Meleagre qu'il conclud en la quittant la derniere fois.» Robert-Alcide de Bonnecase, sieur de Saint-Maurice, *Fleurs, fleurettes et passe-temps, ou les divers caracteres de l'amour honneste, op. cit.*, p. 287–288. Voir aussi p. 292.
[362] Poisson, *Les dames galantes ou la confidence reciproque, nouvelle, op. cit.*, vol. 2, p. 283–284.

mesme ravie, et elle n'osoit faire éclater ses soûpirs, de peur que le Sophy en estant instruit, ne s'en vangeât sur son Amant[363]». Celinte veut passer pour morte afin que Meliandre cesse de se venger de sa froideur en tenant Poliante, l'amant qu'elle lui a préféré, prisonnier; elle encourage même Poliante à épouser Artesie pour éviter la vengeance de Meliandre[364]. Si Catherine n'ose épouser Tideric, c'est de peur d'attirer sur lui la colère d'un amant méprisé[365]. C'est également ce qui incite Clarice à épouser le duc de Milan : «Enfin craignant tout d'un homme irrité qui estoit le Maistre, je me determinay à donner la main au Duc, malgré l'aversion que j'avois pour luy, afin de sauver l'Admiral qui ne m'estoit pas indifferent[366]». Cette règle de la colère masculine qui dicte la conduite des dames a évidemment une incidence directe sur la progression de l'intrigue, et les nouvellistes l'emploient car cette colère devient un obstacle majeur au contentement des amants. Dans un cas, elle permet de retarder l'union souhaitée (elle oblige Catherine à épouser en secret Tideric et à cacher ses grossesses), dans l'autre, elle met en péril le bonheur des amants de manière irréversible (la nouvelle duchesse de Milan et l'Amiral seront malheureux jusqu'à la fin de leurs jours).

Les nouvellistes n'emploient pas seulement ces règles pour les diffuser et éduquer les lecteurs, mais les intègrent à la trame narrative de leur récit afin de faire progresser l'intrigue de manière cohérente et d'expliquer la conduite de leurs personnages. Dans *Le comte d'Essex*, les personnages maîtrisent parfaitement le code de la colère féminine suite au mépris et à la préférence amoureuse, et usent de toutes sortes de stratégies pour parvenir à leur fin. D'abord, la comtesse de Rutland comprend ce qui provoque la colère de la reine : «Il en est d'autres [crimes], et vous pouvez m'entendre, qui donnent plus de force à ses ressentimens; et le Comte d'Essex luy est moins odieux par les entreprises qu'on attribuë à son ambition, que par l'engagement qu'il a avec moy[367]». C'est justement pour éviter les effets funestes du ressentiment de la reine Élizabeth que le comte d'Essex et la comtesse de Rutland ont

---

[363] *Tachmas, prince de Perse. Nouvelle historique, arrivée sous le Sophy Séliman, aujourd'huy régnant, op. cit.*, p. 82–83.

[364] Madeleine de Scudéry, *Célinte, nouvelle première, op. cit.*, p. 114.

[365] «Voyez, Prince! lui dit-elle, à quoy je vous expose, si je suis mon inclination qui me dit de vous contenter; et n'est-ce pas travailler à faire reüssir ce qu'a dit Panini, que de vous livrer ainsi au courroux d'un Amant Méprisé?» «Songez ce que l'on doit craindre d'une personne qui se croit meprisé, et dont le pouvoir s'étend icy à tout qu'il a dessein d'entreprendre.» Sieur de Curly, *Tideric prince de Galles, nouvelle historique, op. cit.*, vol. 2, p. 144 et p. 146.

[366] Jean de Préchac, *La duchesse de Milan, op. cit.*, p. 180.

[367] *Le comte d'Essex, histoire angloise, op. cit.*, t. II, p. 6.

choisi de s'épouser dans le plus grand secret[368]. L'enchaînement de l'action repose donc sur la logique de cause à effet inhérente à ce schéma de colère et de vengeance. Ensuite, la très fine comtesse de Nottingam tâche d'entretenir la colère de la reine contre Essex dont elle veut se venger, cette règle devenant pour elle un instrument de vengeance. Elle se sert des informations obtenues par la comtesse de Rutland qui lui a fait le récit de ses amours avec Essex, pour attiser la passion de la reine : « La Comtesse de Nottingam n'avoit garde d'adoucir l'esprit de la Reine : tous ses soins ne s'étendoient qu'à entretenir sa colere[369] ». Cecil et la comtesse de Nottingam se réjouissent de la colère de la reine et entendent s'en servir pour se venger de leur ennemi Essex[370]. Leur éloquent discours ne cherche qu'à irriter davantage la reine contre Essex et à la résoudre à le faire exécuter, ce qu'ils réussissent : « Un mouvement de colere se mit de leur party : Elle consentit enfin à luy faire voir la mort de plus prés, et Cecile ne manqua pas de diligence pour faire porter les ordres de la Reyne à ceux qui devoient avoir part à la funeste ceremonie[371] ». La fin tragique d'Essex serait donc une conséquence du mépris qu'il a eu pour la reine en lui préférant la comtesse. Cette règle permet à l'auteur de respecter la poétique de la nouvelle historique où il s'agit d'expliquer un événement marquant de l'histoire par une passion particulière, et de rendre son intrigue vraisemblable.

5. La colère, la vengeance et la rivalité

Cette règle de colère et de vengeance, qu'on voyait déjà poindre quand il était question du mépris suite à la préférence amoureuse, prend ici sa pleine mesure. L'irritation et le ressentiment des personnages en situation de rivalité inspirent les nouvellistes presque autant que la colère suite à l'infidélité –

---

[368] « Consentez que je vous espouse secrettement, et cachons ce Mariage, jusques à un temps plus heureux, vous bornerez par là le pouvoir, et le dessein de la Reyne : vous ne douterez plus de mon cœur, et si nôtre secret est découvert, la suite nous éloignera des ressentimens que nous pourrions craindre. » *Ibid.*, t. II, p. 26–27.

[369] *Ibid.*, t. II, p. 5.

[370] « Il seroit difficile d'exprimer la surprise agreable de Cecile, quand il vit la Reine irritée, se declarer contre le Comte d'Essex, apres avoir cru qu'elle estoit resoluë de luy pardonner. Il en porta la nouvelle à la Comtesse de Nottingam, qui en eût toute la joye qu'une ame cruelle est capable de ressentir. » « [I]ls conclurent que pendant que la Reine estoit irritée, il falloit l'obliger à le [Essex] faire conduire à la tour de Londres. L'apparence d'un veritable zele dont ils se servoient, eut l'effet qu'ils avoient souhaité. » *Ibid.*, t. I, p. 56.

[371] *Ibid.*, t. II, p. 43.

règle dont elle n'est pas très éloignée d'ailleurs[372] –, si l'on se fie aux occurrences qui abondent dans leurs textes, soit une quarantaine du côté des personnages masculins et une trentaine chez les femmes.

La rivalité masculine naît principalement lorsque deux amants se disputent le cœur d'une même belle, l'honneur d'en être aimé étant au centre du litige. La colère des deux rivaux, Hypolite et Bedfort, qui les incite au combat au moment où ils se croisent, en est un exemple parmi tant d'autres:

> ils se regardoient avec des yeux tout etincelans de couroux. Des qu'ils se virent seuls et en liberté ils ne perdirent pas un moment à mettre l'épée à la main, et chacun animé, l'un de son amour et de sa fureur, et l'autre de sa jalousie et de son ressentiment, ils commencerent un combat qui ne pouvoit estre terminé que par la fin de la vie de l'un ou de l'autre, et peut-estre même de tous les deux[373].

La rivalité s'envenime encore lorsqu'il est question de mariage. La rage de Dom Laurenso quand il apprend que son rival doit épouser Dona Salazar n'a rien de modéré: «Il fut en effet au desespoir d'apprendre celles-là; son amour se réveilla, il devint furieux, et se mit dans l'esprit d'empescher que son Rival ne fut plus heureux que luy[374]». Cette colère masculine, connue des personnages, est si prévisible et répond à des critères tellement précis qu'il est possible de la provoquer volontairement. On peut penser à Prosper qui suscite la colère de Sforça en lui apprenant qu'il a un rival aimé:

> il [Prosper] s'avisa de luy [Sforça] donner de la jalousie; et après luy avoir persuadé que Clarice aimoit l'Admiral, et que c'estoit pour l'amour de luy qu'elle avoit fait naître des difficultez à son mariage, il luy dit qu'il pouvoit d'un mesme coup se venger d'un ennemy dangereux, et perdre un Rival redoutable. Le Duc qui n'avoit pû se determiner à prendre aucune resolution violente contre son ennemi, s'emporta contre son Rival, et le trouva encore plus criminel que Prosper ne vouloit le luy faire paroistre; outré du mépris qu'on avoit fait de ses soins, agité de mille desseins violens[375].

Les personnages tirent profit de leur savoir sur la colère et ils n'hésitent pas à dissimuler leurs sentiments amoureux afin de ne pas éveiller l'irritation de leur rival et d'éviter les querelles qui ne manqueront pas de venir. C'est ef-

---

[372] En fait, elles ont souvent le même motif de départ mais elles divergent selon que l'on s'irrite et désire tirer vengeance de l'infidèle ou de la personne qui a ravi l'être aimé.

[373] Marie-Catherine Le Jumel de Barneville, Comtesse d'Aulnoy, *Histoire d'Hypolite, comte de Duglas, op. cit.*, p. 116–117.

[374] Savinien Riflé, sieur de Garouville, *L'amant oysif, contenant cinquante nouvelles espagnoles, divisé en trois parties, op. cit.*, vol. 3, p. 149–150.

[375] Jean de Préchac, *La duchesse de Milan, op. cit.*, p. 145–147.

fectivement ce que choisit de faire le comte de Genevois[376], alors qu'Amador feint plutôt d'aimer Bérangère pour couvrir sa passion pour Cantespine et ne pas irriter le Comte en se déclarant son rival :

> Dom Amador avoit bien reconnu que le Comte pour se delivrer honnorablement de luy, souhaitoit qu'il eust de l'attachement pour Berangere, afin de n'avoir rien qui pût nuire au dessein qu'il avoit d'estre aimé de Cantespine, et d'estre défait par un rival aussi dangereux que luy. Mais craignant d'irriter le Comte s'il témoignoit la moindre apparence de jalousie, il cacha l'amour qu'il avoit pour Cantespine sous la tendresse qu'il feignoit de ressentir pour Berangere[377].

Les personnages masculins ne perdent pas leur temps à ruminer des projets de vengeance. S'ils anticipent avec plaisir la vengeance qu'ils tireront de leur rival, à l'exemple de Don Pedro[378], ils passent rapidement à l'action et cherchent tous les moyens possibles pour satisfaire leur désir de vengeance. La réaction la plus immédiate consiste à se battre contre son rival. D'ailleurs, les duels, combats et querelles de toutes sortes entre les rivaux amoureux d'une même dame abondent dans les nouvelles (on en dénombre vingt-sept). La logique qui permet de valoriser cette pratique est de deux ordres : la preuve d'amour et le point d'honneur. D'abord, la promptitude à tirer l'épée devient un signe de la grandeur de la passion que l'amant éprouve pour sa dame. Ce geste montre que l'amant est prêt à combattre tous les obstacles pour pouvoir mériter la belle et ainsi se rendre digne d'elle. Ensuite, tirer l'épée est valorisé car on en fait un acte de bravoure, la marque d'un homme vaillant qui se porte à la défense de sa gloire. Bien sûr, cette vengeance privée va à l'encontre de la prise en charge du monopole de la justice par l'État mais il semble que dans ce monde galant fictif où l'amour est la valeur suprême, la passion qui

---

[376] « Aimant la Princesse de Chypre ardemment nonobstant toutes les resolutions qu'il avoit faites, le retour du Comte de Nevers aupres d'elle luy donnoit du chagrin : joint qu'il apprehendoit que si ce Comte venoit à sçavoir son amour pour cette Princesse, irrité de l'avoir encore pour rival, ayant desja mal reüssi aupres de Mademoiselle d'Anjou, à cause de luy, il n'en arrivast quelque chose d'estrange. » *Histoire du comte de Genevois et de mademoiselle d'Anjou, op. cit.*, p. 55–56.

[377] *Histoire espagnole ou Dom Amador de Cardone, nouvelle, op. cit.*, p. 105–106.

[378] « Cét affront, qu'il avoit receu à la veuë insupportable d'un rival triomphant, le mettoit hors de luy. La rage le saisit cette nuict-là, il ne peut dormir et se seroit mille fois enfoncé le poignard dans le sein ; s'il n'eût eu dessein de le plonger entierement dans le corps de son rival. C'estoit assés de ce qu'il luy avoit dit tout bas à l'oreille, qu'il luy en coûteroit la vie. Il ne respiroit plus qu'après la pointe du jour, pour terminer ce different, et cette seule resolution le faisoit vivre avec quelque plaisir, si l'on peut avoir de plaisir dans un estat comme celuy-là. » Sébastien Bremond, *L'amoureux africain ou nouvelle galanterie, op. cit.*, p. 141.

entraîne l'amant au combat l'emporte sur la raison qui devrait l'inciter au respect des lois. Les nouvellistes ont donc recours à diverses stratégies afin de concilier ces deux principes contradictoires dans leurs textes. La plus prisée consiste à donner lieu au duel tout en limitant ses effets sanglants. Les amants vont se battre, se blesser mais non pas se tuer. Le duel doit cesser dès que l'un d'eux a été désarmé et que sa vie est à la discrétion de son opposant. Donneau de Visé suit cette règle quand il décrit le combat qui a lieu entre Democrate et Arcas :

> Ce Rival, que le dépit et la colere animoient, s'y rendit bien-tost apres. Ils ne furent pas longtemps sans mettre l'épée à la main et sans se battre, et ils se donnerent d'abord, par les coups qu'ils se porterent, de mutuelles marques de leur valeur, mais enfin [...] Arcas fut contraint de demander la vie à Democrate, et de luy promettre qu'il n'épouseroit jamais Sestiane[379].

Plus loin, il qualifie l'action de Democrate en ces termes : « toute la Cour loüa Democrate, et estima sa prudence, d'avoir donné la vie à un homme de la qualité d'Arcas, et qui avoit quantité de parens, et d'amis, qui, au sentiment de tout le monde, n'auroient jamais manqué de venger sa mort[380] ». Cela dit, il semble que ce soit l'intérêt bien compris, plutôt que la générosité, qui le fait agir ainsi. Ensuite, il faut éviter d'être pris, ce qu'on a vu avec Hypolite et Bedfort qui s'éloignent et attendent d'être sans témoin avant de vider leur querelle. Dans ces deux cas, l'honneur est sauf, les amants ont pu prouver à la dame l'ardeur de l'amour sans causer de désordre dans la société ni contrevenir ouvertement au roi. Lorsque l'issue du combat est funeste, l'amant n'a d'autre choix que de fuir pour éviter d'être pris par la justice. C'est parce qu'il sait qu'il sera reconnu coupable du crime de Dom Bernadille que Dom Laurenso se sauve : « Dom Bernadille est mort, et mesme le jour de ses nopces : J'ay soûpiré long-temps pour la Personne qu'il a épousée ; j'ay eu l'affront de n'avoir pas esté choisy, et les Gens de bon sens se douteront bien que le coup ne peut-estre que de moy[381] ». En effet, dès que le combat fait du bruit et qu'il est connu, les coupables sont punis. On se saisit de Brandon qui a tué son rival Quildare lors d'un duel et l'emprisonne à la tour du palais de Richemont[382]. Le cas de Dom Ramire est plus complexe car plusieurs principes s'entremêlent. D'abord, le roi de Navarre veut punir le criminel qui a tué Tigride, et ce, malgré l'opposition des nobles de sa cour. Ce passage souligne la

---

[379] Jean Donneau de Visé, *Nouvelles nouvelles, op. cit.*, vol. 1, p. 256.

[380] *Ibid.*, p. 256–257.

[381] Savinien Riflé, sieur de Garouville, *L'amant oysif, contenant cinquante nouvelles espagnoles, divisé en trois parties, op. cit.*, vol. 3, p. 155.

[382] Jean de Préchac, *La princesse d'Angleterre, ou la duchesse reyne*, vol. 1, Paris, Claude Barbin, 1677, in-12, p. 62–63.

résistance de la vengeance aristocratique, qui relève d'un code de l'honneur, face à l'installation d'une justice royale absolue, bien que le débat soit transposé au contexte espagnol: «le Roy offensé de ce Combat, faisoit conduire l'Avanturier au supplice, sans que les prieres des plus Illustres Chevaliers de sa Cour, qui se plaignoient qu'il violoit les Loix de Chevalerie, en punissant d'une mort infame un homme qui marquoit avoir tant de courage eussent pû l'en détourner[383]». Le roi, quand il découvre la véritable identité du criminel (il s'agit de Dom Ramire, son fils naturel), revient toutefois sur sa décision, les liens du sang étant plus forts que la raison d'État.

D'autres vengeances moins funestes figurent dans les nouvelles mais elles sont peu valorisées car elles partent d'un mouvement de jalouse colère et sont associées à la faiblesse ressentimenteuse de cette passion. Deux options s'offrent alors à l'amant. La première, qu'on qualifie de mesquine dans les textes, consiste à médire de son rival ou à lui nuire. Le duc d'Anjou qui dessert son rival, le duc de Guise amant de la princesse de Montpensier, auprès du roi [384], ou encore Philoclès qui s'associe à Xantipe pour noircir la réputation de son rival Alcibiade[385], en sont des exemples. Les amants blessés et aux amours déçus choisissent plutôt de se venger de leur rival heureux en lui ravissant sa dame, pratique qui est jugée tout aussi lâche et méprisable. Ils peuvent procéder à la manière de Pacalme qui enlève puis capture Alcine car il juge cette séparation plus cruelle que la mort:

> Pacalme irrité de sa mauvaise fortune, et jaloux de l'avantage de son Rival, ne conspiroit que la perte de nos deux amants. Il se seroit volontiers servi du poison pour assouvir sa vengeance, mais il estimoit qu'il y auroit trop de douceur en les faisant mourir de cette sorte; et il ayma mieux accroitre leurs maux de plusieurs années, que de trencher leurs jours par une mort subite[386].

Ou alors, faire comme le gouverneur Fernand qui: «pour se vanger de Trasille, et le faire mourir de douleur, [...] fit dessein de lui enlever sa Maîtresse, et de la faire épouser à un autre devant ses yeux, pendant qu'il le tiendroit en prison[387]».

[383] Jean de Préchac, *Le bâtard de Navarre. Nouvelles historiques*, Paris, Thomas Guilain, 1683, in-12, p. 166.
[384] Marie-Madeleine Pioche de la Vergne, Mme de La Fayette, *La princesse de Montpensier, op. cit.*, p. 375.
[385] Anne de La Roche-Guilhen, *Les intrigues amoureuses de quelques anciens Grecs, op. cit.*, p. 58.
[386] *Alcine princesse de Perse, nouvelle, op. cit.*, p. 73–74.
[387] Antoine Torche, *Le chien de Boulogne ou l'amant fidelle, nouvelle galante, op. cit.*, p. 116.

Les nouvellistes condamnent beaucoup plus sévèrement la colère et la vengeance des femmes en situation de rivalité, et ce, de quelque nature qu'elle soit. Ils l'associent généralement à la jalousie, à l'envie ou à la vanité, la peignent comme une passion aveugle qui n'entraîne que des dérèglements qui sont aussitôt désapprouvés. Voyons donc ce qu'il en est d'un peu plus près. La rivalité féminine peut être alimentée par trois principaux motifs, le premier étant évidemment l'amour. Les femmes se méprisent et se jalousent entre elles quand elles aiment le même galant et se disputent l'honneur d'en être aimée uniquement. Si elles témoignent vivement de leur colère en présence de leur rivale, ce n'est jamais que pour se couvrir de ridicule. Dans *La noble Vénitienne*, le portrait de la marquise irritée contre celle qu'elle croit être sa rivale, et dont la fureur tient de la folie, est assez éloquent :

> elle s'emporta contre cette pauvre Comtesse à tout ce qu'une femme fort irritée peut dire d'injurieux à une Rivalle heureuse, elle voulut plusieurs fois se jeter sur elle pour lui dechirer le visage, dont elle fut empeschée par son mary, qui crut que sa femme estoit devenuë folle. La Comtesse offensée d'un procedé si outrageant, dit froidement au Marquis qu'il devroit enfermer sa femme, puisqu'elle étoit en cét état. Ce discours anima encore davantage la furieuse Marquise. Elle fit tant de bruit qu'en un moment la chambre fut remplie de plusieurs personnes qui y accoururent, on eut beaucoup de peine à appaiser les deux femmes : Car la Comtesse estoit presque aussi en colere que la Marquise, le mary ne connoissoit rien à cet emportement, et plus il demandoit pardon à la Comtesse, sa femme s'en fâchoit davantage, et continuoit à leur dire des injures à l'un et à l'autre[388].

Le second motif qui allume la colère entre les rivales est la contestation de leur pouvoir de séduction, les dames ne supportent pas qu'une autre belle leur fasse perdre leur conquête. Victorie qui a perdu deux amants aux profits d'Olarie tâche de ternir la réputation de sa rivale en médisant sur son compte, si bien que, quand elles se trouvent en présence l'une de l'autre, les deux femmes ne cherchent qu'à satisfaire leur haine et leur colère en se querellant : « je [Filémon] vis à l'autre bout [d'une allée] deux Femmes chacune un Couteau à la main, qui se batoient avec tant de chaleur, que je m'imaginay qu'elles se tuëroient avant que je les eusse pû joindre[389] ». L'inconvenance d'une telle conduite, dont l'auteur se moque ouvertement en l'infantilisant, ne peut que dissuader le lecteur de se laisser ainsi aller. La beauté alimente également la rivalité entre les femmes : chacune veut être

---

[388] Jean de Préchac, *La noble vénitienne ou la Bassette, histoire galante*, op. cit., p. 104–107.

[389] *L'amant de bonne-foy*, op. cit., p. 144. Voir aussi p. 145–147.

reconnue pour la plus belle et elles craignent que la beauté de leur rivale ne plaise davantage à leur galant. Cette règle prend la forme d'une maxime dans la nouvelle de Boursault : « il n'est rien de plus mortifiant à celles qui se piquent de beauté que la présence de quelqu'une qui les efface[390] ». La rage de Servilie contre Amelonde, dont la beauté éclipse ses charmes et éloigne d'elle tous ses soupirants, répond à cette règle mais sa conduite est jugée déraisonnable car incivile : « Elle n'avoit que des regards de colere quand on la quitoit pour entretenir Amelonde ; elle avoit toûjours quelque raillerie piquante quand on rendoit à cette belle quelques civilitez extraordinaire ; elle mal-traitoit ceux qui revenoient à elle quand ils ne pouvoient estre aupres d'Amelonde[391] ». Servilie est d'autant plus fautive qu'elle est d'un commerce désagréable et qu'elle ne favorise pas les échanges mondains qui sont d'usage dans les salons. L'auteur de *Dom Amador de Cardone* précise encore la donne : « J'ay souvent ouy dire que deux Belles ne pouvoient estre amies, l'interest de la beauté les divisant toujours[392] ». Cette maxime sert de point de départ à sa nouvelle dans laquelle il raconte la rivalité entre Bérengère et Cantespine au sujet de leur beauté, de leurs charmes et de leur mérite.

Les femmes sont en proie à un vif ressentiment contre leur rivale et c'est avec une joie à peine dissimulée qu'elles anticipent la vengeance à venir, telle Iris dont le comportement laisse voir le plaisir qu'elle éprouve à l'idée de se venger de la présidente[393]. La colère féminine n'étant guère valorisée, la vengeance qui l'accompagne ne l'est pas davantage. Les pratiques qui suivent, si elles sont plus acceptables que d'autres parce qu'elles n'ont rien de funeste, ne sont pas pour autant présentées positivement. En fait, les nouvellistes les disqualifient en montrant que ces mouvements sont ceux des mauvaises femmes (les coquettes, les envieuses, les fausses). Voulant nuire à leur rivale et entacher sa réputation, les dames ont recours à la médisance, arme par

---

[390] Edme Boursault, *Le prince de Condé*, op. cit., p. 274.

[391] François Hédelin, abbé d'Aubignac, *Amelonde, histoire de nostre temps. Ou l'on void qu'une honneste femme est heureuse quand elle suit un conseil sage et vertueux*, op. cit., p. 140.

[392] *Histoire espagnole ou Dom Amador de Cardone, nouvelle*, op. cit., p. 18–19.

[393] « Comme je ne voulais pas qu'il manquât rien à ma vengeance pour la rendre complète, j'écrivis un billet au duc et le priai de me venir trouver où j'allais [...]. Je vis paraître avec une extrême joie le jour qui devait me donner tant de plaisir et tant de confusion à ma rivale. » « [N]ous commençâmes notre voyage avec assez de gaîté, [...] moi par la pensée de me venger pleinement de la présidente et de mon perfide amant. » « Cependant il me passait par l'esprit de malignes joies qui me faisaient faire des éclats de rire dont il n'y avait personne qui pût pénétrer la cause. » Poisson, *Histoire d'Iris*, op. cit., p. 895 et p. 896.

excellence des faibles et des jalouses[394]. Il n'est qu'à songer à la dame qui publie toute la vérité sur les commerces galants de la fausse prude pour s'en venger[395], ou à Mme de la Belinière qui se venge de Mme de Pomard en révélant son infidélité à son mari[396]. Il est intéressant de souligner au passage que cette vengeance fait appel au code de la colère et de la vengeance masculine suite à l'inconstance de l'être aimé. Brouiller la rivale d'avec son amant, faire perdre un galant à sa rivale ou lui faire épouser un mauvais mari sont autant de moyens modérés utilisés par les dames artificieuses pour se venger. La comtesse de Staffort veut se venger de sa rivale la comtesse de Salisbury en attisant sa jalousie, en lui faisant croire qu'elle est trompée par le roi son amant afin de les désunir[397]; une coquette veut se venger de sa rivale en se faisant aimer de son amant[398]; et la princesse Argelinde veut se venger de sa rivale Célanire en lui faisant épouser le vieux et horrible Cleonte[399].

Partant du principe que la peinture funeste des dérèglements des passions doit horrifier le lecteur et l'en détourner, certains nouvellistes présentent des vengeances féminines violentes et sanglantes. La description étant suffisante à l'édification du lecteur, ils n'appuient pas davantage sur la condamnation morale qui s'ensuit. Dans *L'amant oysif*, Dona Panaphiel se venge de la vieille courtisane sa rivale qui continue de recevoir son mari, en lui coupant les mains et la tête puis les offre à son mari[400], tout comme Dona Montalva tue sa

---

[394] L'abbé Du Bosc dit d'ailleurs à ce sujet que: «Les vertueuses excusent les fautes au lieu de les publier. Au contraire les vitieuses sont toujours impitoyables envers leurs pareilles. [...] Les honnestes femmes chassent le vice du monde par leur charité, et les libertines en banissent la vertu par leur médisance.» *L'honneste femme, op. cit.*, p. 135.

[395] «Elle résolut de s'en vanger, et un sentiment de haine s'estant joint à la jalousie qui est naturelle aux femmes, et mesme entre les meilleures Amies, elle mit tout en usage pour nuire à la Belle.» «[L]a Belle ne garda plus aucune mesure avec elle. Jusque-là elle s'estoit contentée de luy faire connoistre en termes couverts, qu'elle estoit informée de ses intrigues. Il luy fut impossible de se retenir davantage. Elle dit tout, nomma son Galant, marqua le lieu où les entreveuës se faisoient, et mit la Prude dans une telle rage contr'elle, qu'elle sortit aussi furieuse que le Mary estoit entré, apres avoir enfoncé la Porte.» «Les apparences trompeuses, histoire», *Mercure Galant*, Paris, octobre 1679, p. 205 et p. 220–221.

[396] Jean de Vanel, *Histoire du temps ou journal galant, op. cit.*, p. 279.

[397] D'Argences, *La comtesse de Salisbury, ou l'ordre de la Jaretiere. Nouvelle historique, op. cit.*, 2ᵉ partie, p. 14–15.

[398] «Histoire», *Mercure Galant*, mars 1683, dans *Anthologie des nouvelles du Mercure Galant (1672–1710), op. cit.*, p. 283.

[399] Madeleine de Scudéry, *La promenade de Versailles, op. cit.*, p. 281.

[400] Savinien Riflé, sieur de Garouville, *L'amant oysif, contenant cinquante nouvelles espagnoles, divisé en trois parties, op. cit.*, vol. 3, p. 45–46.

rivale qui a séduit son mari pour s'en venger, puis elle se sauve en Candie afin d'éviter d'être prise par la justice[401]. Ailleurs, puisque c'est la beauté de sa rivale qui a éloigné d'elle son amant, la marquise de Pomard se venge de Mme de la Belinière en attaquant son point sensible, c'est-à-dire en la défigurant, évinçant ainsi sa rivale qui est alors contrainte de se retirer dans un couvent, ne pouvant plus se montrer dans le monde :

> Après en avoir cherché plusieurs moyens, elle s'arresta à celuy de défigurer ce charmant visage qui avoit esté souvent l'objet de sa jalousie. Elle n'eut pas plûtost pris cette resolution qu'elle se mit en estat de l'executer ; elle trouva des gens disposez à seconder son ressentiment, et elle eut peu de jours après le plaisir d'apprendre qu'on avoit attendu Madame de la Beliniere comme elle venoit de la Messe, et qu'on luy avoit cassé sur le nez une bouteille d'eau forte qui l'avoit renduë affreuse[402].

Les jeux de dissimulations qui permettent habituellement aux nouvellistes d'alimenter l'intrigue et de ménager certains effets de surprise et de rebondissement en modifiant les actions de leurs personnages, servent ici à dévaloriser la colère et la vengeance en les associant à la duplicité des femmes. Les marques physiques de la colère des femmes contre leur rivale étant très apparentes, il devient aisé pour les personnages de les déchiffrer et de les reconnaître. Les dames qui ne veulent pas se trahir auprès de leur rivale ont donc soin d'étudier les mouvements de leur corps et de leur visage, de contrôler leurs emportements. Les grandes sultanes des nouvelles africaines et ottomanes semblent être expertes dans l'art de la dissimulation, suivant en cela le savoir sur la caractérologie des nations. Elles masquent leur colère contre leurs rivales afin de mieux pouvoir s'en venger, que l'on pense à Roxane qui éprouve du ressentiment à l'égard de Cleonis, la seconde épouse aimée du sultan Abdala :

> Il eut trop d'amour pour se precautionner, malgré la jalouse rage de Roxane ; il épousa Cleonis quelques jours après, et elle eut le desespoir de se voir une Rivalle ; mais une Rivalle adorée ; comme elle a l'esprit ingenieux, et d'un caractere dissimulé, le party qu'elle prit fut celuy de la feinte, elle cacha ses ressentimens avec addresse, visita souvent Cleonis,

---

[401] *Ibid.*, vol 1, p. 115–116.

[402] Jean de Vanel, *Histoire du temps ou journal galant, op. cit.*, p. 280–281. Il est à noter que Belline emploie le même procédé que la marquise de Pomard, accentuant ainsi le parallèle entre les règles de colère et de vengeance suite à l'infidélité et à la rivalité, que nous signalions plus tôt. Croyant que le comte la délaisse pour la femme de l'apothicaire, Belline est transportée de rage et elle décide de défigurer sa supposée rivale pour se venger de l'infidélité du comte de Chambord. Elle lui casse donc une bouteille d'eau forte sur le visage. Jean de Préchac, *Nouvelles galantes et aventures du temps, op. cit.*, t. I, p. 217–220.

qui devint grosse peu de temps apres, et en devint mesme inseparable, et cachant un desir formé de la perdre sous des complaisances affectées, elle trompa, et le Roy, et Cleonis[403].

La très habile Homaïs dissimule sa colère quand la belle Clarice revient auprès du roi : « La Reyne plus outrée que jamais eut bien de la peine à retenir ses emportemens ; mais comme il n'estoit pas encore temps de les faire esclater, et qu'elle ne desesperoit pas de ramener encore le Roy, elle voulut dissimuler[404] ». Elle feint si bien que le roi qui appréhendait la colère de sa femme suite au retour de sa chère esclave, s'étonne de la douceur dont elle fait montre : « Le Roy, qui s'estoit preparé à des actions de fureur de la part de cette fiere Princesse, contre lesquels il auroit peut-être resisté, se trouva surpris de tant d'humilité, et fut presqu'à demi vaincu de voir seulement à ses pieds une creature de cette humeur[405] ».

Les nouvellistes usent de divers procédés narratifs pour faire passer leur message visant à modérer les emportements entre rivaux et les effets sanglants de la vengeance. D'abord, ils présentent à leurs lecteurs des personnages qui exercent un contrôle sur eux-mêmes et sur leur colère, conduite qu'ils valorisent en l'associant à celle de l'honnête homme. La rivalité entre le chevalier de Guise et le duc de Nemours, par exemple, reste sourde car ils sont trop des hommes du monde pour la laisser éclater[406]. Ensuite, les nouvellistes font une peinture émouvante de ces gens d'exception qui renoncent à leur ressentiment. C'est le cas de Préchac dans cette nouvelle où l'on voit la colère et le désir de vengeance de Quildare se dissiper devant l'action généreuse de Sûfolc qui ne veut pas se battre contre celui qui lui a sauvé la vie :

> Sûfolc qui commençoit à l'écouter, non content de luy faire des excuses sur toutes ces choses, avoit beau protester de ne se batre jamais contre le Défenseur de sa vie, la colere rendoit le Comte de Quildare, ou sourd, ou implacable. De sorte que l'autre, pour le satisfaire, tirant son Epée du foureau où il ne faisoit que la remettre, et la jettant dans le Bois, s'approcha ainsi desarmé à la pointe de la sienne. Mais cette journée était celle des grands évenemens. La fureur du Comte de Quildare cessa tout d'un coup ; et cét Homme si fougueux fut tellement touché de l'action du Duc de

---

[403] Anne de La Roche-Guilhen, *Almanzaïde, nouvelle, op. cit.*, p. 76–78.

[404] *Homaïs reyne de Tunis, op. cit.*, p. 87.

[405] *Ibid.*, p. 88.

[406] « Il voyait bien que le chevalier de Guise était son rival, et ce prince connaissait que M. de Nemours était le sien. Il était le seul homme de la Cour qui eût démêlé cette vérité ; son intérêt l'avait rendu plus clairvoyant que les autres ; la connaissance qu'ils avaient de leurs sentiments leur donnait une aigreur qui paraissait en toutes choses sans éclater néanmoins par aucun démêlé ; mais ils étaient opposés en tout. » Marie-Madeleine Pioche de la Vergne, Mme de La Fayette, *La princesse de Clèves, op. cit.*, p. 298.

Sûfolc, que jettant comme luy son Epée au même endroit du Bois où il avoit jetté la sienne, il vint à luy bras ouverts, et s'écria avec larmes qu'il ne seroit jamais son ennemy[407].

Faire du renoncement à la vengeance une preuve d'amour est un autre moyen employé par les nouvellistes pour inciter leurs lecteurs à contrôler leurs emportements. Mademoiselle du Mesnil, sachant que l'humeur de Kervaut le portera à vouloir se venger de son nouveau rival Destouches, lui écrit une lettre pour éviter qu'il pose une action funeste en usant de son autorité d'amante et en faisant appel au devoir de soumission et d'obéissance du parfait amant :

J'estois sur le point de m'en vanger, quand je receus un billet qui me rasseura. Mademoiselle du Mesnil me promit une fidelité inviolable ; et comme elle sçavoit mon humeur, et qu'elle m'avoit souvent veu dans l'impatience de faire sentir à Destouches le danger qu'il y avoit à me vouloir supplanter, Elle me pria de suspendre pour un temps mon ressentiment, et mesme elle me l'ordonna par l'amour que je luy avois juré. Je pris la chose comme je le devois, et je differay de faire éclatter ma vangeance jusqu'à ce que je le puisse faire sans luy desobeir[408].

L'enseignement est pratiquement le même quand il s'agit des femmes mais on y insiste davantage. En fait, les nouvellistes ne font que condamner encore plus ouvertement les éclats de colère et les mouvements de vengeance chez les femmes, qu'ils ne le faisaient quand ils suivaient la règle qui associe cette conduite à celles des femmes faibles et jalouses. Dans *Adelais de Bourgogne*, l'auteur choisit d'opposer les deux comportements qu'une femme peut adopter envers sa rivale, mais il n'est pas bien difficile de déterminer de quel côté penche la balance. Il peint négativement le portrait de la jalouse Thephanie irritée contre sa rivale, alors qu'il glorifie celui de la sage Adelaïs car elle est douce et compatissante envers Theophanie, tâchant même d'apaiser la colère de sa rivale :

Mais dès qu'elle [Adelaïs] s'appercevoit que ses visites et ses entretiens faisoient revenir dans ce cœur indisposé [Theophanie] les accez de sa colere, elle se taisoit, ou elle se retiroit à l'heure méme, pour prevenir les fautes en éloignant l'occasion. Cette sage et judicieuse conduite estoit le plus grand motif des emportemens de Teophanie, qui se fâchoit que son aversion paroissoit criminelle, et que tant de vertus admirables l'accusoient d'injustice, et publioient sa mauvaise humeur par toute l'Europe. Elle eut desiré qu'elle eut éclaté comme elle[409].

[407] Jean de Préchac, *La princesse d'Angleterre, ou la duchesse reyne, op. cit.*, vol. 2, p. 92.
[408] *Monsieur de Kervaut, nouvelle comi-galante*, vol. 1, Paris, Claude Barbin, 1678, in-12, p. 45–47.
[409] *Histoire d'Adelais de Bourgogne*, Amsterdam, Helvigraad, 1685, in-12, p. 122–123.

Dans la nouvelle *Le gris-de-lin*, Préchac réprouve sévèrement l'emportement injustifié des femmes contre leur rivale. Ainsi, le duc, apprenant que sa femme a offensé une princesse qu'elle considérait comme une rivale, la croyant aimée de son mari, il exige de sa femme qu'elle fasse des excuses publiques et l'oblige à se réconcilier avec la princesse, ce à quoi la duchesse consent à regret et en apparence seulement :

> la Duchesse cachant ses sentiments luy dit qu'elle n'auroit aucune repugnance à faire tout ce qu'il souhaitteroit : mais qu'elle le supplioit de la dispenser de faire cette demarche qui pourroit estre mal-interprétée et prejudicier aux droits des Duchesses qui ne pretendent point ceder aux Princesses étrangeres, le Duc luy dit qu'il ne s'agissoit pas de decider de leur rang et qu'il estoit raisonnable qu'elle fit des avances à la Princesse, qui avoit esté la premiere offencée[410].

Quand il est question de formuler une leçon de morale au sujet de la vengeance dans leurs textes, deux méthodes sont particulièrement prisées par les nouvellistes : punir la dame fautive ou vouer les projets de vengeance à l'échec. Dans une histoire parue dans le *Mercure Galant*, où une belle brune se venge en épousant le père de sa rivale afin d'empêcher la demoiselle et le marquis de se voir et de se marier, l'auteur formule en toutes lettres la leçon de morale qu'il prétend enseigner à ses lecteurs : « Si le plaisir de s'estre vangé fait oublier beaucoup de malheurs, ils sont bien sensibles, quand on s'y expose volontairement, sans qu'on en tire aucun fruit. Jugez par là de ce que soufre la Dame dont vous allez voir l'Avanture[411] ». Cette nouvelle qui prend la forme d'un *exemplum*, démontre clairement que ce type de vengeance se retourne le plus souvent contre la dame qui prétend se venger, visant ainsi à décourager les femmes à tirer vengeance de leur rivale : « elle estoit résoluë à se sacrifier pour se vanger de sa Rivale ; à épouser le Comte, pour estre Belle-Mere de sa Fille, et rompre entierement le commerce qu'elle avoit avec le Marquis[412] ». Plus loin, on lit : « Elle prit donc un party si triste pour elle-mesme, et se fit autant de mal qu'à ceux dont elle se vouloit vanger. Cependant les maux qu'elle souffrit, ne les consolerent point des leurs[413] ».

Les femmes sont prêtes au pire quand il s'agit de triompher de leurs rivales. Cependant, si terrible soit le projet de vengeance, il semble toujours devoir être voué à l'échec. La première partie des *Désordres de l'amour* le montre bien, l'imagination démoniaque des dames ne connaît pas de bornes. Mlle d'Elbœuf et Mlle de Châteauneuf souhaitent se venger de leur rivale, la co-

---

[410] Jean de Préchac, *Le gris-de-Lin. Histoire galante, op. cit.*, p. 75–76.
[411] [Histoire sans titre], *Mercure Galant*, Paris, septembre 1682, t. II, p. 88.
[412] *Ibid.*, p. 99–100.
[413] *Ibid.*, p. 101–102.

quette Mme de Sauve qui leur a ravi tous leurs amants, et forment une ligue pour parvenir à leur fin. C'est sous la forme élaborée d'un divertissement mondain, sous les dehors élégants d'un ballet allégorique au cours duquel le Roi de Navarre doit marquer fortement le mépris que lui inspire Mme de Sauve, que leur projet de vengeance se voile (on aura remarqué au passage le recours à la règle de la colère suite au mépris comme moyen de vengeance). Si ingénieux soit-il, ce projet échoue car le Roi de Navarre succombe aux charmes de Mme de Sauve et se refuse à lui témoigner des marques de mépris. Les dames en sont fortement irritées et de cette fureur naît un second projet de vengeance. Cette fois, la modération n'est plus de mise et la punition doit être exemplaire : « il proposa de mettre une si forte jalousie entre Monsieur et le Roi de Navarre que le Roi se crut obligé d'en éloigner la cause, et bannir Madame de Sauve de la Cour[414] ». Mais encore une fois, cette vengeance ne connaît aucun heureux dénouement, sauf peut-être pour Mme de Sauve qui réussit à se maintenir en grâce à la cour. Madame de Villedieu donne une petite leçon de morale et d'humilité à ses lectrices, en leur brossant un portrait assez laid de la vengeance féminine, vengeance qu'elle tourne en dérision puisque c'est la coquette qui triomphe des nobles dames (ce qui va évidemment à l'encontre de la morale) – et l'on sait ce qu'elle pense de ce type de femme. Ce faisant, l'auteure souligne la faiblesse sociale des femmes qui pour toute vengeance en sont réduites à de petites mesquineries. Leur prétention à vouloir punir publiquement la coquette Mme de Sauve se retourne donc contre elles. Quant à l'auteure du *Grand Scanderberg*, elle combine les deux procédés puisque Selimane entreprend de se venger de sa rivale, usant tour à tour du poison et du poignard, mais sans succès, puis elle décide de retourner l'arme contre elle. La condamnation ne saurait être plus explicite :

> Ces entreprises lentes [les empoisonnements] l'impatientèrent ; outrée par de nouveaux mépris qu'Amurat lui avoit témoignez, elle vint un soir furieuse dans le lieu où j'étois ordinairement, un poignard à la main, dont elle se seroit impitoyablement servie, si le sort n'eût amené Aradin, qui, plein de zèle et de terreur, se précipita sur elle, et l'arrêta. La fiére Sultane tourna la tête, et connut sa foiblesse. Elle nous dit tout ce qu'un emportement aveugle est capable d'inspirer. Elle détesta l'Empereur, m'accabla d'injures, fit des vœux contre mon repos, vous nomma plusieurs fois, se donna deux grands coups, et tomba morte à mes pieds[415].

Cette volonté de détourner les femmes de la vengeance en accablant les fautives et en faisant avorter tous leurs projets, incite aussi les nouvellistes

---

[414] Marie-Catherine Hortense Desjardins, dite Mme de Villedieu, *Les désordres de l'amour, op. cit.*, p. 26.
[415] Anne de La Roche-Guilhen, *Le grand Scanderberg, nouvelle, op. cit.*, p. 170–171.

à présenter des personnages qui renoncent à la vengeance et à en faire des modèles de vertu. Ces exemples doivent toucher le lecteur et l'encourager à adopter une conduite similaire. Prenons le cas d'Ophise qui se venge de Bélise en la mettant dans une situation de gratitude, en la rendant redevable de ne pas lui avoir ravi Damon, la magnanimité et le pardon étant plus grands que toute autre forme de vengeance (ce qui n'est pas sans rappeler la scène sublime du pardon d'Auguste dans *Cinna*):

> A Dieu ne plaise, que je sois cause qu'il soit encore parjure. Qu'il se souvienne de ce qu'il a promis à Belise, qui m'aura cette obligation de luy avoir conservé son Amant tout entier pour elle, lors qu'il dependoit de moy de le luy ravir. Je ne sçaurois avoir ny plus de bonté, ny plus de generosité, que de rendre le bien pour le mal, et de témoigner à Belise, par le refus que j'ay fait de Damon, que je l'aime jusques dans le Tombeau. Qu'elle prenne hardiement sa conqueste, et je ne luy envie point ce bonheur, et j'auray cét avantage sur elle, que je ne veux pas luy ravir ce que je sçay luy appartenir, par tant de sortes de devoir. Je ne suis qu'une Femme, mais je suis ennemie de la lâcheté, et en un mot, je ne souhaite plus que l'on me parle de Damon[416].

*

Amour, colère et vengeance sont donc des passions inextricablement liées car la colère et la vengeance sont des composantes essentielles de l'art d'aimer, tel qu'il se conçoit dans la seconde moitié du XVIIe siècle, tandis qu'un amour méprisé ou qu'une trahison amoureuse est souvent à l'origine des mouvements de colère et de vengeance qui agitent les personnages. En étudier les règles, les motifs et les usages permet de dégager quels sont les devoirs ou les obligations des amoureux, de redessiner, un peu à la manière des allégories galantes et des cartes de géographie amoureuse qui foisonnent alors[417], l'itinéraire à suivre pour passer du statut d'ami à celui de tendre ami, en soulignant les écueils qu'il vaut mieux éviter, les soins et les prévenances qu'il convient de ne pas oublier. Dans un tel contexte, choisir de se mettre ou non en colère, de donner libre cours à sa vengeance ou de la contenir, devient une façon de signifier à l'autre son amour ou son mépris, une marque d'intérêt

---

[416] Robert-Alcide de Bonnecase, sieur de Saint-Maurice, *Fleurs, fleurettes et passe-temps, ou les divers caracteres de l'amour honneste*, op. cit., p. 388.

[417] Sur l'importance de ces allégories galantes et de ces cartes de géographie amoureuse dans la diffusion du code de l'amour tendre voir Jean-Michel Pelous, *Amour précieux, amour galant. Essai sur la représentation de l'amour dans la littérature et la société mondaine; op. cit.*, p. 13–22. Sur leur rôle dans l'émergence de la catégorie littéraire de la galanterie, lire Delphine Denis, *Le Parnasse galant. Institution d'une catégorie littéraire au XVIIe siècle, op. cit.*, p. 21–36.

ou d'indifférence à son égard. À travers les règles répertoriées dans chacune des situations mises en scène dans les nouvelles, c'est tout un système amoureux, éthique et moral qui se met en place, une série de comportements, de discours et de gestes propres aux parfaits amants et honnêtes gens qui sont posés comme modèle et défendus comme tel. Ce sont les nouvellistes qui se donnent comme tâche (plus ou moins consciencieusement selon les cas) de l'enseigner aux lecteurs en leur présentant une série d'exemples à imiter ou à fuir, et de le diffuser en intégrant les codes qui régissent la colère et la vengeance à leurs écrits, mais aussi en jouant avec eux. D'un autre côté, cet art d'aimer est indissociable d'un art de vivre en société. La colère et la vengeance qui éclatent au nom de l'amour ne sauraient se soustraire aux lois de la civilité, elles doivent être honnêtes et galantes. Les maximes de conduite qui régissent cette passion visent justement à en limiter les dérèglements et à en faire un bon usage, elles permettent aux auteurs de proposer des pratiques recevables dans le cadre de la vie de cour et de salon. Les nouvellistes, cherchant à instruire agréablement leurs lecteurs, sont solidaires des différents traités d'éducation destinés aux honnêtes gens afin de rejoindre ce même public, stratégie qui n'est pas dénuée d'intérêt économique, on l'aura compris.

Chapitre IV : L'art de vivre en société

« Mais ce qu'a de plus fâcheux un mal si estrange [la colere], c'est qu'il tire sa naissance de toutes choses ; [...] la négligeance d'un valet le met en fougue, la liberté d'un amy le jette dans le desespoir, la raillerie d'un ennemi l'engage dans le combat[1] ».

La colère est une passion qui touche tout le monde, sans égard au sexe, à l'âge et à la condition sociale ainsi que l'affirment Sénèque[2], Coëffeteau[3], Senault[4] et Cureau de la Chambre :

[la colere] se fait ressentir generalement à tous ; les plus petits en souffrent les émotions aussi bien que les forts [...]. Enfin elle ne connoist point de privileges, et ne met point de difference entre les hommes ; elle agite les enfans comme les vieillards, les malades comme les sains, les pauvres comme les riches, les Roys comme leurs sujets ; Et sans s'arrester ainsi que les autres à quelques particuliers, elle anime les familles, les peuples, et les royaumes entiers[5].

---

[1] Jean-François Senault, *De l'usage des passions*, Paris, Fayard, 1987 [1641], p. 294.

[2] « Elle n'épargne aucun âge, n'excepte aucune race. » « Souvent on s'est porté en masse à la colère hommes, femmes, vieillards, enfants, grands, la populace sont unanimes », Sénèque, *Dialogues. De Ira/De la colère*, t. I, Paris, Belles Lettres, 1922, p. 66.

[3] « De toutes les Passions de nos ames, il n'y en a point qui jette ses racines si avant, ou qui estende ses rameaux si loing que la Colere, dont il n'y a aage, ny condition, ny peuple, ny nation qui se trouve plainement exempte. » « Mais on voit les villes, les provinces, et les republiques entieres embrazées de colere, et transportées de cette fureur avec une conspiration publique des grands, des petits, des jeunes, des vieux, des hommes, des enfans, des Magistrats et du populaire », Nicolas Coëffe-teau, *Tableau des passions humaines, de leurs causes et de leurs effets*, Paris, Martin Collet, 1631 [1620], in-8°, p. 522 et p. 523.

[4] « [I]l n'y a point de Passion qui soit plus commune, et il semble que la Nature pour nous punir de tous nos crimes, ait voulu que comme une furie vengeresse, elle persecutât tous les hommes. » Jean-François Senault, *op. cit.*, p. 292.

[5] Marin Cureau de la Chambre, *Les charactères des passions*, vol. 2, Paris, Rocolet, 1660 [1640], in-4°, p. 293.

Bien que l'universalité et la portée sociale de la colère soient reconnues de tous, il convient de se demander si son mode d'expression, les motifs qui la légitiment ou non, qui autorisent ou non la vengeance qui s'ensuit, diffèrent selon qu'on est homme ou femme, roi, noble ou bourgeois, selon qu'on est en position de supériorité, d'égalité ou d'infériorité. Pour ce faire, on identifiera dans ce chapitre les règles qui sous-tendent la colère et la vengeance dans les principaux cercles sociaux : les amis, la famille et la cour, et l'on verra que tout comme elles le faisaient pour l'art d'aimer, la colère et la vengeance participent à l'élaboration des différents modèles sociaux. Elles suivent de très près les préceptes qui régissent la conduite du parfait ami, du parfait parent et du parfait courtisan, les principales maximes à observer, les pratiques à respecter ou les fautes à fuir. Cependant, cela n'empêche pas les nouvellistes de se jouer de ces règles dans leurs textes, de prendre une certaine liberté face à elles, et parfois même de les inverser pour les besoins de l'intrigue.

1. La colère, la vengeance et l'amitié

1.A. Les amitiés personnelles

La véritable amitié ne peut exister qu'entre gens de bien selon Cicéron[6], c'est-à-dire entre gens qui agissent avec droiture, honnêteté, loyauté et générosité. Ce modèle ancien de l'amitié qui prône l'entente totale entre les honnêtes gens et qui repose sur un sentiment d'affection complètement désintéressé existe toujours au XVIIe siècle, tout comme l'amitié «par devoir» (prenant alors la forme d'alliances intéressées et de calculs politiques) qui privilégie la dimension mondaine et sociale. Aux dires de Nicolas Faret[7], l'amitié devient un moyen d'assurer sa fortune dans la société de cour. Jean-Marie Constant a bien fait voir que l'amitié est un élément capital de la sociabilité, que sur la scène politique «les relations affectives sont le ciment permettant l'action de divers groupes[8]», et que chez les gens de cour, l'amitié est perçue «comme une protection contre les difficultés de la vie et les aléas de la carrière[9]». On ne saurait donc s'étonner de la place qu'elle occupe dans les nouvelles galantes et historiques qui ont à cœur de rejoindre les préoccupations des

---

6   Cicéron, *L'amitié*, Paris, Belles Lettres, 1928, V–17.

7   «Ceux qui sont officieux ne sçauroient manquer d'amis, et ceux qui ne manquent point d'amis ne sçauroient manquer de fortune», Nicolas Faret, *L'honnête homme ou l'art de plaire à la cour*, Genève, Slatkine Reprints, 1970 [1630], p. 43.

8   Jean-Marie Constant, «L'amitié : le moteur de la mobilisation politique dans la noblesse de la première moitié du XVIIe siècle», *XVIIe siècle*, octobre–décembre 1999, n° 205, p. 600.

9   *Ibid.*, p. 607.

lecteurs mondains. La nouvelle *Le triomphe de l'amitié* de Jean de Préchac est d'ailleurs explicitement dévolue à cette problématique. Elle prend la forme de l'*exemplum* en tâchant de montrer que l'excellente amitié existe encore en ce siècle, et qu'elle peut produire des effets admirables[10].

La colère étant une passion impétueuse qui peut mettre en péril les amitiés les plus précieuses, son opiniâtreté et la rudesse de ses manières n'ayant rien pour plaire ni pour gagner les cœurs, on ne saurait trop recommander aux honnêtes gens de privilégier la complaisance et la modération. Les règles qui encadrent l'éclat de la colère et ses emportements, qui incitent un individu à se mettre ou non en colère, à donner libre cours à sa vengeance ou à y renoncer, s'appuient donc sur celles de la parfaite amitié. Dans son traité de *L'honnête homme*, Faret résume ainsi les signes qui permettent de reconnaître le véritable ami : «C'est icy le comble de l'abregé de tous les preceptes [...]. L'extrême franchise, la juste complaisance, la solide fidelité, la veritable confiance, la facilité à obliger, et la crainte de desplaire en sont des marques assez evidentes ; mais le mouvement du cœur en est le vray juge et le souverain arbitre[11]». Plus que de simples marques, il s'agit là d'une liste des devoirs qu'un individu s'attend à voir respecter de la part de son ami, et le moindre manquement à l'un d'entre eux devient une faute intolérable qui provoquera infailliblement la colère de l'ami.

L'amitié jouit certainement d'un statut privilégié au regard de la colère et de la vengeance, et ce, aussi bien chez les hommes que chez les femmes. D'abord, on remarque que la liberté et l'égalité dans les rapports qui unissent deux amis ont une incidence sur la portée de la colère, c'est-à-dire qu'elles la modèrent et qu'elles permettent à l'un de réprimander l'autre sans provoquer son irritation, ce qui serait impensable dans d'autres circonstances. Si les nouvellistes reprennent cet usage, ils insistent surtout sur le fait que son application est loin d'être aisée. Dans *Les amours des grands hommes*, par exemple,

---

[10] Prenons pour exemple le passage introductif suivant: «Quoique plusieurs personnes fassent profession d'amitié, il s'en trouve si peu qui en remplissent bien tous les devoirs, qu'il n'est pas extraordinaire qu'un des plus Grands-Hommes du Siecle ait crû qu'il n'y en avoit point de veritable. Ce qui nous paroist Amitié, n'est souvent qu'une complaisance fondée sur des raisons d'interest, ou, tout au plus, une conformité d'humeur et de sentimens qui fait cette liaison qu'on nomme Amitié, qui ne laisse pas de se trouver quelquefois sincere et desinteressée. Il est constant qu'on a mille exemples des effets admirables qu'elle produit, surtout lorsqu'elle est fondée sur l'estime : et personne ne peut disconvenir qu'elle ne fasse le plus agreable commerce des hommes. Car enfin il y a des âges où il est honteux d'avoir de l'amour ; et il est toûjours loüable d'avoir de l'amitié.» Jean de Préchac, *Le triomphe de l'amitié. Histoire galante*, Lyon, Thomas Amaulry, 1679, in-12, p. 1–3.

[11] Nicolas Faret, *L'honnête homme ou l'art de plaire à la cour*, *op. cit.*, p. 41.

Mme de Villedieu met en scène un Alcibiade qui contrôle difficilement sa colère contre son ami Thelemis lorsque celui-ci lui conseille d'oublier Aspasie et
d'aimer plutôt la reine de Sparte. C'est en raison d'une contrainte extérieure
et non d'une intériorisation de ce précepte qu'il modère sa colère : « Alcibiade
ne pût écouter ces reproches avec moderation, et quoique Thelemis eût
genereusement sacrifié ses propres interests à l'attachement qu'il avoit pour
lui, il se seroit peut-être emporté contre le seul Ami que sa mauvaise fortune
n'avoit pû lui oter (excepté Socrate), s'il n'avoit été retenu par la presence de
Mindare et de Lisander qui vinrent l'aborder[12] ». Un peu plus loin, Mme de
Villedieu reprend ce principe mais en le déplaçant : c'est l'amitié particulière
qui la lie à Alcibiade qui permet à Amiclée de le réprimander quand il renvoie
le portrait de la reine, en allant jusqu'à s'emporter contre lui. Cette manifestation volontaire des signes de sa colère a pour fonction de lui faire savoir
qu'elle désavoue ce geste :

> Amiclée survint, qui se servant de l'autorité qu'elle avoit toûjours
> conservée sur lui, n'eût pas la même moderation que Thelemis, à se
> plaindre de ce qu'il venoit de faire elle s'emporta contre lui, et après lui
> avoir fait mille reproches sur la honte de son attachement [pour Aspasie
> plutôt que pour la reine], et sur le mépris avec lequel il avoit reçû et ren-
> voyé le portrait de la Reine, elle sortit de la chambre, en l'assurant qu'elle
> ne le verroit jamais[13].

Ensuite, on voit que l'amitié adoucit la colère qui n'est que temporaire et
qu'elle incite davantage à l'indulgence. Ce principe est respecueusement
suivi dans les textes littéraires, qu'il s'agisse de la colère d'Aronte après l'indiscrétion de son ami : « il se tourna du costé de son amy […] et le regardant
avec des yeux pleins d'une douce colere ; il luy fit de petits reproches d'avoir
fait connoistre à Celie toutes ses foiblesses. Apres-quoy il adressa la parole a
Celie, et l'ayant priée d'excuser son emportement, il continua son histoire de
cette sorte[14] », ou de celle de Célie contre son amie Silésie quand elle essaie de
la réconcilier avec Artaxande qu'elle croit infidèle :

> Celie fut fort surprise d'y trouver Artaxandre, elle s'en voulut aller en
> disant à son amie, à demy en colere, c'est une vraye trahison que vous me
> faites Silesie, et j'avois pensé jusques à present n'avoir rien fait pour la me-
> riter de vous ; mais son amie la repoussant dans le cabinet luy dit, quand
> vous aurés escouté Artaxandre il ne tiendra qu'a vous de vous retirer[15].

---

[12]   Marie-Catherine Desjardins, dite Mme de Villedieu, *Les amours des grands hommes*,
       dans *Œuvres complètes*, vol. 2, Genève, Slatkine Reprints, 1971 [1670], p. 105.
[13]   *Ibid.*, p. 108–109.
[14]   A. Ancelin, *Le portrait funeste, nouvelle*, Paris, Pierre Bienfait, 1661, in-8°, p. 107.
[15]   Jean Bridou, *Célie, nouvelle*, Paris, Claude Barbin, 1663, in-8°, p. 192.

Enfin, l'étroitesse des liens qui unissent des amis donne lieu à une solidarité dans la colère car les amis partagent leurs motifs d'irritation. Tout comme on le voyait pour les amoureux, un ami ne peut supporter qu'on offense injustement un être cher. Rien de nouveau ici, Guez de Balzac faisait des observations semblables au sujet des Romains, ce qui fait supposer à Hélène Merlin que, « peut-être l'amitié ne se définit-elle jamais mieux que dans ce rapport où des amis éprouvent leur amitié, leur cohésion, leur *mêmeté*, face à des ennemis[16] ». L'amitié est un lien social qui rallie des individus autour d'un individu particulier. Ce précepte se retrouve tel quel dans les nouvelles, qu'il s'agisse de Mandane qui est indigné par l'affront qu'Ariane a fait à son ami Palante en refusant de l'épouser après le lui avoir promis[17], ou encore de la sœur et de l'ami de Sylvandre qui partagent sa colère contre Julie qu'ils croient inconstante : « Alcandre et Silesie, prenans part à ma disgrace, furent animez de pareils mouvemens de colere et de ressentimens contre Julie ; l'un et l'autre la traiterent de legere, l'accusans d'avoir peu de conduite, et protestans de m'en vanger[18] ». Cette colère partagée participe à l'élaboration du modèle de la parfaite amitié, elle est un moyen de reconnaître un véritable ami. La part qu'un individu prend à l'outrage d'un autre devient un signe de l'intérêt qu'il lui porte, de son affection, de sa fidélité, en même temps qu'elle est une marque d'estime.

L'amitié exerce la même influence sur la vengeance que sur la colère, elle l'adoucit et incline au pardon de l'offense de quelle que nature qu'elle soit. Cette règle est manifestement reprise dans les nouvelles où l'on lit que, si la reine laisse la vie sauve à sa rivale Cleomire, c'est en souvenir de leur amitié : « je veux bien la laisser vivre, mais elle ne vivra que parce que je me souviens encore que je l'aimois autrefois[19] ». Et c'est l'amitié qui le liait au père de Don Lope qui fait renoncer Don Anthonio à la vengeance[20]. L'auteur de cette nouvelle, qui s'intitule *Cléante ou Don Carlos*, revient plus loin sur cet aspect en

---

[16]   Hélène Merlin, « L'amitié entre le même et l'autre ou quand l'hétérogène devient principe constitutif de société », *XVIIe siècle*, octobre-décembre 1999, n° 205, p. 663 (en italique dans le texte).

[17]   « Ce cher Amy, [...] avoit un ressentiment extréme de l'affront que Palante venoit de recevoir », Robert-Alcide de Bonnecase, sieur de Saint-Maurice, *Fleurs, fleurettes et passe-temps, ou les divers caracteres de l'amour honneste*, Paris, Jacques Cottin, 1666, in-12, p. 431–432.

[18]   *Julie, nouvelle galante et amoureuse*, Paris, Estienne Loyson, 1671, in-12, p. 59.

[19]   *Cleomire, histoire nouvelle*, Cologne, Pierre du Marteau, 1678, in-12, p. 64.

[20]   « Don Anthonio prenant la parole luy dit, point de réponse davantage, sortez vous dis-je encore une fois, si vous ne voulez m'obliger à vous traiter comme vous le méritez, et vous souvenez qu'en consideration de feu vostre Pere, ma bonté veut bien vous soustraire aux transports de ma juste vengeance. » *Cléante ou Don Carlos, nouvelle*, Paris, Thomas Jolly, 1662, in-12, p. 99.

précisant que l'obligation et la gratitude que l'on éprouve à l'égard d'un ami
agissent aussi comme des freins au désir de vengeance, mais que les devoirs
inhérents au sens de l'honneur doivent avoir préséance. Cet extrait souligne
les réflexions d'un personnage à propos de ce principe et des comportements
qu'il peut adopter, puis montre comment sa connaissance des règles à suivre
a une incidence sur le geste posé :

> Je vous advoüe que si j'eusse sçeu que ce Cavalier eust esté Cleante, que
> peut-estre aurois-je suspendu quelque temps mon ressentiment pour tas-
> cher à adoucir, en connaissance de l'obligation que je luy ay ; mais comme
> je ne l'avois jamais veu, et que je ne l'ay reconnu qu'alors que nous
> sommes venus en presence, j'ay crû que dans cét instant je montrerois
> quelque espece de lascheté si je m'expliquois autrement que par les armes :
> ainsi j'ay souffert malgré moy que l'ingratitude regnast en mon ame, pour
> satisfaire à ces delicatesses de l'honneur qui pour estre mal expliquées,
> couvrent souvent un homme d'infamie dans le temps qu'il ne pense qu'à
> faire une action de vertu[21].

Les amis se protègent entre eux, ils se secourent, se viennent en aide et se
prêtent assistance. Comme le remarque Jean-Marie Constant, l'amitié est une
forme de sociabilité propre à mobiliser les gentilshommes et à les faire agir
ensemble[22]. La solidarité qui associait les amis dans la colère et qui devenait la
marque des grandes amitiés, se manifeste donc également dans la vengeance
mais elle semble n'être que le lot des personnages masculins. D'abord, les
hommes partagent le ressentiment de leur ami et participent à sa vengeance,
que ce soit Leonte qui offre à son ami Amador de le venger de son rival[23], ou
les amis d'Hypolite qui veulent l'aider à tirer vengeance, ce dont il leur est
reconnaissant : « que ne vous dois-je pas mes chers Amis ; leur disoit Hypolite
en les embrassant ? vous epousez ma querelle, vous vous exposez pour me
venger, et bien loin de m'y opposer comme il semble que je devrois le faire,
je vous conjure de ne rien obmettre pour trouver mon ennemi[24] ». À cela
s'ajoute le dernier devoir qu'on puisse rendre à un ami, soit de venger sa mort.
Dans les nouvelles, les personnages masculins sont tous enclins à venger la
disparition de leur compagnon. Ils n'hésitent pas à faire couler le sang du
perfide qui leur a causé une si grande perte, que l'on pense à Anaxandre qui
venge le trépas de son ami Démocrate en tuant le criminel Arcas : « on eut

---

21   *Ibid.*, p. 157–158.

22   Jean-Marie Constant, « L'amitié : le moteur de la mobilisation politique dans la
     noblesse de la première moitié du XVIIᵉ siècle », *loc. cit.*, p. 606.

23   *Les nouveaux stratagèmes d'amour. Histoire curieuse*, Amsterdam, Daniel Du Fresne,
     1681, in-12, p. 44.

24   Marie-Catherine Le Jumel de Barneville, Comtesse d'Aulnoy, *Histoire d'Hypolite,
     comte de Duglas*, t. II, Genève, Slatkine Reprints, 1979 [1690], p. 113.

advis qu'Anaxandre avoit vengé la mort de son Amy, et qu'ayant rencontré Arcas en France, où il s'estoit sauvé, il l'avoit obligé à mettre l'épée à la main, et qu'apres en avoir receu une blesseure assez legere, il estoit sorty vainqueur de ce combat, et avoit tué son ennemy[25]», ou au chef du palais et de Morat qui vengent la mort de Philadelphe en tuant son assassin Orcantor: «Mais, Madame, sans vouloir l'écouter davantage, transportez de douleur et de desespoir, nos bras impatiens l'ont puni dans le mesme moment, et vengé dans son sang la mort de l'infortuné Philadelphe[26]». Les gentilshommes se font un devoir et un point d'honneur de secourir et de venger la mémoire d'un ami, bien que cela comporte quelques risques.

Il semble que l'on soit en droit de toujours s'attendre à ce qu'un ami donne le meilleur de soi-même: «Toute nostre vie s'employe et se consomme en Actions et en Paroles, que nos amis ayent tousjours les meilleurs[27]». Plus encore, les amis devraient servir nos intérêts de leur mieux, nous rendre de bons offices, être favorables à notre cause, protéger notre gloire et avoir soin de notre réputation. Dès lors, il suffit qu'un ami nous desserve pour que l'on s'irrite, car on s'attend à ne recevoir que du bien des êtres qui nous sont chers. Coëffeteau reprend cette idée dans son traité: «nous nous faschons contre ceux que nous croyons estre autheurs ou complices d'un mal que nous n'attendions nullement d'eux, les croyant nos amis[28]», puis précise «[qu']il n'y a mépris qui nous soit plus insupportable que celuy que nous recevons de nos amis, et de ceux que nous croyons estre obligez de contribuër à nostre gloire: car comme nous voyons qu'au lieu d'accroistre nostre honneur, ils s'efforcent de l'obscurcir, nous ne pouvons plus estre maistre du dépit[29]». Cette règle est suivie par les nouvellistes. Graville, par

---

[25]   Jean Donneau de Visé, *Nouvelles nouvelles*, vol. 1, Paris, Pierre Bienfaict, 1663, in-12, p. 314–315.

[26]   Girault de Sainville, *Philadelphe. Nouvelle égyptienne*, Paris, François Michon, 1687, in-12, p. 179–180.

[27]   Nicolas Faret, *L'honnête homme ou l'art de plaire à la cour*, *op. cit.*, p. 41.

[28]   Nicolas Coëffeteau, *Tableau des passions humaines, de leurs causes et de leurs effets*, *op. cit.*, p. 552.

[29]   *Ibid.*, p. 557–558. Coëffeteau reprend ici une règle qui a déjà été énoncée par Aristote: «[notre colère est bien plus vive] contre ceux qui nous sont chers, plus que contre ceux qui ne le sont pas; car on croit avoir plus de titres à leurs bons offices qu'à leur indifférence»; «[on est porté à la colère] contre nos amis, s'ils ne parlent et n'agissent pas bien à notre endroit, et encore plus s'ils parlent et agissent mal envers nous; s'ils ne s'aperçoivent pas de nos besoins […], ne point s'en apercevoir est, en effet, un indice de dédain; ce qui nous soucie ne nous échappe pas.» Aristote, *Rhétorique*, t. II, Paris, Belles Lettres, 1938, 2, 1379 b. On lit aussi chez Sénèque: «nous nous irritons contre nos plus chers amis parce qu'ils ont fait moins pour nous que nous ne l'aurions imaginé.» Sénèque, *op. cit.*, p. 97–98.

exemple, est en proie à une juste colère contre Bonneval qui l'a trahi en révélant à Marianne la passion qu'elle lui inspire: «rien aussi n'est comparable au dépit qu'il eut contre Bonneval. Il le nomma cent fois perfide, et s'accusa de peu de discernement d'avoir aimé un homme qui estoit capable d'une si grande lâcheté. Son courage le portoit à se vanger sur l'heure de l'outrage qu'il recevoit[30]». Clytie éprouve du ressentiment quand Eriphille lui apprend que son amie Belise la dessert auprès de la princesse Alcidiane en parlant désavantageusement d'elle[31], et c'est en homme raisonnable qu'agit Oronte car il attend d'avoir la preuve de la tromperie de ses amis avant de s'emporter[32].

Bien que le désir de tirer vengeance d'un ami qui nous dessert soit reconnu – c'est le cas de Montmouth qui désire se venger quand il réalise la trahison de son ami le vieux baron[33] –, il n'est pas souvent illustré dans les nouvelles, car la vengeance contrevient à la douceur de la civilité que recherche l'honnête amitié. Tout au plus en voit-on deux cas, l'un comique, et l'autre honnête. Filémon se bat contre son ami Timandre qui a eu le malheur de lui rendre un mauvais service en lui portant un message désobligeant de la part d'Olarie[34]. Quant à la vengeance de Mlle de Sansac contre Mlle de Roye qui l'a trahie en avouant ses sentiments à Amboise, elle est discrète et modérée puisque Mlle de Sansac se contente de cesser d'être la confidente de Mlle de Roye et de la voir: «elle ne laissa à cette amie que le chagrin d'avoir

---

[30]   Marie-Catherine Le Jumel de Barneville, Comtesse d'Aulnoy, *Nouvelles d'Elisabeth*, vol. 1, Paris, Claude Barbin, 1674, in-12, p. 123.

[31]   «Jugez à ce discours quel fut mon ressentiment; il fut si grand qu'à peine il me resta assez de raison pour remercier Eriphille», Madeleine de La Calprenède, *Les nouvelles ou les divertissemens de la princesse Alcidiane*, Genève, Slatkine Reprints, 1979 [1661], p. 62.

[32]   «[I]l connut bien que l'on le vouloit faire la Dupe de cette affaire là, puis qu'il n'avoit point avoué à Clitandre qu'il fust coupable. Il ne voulut pas neantmoins éclatter avant que d'en sçavoir davantage.» Jean Donneau de Visé, *Les nouvelles galantes, comiques et tragiques*, t. III, Genève, Slatkine Reprints, 1979 [1669], p. 49.

[33]   «[I]l fit reflexion à la trahison que luy avoit fait son amy, et en fut tellement épris de vengeance, que s'il l'eût tenu entre ses mains, il luy auroit joüé sans doute un mauvais tour.» *Le duc de Montmouth. Nouvelle historique*, Liège, Guilleaume Kalcoven, 1686, in-12, p. 142.

[34]   «[N]ous mîmes la main à l'épée, et nous nous jettâmes l'un sur l'autre avec un transport extraordinaire: Je luy perçay le bras gauche du coup que je luy portay; mais celuy qu'il me porta me perça la cuisse, et me fit une si grande douleur, que je tombay sur le genoüil.» *L'amant de bonne-foy*, Paris, Charles de Sercy, 1672, in-8°, p. 122.

perdu une personne à qui elle confiait ses sentiments et de conserver toujours un amant malheureux[35] ».

Si l'amitié jouit d'un statut particulier et donne lieu à une solidarité face à la colère, il y a un cas auquel elle résiste difficilement : la rivalité amoureuse, et cette situation s'applique autant aux hommes qu'aux femmes[36]. L'amour prend vite le pas sur l'amitié et il suffit qu'un ami soit épris de la même personne pour qu'il devienne notre ennemi puisque faire obstacle à nos amours et à notre bonheur est très certainement le pire moyen qu'un ami peut prendre pour nous desservir, en marquant ainsi son manque d'égard à notre endroit. Ce principe, qui est d'ailleurs clairement formulé par Philémon quand il affirme : « je serois plus fasché qu'un de mes Amis fist galanterie avec ma femme qu'un autre, et [...] il seroit bien moins pardonnable qu'un Galant qui ne me connoistroit pas[37] », est repris assez fidèlement dans les nouvelles. Dans *Le mary jaloux*, la colère du comte est immédiate quand il découvre que le marquis, qu'il croyait son ami, aime sa femme[38] ; dans la nouvelle de Mlle de Scudéry, l'amour qu'ils vouent à Mathilde passe avant leur amitié et fait de Dom Felix et Alphonse des ennemis irréconciliables :

> Aimons-la donc, reprit Alphonse, et haïssons-nous autant que nous nous sommes aimez, puisque vous l'avez voulu ; car la qualité d'ami et celle de rival ne peuvent subsister ensemble. J'y consens, dit Dom Felix, et quoy que vôtre amitié m'ait esté infiniment chere, si je puis estre aimé de Mathilde, je me consoleray aisément de l'avoir perduë. Ah! Dom Felix, reprit Alphonse, ne me forcez point à vous dire que ma haine est plus considerable que vous ne croyez, et qu'elle ne laisse pas un grand loisir à ceux que je hai de faire des conquestes[39].

Les dames ne sont pas plus douces entre elles, leur antagonisme est tout aussi grand si on se fie aux nouvelles du *Mercure Galant*, que ce soit une brune qui prend de la haine pour son amie quand elle découvre qu'elle est sa rivale en

---

[35] Catherine Bernard, *Le comte d'Amboise, nouvelle*, dans *Œuvres*, t. I, *Romans et nouvelles*, Fasano/Paris, Schena/Nizet, 1993 [1689], p. 287.

[36] Cicéron dans son traité sur l'amitié soulignait déjà le danger que présente la rivalité liée à un mariage. Cicéron, *L'amitié, op. cit.*, IX–33.

[37] Jean Donneau de Visé, *Les nouvelles galantes, comiques et tragiques, op. cit.*, t. III, p. 225.

[38] « Ah lâche, s'écria le Comte tout enflammé de colere, tu sçais trop que c'est à toy que cela s'adresse. En mesme temps il mit l'épée à la main et s'estant éloigné de quelques pas, il alla à luy avec une impetuosité qui faisoit bien voir que son dessein n'estoit pas de l'épargner. » Louise-Geneviève Gomes de Vasconcelle, dame Guillot de Beaucour, *Le mary jaloux, nouvelle*, Paris, Michel Guerout, 1688, in-12, p. 269.

[39] Madeleine de Scudéry, *Mathilde d'Aguilar*, Genève, Slatkine Reprints, 1979 [1667], p. 204.

amour[40], ou l'amitié entre une demoiselle et une veuve qui est altérée quand la demoiselle découvre que son amie lui enlève tous ses amants[41]. Cette dernière histoire est particulièrement intéressante puisqu'on y présente les deux attitudes que les femmes peuvent adopter en de pareilles circonstances. La demoiselle témoigne sans fard de son irritation, la veuve, pour sa part, dissimule sa colère contre la demoiselle qui, étant devenue sa rivale, se met à médire sur son âge (elle révèle en fait la vérité, soit que la veuve a 40 ans et non 25 ans ainsi qu'elle le prétend) afin de mieux pouvoir se venger[42].

Plus rarement, il arrive dans les textes littéraires qu'on propose une autre règle où l'idéal de l'amitié l'emporte sur la pulsion amoureuse, où la parfaite amitié donne lieu à des sentiments très délicats, et où un personnage préfère servir les intérêts de son ami au détriment des siens. Le cas le plus probant est évidemment celui de Constance et d'Agnès dont l'amitié est au cœur de l'intrigue de la nouvelle *Agnes de Castro*. La sage Constance, au lieu de s'irriter contre Agnès, préfère lui conserver son amitié, car elle juge qu'Agnès est devenue involontairement sa rivale: «Agnes, le Prince t'aime, et le mérite que je te connois, borne mes plaintes, sans me permettre le moindre ressentiment[43]». Agnès n'est pas moins généreuse puisqu'elle éprouve de la douleur en apprenant qu'elle est aimée du roi, sachant que cet amour causera du chagrin à Constance[44]. Et même lorsque Constante meurt, Agnès continue à refuser d'épouser le roi en souvenir de l'amitié qu'elle avait pour la princesse: «Quoi, Constance est à peine ensevelie, et vous [Constance] voulez que je vous offense. Non, ma Princesse, ajouta-t-elle [Agnès], avec plus de véhémence, non, celle que vous avez comblée de tant de faveurs, ne

---

40 «Il n'est pas aisé de s'imaginer combien la belle Brune prit de haine pour son Amie, et pour le Marquis, mais sur tout pour son Amie.» [Histoire sans titre], *Mercure Galant*, Paris, septembre 1682, t. II, p. 97.

41 «Elle s'apperceut bien-tost que s'estoit la Dame qui les attiroit [les amants], et le dépit qu'elle en eut la rendant souvent de méchante humeur, luy fit prendre un esprit aigre qui leur causa de frequentes brouïlleries. Leur amitié en fut alterée; et quoy que la Dame conservast toujours pour cette aimable personne les dehors les plus honnestes, la Belle n'eut pas tant de moderation.» «Histoire», *Mercure Galant*, Lyon, septembre 1690, p. 150.

42 «Rien ne luy pouvoit causer un plus sensible chagrin. Aussi fut-elle picquée vivement de cet outrage; mais comme elle avoit beaucoup d'esprit, elle n'en fit rien paroistre», *ibid.*, p. 151.

43 Jean-Baptiste de Brilhac, *Agnes de Castro, nouvelle portugaise*, Amsterdam, Pierre Savouret, 1688, in-12, p. 23–24.

44 «[S]e regardant avec la derniére douleur, comme la cause des souffrances d'une Princesse, aux bontez de laquelle elle étoit si redevable, elle donna toute la nuit aux larmes et à des plaintes, qui vangeoit bien Constance des maux qu'elle lui faisoit souffrir.» *Ibid.*, p. 27.

méritera point le couroux du Ciel, et le mépris des hommes, par une action si perfide[45] ». L'exemple que donne Jean de Préchac dans sa nouvelle *Le triomphe de l'amitié* est un peu plus ambigu en raison des allusions à l'homosexualité d'un des personnages. Sainte-Colombe et Flavigny, deux gentilshommes, se lient d'amitié après avoir été prévenus en faveur l'un de l'autre par des connaissances communes. Flavigny, secrètement amoureux de Justine, apprend, à son retour de l'armée, que Sainte-Colombe l'a épousée. Sainte Colombe, qui aime mieux son ami que sa femme – il se dispute d'ailleurs avec elle à ce sujet[46] – supplie Flavigny de faire la cour à Justine. Il décide même, pour les rendre heureux, de faire annuler son mariage en invoquant le motif de l'impuissance. Justine et Flavigny, passionnément amoureux, se marient après un délai raisonnable, puis tous trois se retirent à la campagne et vivent en bonne amitié. C'est donc « un defaut de temperamment », Sainte-Colombe n'ayant naturellement « jamais eu d'inclination pour les femmes »[47], qui permet à l'amitié de triompher de la rivalité amoureuse.

Ce comportement *quasi* héroïque semble nettement emporter l'assentiment des nouvellistes qui mettent en scène dans leurs textes des personnages qui tâchent de conserver leur amitié en dépit de leur rivalité amoureuse. La mise en place, au sein des nouvelles, de cette règle qui prône un comportement plus conforme aux principes de la civilité et de la politesse, paraît toutefois être le fruit d'un long processus et nécessiter plusieurs stratégies d'accommodation de la part des personnages. Dans *Célinte*, on voit que cet idéal est difficile à atteindre, car plusieurs efforts sont déployés pour que l'amitié de Méliandre et d'Ariston triomphe de leur rivalité amoureuse. Les deux amis essaient d'abord de se raisonner : « Cette haine, reprit Méliandre, pourroit estre aussi tost un effet de la foiblesse de l'amitié, que de la force de l'amour ; mais quoy qu'il en soit, ne nous broüillons du moins pas si legerement, et taschons de conserver un peu de raison au milieu de beaucoup d'amour[48] ». Mirinthe, Celinte et Poliante interviennent tour à tour pour les inviter à

---

[45] *Ibid.*, p. 88–89.

[46] « Il eut mesme l'injustice de la quereller de ce qu'elle estoit la cause qu'il perdoit un amy aussi fidelle que celuy-là. Cet injuste reproche irrita Justine contre son mary, et donna occasions à plusieurs petits démeslez qui augmenterent tous les jours par les chagrins où estoit Sainte Colombe de ne voir plus Flavigny et par les inquietudes de Justine, qui ne pouvoit souffrir l'indifference de son mary, pendant que son miroir, et toutes les personnes qui l'approchoient, luy faisoient juger qu'elle meritoit d'estre traitée avec plus d'égards et de consideration. Elle luy reprochoit à tout moment son indifference, et il faisoit si peu de cas de ses plaintes, et de ses reproches, qu'enfin ils furent à charge l'un de l'autre. » Jean de Préchac, *Le triomphe de l'amitié. Histoire galante*, *op. cit.*, p. 64–65.

[47] *Ibid.*, p. 90–91.

[48] Madeleine de Scudéry, *Célinte, nouvelle première*, Paris, Nizet, 1979 [1661], p. 79.

rester amis plutôt qu'à devenir ennemis[49], et les deux amis y parviennent en cessant de voir Celinte. De même, dans les *Nouvelles d'Elisabeth*, Mme d'Aulnoy, introduisant la figure du médiateur, souligne le travail du chevalier du Beslay auprès de Graville et Bonneval, tous deux amoureux de Marianne, afin de préserver leur amitié :

> le Chevalier jugeant que l'infidelité de Graville n'estoit point volontaire, et que l'Amour ne demandoit pas le consentement de nostre volonté pour en disposer, il le justifia ; mais il fut fort empesché quand il sçeut tout ce que Bonneval avoit dit contre Graville. Il estoit mal-aisé de remettre son esprit irrité d'avec tant de justice ; et il n'estoit pas facile d'obliger Bonneval à se repentir d'une faute qu'il estoit tout prest à commettre. Toutefois le souvenir de leur ancienne amitié, la bien-seance et le conseil de leur amy les obligea à subir l'accommodement, qui n'eust point d'autre condition, que celle de vivre civilement, et de s'en remettre à leur amour et à leur fortune pour le succez de leur passion, sans user de voyes indirectes pour se nuire[50].

Lorsque l'amitié se transforme en rivalité amoureuse, les projets de vengeance qui se dessinent dans les nouvelles sont plus funestes. Les trois cas de vengeance masculine répertoriés consistent toujours à tirer l'épée contre son rival : Agenor se bat en duel contre Leonce et le tue[51], la rivalité entre Ariston et Méliandre leur fait porter l'épée l'un contre l'autre[52], Alphonse et Dom Felix se battent pour se mériter l'amour de Mathilde[53]. La passion des femmes pour la vengeance contre une amie devenue rivale ne se dément pas, ainsi qu'en fait foi cet adage qui sert de point de départ à une histoire du *Mercure Galant* qui se propose d'en faire la démonstration : « Il n'y a rien dont les Femmes ne soient capables quand elles sont possedées de l'ardeur de se vanger, et vous

---

[49] « Mais charmante Celinte, adjousta-t'il, comme ils ont toujours esté Amis, qu'ils sont tous deux les miens, et qu'ils ont beaucoup de merite, je vous conjure de vouloir les empescher de se broüiller pour l'amour de vous. » *Ibid.*, p. 84. Voir aussi p. 83 et p. 89.

[50] Marie-Catherine Le Jumel de Barneville, Comtesse d'Aulnoy, *Nouvelles d'Elisabeth*, vol. 1, *op. cit.*, p. 210–212.

[51] « [M]ais enfin Agenor blessé au bras fut si outrée de ce qu'avec tout son bon droit, il avoit répandu le premier du sang, que resolu de s'en venger ou de s'enferrer soy-mesme, il poussa si vigoureusement, qu'il passa son épée au travers du corps de Leonce qui tomba sans dire une seule parole. » Edme Boursault, *Le marquis de Chavigny*, Paris, Edme Martin, 1670, in-8°, p. 339–340.

[52] « [S]e faisant des reproches assez aigres, ils se querellerent sans s'esclaircir, ils mirent l'espée à la main, et commencerent de se battre avec autant d'animosité, que s'ils se fussent tousjours haïs. » Madeleine de Scudéry, *Célinte, nouvelle première*, *op. cit.*, p. 88.

[53] « En disant cela, il mit l'espée à la main, et fut droit à Dom Alphonse, qui parant les premiers coups, passa sur luy avec une precipitation extréme, luy saisit l'espée », Madeleine de Scudéry, *Mathilde d'Aguilar*, *op. cit.*, p. 204.

tomberez d'accord de ce que je dis quand vous sçaurez l'avanture dont je vais vous faire part[54]». On y voit une veuve se venger en empêchant le mariage d'une demoiselle avec un riche cavalier, et sacrifier sa liberté au plaisir de se venger en épousant le cavalier: «Sa bonne mine [au cavalier], et le portrait qu'on luy avoit fait de son merite, la confirmerent dans la resolution de se sacrifier plûtost elle mesme, que de ne se pas vanger de l'outrage que luy avoit fait la Belle en luy rendant toutes ses années[55]». Ce dont est pleinement consciente la jeune demoiselle: «[elle] connut à ses dépens combien les Femmes sont vindicatives, puis qu'elle fut convaincuë par les avantages que la Dame avoit faits au Cavalier, et par la prompte resolution qu'elle avoit prise de changer d'estat, qu'elle ne s'étoit portée à ce mariage que par le plaisir de rompre le sien[56]». Une autre nouvelle du *Mercure galant*, dont le dénouement de l'intrigue coïncide avec ce principe de vengeance, montre que médire et nuire aux amours de l'amie devenue rivale sont les moyens privilégiés par les femmes pour se venger. En effet, une brune se venge d'une blonde en ruinant sa réputation: elle l'accuse d'un faux commerce amoureux, ce qui incite le marquis dont elle est amoureuse à la quitter[57]. La blonde se venge à son tour de la brune en demandant au marquis de lui faire espérer qu'il va l'épouser alors que c'est à elle, la blonde, qu'il doit s'unir[58].

1.B. Les amitiés claniques et familiales

La solidarité si particulière à l'amitié peut prendre une forme plus large et s'appliquer à un groupe de gens, ce qui est le cas des clans, des maisons et des familles. On parle alors davantage d'amitié par devoir, d'alliances pour dé-fendre des intérêts communs, et non d'une authentique amitié d'inclination qui unit des gens de bien, ou d'une amitié de nature qui repose sur les liens du sang. Éric Méchoulan a souligné le caractère fondamentalement social de cette forme d'amitié:

> L'amitié apparaît plutôt comme le lien social par excellence: non le mo-nopole d'un face à face, mais les multiples réciprocités dans lesquelles les sujets sont engagés, s'ils participent d'une même communauté. Avant de

---

[54] «Histoire», *Mercure Galant*, Lyon, septembre 1690, p. 144.

[55] *Ibid.*, p. 156.

[56] *Ibid.*, p. 159.

[57] « [I]l cessa entièrement de la voir sans s'estre expliqué sur la rupture. Ce fut un fort grand triomphe pour la jeune veuve, mais il lui manquait, pour le rendre entier, d'attirer l'amant.» «Histoire», *Mercure Galant*, novembre 1681, dans *Nouvelles du XVIIᵉ siècle*, Paris, Gallimard, 1997, p. 492.

[58] «La seule vengeance que la belle prit de son amie fut d'ordonner au marquis de la remplir d'espérance jusqu'à la conclusion de l'affaire, dont il l'avertit lui-même par un billet le jour qu'il se maria.» *Ibid.*, p. 495.

régir une affection démesurée et privée, l'amitié se présente sous la figure politique de la mesure publique[59].

Ces cas d'amitiés claniques qui sont à l'origine d'alliances entre conjurateurs et de nombreuses cabales sur la scène politique du XVIIᵉ siècle, ainsi que l'a montré Jean-Marie Constant, sont très peu présentes dans les nouvelles, tout au plus en dénombre-t-on trois ou quatre. La colère, la haine et la rivalité qui opposent les clans et les familles servent habituellement de point de départ à l'intrigue d'une nouvelle. Elles sont présentées dans la situation initiale comme des obstacles majeurs aux amours des jeunes amants qui doivent préserver leur passion envers et contre tous, ce qui n'est pas sans rappeler le *Roméo et Juliette* de Shakespeare.

La colère entre deux parents en situation de rivalité peut être évoquée rapidement et structurer toute la nouvelle, comme c'est le cas dans *Nicandre*. Nicandre est amoureux de la belle Arthénice, mais leurs pères ayant été dans des partis différents lors de l'épisode de la ligue en France, Amintor et Cleomedon interdisent à leurs enfants de s'aimer. Ce passage montre bien l'irritation du père de Nicandre quand il apprend que son fils a fréquenté la fille de son ennemi pendant son absence :

> Mais à peine fust-il arrivé que des gens qui avoient esté ennemis de Cleo-medon et de sa cabale, luy firent un rapport si desavantageux de la vie que Nicandre avoit menée pendant son absence, que sa haine s'en augmenta de moitié, et qu'il pensa dés le lendemain de son retour deffendre à son fils de se presenter devant luy. En effet ce pauvre Amant n'obtint pas sans difficulté qu'il luy permît de le voir. Il le traita de lâche qui abandonnoit les interests de son pere et de sa famille, luy reprocha sa desobeïssance et se laissant emporter à sa colere[60].

L'histoire de « Cleomede et Selimene[61] » se résume à peu près dans les mêmes termes : de jeunes amants qui s'aiment depuis leur tendre enfance voient sans cesse leur amour traversé par la rivalité et la colère qui divisent leurs pères respectifs.

---

[59] Éric Méchoulan, « Amitié et générosité dans *L'Astrée* d'Honoré d'Urfé et *Francion* de Charles Sorel », *Tangence*, n° 66, été 2001, p. 22.

[60] *Nicandre, première nouvelle de l'inconnu*, Paris, Claude Barbin, 1672, in-12, p. 23–25.

[61] « Et comme l'un d'eux s'avança de dire, qu'il ne trouveroit rien de mieux assorty, que le Mariage de Cleomede avec Selimene, Lycidor s'emporta d'une telle façon, et poussa si avant son ressentiment contre son Ennemy, qu'il dit hautement : J'aymerois mieux cent fois que Cleomede épousast la plus simple Bergere de nostre Contrée, que de songer à l'alliance de Selimene. » Robert-Alcide de Bonnecase, sieur de Saint-Maurice, *Fleurs, fleurettes et passe-temps, ou les divers caracteres de l'amour honneste, op. cit.*, p. 34–35.

La colère entre familles est provoquée lorsque les intérêts qu'une maison protège sont menacés et qu'il lui faut les maintenir tout en assurant sa gloire. Le schéma de ce type de colère se présente de la manière suivante dans les nouvelles: il y a un bien (une princesse) promis à une famille qui est confisqué par une autre famille. Cet attentat au bien d'autrui constitue un outrage suffisant pour provoquer la colère de la maison lésée. Ce principe peut être repris simplement, ainsi que dans cette histoire du *Mercure Galant*[62], par exemple, où un cavalier s'éprend d'une belle qui est la fille de son ennemi. Il cache son identité afin de l'épouser, puis avoue sa fourbe à son beau-père qui accepte finalement que les deux maisons se réconcilient. Mais ce principe donne parfois lieu à un traitement plus complexe: *L'histoire du comte de Genevois et de mademoiselle d'Anjou*[63] décrit la rivalité entre la maison de Bourgogne et la maison d'Anjou, et on voit que le duc de Bourgogne met tout en œuvre pour faire obstacle au mariage prévu entre le comte de Genevois et la duchesse d'Anjou. Dans *Le prince de Condé*[64], la colère et la rivalité qui opposent le clan des Guise (catholique) à celui des Condé (protestant) sert de point de départ à l'intrigue. Le prince de Condé, ennemi des Guise, décide de se faire aimer de Mlle de Saint-André qui est promise en mariage au fils aîné du duc de Guise pour se venger de ce clan. On retrouve un cas similaire dans *La princesse de Montpensier*[65] où l'affrontement entre la maison des Bourbon et

---

[62] « Il [l'ennemi] possedoit une Terre dans le voisinage du Cavalier, et c'estoit la source des longs démeslez qui avoient broüillé les deux Familles. La haine, devenuë hereditaire dans l'une et dans l'autre depuis plus de soixante ans, avoit causé de fort grands malheurs, et jamais division ne s'estoit entretenuë avec tant d'aigreur. » « Histoire », *Mercure Galant*, Paris, juillet 1681, p. 83–84.

[63] « Mais le Duc de Bourgogne ne pouvoit consentir à l'agrandissement de la Maison d'Anjou. Comme il avoit retardé la conclusion de cette alliance par son adresse, il résolut d'y apporter à l'advenir toutes sortes d'empeschemens. » *Histoire du comte de Genevois et de mademoiselle d'Anjou*, Paris, Claude Barbin, 1664, in-12, p. 15.

[64] « Ce maréchal [de Saint-André], dévoué entièrement à la maison de Lorraine, ennemie déclarée de la maison de Bourbon, avait promis sa fille au fils aîné du duc de Guise, et le prince de Condé les haïssait trop pour ne pas chercher toutes les occasions imaginables de se faire aimer d'une si belle personne pour se venger d'eux. » Edme Boursault, *Le prince de Condé*, dans *Dom Carlos et autres nouvelles du XVIIe siècle*, Paris, Gallimard, 1995 [1675], p. 274.

[65] « Les choses étaient en cet état lorsque la maison des Bourbon, qui ne pouvait voir avec envie l'élévation de celle de Guise, s'apercevant de l'avantage qu'elle recevrait de ce mariage, se résolut de le lui ôter et de se le procurer à elle-même, en faisant épouser cette grande héritière au jeune prince de Montpensier, que l'on appelait quelquefois le prince dauphin », Marie-Madeleine Pioche de la Vergne, Mme de La Fayette, *La princesse de Montpensier*, dans *Nouvelles du XVIIe siècle, op. cit.*, p. 362.

la maison des Guise se solde par le détournement d'un mariage : celui de Mlle de Mézières qui est promise au duc du Maine qui appartient à la maison des Guise. Mais la maison des Bourbon, s'apercevant de l'avantage de ce mariage pour ses rivaux, s'y oppose et fait épouser Mlle de Mézières à l'un des leurs, le prince de Montpensier. Toutefois, Mme de La Fayette entremêle la colère de clan et la colère personnelle qui a pour motif la rivalité amoureuse, entre le duc de Guise et le prince de Montpensier :

> Son ressentiment éclata bientôt malgré les réprimandes du cardinal de Guise et du duc d'Aumale, ses oncles, qui ne voulaient point s'opiniâtrer à une chose qu'ils voyaient ne pouvoir empêcher. Il s'emporta avec tant de violence, même en présence du jeune prince de Montpensier, qu'il en naquit une haine entre eux qui ne finit qu'avec leur vie[66].

L'auteure dit bien, à propos du duc de Guise, que, plus que l'intérêt de la maison, c'est celui de son amour pour la jeune héritière qui est la véritable cause de cette colère dite « familiale ». La connaissance de cette règle lui permet de manifester publiquement sa colère, de la rendre acceptable tout en cachant les motifs réels qui eux, sont personnels et condamnables, Mlle de Mézières ne lui étant pas destinée. L'histoire se complexifie encore puisque Mlle de Mézières devient également amoureuse du duc de Guise et non de son mari, le prince de Montpensier.

Les colères claniques et familiales ne donnent jamais lieu à la vengeance, si ce n'est en déjouant les projets de mariage de la maison adverse, ainsi que nous l'avons vu. On peut imputer le phénomène au fait que la fonction principale de cette colère est de servir de point de départ à l'intrigue, de la nourrir, de structurer son déroulement, prouvant qu'il s'agit bien d'un code littéraire, d'un lieu commun encore fécond sous la plume des nouvellistes du temps qui s'autorisent une certaine latitude dans son emploi afin de surprendre les lecteurs.

2. La colère, la vengeance et la famille

2.A. La solidarité familiale

La famille est une forme d'amitié qui relève de la nature : ce sont les liens du sang qui unissent ses membres les uns aux autres et les soudent face à l'ennemi. Plus que par la colère, c'est par la vengeance partagée – le soin qu'un individu prend à venger l'offense subie par un membre de sa famille – que la solidarité familiale trouve son lieu d'expression privilégié. Ce type de ven-

---

[66] *Idem.*

geance est présenté dans pas moins de vingt-cinq nouvelles. Dans chacun des cas, il est important de souligner qu'on favorise nettement la vengeance sur la colère, qu'on opère ainsi une dissociation du couple « colère-vengeance ». Ce principe, on le retrouvait déjà chez Sénèque[67] lorsqu'il permet à un père de venger la mort de son fils, ou à un fils de se venger de celui qui a frappé son père ou ravi sa mère, mais sans s'emporter à la colère. La vengeance doit être accomplie par devoir et non par ressentiment, l'homme vertueux accomplissant toujours son devoir sans trouble, position qui est reprise par Antoine de Courtin quand il associe le désir de se venger pour satisfaire sa colère à l'animalité[68]. Éric Méchoulan souligne ce mouvement qui tend à valoriser la vengeance sans la colère : « on peut voir la colère devenir l'instance passionnelle qui fausse le juste rapport à la vengeance et qui délégitime le souci d'une rétribution raisonnable[69] ». Plus loin, il poursuit : « la validité sociale de la vengeance ne saurait emprunter à ses excès de quoi la stimuler. Il faut retirer de la vengeance tout emportement abusif et punir ou rétablir l'ordre collectif sans investissement passionnel[70] ». Les nouvelles suivent fidèlement cette règle selon laquelle la colère est une passion néfaste qui empêche de calculer la juste rétribution (bien raisonnée et proportionnée) de la vengeance. Ils mettent en scène des personnages qui sont animés d'un juste désir de venger un proche parent, et qui ne perdent pas leur temps à s'adonner à la colère, préférant se porter promptement à la vengeance, promptitude qui ne saurait être imputée à la colère mais plutôt à un sentiment de justice. Dès les premières lignes du *Journal amoureux*, Octave est décrit comme quelqu'un dont l'âme est entièrement occupée par le désir de vengeance et qui « cherchoit à vanger la mort de son Pere, et non pas à divertir ses jeunes années[71] ». Pas de colère non plus dans une histoire sanglante du *Mercure Galant* où un père voyant son fils tué sous ses yeux le venge aussitôt en tuant l'assassin d'un coup de pistolet[72]. Venger la mort d'un proche ou réparer l'offense qui lui a été faite, est un devoir qui incombe aux autres membres de la famille.

---

[67] Sénèque, *Dialogues. De Ira/De la colère, op. cit.*, t. I, p. 15.

[68] « [P]our redire encore une fois une chose si necessaire, que de se venger pour assouvir seulement la colere, est selon toutes sortes de loix une vengeance de bête feroce qui sort des termes de la nature humaine », Antoine de Courtin, *Suite de la civilité françoise, ou traité du point d'honneur, et des regles pour converser et se conduire sagement avec les incivils et les fâcheux*, Paris, Louis Josse et Charles Robustel, 1717 [1675], in-12, p. 203.

[69] Éric Méchoulan, « La dette et la loi », *Littératures classiques*, n° 40, 2000, p. 288.

[70] *Idem*.

[71] Marie-Catherine Hortense Desjardins, dite Mme de Villedieu, *Journal amoureux*, dans *Œuvres complètes*, vol. 3, Genève, Slatkine Reprints, 1971 [1670], p. 150.

[72] « Histoire », *Mercure Galant*, Paris, juin 1682, p. 322.

Les nouvellistes font de ce désir de vengeance un signe qui permet de distinguer le bon fils et le parfait parent, et valorisent hautement ce comportement dans leurs textes. La nouvelle intitulée « Le duel », qui se trouve dans un recueil de Donneau de Visé, prend pour point de départ cette règle[73]. La mère de Theomede demande explicitement à son fils de revenir chez lui pour venger l'affront fait à son père. La vengeance, pour cette femme, n'est rien de moins qu'un devoir attendu d'un fils aimant ; l'intérêt qu'elle prend à rétablir l'honneur de son mari est tout autant loué puisqu'on y voit la marque d'une grande âme :

> Mon Fils, Si ton courage n'est point occupé à quelque Siege, prens la Poste dés que tu auras receu ma Lettre, pour venir vanger l'affront qu'on a fait à ton Pere. Il a receu à l'âge de soixante et dix ans, un soufflet du jeune Dorante. On les a accomodez ; mais je ne suis pas satisfaite de cet accommodement ; et si tu as du cœur, tu ne tarderas point à venir tirer raison de ce temeraire[74].

Theomede se bat donc en duel contre Dorante et il provoque la joie de sa mère lorsqu'il lui annonce avoir vengé son père :

> la premiere Personne qu'il vit, fut sa Mere, qui luy dit d'abord qu'il avoit bien fait de venir pour vanger l'affront que son Pere avoit receu, et qu'il devoit sans perdre de temps faire appeler Dorante. C'en est fait, Madame, luy dit-il, et mon bras a vangé dans son sang l'affront que cet insolent a fait à mon Pere. Il luy raconta toutes les particularitez du combat, et cette Femme genereuse l'embrassa mille fois, et luy dit qu'il estoit digne d'estre né d'elle[75].

Si le désir de vengeance après la mort d'un parent est aussi légitime chez les mères et les filles, elles ne semblent pas autorisées à se venger elles-mêmes : on leur recommande plutôt, dans les nouvelles, de s'en remettre aux soins d'un homme (un fils, un frère, un amant, un ami) pour mener à bien cette vengeance. *Le voyage de la reine d'Espagne* accorde une grande place à ce principe. La marquise veut à tout prix se venger de celui qui a tué son fils. Elle est prête à offrir sa fille en mariage au vengeur de son fils, et, sur son lit de mort,

---

[73] On voit bien dans ce cas toute la distance qu'il peut y avoir entre les « réalités » sociales et la représentation qu'on en fait dans les textes littéraires. En effet, Donneau de Visé présente ce duel qui sert à venger et à prouver l'honneur d'un particulier au moment même où cette pratique est en baisse notable dans la société, suite aux nombreux édits contre les duels. Voir en particulier la section 3.C de ce chapitre où cet aspect est plus longuement développé.

[74] Jean Donneau de Visé, *Les nouvelles galantes, comiques et tragiques, op. cit.*, t. III, p. 269–270.

[75] *Ibid.*, p. 280–281.

elle demande à sa fille de poursuivre la vengeance de ce fils chéri : «elle luy dit, qu'elle n'avoit plus de regret à mourir, ne doutant point qu'elle ne fit son devoir pour perdre l'assassin de son frere, puisque sa gloire, son honneur, et celuy de sa famille y estoient engagez[76]». Mais l'histoire se complique parce que Perline est trop amoureuse du comte qui a tué son frère pour souhaiter qu'on le venge. Elle cherche différents moyens pour éviter que cela se produise, faisant ainsi passer sa passion amoureuse avant ses devoirs familiaux. D'ailleurs, c'est déjà ce qu'elle faisait du vivant de sa mère, n'hésitant pas à feindre de se rallier à ses projets de vengeance pour mieux cacher son amour pour le comte et le voir plus aisément. À preuve, cet extrait où Perline convainc sa mère d'aller avec elle à Paris afin de retrouver son amant : «mais lors qu'elle luy proposa de demeurer à Bordeaux, pendant qu'elle iroit vanger la mort de son fils, Perline la pria de trouver bon qu'elle partageât avec elle le soin de cette vengeance[77]». La stratégie est efficace puisque «la Marquise [...] fut bien-aise qu'elle entrât si avant dans ses ressentimens, et agrea qu'elle l'accompagnât[78]».

À ce sujet, il faut souligner que dans les nouvelles, seules les femmes sont en proie à des sentiments aussi contradictoires, faisant ainsi écho à deux héroïnes cornéliennes : Chimène qui est amoureuse du meurtrier de son père et Camille qui aime le fils de l'ennemi public. Hélène Merlin, qui a étudié les perturbations introduites par Corneille dans le modèle de l'amitié, écrit d'ailleurs que : «Chez Corneille, il n'est pas rare que le sentiment amoureux unisse des ennemis théoriques, et cela contribue à accentuer la différence des sexes qui, par rapport à l'amitié, fait du lien amoureux une *dissonance* publique[79]». Préchac entremêle donc finement dans sa nouvelle les règles qui régissent ce type de vengeance en fonction des diverses exigences auxquelles elles répondent, que ce soit le devoir de venger la mort d'un fils qui incombe aux autres membres de la famille, la division sexuelle qui veut qu'une femme ait recours à un homme pour la venger, ou l'inclination naturelle de l'amour qui prend le pas sur les liens du sang.

Certains nouvellistes, au contraire, affirment qu'il ne faut pas prolonger les vengeances familiales au-delà du tombeau, ne voyant là qu'une marque de la faiblesse humaine, et préconisent plutôt le pardon (ou à tout le moins l'abstention), en présentant les personnages qui optent pour ce comporte-

---

[76] Jean de Préchac, *Le voyage de la reine d'Espagne*, vol. 2, Paris, Jean Ribou, 1680, in-12, p. 82–83.

[77] *Ibid.*, p. 35–36.

[78] *Ibid.*, p. 36–37.

[79] Hélène Merlin, «L'amitié entre le même et l'autre ou quand l'hétérogène devient principe constitutif de société», *loc. cit.*, p. 673 (en italique dans le texte).

ment comme des modèles de vertu. Cette règle est clairement formulée dans *Zamire* lorsque la mère, avant de mourir, recommande à sa fille de ne pas chercher aveuglément à venger sa mort et celle de son époux[80]. Et on voit tout au long de la nouvelle que, si Zamire est animée d'un juste ressentiment contre ceux qui ont outragé ses parents, au moins est-ce sans fureur, ne donnant lieu à aucun discours ou acte déplacé, respectant en cela les limites imposées aux femmes :

> Fidele à sa douleur et au sang de ses peres, elle conservoit un ressentiment proportionné aux sujets qu'elle en avoit ; mais on ne la voyoit jamais s'emporter à des choses indecentes, et se tenant dans les justes bornes que son sexe et sa raison lui prescrivoient, elle condamnoit sa bouche au silence, alors que son cœur étoit le plus irrité[81].

Remarquons au passage que cet extrait souligne à nouveau l'importante question de la juste proportion du ressentiment qui rend la rétribution de la vengeance raisonnable, ainsi que nous l'avons mentionné plus haut.

Partant du principe selon lequel «les hommes se faschent contre ceux qui méprisent ou offensent les personnes qui leur sont cheres, et qu'ils sont obligez d'assister, s'ils ne veulent participer à leur honte[82]», qu'il est de leur devoir d'assurer et de rétablir la réputation de ceux qui dépendent d'eux (principalement les femmes, les filles et les mères), le chef de famille doit se mettre en colère quand la vertu de la fille est outragée. Cette colère a pour fonction de sauver l'honneur de la fille et, par extension, celui de sa famille. Une douzaine de nouvelles reprennent cette règle qui donne lieu à deux principaux cas de figure : la colère des parents après l'enlèvement de leur fille ou à la suite du comportement compromettant de leur fille. On lit dans une histoire du *Mercure Galant* qu'en apprenant l'enlèvement de sa fille, «Le Pere s'emporta avec fureur contre le Marquis, protestant qu'il ne seroit jamais satisfait qu'il ne luy eust fait couper la teste[83]». Dans *Les dames galantes*, la colère de la marquise et du marquis suite à l'enlèvement de leur nièce est décrite à peu près dans les mêmes termes :

> j'entray dans une veritable colere contre Blesinac de ne m'avoir rien dit de son dessein, car je ne doutay point qu'il n'eust part à la fuite de Crisante, et que ce ne fust luy qui l'eust enlevée. Je me levay promptement, et je courus en donner avis a mon Mary, qui en eut tout le ressentiment que

---

[80] François Raguenet, *Zamire, histoire persane*, 2 parties en 1 vol., La Haye, Abraham Troyel, 1687, in-12, p. 44.

[81] *Ibid.*, p. 100-101. Voir aussi p. 35.

[82] Nicolas Coëffeteau, *Tableau des passions humaines, de leurs causes et de leurs effets, op. cit.*, p. 566–567.

[83] «Histoire», *Mercure Galant*, Paris, avril 1689, p. 221.

l'on se peut figurer. Il le poussa jusqu'à faire condamner Blesinac à perdre la teste[84].

Toutefois, ces colères menaçantes s'apaisent dès que le ravisseur consent à épouser la demoiselle enlevée, seul moyen envisageable pour la sauver du déshonneur. Chacun y trouve alors son compte, le chef de famille préserve la vertu de la fille et le ravisseur peut épouser celle qu'il aime. La colère du père ou de la mère suite à la conduite déshonorante de la fille se présente différemment dans les textes puisqu'elle vise surtout à faire part à la jeune fille de la désapprobation qu'elle encourt, à lui faire prendre conscience des dangers auxquels elle s'expose en agissant ainsi et à la dissuader de recommencer. La colère de Kervaut contre sa nièce et Bois-Plessis qu'il soupçonne de s'être vus à la faveur de la nuit[85] répond exactement à ce principe, tandis que celle de Cohaïde contre sa fille Darache et son amant qu'elle surprend en pleine nuit, insiste davantage sur l'impact public de tels agissements car la honte rejaillit sur tous les membres de la famille[86]. Il s'agit donc pour le chef de famille de rétablir son autorité qui est outrepassée par les libertés que la fille s'est permises, de protéger la réputation des siens qui risquerait d'être éclaboussée par les légèretés de la demoiselle et de l'inciter à adopter un comportement plus vertueux en lui faisant craindre les effets de sa colère.

La vengeance des parents lorsque la vertu de leur fille a été outragée répond à la nécessité de sauver l'honneur et de la fille et de sa famille. Dans les nouvelles, il suffit aux parents, la plupart du temps, de menacer le ravisseur ou le téméraire amant de vouloir tirer satisfaction de l'outrage qu'il a commis pour obliger ce dernier à respecter ses devoirs en épousant leur fille. Ainsi, dans une nouvelle plus comique que galante, les parents de Janeton sont animés d'un juste ressentiment à l'égard d'Ergaste qui a mis leur fille enceinte et ils n'hésiteront pas à se venger s'il refuse de suivre ses

---

[84] Poisson, *Les dames galantes ou la confidence reciproque, nouvelle*, vol. 2, Paris, s.é., 1685, in-12, p. 38–39.

[85] « [A]pres avoir traitté sa niéce aussi cruellement que sa colere le luy inspira, il se resolut d'aller se plaindre à Rougemont, pere de Bois-Plessis, et de luy reprocher l'affront que son fils vouloit lui faire, ou qu'il soupçonnoit déjà luy avoir esté fait en la personne de sa niéce. » *Monsieur de Kervaut, nouvelle comi-galante*, vol. 1, Paris, Claude Barbin, 1678, in-12, p. 144.

[86] « Quelle fut la surprise de toutes ces personnes, ou plûtôt qu'elle fut la colere de Cohaïde, quand elle ne pût plus douter du crime et de la lâcheté de ces deux personnes ? Quels reproches ne fit-elle pas à Darache d'avoir commis une faute, qui non seulement la rendoit l'opprobe et la honte de toute leur famille, mais qui couvroit encore toute leur famille d'opprobe et de honte ? [...] Il est impossible de representer la fureur et le desespoir où elle étoit. » Jacques Alluis, *Le chat d'Espagne, nouvelle*, Cologne, Pierre du Marteau, 1669, in-12, p. 63–64.

engagements envers leur fille: «Deux mois s'estoient déjà écoulez, lors que le Pere de Janeton rencontra dans la maison du Conseiller, Ergaste, qui se retira fort viste, dans son Estude, mais il ne pût éviter le juste ressentiement du Boulanger: parce qu'ayant declaré le tout à son Maistre, la chose fut trouvée si infame, qu'il l'abandonna à la Justice, à moins qu'il se resolust d'épouser Janeton[87]». L'auteur d'une histoire du *Mercure Galant* contrevient à cet usage pour donner à lire une fin inattendue à ses lecteurs. En effet, le père se venge du ravisseur de sa fille en accordant sa main au cavalier qui est réellement amoureux d'elle et qui ne désire pas l'épouser uniquement pour des intérêts économiques, punissant ainsi le galant en faisant avorter son projet de mariage[88]. La vengeance du chef de famille prend une tournure beaucoup plus tragique dans *La princesse de Monferrat*[89], puisque le marquis de Monferrat fait tuer le comte de Saluces qui a déshonoré sa famille en ayant un rendez-vous nocturne avec sa fille. Mais il faut savoir ici que c'est parce que Saluces est également un rival du marquis qu'il est bien aise de s'en débarrasser!

2.B. La désobéissance

Les cas de colères qui se produisent au sein des familles sont habituellement provoqués par la désobéissance des enfants. Tous les exemples présentés dans les nouvelles semblent avoir pour fonction de promouvoir l'obéissance et la gratitude des enfants à l'égard de leurs parents, principe qui est à la base de cette cellule sociale. Les nouvellistes reprennent cette ancienne règle selon laquelle «les hommes se courroucent contre ceux qu'ils croient ingrats en leur endroit, et qu'ils estiment n'avoir aucun sentimens des bienfaits qu'ils ont receu d'eux», «contre ceux qui prennent le contraire de ce qu'ils embrassent, qui combattent leurs conseils, qui contredisent leurs advis»[90], et l'appliquent à l'intérieur du cadre familial, propice à ce type de colère et propre à en fournir de nombreux exemples. À ce sujet, la position de Préchac est très claire dans *La duchesse de Milan*. Clarice lit diverses maximes de conduite dont celle-ci: «Une fille doit se faire une habitude de soûmettre ses volontez à celles de ses parens[91]».

---

[87] Robert-Alcide de Bonnecase, sieur de Saint-Maurice, *Fleurs, fleurettes et passe-temps, ou les divers caracteres de l'amour honneste, op. cit*, p. 132.

[88] «Histoire», *Mercure Galant*, Paris, avril 1689, p. 225.

[89] Sébastien Bremond, *La princesse de Monferrat. Nouvelle, contenant son histoire et les amours du comte de Saluces*, Amsterdam, Abraham Wolfgang, 1676, in-12, p. 329–331.

[90] Nicolas Coëffeteau, *Tableau des passions humaines, de leurs causes et de leurs effets, op. cit*., p. 560. Aristote en faisait déjà état au livre II de sa *Rhétorique*.

[91] Jean de Préchac, *La duchesse de Milan*, Paris, Charles Osmont, 1682, p. 32.

La colère du chef de famille (qu'il s'agisse du père, du frère, de l'oncle ou de la veuve) ayant pour motif la désobéissance des enfants prend des formes diverses dans sept nouvelles. L'éclatante colère de l'avare contre son fils qui a pris une partie de son argent[92] en est un exemple, tout comme celle de la mère contre sa fille Artémise qui refuse de pardonner à Poliante son infidélité alors qu'elle l'y encourage: «Elle estoit si picquée de ce qu'Artemise répondoit si mal à ce qu'on avoit souhaité d'elle, et la liberté qu'elle avoit prise de s'en expliquer ouvertement l'offençoit si fort, qu'elle se servoit de tout ce que la colere est capable de faire dire pour luy témoigner le ressentiment qu'elle en avoit[93]». Ce passage a encore l'avantage de souligner l'éloquence de la colère, son caractère utile et stratégique, sa force de persuasion et d'argumentation, ce qui explique la place accordée à la colère (en tant que passion) dans les différents ouvrages de rhétorique depuis Aristote. Il semble bien que, tout comme l'amour, la colère soit une passion inspirante[94].

Par ailleurs, ce type de colère est particulièrement fécond sous la plume des nouvellistes quand il fait suite au non-respect de la volonté des parents sur la question du mariage. Les auteurs en font voir toutes les modulations. D'abord, ils suivent cette règle mais en varient l'usage, allant du plus simple au plus complexe, selon que la fille refuse le mari choisi, qu'elle le refuse car elle aime secrètement ailleurs ou qu'elle le refuse car elle est amoureuse d'un rival ou d'un ennemi de son père. Ce schéma vaut également pour l'amant qui a la témérité d'aimer une demoiselle qui ne lui est pas destinée, et pour le fils qui s'oppose au projet de mariage que ses parents ont fait pour lui. C'est ainsi que l'on trouve dans les textes toute une série de jeunes gens qui subissent l'emportement de leurs parents, soit plus d'une cinquantaine au total. La colère de Laurence, la mère d'Eugénie, lorsque sa fille refuse d'épouser Dorimont, l'amant qu'elle lui a choisi, montre bien qu'une telle résistance est intolérable et que les conséquences peuvent être néfastes: «Laurence luy

---

92   «Son Fils luy laissa dire tout ce qu'il voulut, et le voyant un peu soulagé par l'épanchement de sa colere, il prit un détour respectueux pour luy faire entendre qu'il se plaignoit fort injustement puis que les dix sacs de mille pistoles qu'il luy avoit laissez devoient suffire à ses divertissemens, et aux dons qu'il vouloit faire. Ce fut presque le remettre dans sa premiere fureur. Il demanda avec un emportement terrible, où il avoit appris qu'il fallust donner ce qu'on avoit amassé avec tant de peine», «Histoire», *Mercure Galant*, Paris, juin 1688, p. 245–246.

93   Edme Boursault, *Artémise et Poliante, nouvelle*, Paris, René Guignard, 1670, in-12, p. 164–165.

94   On remarque, en effet, que la colère inspire les pires injures tout comme les violences les plus cruelles, sans parler des projets de vengeance les plus divers. Voir par exemple les citations des notes 151, 167, 170 au chapitre II, 274 au chapitre III, 95, 105 et 161 dans ce chapitre.

dit tout ce que la colere peut inspirer a une mere irritée, elle la menaça de sa disgrace, et ne luy donna que la semaine entiere pour se resoudre a faire le choix d'un Cloître, ou a Epouser celuy qu'elle luy avoit proposé[95] ». Et quand Eugénie lui dit préférer le cloître, « Laurence qui fut outrée par ces paroles, luy dit qu'elle pouvoit donc se preparer, et qu'elle la meneroit elle mesme dans le lieu ou peut estre elle apprendroit a ses depens qu'elles sont les mauvaises suites d'une telle Desobeïssance[96] ». Jean Vanel, dans son *Journal galant*, élargit encore le problème en soulevant la dangereuse liberté que le veuvage accorde aux femmes. Il présente une jeune femme qui tire parti de son veuvage pour refuser d'épouser le second mari que lui choisit son père, provoquant inévitablement la colère de ce dernier, emportement qui n'ébranle aucunement sa décision, d'autant plus qu'elle est juridiquement libre : « Il en parla à la Comtesse comme d'une chose resoluë ; mais comme elle s'estoit par son premier mariage affranchie de l'authorité paternelle, elle refusa de luy obéir. Le Marquis s'emporta contr'elle ; la Comtesse pour n'estre plus exposée à sa mauvaise humeur acheta une petite Terre sur le bord du Rône auprès de Tarascon où elle se retira[97] ».

Les nouvellistes appliquent de manière identique cette règle aux jeunes hommes : le fils qui défie l'autorité de ses parents en refusant d'épouser la demoiselle choisie provoque la colère de ses parents, et l'amant qui courtise une belle malgré l'interdiction du chef de famille est tout aussi coupable, ainsi qu'on peut le lire dans le *Portrait funeste*. La colère de Menandre contre Aronte qui a courtisé sa sœur lui inspire ces menaces :

> Mais pour vous punir de n'avoir pas sçeu mieux mesnager les faveurs de Celie, je vous deffends de la voir, et je veux que vous sortiez encore aujourd'huy de ceans, et du Païs, au moins pour trois mois. Que si vous estes assez brave, pour ne rien craindre du danger où vous exposerez vostre vie en demeurant icy ; craignez au moins pour Celie sur qui je deschargeray toute ma colere[98].

Un seul cas de désobéissance masculine semble être traité de manière particulière dans cinq nouvelles : celui du mariage secret. L'emportement du père contre son fils quand il apprend son mariage secret en est un exemple, mais ici les conséquences néfastes de cette colère se retournent davantage contre le père que contre le fils :

---

[95]   A. F., sieur de La Roberdiere, *L'amant cloîtré ou les avantures d'Oronce et d'Eugenie*, Amsterdam, Daniel du Fresne, 1683, in-12, p. 27.

[96]   *Ibid.*, p. 29.

[97]   Jean de Vanel, *Histoire du temps ou journal galant*, s.l., s.é., s.d., in-12, p. 313.

[98]   A. Ancelin, *Le portrait funeste, nouvelle, op. cit.*, p. 167.

Ce fut alors que le Pere s'emporta sans plus garder aucunes mesures. Il se moqua de ce Mariage, qu'il prétendit nul par mille raisons, et protesta qu'il luy osteroit sa Succession, s'il s'obstinoit à luy resister. Le Marquis demeura inébranlable, et le bon Homme en fut si outré, que l'excès de sa colere luy ayant causé une soudaine révolution d'humeurs, il tomba dans une maladie tres-dangeureuse[99].

Dans l'«Histoire de la belle morte d'amour», l'auteur nuance encore cette règle puisque le fils révèle à sa mère son projet: «Il se jette aux pieds de sa mère, la conjure de ne le désespérer pas et ne lui fait plus secret du dessein qu'il a d'épouser cette aimable fille [Mariane]. Grande colère de la comtesse. La soumission de son fils ne la peut fléchir, elle s'emporte[100]». On remarque que, plus encore que la désobéissance de son fils, c'est l'intérêt économique qui aiguillonne la colère de la mère: elle ne peut accepter qu'il épouse une fille misérable, sans bien ni fortune, alors qu'elle «formait de grands projets pour l'établissement de son fils, et qu'elle lui destinait un parti fort considérable[101]». Si cette règle est au cœur de l'intrigue, son incidence se fait sentir jusqu'à la fin de l'histoire. La colère inexorable de la mère contre son fils (qui épouse Mariane malgré son interdiction) entraîne l'infortune des nouveaux mariés, le fils est déshérité et n'ayant aucun moyen pour assurer leur subsistance, ils sont contraints de se séparer. Mariane se retire dans un couvent où elle meurt suite au refus de son mari de la revoir.

Si la colère du père de l'héritière des *Nouvelles nouvelles* est grande quand il apprend les amours de sa fille et de Tisandre[102], l'irritation de Sicamber contre son fils Celidor qui aime la fille de son ennemi, dans *Cléonice, ou le roman galant*, est tout aussi terrible: «son Pere étoit irrité au dernier point contre lui, [...] [Sicamber] avoit porté sa colere à un excès dont il devoit tout appréhender pour la personne qu'il aimoit[103]». L'auteur de l'«Histoire singulière de deux amants calvinistes» parue en 1686 respecte cette règle mais

---

«Histoire», *Mercure Galant*, Paris, septembre 1680, p. 113–114.

[100] «Histoire de la belle morte d'amour», *Mercure Galant*, février 1678, dans *Nouvelles du XVIIᵉ siècle, op. cit.*, p. 474.

[101] *Ibid.*, p. 472.

[102] «La passion de l'un et de l'autre fit d'abord tant de bruit, qu'elle fut sçeuë du Pere de cette Belle avant que Tisandre luy en eut demandé l'aveu. Il s'emporta contre sa fille, et luy deffendit de parler jamais à cét audacieux Amant. Ensuitte, il fit dire à Tisandre qu'il étouffa toutes les esperances, et que s'il apprenoit qu'il ozast encore pretendre à sa fille, il le feroit repentir de sa temerité», Jean Donneau de Visé, *Nouvelles nouvelles, op. cit.*, vol. 1, p. 84.

[103] Marie-Catherine Hortense Desjardins, dite Mme de Villedieu, *Cléonice, ou le roman galant, nouvelle*, dans *Œuvres complètes*, vol. 1, Genève, Slatkine Reprints, 1971 [1668], p. 130.

déplace l'enjeu sur le terrain glissant de la religion, en le liant au problème de la conversion qui retient fréquemment l'attention de la société depuis la révocation de l'Édit de Nantes. Ce qui provoque la colère du père contre sa fille dans cette nouvelle, ce n'est pas qu'elle aime le fils de son rival mais bien qu'elle est amoureuse d'un galant qui s'est converti au catholicisme alors que lui est protestant, qu'il appartient au parti religieux opposé au leur : « Ce vieillard, toujours en colère contre ceux qui le chagrinaient la-dessus [sa croyance en la religion de Calvin], ayant appris que son gendre prétendu était sur le point de professer les vérités catholiques, en parla à sa fille avec un emportement plein de mépris[104] ». L'histoire se complique encore lorsque le père se convertit aussi et que sa fille s'entête dans son hérésie, offrant à lire au lecteur une nouvelle adaptation de la règle classique qui veut qu'un père s'emporte suite à la désobéissance de sa fille. Inutile de préciser que dans cette histoire, qui n'est pas très loin de la propagande religieuse, l'amant de la belle finit par la faire entrer dans les lumières de la véritable foi.

Les nouvellistes, s'ils ne dérogent pas ouvertement à cette règle, accordent plus volontiers leur sympathie aux amants qu'aux parents, du moins si l'on se fie aux nombreux exemples de jeunes gens qui provoquent la colère de leurs parents en refusant d'épouser le parti choisi pour eux, comparativement à ceux qui se soumettent à l'autorité de leurs parents de crainte de leur déplaire. En fait, seulement deux cas de soumission ont été répertoriés, dont celui de Perline qui refuse l'arrêt du président du parlement qui lui permet de choisir l'homme qu'elle veut épouser pour ne pas provoquer la colère de sa mère dans *Le voyage de la reine d'Espagne*. Cet extrait, tout en louant le comportement de la jeune fille, condamne au passage celui de la mère, cette dernière voulant absolument lui faire épouser le vengeur de la mort de son fils :

> elle luy declara qu'elle n'oseroit rien faire contre la volonté de sa mere, de peur de s'attirer la colere du ciel par un tel procedé si contraire à l'obeïssance qu'une fille bien née doit à sa mere, quelque injuste qu'elle soit, la Marquise touchée du bon naturel de sa fille l'embrassa tendrement, et obligea le President à sortir de sa maison, aprés luy avoir dit tout ce que sa colere luy inspira[105].

Il y a aussi Filémon, dans *L'amant de bonne-foy*, qui préfère ne pas épouser secrètement Angélique afin de ne pas susciter la colère de sa famille, mais il faut dire qu'il prend cette décision alors que sa passion pour Angélique s'est un peu refroidie : « pourquoy trahir mon devoir, faire tort à ma naissance, et

---

[104]   « Histoire singulière de deux amants calvinistes », *Mercure Galant*, février 1686, dans *Anthologie des nouvelles du Mercure Galant (1672–1710)*, Paris, S.T.F.M., 1996, p. 359.

[105]   Jean de Préchac, *Le voyage de la reine d'Espagne, op. cit.*, vol. 2, p. 32–34.

m'exposer à la colere de mes proches, pour une fantaisie qui m'apporte si peu
de contentement?[106]»

Les nouvellistes semblent donc profiter de cette situation pour proposer
au public un nouveau scénario possible: le droit des amants d'épouser la
personne de leur choix. Ils favorisent nettement dans leurs récits les mariages d'inclination, tout comme le fait Molière dans ses comédies, ce qu'on
peut expliquer par une volonté de séduire leur public friand de nouveauté.
Madeleine de Scudéry, dans sa nouvelle *Mathilde*, partant du principe que
le non-respect de la volonté du chef de famille sur la question du mariage
suscite l'irritation, défend le parti des jeunes amants contre leurs pères et se
sert de cette règle comme un ressort efficace pour lancer son récit. L'intrigue
peut se résumer ainsi: Dom Albert et Dom Rodolphe, en signe d'amitié et
pour lier leurs intérêts, veulent unir leurs enfants Mathilde et Alphonse. Ces
deux jeunes gens – ayant peu d'inclination pour le mariage – s'opposent à la
volonté de leurs pères. Ils font un pacte par écrit pour s'encourager mutuelle-
ment à la résistance, et ce, avant même de s'être rencontrés: «Mais comme il
n'est pas juste que je sois seule à m'attirer l'indignation de mon pere, il faut
qu'il s'oppose à Dom Albert, comme je m'opposeray à Rodolphe, et que nous
nous avertissions l'un l'autre, de ce que nous aurons à faire pour conserver
nostre liberté[107]». Cette résistance provoque évidemment la colère des pères:
«Rodolphe fut à Burgos se plaindre à Theodore de la desobeïssance de sa fille
[...]. D'autre part Albert querelle Dom Alphonse, et luy dit que pour le punir
de n'avoir pas voulu épouser une tres-belle fille, il luy en fera épouser une
laide et insupportable, et qu'enfin il veut estre obey[108]». Plus tard, lorsque
Alphonse voit Mathilde, il en devient immédiatement amoureux mais elle
met longtemps à payer cet amour de retour. Puis, après avoir surmonté de
nombreux obstacles et fait face à plusieurs ennemis, les deux jeunes gens
s'épousent par choix, et non par obligation. Cela dit, Mlle de Scudéry se
joue finement de cette règle puisque l'usage qu'elle en fait dans sa nouvelle
prouve également que le choix des pères des amants, qui les destinaient depuis le début l'un à l'autre, était judicieux.

L'auteur de la «Lettre d'une dame qui écrit les aventures de son amie» est
aussi de cet avis mais le nuance un peu. L'*exemplum* s'ouvre sur ces considérations morales et sociales:

> On est fort obligé aux pères des soins qu'ils prennent de ce qui regarde la
> belle éducation; mais je ne sais si l'autorité que leur donne la nature doit
> être aussi absolue que la plupart se le persuadent. Du moins est-il des ren-

---

[106] *L'amant de bonne-foy, op. cit.*, p. 316.
[107] Madeleine de Scudéry, *Mathilde d'Aguilar, op. cit.*, p. 110.
[108] *Ibid.*, p. 115–116.

contres où il serait bon qu'elle fût bornée, tous les états qui engagent pour toujours étant d'une si grande importance qu'il est rare que nous évitions d'être malheureux quand on dispose de nous malgré nous-même. Vous en trouverez un exemple remarquable dans la lettre que je vous envoie[109].

Les parents d'une jeune demoiselle veulent lui faire épouser un gentilhomme qui est passionnément amoureux d'elle mais pour qui elle a de l'aversion. Ne pouvant fléchir ni son père ni sa mère, elle menace le galant de le rendre le plus malheureux de tous les hommes s'il l'épouse sans son consentement (faisant ainsi écho à la règle de la colère féminine lorsque l'amant agit contre sa volonté) : « elle dit au gentilhomme, le jour qui précéda celui de ses noces, qu'il prît bien garde à la violence qu'il allait lui faire, qu'elle n'épargnerait ni le fer ni le poison pour s'en venger et que, si ces moyens-là lui manquaient, elle l'étranglerait de ses propres mains[110] ». Le mariage ayant tout de même lieu, « la mariée parut furieuse toute la journée[111] ». Elle se venge le soir même car lorsque le mari vient prendre place auprès d'elle dans leur lit, elle tire « un poignard qu'elle avait caché, elle lui jura que s'il passait la marque qu'elle fit, elle lui percerait le cœur et ne se ferait pas meilleur quartier à elle même. Elle ajouta que, s'il voulait ne rien entreprendre, elle le laisserait en repos[112] ». Ce chaste mariage dure trois années pendant lesquelles la dame ne cesse de se reprocher de maltraiter un homme aussi généreux : « Quoi, je serai toujours malheureuse par ma faute et assez méchante pour abuser des bontés du plus honnête homme qui fut jamais ?[113] » Ce n'est qu'au chevet de son mari mourant qu'elle réalise, mais trop tard, que celui que ses parents lui avaient choisi pour époux était le meilleur parti pour elle :

> Elle fut inconsolable de sa perte, dont elle reconnut la grandeur. [...] Elle songeait que, n'ayant encore que dix-neuf ans, elle eût pu passer plusieurs années avec lui et réparer, par mille marques d'une véritable affection, tous les chagrins qu'elle avait cherché à lui causer et cette pensée la désespérait. Aussi s'abandonnait-elle à de si noires humeurs qu'on ne la pouvait tirer d'un cabinet qu'elle avait fait tendre de deuil et qui n'était orné que de têtes de mort et d'objets lugubres[114].

Le recours à cette règle permet aux nouvellistes de montrer que les personnages la connaissent très bien, au point de l'appréhender. C'est le cas, dans

---

[109] « Lettre d'une dame qui écrit les aventures de son amie », *Mercure Galant*, novembre 1680, dans *Nouvelles du XVIIᵉ siècle, op. cit.*, p. 477.

[110] *Ibid.*, p. 479.

[111] *Idem.*

[112] *Idem.*

[113] *Ibid.*, p. 481.

[114] *Ibid.*, p. 482.

Le mary jaloux, du marquis qui craint la colère de sa mère s'il lui désobéit en épousant Diane[115], et de Marianne qui prévoit, dans *La belle Hollandoise*, la colère de son père quand il découvrira qu'elle est aimée du commissaire Français qui participe à la campagne militaire contre les Hollandais[116]. Puis, les nouvellistes font voir l'incidence de la connaissance de cette règle sur leurs actes et leurs comportements, comment ce savoir en vient à modifier leurs agissements. La fuite des personnages s'explique souvent par leur désir de se soustraire aux débordements de la colère qu'ils ont provoquée. En effet, c'est pour éviter la colère de son père qui a découvert son amour pour Saluces, son rival, que Briséide se réfugie chez le père de son amant[117], et si Celanire, dans *La promenade de Versailles*, se réfugie chez les vierges voilées, c'est pour éviter d'obéir à son oncle qui veut lui faire épouser Cleonte[118]. Ce savoir des personnages peut encore donner lieu à de nombreux artifices, les nouvellistes montrent comment certains ont recours à la simulation ou à la dissimulation pour parvenir à leurs fins. Si le fils prend le parti de feindre de craindre la colère de son père, c'est pour ne pas éveiller ses soupçons et garder son mariage secret[119]. Mais les personnages ont parfois besoin des conseils d'une autre personne pour prendre cette initiative. Dans *L'illustre Gênoise*, la femme du prince Doria lui conseille de dissimuler sa colère contre sa fille pour qu'elle lui parle en toute confiance, ce qu'il fait avec adresse puisque : « elle luy avoüa qu'il estoit vray qu'elle aimoit. Son Pere l'interrompit, sans luy donner le temps de s'expliquer davantage, et après l'avoir accablée d'injures et de reproches, il passa dans la Chambre de sa Femme, de peur que dans l'emportement où il estoit, il ne se portast à quelque violence contre sa Fille[120] ». On trouve une situation similaire dans *Les annales galantes* mais

---

[115] « C'estoit une femme imperieuse qu'il ne pouvoit irriter sans hazarder sa fortune. » Louise-Geneviève Gomes de Vasconcelle, dame Guillot de Beaucour, *Le mary jaloux, nouvelle, op. cit.*, p. 114.

[116] « Et bien luy dit-elle, enfin vous me rendés la plus malheureuse fille du monde, mon Pere, et Vvalthein scauront bien-tôt le sens de vôtre Lettre, et à qu'elle extremité ne s'emporteront-ils point contre moy, lors qu'ils connoîtront que j'ay seulement été cappable d'écouter un ennemy de ma Nation ? » *La belle Hollandoise. Nouvelle historique*, Lyon, Jacques Guerrier, 1679, in-12, p. 80–81.

[117] « La Princesse ne balança pas ; pourveu qu'on l'eut delivrée de la Presence de son Pere de qui elle connoissoit l'emportement elle étoit à tout entreprendre. » Sébastien Bremond, *La princesse de Monferrat. Nouvelle, contenant son histoire et les amours du comte de Saluces, op. cit.*, p. 332.

[118] Madeleine de Scudéry, *La promenade de Versailles*, Genève, Slatkine Reprints, 1979 [1669], p. 423.

[119] « Histoire », *Mercure Galant*, Paris, juillet 1681, p. 99–100.

[120] Jean de Préchac, *L'illustre Genoise. Nouvelle galante*, Paris, C. Blageart, 1685, in-12, p. 173–174.

cette fois c'est suite aux propos de la vieille parente qui lui conseille de cacher sa colère pour ne pas inquiéter les amants, que le marquis compose un visage sans marque de colère[121].

L'auteur d'une histoire du *Mercure Galant* montre comment les personnages peuvent tirer profit de leur connaissance de cette règle et y avoir recours pour se venger. On voit donc une dame provoquer volontairement la colère du père en lui révélant l'intrigue entre le cavalier et sa fille: «Il s'emporta comme elle vouloit qu'elle fist, et dit que sa femme avoit beau faire, que le Cavalier n'estoit point un homme qui luy convinst, qu'il seroit toujours le Maître, et qu'il trouveroit bien moyen d'empescher qu'on n'empoisonnast l'esprit de sa Fille[122]». Si la dame agit ainsi, c'est afin de porter ombrage au nouvel amour du cavalier et de se venger du fait qu'il a préféré une autre belle à sa fille qu'elle voulait lui faire épouser. Ces exemples montrent bien le travail créatif des nouvellistes à partir d'une règle préexistante, les jeux plus subtils auxquels son emploi peut donner lieu dans les textes littéraires.

Si les colères parentales à la suite de la désobéissance de leurs enfants sont fréquentes, elles ne donnent lieu à la vengeance qu'à six occasions, soulignant ainsi le fait que ce type de colère dans les nouvelles sert surtout à nourrir l'intrigue et à retarder un dénouement la plupart du temps heureux. Les vengeances présentées dans les textes jouent un rôle similaire, elles créent un effet de suspens, ajoutent à la tension dramatique du récit. La cruauté d'un père qui est prêt à tout pour éviter que sa fille épouse celui qu'elle aime, accentue le destin tragique des jeunes amants et rend leur amour plus touchant. Par exemple, dans *Cléante ou Don Carlos*, Don Antonio entend bien se venger de son rival qui est épris de sa fille, et de l'insoumission de cette dernière, en empêchant tout commerce entre eux, en s'opposant à leur union, ce qui rend Isabelle malade de douleur: «Don Anthonio voyant que la pasleur qui regnoit sur le visage de sa Fille, sembloit plus tost annoncer son trepas, que marquer quelques signe de vie, suspendit son ressentiment; et la tendresse paternelle s'emparant de toute son ame, il l'embrassa, en luy

---

[121] «Emploïez vous serieusement à faire un de ces mariages dont nous parlons; et bien loin de perdre Angelique par un éclat infructueux, cachez si bien vôtre ressentiment, qu'une confiance affectée avance le moment de vôtre satisfaction. Le Marquis approuva les conseils de la vieille parente; il fit un effort sur sa colere pour composer son visage; et rentrant dans le lieu où étoit toute la Cour, il sçut si bien se contraindre ce jour-là, et quelques autres suivants, qu'il dissipa entierement la crainte de nos deux Amans.» Marie-Catherine Hortense Desjardins, dite Mme de Villedieu, *Les annales galantes*, dans *Œuvres complètes*, vol. 3, Genève, Slatkine Reprints, 1971 [1671], p. 141.

[122] «Histoire», *Mercure Galant*, Paris, décembre 1690, p. 165.

promettant de luy donner Cleante pour Mary[123]». Cet extrait rend compte des passions contradictoires qui agitent un père devant la hardiesse de deux amants qui tentent de se voir malgré son interdiction, et du conflit qui existe entre l'amour paternel et le désir de se venger d'un rival. Or, si les liens du sang l'emportent un moment dans l'esprit de Don Anthonio, l'inimité qu'il éprouve pour Cléante reprend vite le dessus:

> la haine qu'il avoit pour Cleante se rendit maistresse de toute son ame; et sans avoir nulle consideration pour la triste Isabelle, c'est trop mal reconnoistre l'amour que je t'ay tousjours témoignée, luy dit-il, je veux desormais quitter toutes les tendresses du Pere pour te traitter avec autant de severité que tu le merites; et pour commencer je veux que tu sortes maintenant de cette Chambre pour aller en celle qui n'a aucune communication sur la ruë[124].

Cette règle idéale qui voudrait que l'amour paternel soit plus fort que la colère et le désir de vengeance, est connue des personnages qui l'évoquent clairement. C'est le cas de Mérovée qui espère que sa vue et les liens du sang fléchiront le ressentiment de son père suite à son mariage secret avec Brunehaut: «Mais cet Amant, que sa passion ne rendoit plus capable d'aucune reflexion, dit à la Princesse que cette défiance ne serviroit qu'à irriter le Roi dont ils ne pouvoient éviter long-temps la vûë; Qu'il esperoit que la Nature seroit encore assez forte dans son cœur pour y combattre son ressentiment[125]». La confiance de Mérovée dans les sentiments naturels de son père lui est fatale puisque, après avoir cru la promesse de son père, le roi Chilperic, de ratifier son mariage avec Brunehaut, il sort de l'église qui lui servait de refuge. Le roi en profite alors pour enfermer son fils et sa femme séparément dans un château, il exile son fils que l'ambitieuse Frédegonde fait ensuite assassiner afin d'assurer un trône au fils qu'elle a eu avec Chilperic, désormais le seul héritier direct.

2.C. La rivalité amoureuse

La colère qui éclate suite à la rivalité amoureuse et qui naît entre gens de même famille met souvent en péril les liens du sang, fait oublier les obligations familiales, tout comme la passion fait oublier les devoirs de l'amitié. Les conflits et les confrontations auxquels la rivalité entre personnes de même famille donne lieu sont présentés dans pas moins de treize textes littéraires.

---

[123] *Cléante ou Don Carlos, nouvelle, op. cit.*, p. 201–202.
[124] *Ibid.*, p. 203.
[125] *Mérovée, fils de France. Nouvelle historique*, Paris, Estienne Loyson, 1678, in-12, p. 175.

Cette règle est reprise dans les nouvelles de façon très détaillée, elle sert bien souvent de point de départ à l'intrigue, traverse tout le récit, et est à l'origine des comportements adoptés et des discours tenus par les personnages. La rivalité amoureuse entre un père et un fils est exposée de manière exemplaire dans la nouvelle *Dom Carlos* de Saint-Réal. Dès les premières lignes, on apprend que le roi d'Espagne, Philippe II, après avoir promis à Dom Carlos de lui faire épouser la princesse Élizabeth, décide de l'épouser lui-même. Les malheurs débutent lorsque Dom Carlos rencontre la princesse et qu'ils deviennent amoureux l'un de l'autre, ils tâchent par tous les moyens de garder leur passion secrète afin d'éviter les effets funestes de la colère du roi. On connaît bien entendu le dénouement tragique de cette histoire : la colère, la jalousie et la rivalité incitent le roi à se venger, à faire périr et son fils et sa femme quand il a en main la preuve de leur amour. On voit aussi comment cette règle influe sur le comportement des personnages et sur le déroulement de l'intrigue. Les deux ministres ennemis de Dom Carlos, par exemple, lorsqu'ils découvrent l'amour de Dom Carlos pour la reine, entendent bien tirer profit de cette situation pour se venger : «Cette passion flatta d'abord leur animosité : ils eurent de la joie pendant quelque instant d'avoir entre les mains un moyen infaillible de se venger de ce prince, en découvrant son amour à son père[126]». Plus loin, c'est Ruy Gomez qui, pour éviter que Dom Carlos n'obtienne la faveur d'aller mener une campagne en Flandres, découvre au roi comment son fils et sa femme se raillent de lui afin de provoquer la colère du père contre le fils[127]. L'auteur des *Amours d'Antiocus prince de Syrie, et de la reine Stratonique* adopte un point de vue contraire, et présente au lecteur sa nouvelle comme un «Anti Dom Carlos» : «Il faudroit être dépoüillé de tout sentiment humain pour ne regretter Dom-Carlos, et pour n'être tout à fait touché d'une si étrange catastrophe ; si le procedé de son pere vous cause de la douleur, celuy au contraire du pere d'Antiocus, quoy qu'il fût un Roy Payen, vous ôtera et chassera cette premiere et triste pensée[128]». Au modèle du roi jaloux et emporté qui fait tuer son fils en qui il ne voit qu'un rival, il oppose celui du sage roi Seleucus dont la plus généreuse action est de céder à son fils sa deuxième femme, Stratonique, afin de sauver Antiocus qui se meurt d'amour pour elle. Le Febvre formule alors une nouvelle règle toute idéale qui fait primer les liens du sang et la tendresse paternelle (pour ne pas dire l'instinct paternel) sur la passion amoureuse (l'inclination naturelle). Il

---

[126] César Vichard, abbé de Saint-Réal, *Dom Carlos*, dans *Dom Carlos et autres nouvelles françaises du XVIIe siècle, op. cit.*, p. 226.

[127] *Ibid.*, p. 244.

[128] Le Febvre, *Les amours d'Antiocus prince de Syrie, et de la reine Stratonique*, Paris, Jacques Pino, 1679, in-12, p.n.ch.

semble que la fonction de sa nouvelle soit précisément d'exemplifier cette règle qui se veut l'antithèse de celle présentée dans *Dom Carlos*.

Il existe bien entendu un pendant féminin à cette règle, soit la colère qui a pour motif la rivalité entre une mère et une fille. Cette variation nouvelle est au cœur de l'histoire qui a justement pour titre *La mère rivale*, mais dans ce cas, il est important de noter que la mère tourne sa colère contre l'amant qui la dédaigne au profit de sa fille, et non contre sa fille. Astérie est amoureuse de Tazandre qui lui préfère sa fille Eliciane, or cette dernière est éprise d'Oxaris. L'auteur de cette nouvelle se sert essentiellement de la règle comme d'un procédé romanesque qui permet de faire rebondir l'intrigue et d'entraver constamment son déroulement :

> considerant avec colere celuy qui étoit la cause de son égarement, sans qu'il eut les mesmes sentimens pour elle qu'elle avoit pour luy, elle commença à le regarder comme l'ennemi de son repos et de son bonheur, et vint même à le haïr. Alors possedée également par les deux passions les plus furieuses ; elle se determina à ne consentir jamais au mariage de Tazandre et d'Eliciane, mais de le differer toûjours sous divers pretextes[129].

Il l'adoucit aussi car elle ne produit rien de sanglant, il lui donne même un dénouement heureux puisque la mère et la fille font toutes deux un mariage d'inclination : Astérie épouse Tazandre qui finit par l'aimer, Eliciane s'unit à Oxaris qu'elle aime depuis le tout premier jour.

Autre règle élaborée en partant du principe que la colère l'emporte sur les liens du sang lors de rivalité amoureuse : l'antagonisme qui oppose deux frères et qui ponctue les grands moments de la nouvelle *Astérie ou Tamerlan*. Plus exactement, la tension dramatique de cette nouvelle repose sur la rivalité qui croit sans cesse au fil des pages entre Thémir et Adanaxe, tous deux épris d'Astérie. L'aigre discours échangé entre les deux frères lorsqu'ils se croisent devant la porte menant chez Astérie en est un exemple :

> ils se regarderent avec des yeux qui n'avoient plus rien de freres ; et Themir prenant la parole d'une maniere méprisante ; Avez-vous consolé Asterie de la mort de Bajazet, luy dit-il ? et pouvons nous esperer que la reconnoissance qu'elle vous doit, l'obligera à satisfaire les volontez de l'Empereur et mes desirs. Vos desirs s'expriment par des violences si outrageantes pour une ame genereuse ; reprit Adanaxe, que j'ay peine à croire qu'ils soient favorablement écoutez[130].

---

[129] *La mère rivale, histoire du temps*, Paris, Charles Sercy, 1672, in-8°, p. 120–121.

[130] Anne de La Roche-Guilhen, *Astérie ou Tamerlam*, 2ᵉ partie, Paris, Claude Barbin, 1675, in-12, p. 7–8.

La passion réciproque d'Adanaxe et d'Astérie redouble la fureur de Thémir contre son frère, et il lui fait ressentir toutes les marques de sa colère lorsqu'il apprend qu'Adanaxe et Astérie ont eu un entretien sur la terrasse[131]. On pourrait formuler des remarques semblables à propos de *Zamire* où Syorès et Arsame se traitent non comme des frères mais comme des ennemis dès qu'ils découvrent qu'ils aiment tous deux Zamire.

La rivalité entre sœurs, nouvelle forme de cette règle, ne semble pas inspirer les nouvellistes ni donner lieu à de grands déploiements dans les textes, ce qu'on peut certainement expliquer par le fait que les demoiselles doivent faire preuve d'une grande retenue dans leurs emportements et limiter leurs éclats. Plus encore, on veut en faire des modèles de vertu en les invitant, au contraire des hommes, à ne pas éprouver de ressentiment ni à chercher à se venger : « [elles sont] promptes à pardonner, et tardives à la vengeance : [...] en un mot [elles] sçavent mieux souffrir un affront, que d'autres ne le sçavent faire, et [...] maintiennent une haute paix dans un pays où la guerre n'est capable d'aucune tresve[132] ». Ce type de colère est tout de même évoqué dans deux ou trois histoires. On lit, par exemple, dans le *Mercure Galant*, mais sans plus de détails, que l'aînée éprouve du dépit contre sa cadette à qui les hommes adressent tous leurs compliments[133], et que la colère d'Elvire, dans *Le bâtard de Navarre*, est grande quand elle apprend que sa sœur doit épouser Dom Garzias dont elle est amoureuse[134].

Seuls les cas de colère suite à des rivalités masculines, père contre fils ou frère contre frère, sont accompagnés d'un désir de vengeance dans les nouvelles, accentuant encore les limites imposées au sexe féminin quand il s'agit de manifester sa colère et de donner libre cours à son désir de vengeance. La vengeance du roi Philippe II contre Dom Carlos et sa femme, quoique légitime, est certainement la plus funeste. On lit ici avec quelle froideur calculée et quel plaisir il l'anticipe après avoir découvert un billet de son fils dans la cassette de sa femme :

---

[131] *Ibid.*, p. 25–26.

[132] François de Grenaille, *L'honnête fille où dans le premier livre il est traité de l'esprit des filles*, Paris, Honoré Champion, 2003 [1640], p. 483.

[133] « Histoire », *Mercure Galant*, Paris, juillet 1689, p. 245–246.

[134] « Elvire qui en fut informée la premiere, entra dans une si grande fureur que sans rien examiner, elle passa dans la Chambre de Tigride ; et après luy avoir appris cette triste nouvelle, elle luy avoüa qu'elle n'aimoit point Dom Ramire, et luy fit mille reproches de ce qu'elle luy enlevoit le Comte de Castille. Les larmes qui étoufferent sa voix, l'empêcherent de continuër », Jean de Préchac, *Le bâtard de Navarre. Nouvelles historiques*, Paris, Thomas Guilain, 1683, in-12, p. 94–95.

La fureur qu'il en conçut fut d'abord accompagnée d'une douleur si vive qu'elle lui aurait peut-être ôté la vie, si le désir de se venger, si naturel dans ces occasions, ne la lui avait conservée. Mais faisant tantôt réflexion qu'il était maître de ceux qui l'avaient offensé si cruellement, cette agréable pensée fit succéder une joie barbare à la rage qu'il avait dans l'âme: elle changea son cuisant désespoir en une tranquillité pleine d'horreur[135].

La vengeance entre frères donne lieu à divers projets qui pimentent l'intrigue, qui font obstacle aux amours des amants ou qui font craindre pour la vie du jeune galant, mais si la vengeance parvient à retarder l'union du couple, leur amour triomphe toujours en fin de parcours. Pour revenir à la rivalité amoureuse qui oppose Thémir à son frère Adanaxe, on lit comment le ressentiment qui anime Thémir est néfaste pour Adanaxe et Astérie: «Themir ne respiroit que la vangeance; la perte d'Adanaxe l'occupa uniquement depuis qu'il eut quitté l'Empereur, et il n'avoit pas moins envie d'immoler son frere à l'implacable aversion qu'il avoit pour luy, que de se rendre maistre d'Asterie malgré toutes sortes de raisons[136]». Cette animosité qui pousse sans cesse Thémir à vouloir se venger d'Adanaxe et le porte à tirer l'épée contre lui, fait rebondir l'intrigue en précipitant l'action, en plus de remettre en cause le droit d'aînesse:

> Quoy, s'écria Themir, vous me bravez apres m'avoir offensé, et vous pretendez que mon ressentiment vous épargne! J'ay tant souffert de votre orgueil, poursuivit Adanaxe, que je suis dispensé d'y defferer? Hé qui vous met en droit de commander à un homme sur lequel vous n'avez pour tous avantages que le nom d'ainé, comme si vous estiez maistre ou son Empereur? Je ne dois m'expliquer qu'en t'immolant à ma vangeance, interrompit Themir en mettant l'épée à la main, et je me dois ce sacrifice par trop de raisons: Un coup pesant suivit les paroles de Themir, il attaignit Adanaxe à l'épaule, qui évitant le second se mit en estat de se deffendre, et l'auroit fait d'une maniere funeste à Themir, si Axala et plusieurs illustres Tartares; attirez par le bruit qu'ils avoient fait, ne se fussent jettez entre eux[137].

L'emploi de cette règle qui régit la colère entre parents qui deviennent rivaux en amour n'a rien de contraignant pour les nouvellistes qui ne cessent de la démultiplier. Elle semble surtout donner lieu à une forte inventivité: elle est d'une grande richesse pour la progression de l'intrigue, elle favorise les rebondissements, elle donne une cohérence au déroulement de l'histoire et au comportement des personnages en les faisant reposer sur le schéma classique de la colère et de la vengeance.

---

[135] César Vichard, abbé de Saint-Réal, *Dom Carlos, op. cit.*, p. 255.
[136] Anne de La Roche-Guilhen, *Astérie ou Tamerlan, op. cit.*, 2ᵉ partie, p. 33–34.
[137] *Ibid.*, p. 27–28.

3. La colère, la vengeance et la société de cour

Dans son traité de civilité, Nicolas Faret revient fréquemment sur l'importance que l'honnête homme doit accorder au rang, à l'âge, à la réputation,
aux moyens et à la naissance des gens qui l'entourent avant d'agir et de prononcer la moindre parole. Le respect de ce principe est essentiel si l'honnête
homme veut s'assurer de ne froisser personne et de plaire[138]. Cette règle, qu'il
lui faut observer, par exemple, avant de faire un bon mot sur quelqu'un[139],
vaut aussi quand il s'agit de manifester sa colère et son désir de vengeance.
Plus encore, Faret conseille aux gens de la cour de tempérer leurs passions
et de les contenir dans les bornes étroites de la raison: «L'une des plus importantes et des plus universelles maximes que l'on doive suivre en ce commerce, est de moderer ses passions, et celles sur tout qui s'eschauffent le plus
ordinairement dans la conversation, comme la colere[140]». Il poursuit ainsi:

> Soyons donc maistres de nous-mesmes, et sçachons commander à nos
> propres affections, si nous desirons gaigner celles d'autruy: Car il ne seroit
> pas juste de pretendre à la conqueste des volontez de tant d'honnestes
> gens qui sont à la Cour, si premierement nous n'avions appris à surmonter
> nostre volonté propre, et luy donner des loix capables de l'arrester tous-
> jours dans le centre de la raison[141].

Ne pas se posséder, être agité par ses passions, voilà l'obstacle naturellement
opposé à la civilité. C'est cette adéquation entre les contenances intérieure
(les passions) et extérieure (les marques visibles que les passions impriment
sur le corps) que Courtin met de l'avant quand il écrit: «une personne n'est

---

[138] Antoine de Courtin affirme également qu'il est important d'observer quatre
circonstances (règles) afin de bien pratiquer la civilité: «La premiere est de se com-
porter chacun selon son âge et sa condition. La seconde de prendre tousjours garde
à la qualité de la personne avec laquelle on traite. La troisième, de bien observer le
temps. Et la quatriesme de regarder le lieu où on se rencontre. Ces Regles qui vont
à se connoistre soy-mesme, à connoistre les autres, à observer les lieux et le temps,
sont si necessaires, que si l'une des quatre manque, toutes nos actions, de quelque
bonne intention qu'elles partent, paroissent inciviles et difformes.» *Nouveau traité
de la civilité qui se pratique en France parmi les honnestes gens*, Paris, Helie Josset, 1681
[1671], in-12, p. 4.

[139] «Et pour se servir agreablement d'une chose si rare, comme sont les bons mots, il
faut observer les reigles, et se retenir dans plusieurs considerations, sans lesquelles
ils perdent souvent toute leur grace. Il faut regarder qui nous sommes, quel rang
tient celuy que nous voulons picquer, de quelle nature est la chose sur laquelle
nous voulons exercer nostre esprit, en quelle occasion c'est, en quelle compagnie»,
Nicolas Faret, *L'honnête homme ou l'art de plaire à la cour*, op. cit., p. 83.

[140] *Ibid.*, p. 68–69.

[141] *Ibid.*, p. 69.

censée avoir de la contenance, que parce qu'elle contient en premier lieu ses passions, et puis ses membres ou ses actions, sa langue ou ses paroles dans les bornes où toutes ces choses doivent estre, pour répondre à ces circonstances[142] ». Il devient impératif de corriger les dérèglements des passions qui entravent la pratique de la civilité et font oublier aux courtisans leurs obligations sociales et les devoirs de l'honnêteté, en leur prescrivant des usages, en les invitant à suivre des codes qui limitent les emportements des passions et tiennent compte des lieux, des circonstances mais surtout de la condition des individus qu'ils côtoient.

L'amour-propre, la gloire, le sentiment qu'on a de sa propre valeur, sont autant de facteurs qui rendent les individus encore plus sensibles à l'injure et au mépris qui provoquent la colère. Coëffeteau note dans son traité que la colère se forme dans les âmes « sur l'opinion que nous avons qu'on veut diminuër nostre gloire, et flétrir nostre reputation par quelque insigne mépris, ou pour quelque grand outrage que nous ne pouvons supporter[143] ». Cureau de la Chambre va dans le même sens, quand il écrit :

> Mais outre que l'homme est naturellement amoureux de soy-mesme, que le desir de se venger est né avec luy, [...] il a un secret sentiment de l'excellence de son estre, et pense qu'on luy fait injustice de ne luy rendre pas l'honneur qu'elle merite ; et que le mespriser c'est luy contester en quelque façon l'avantage que la Nature luy a donné. Enfin comme il n'y a point de bien qui soit plus à luy que celuy-là, il n'y a rien aussi qui le transporte davantage quand on le luy veut oster[144].

L'importance accordée aux privilèges de la noblesse est cause de nombreuses colères et la moindre entorse qu'on y fait provoque l'indignation. On comprend aisément que dans une société fondée sur le sens de l'honneur, le soin de la réputation et la distinction sociale, la colère et la vengeance soient omniprésentes, et toute la difficulté réside dans le fait qu'il faut plier cette passion impétueuse aux exigences sociales. Partant de là, il convient de voir quelles sont les règles qui encadrent la colère et la vengeance dans la société de cour, en quoi elles diffèrent selon qu'on est en présence d'inférieurs, d'égaux ou de puissants. Il convient également de voir quelles formes elles prennent dans les nouvelles, quels enjeux elles soulèvent et quelle est leur incidence sur le déroulement de l'intrigue et le comportement des personnages.

---

[142] Antoine de Courtin, *Nouveau traité de la civilité qui se pratique en France parmi les honnestes gens, op. cit.*, p. 238.

[143] Nicolas Coëffeteau, *Tableau des passions humaines, de leurs causes et de leurs effets, op. cit.*, p. 548–549.

[144] Marin Cureau de la Chambre, *Les charactères des passions, op. cit.*, vol. 2, p. 320–321.

3.A. Les supérieurs et les inférieurs

On sait depuis Aristote que l'indignation est causée par un sentiment de supériorité illégitime et qu'un individu se met en colère contre des inférieurs qui lui témoignent du mépris[145]. Coëffeteau reprend presque textuellement les propos d'Aristote quand il écrit : «les hommes désirent passionnément de se voir honorés, et principalement ils croyent que ceux qui leur sont inferieurs, soit en noblesse, soit en puissance, soit en vertu, soit en quelque autre éminente qualité, sont obligés de leur rendre toutes sortes de devoirs et de respects[146]». Cureau de la Chambre explique aussi que la différence de rang entre celui qui offense et celui qui est offensé influe sur l'éclat de la colère et de la vengeance qui s'ensuit : «Car si le mal est grand en effect, si celuy qui le reçoit est une personne de qualité, et que celuy qui offense est moindre que luy [...] il ne faut pas douter que le ressentiment n'en doive estre plus grand[147]». Dans les *Dames galantes*, Blessinac tient ces propos suite à la désobéissance de son valet : «Vous pouvez croire que la perfidie de Rusaf me mit dans une forte colere, et que je la fis éclater autant qu'il le méritoit[148]». Le cas de La Violette, dans l'*Histoire du temps* de Vanel, est intéressant car il fait voir un personnage de basse condition, un valet de chambre, qui mime le comportement, la voix et les gestes des nobles, dans l'espoir de faire croire qu'il est d'une haute condition. Ce faux comte de Brion est d'autant plus sensible aux injures faites par des inférieurs que sa supériorité est une imposture : il s'indigne, par exemple, contre des porteurs de chaise qui osent lui parler avec insolence[149]. Ce code est si connu qu'il est possible pour un personnage de le reprendre afin de provoquer volontairement la colère d'un autre personnage. Ayant ainsi parié, dans une nouvelle de *L'amour échapé*, que l'amour ne serait jamais assez puissant pour changer le prompt Cloreste et le rendre moins impétueux, une dame demande au laquais de Cloreste de désobéir à ses ordres, ne connaissant pas de moyens plus assurés pour l'irriter et remporter son pari :

---

[145] Aristote, *Rhétorique, op. cit.*, 2, 1379 b.
[146] Nicolas Coëffeteau, *Tableau des passions humaines, de leurs causes et de leurs effets, op. cit.*, p. 542.
[147] Marin Cureau de la Chambre, *Les charactères des passions, op. cit.*, vol. 2, p. 323.
[148] Poisson, *Les dames galantes ou la confidence reciproque, nouvelle, op. cit.*, vol. 2, p. 117.
[149] «[I]l leur commanda d'un ton imperieux, de porter cette fille où elle voudroit. Ces brutaux lui ayant répondu insolemment, redoublerent tellement son indignation, qu'il mit l'épée à la main pour les percer», Jean de Vanel, *Histoire du temps ou journal galant, op. cit.*, p. 22–23.

Son dessein reüssit pour cette fois: Il s'emporta contre son laquais, qui luy ayant répondu avec insolence, redoubla mesme son emportement. La belle qui ne demandoit que cela, voulut excuser le laquais: mais elle chercha exprés de méchantes raisons, afin que la colere du Maistre pût tourner aussi contre-elle. Elle eut contentement; car ne pouvant supporter qu'elle prit contre luy le party d'un laquais, il en montra [encore plus] d'aigreur[150].

De ce principe, les nouvellistes tirent trois autres règles qui visent à limiter les éclats de colère et de vengeance. D'abord, la peur de déplaire aux rois, aux reines ou aux princes oblige les courtisans à contenir leur colère et à étouffer leur désir de vengeance. Les personnages respectent fidèlement cette règle, tous imposent le silence à leur colère et à leur vengeance en présence du roi, et c'est ce qui justifie qu'ils aient recours à la dissimulation. Dans un tel contexte, contenir sa colère et sa vengeance c'est faire preuve de prudence: il vaut mieux cacher sa véritable passion et feindre le plus naturellement qui soit d'éprouver ce qu'on n'éprouve pas que d'irriter le roi. Il s'agit également d'un moyen de marquer le respect et la considération qu'on porte au roi. Mme d'Aulnoy invoque cette règle pour expliquer la retenue de Soliman à l'égard de l'empereur Mahomet qui a fait tuer la belle Éronime dont il était amoureux, mais il va un peu plus loin en précisant qu'il obéit alors davantage à son inclination naturelle qu'à un devoir ou à une contrainte sociale extérieure: «mais quelque irrité que fut Soliman, un certain respect qui luy étoit naturel pour ce Prince, s'opposa à tout ce que le desir de la vengeance luy pouvoit inspirer[151]». On remarque aussi, dans une dizaine de nouvelles, que le respect de cette règle vient modifier le comportement des personnages en les empêchant d'agir comme ils le souhaitent. L'histoire de Dona Olympia – qui figure dans le recueil de Garouville et dans laquelle un mari jaloux essaie d'empêcher le prince de voir sa femme et de s'entretenir avec elle – permet de voir comment cette règle se déploie à l'intérieur du récit et d'en mesurer l'impact sur le comportement des personnages. D'abord, le mari jaloux ne peut interdire à sa femme d'aller au bal. La crainte d'irriter le Prince le contraint à agir contre son penchant naturel, joint à cela qu'il veut éviter d'être l'objet de la raillerie publique si l'on découvre que c'est par jalousie qu'il veut garder sa femme auprès de lui[152]. Ensuite, lorsqu'il découvre que le prince s'est joué de

150 Jean Donneau de Visé, *L'amour échapé ou les diverses manieres d'aymer, contenuës en quarante histoires; avec Le Parlement d'Amour*, t. II, Genève, Slatkine Reprints, 1980 [1669], p. 155–156.

151 Marie-Catherine Le Jumel de Barneville, Comtesse d'Aulnoy, *Nouvelles d'Elisabeth*, *op. cit.*, vol. 4, p. 178.

152 Savinien Riflé, sieur de Garouville, *L'amant oysif, contenant cinquante nouvelles espagnoles, divisé en trois parties*, vol. 2, Paris, Estienne Loyson, 1671, in-12, p. 263–264.

lui – le prince lui a administré le même remède qu'il avait donné à sa femme pour la rendre malade et la forcer à quitter le bal plus tôt –, le mari ne peut se plaindre : la supériorité de naissance et de condition de l'offenseur impose une limite à son désir de se venger[153]. Puis, un peu plus loin, on le voit qui attend que le Prince se retire pour laisser libre cours à sa colère et éclater contre sa femme qu'il soupçonne d'avoir pris plaisir à converser avec le prince en son absence, la présence du prince ayant assez de pouvoir pour freiner, temporairement, les emportements de sa passion[154].

Deuxièmement, les nouvellistes insistent sur la nécessité de modérer sa colère et sa vengeance en fonction du rang social, et sur le fait que la dignité de naissance prime sur la division sexuelle, quand il s'agit de gens de qualité mais de condition inégale. Cette règle, Coëffeteau l'exprime en ces termes à partir de la définition aristotélicienne de la colère et de la vengeance : « nous n'osons nous courroucer, ou bien si nous nous courrouçons c'est bien legerement, contre les Roys, et contre les personnes puissantes qui nous ont offensés ; d'autant que nous sçavons bien que leur authorité les met à couvert de nostre vangeance[155] ». Ce principe étant généralement admis de tous, les nouvellistes n'éprouvent pas le besoin d'y revenir fréquemment ; seuls six textes en font état, précisant l'incidence de la connaissance de cette règle sur le comportement adopté par les personnages. Lorsque Chabannes écrit à la princesse de Montpensier pour lui exprimer sa colère suite à ses mauvais traitements, il le fait « avec toute la rage que pouvait causer son procédé, mais néanmoins avec tout le respect qui était dû à sa qualité[156] ». Si Bressieu s'est mis en colère contre Zizimi, le prince ottoman en qui il ne voyait qu'un simple rival courtisant Mlle de Sassenage dont il est amoureux, c'est parce qu'il ignorait son rang et son identité, il s'excuse d'ailleurs aussitôt qu'il a compris la faute qu'il a commise[157]. De même, le duc de Bourbon, dans *La comtesse de Candale*, ne peut se venger de l'infidélité de sa femme, Mme de

---

[153] *Ibid.*, p. 281–282.

[154] *Ibid.*, p. 282–283.

[155] Nicolas Coëffeteau, *Tableau des passions humaines, de leurs causes et de leurs effets*, *op. cit.*, p. 530.

[156] Marie-Madeleine Pioche de la Vergne, Mme de La Fayette, *La princesse de Montpensier*, *op. cit.*, p. 380.

[157] « A ces mots Bressieu, qui sçavoit extrémement bien son monde, et qui avoit passé quelques années à la Cour, descendit de son cheval pour s'approcher du Sultan, et luy faire des excuses de l'emportement qu'il avoit eu. Zizimi le receut avec beaucoup de civilité : mais pourtant ce fut de l'air d'un grand Prince, et de la maniere d'un rival. » Guy Allard, *Zizimi prince Ottoman, amoureux de Philipine-Helene de Sassenage. Histoire dauphinoise*, Grenoble, Jean Nicolas, 1673, in-12, p. 50.

Beaujeu, car elle lui est supérieure en rang: elle est devenue Régente et ce statut politique prévaut sur celui d'épouse[158].

De plus, la connaissance de cette règle donne lieu à diverses ruses dans les textes, qu'on pense à la comtesse d'Isembourg qui, pour détourner la jalousie injustifiée de son mari qui la croit éprise de son jeune page, feint de prendre pour amant le prince François de Lorraine, doyen de Cologne, sachant pertinemment que la dignité et le rang de ce dernier ne l'exposera pas à la colère de son mari[159]. Une seule exception, la colère de la servante Yon contre «l'illustre Parisienne» quand elle croit qu'elle ne lui fait plus part de ses secrets et qu'elle voit Samuel sans le lui dire: «outrée de ce qu'elle la trompait, elle lui en fit des reproches qu'elle accompagna d'un torrent de pleurs, lui soutenant toujours que Samuel n'était pas mort, et qu'elle le voyait en particulier[160]». Cet éclat peut s'expliquer par l'amitié qui lie les deux demoiselles, la confiance étant justement une grande marque d'amitié. Et c'est bien parce qu'elle se sent trahie que Yon se venge de sa maîtresse en révélant tout au père de Blanche: «par un mouvement de vengeance que la colère lui inspira, elle écrivit à Bonnin qu'elle allait quitter le service de sa fille parce qu'elle était devenue suspecte à son amour; que néanmoins elle était bien aise de l'avertir que la passion extrême que Blanche avait pour Samuel Solicofané la perdrait infailliblement s'il n'y mettait ordre bientôt[161]».

Enfin, les inférieurs ont tout à craindre de la colère et de la vengeance de leurs supérieurs. Les personnages dans les nouvelles savent bien que «les personnes puissantes sont pleines de cette vaine ambition de parroistre, par les outrages qu'ils font recevoir à leurs inferieurs, se figurant que cette insolence est une marque de leur grandeur. Car ils s'imaginent qu'ils sont beaucoup élevés par dessus ceux qu'ils ont l'audace d'offencer si visiblement[162]». Cela dit, cette règle, présente dans huit textes, sert surtout à rappeler aux personnages (et aux lecteurs) le danger qu'il y a à susciter l'indignation d'un homme ou d'une femme d'importance, qui peut exercer son autorité et son pouvoir contre eux. C'est ce qu'on lit, dans *Les nouveaux désordres de l'amour*, au sujet du médecin qui craint la colère d'un homme de la condition de Mainville quand il découvre que la personne qu'il a chassée du chevet de sa

---

[158]   Claude Boyer, *La comtesse de Candale*, t. II, Paris, Jean Ribou, 1672, in-8°, p. 258–259.

[159]   Antoine de Salvan de Saliez, *La comtesse d'Isembourg*, Paris, Claude Barbin, 1678, in-12, p. 62–64.

[160]   Jean de Préchac, *L'illustre Parisienne, histoire galante et véritable*, 2 parties, dans *Nouvelles du XVIIᵉ siècle, op. cit.*, p. 757–758.

[161]   *Ibid.*, p. 758.

[162]   Nicolas Coëffeteau, *Tableau des passions humaines, de leurs causes et de leurs effets, op. cit.*, p. 541.

patiente était le marquis de Mainville déguisé en médecin[163]. On peut aussi penser aux valets de la nouvelle *Les esprits ou le mary fourbé* qui craignent la vengeance de leur maître suite à la tromperie qu'ils lui ont faite[164]. Certains personnages tournent cette règle à leur avantage, l'énoncent pour susciter la pitié, à l'exemple de Richard qui, dans *La princesse de Monferrat*, supplie la reine de lui rendre la lettre que Saluces a écrite à Briséïde et qu'il lui a remise par méprise afin d'éviter que son maître, Saluces, ne s'emporte contre lui, et que ce mouvement de colère n'empire le mal dont il souffre. La menace de la colère qui gronde, et les larmes de Richard touchent la reine, excitent sa pitié puisqu'elle se rend à sa demande[165].

3.B. *Les gens de qualité*

Entre gens de qualité, les motifs qui causent la colère et inspirent un désir de vengeance sont de trois ordres. Premièrement, les questions de la préséance et du mépris du rang sont souvent invoquées (dans une vingtaine de nouvelles), et ce tant chez les hommes que chez les femmes. Les personnages de haute condition s'emportent dès qu'on limite leurs agissements en deçà de ce que leur naissance leur permet ou qu'on les traite sans égard aux honneurs qu'on leur doit. Cette règle est respectée par tous les nouvellistes qui se contentent de l'évoquer au passage pour expliquer le mouvement d'irritation de leurs personnages, qu'il s'agisse d'Axalla qui est outragé et s'indigne qu'on interdise l'entrée à la chambre d'Astérie à un homme de son rang[166], ou du seigneur d'Uriage qui fait grand bruit quand il se voit arrêté par trois Janissaires de la Garde: «Il estoit extremement emporté; et comme il tenoit un rang élevé dans cette Province; qu'il avoit fait une belle figure à la Cour, et qu'il estoit de la Famille Alleman, tres-considerable en Dauphiné, et naturellement fiere; il n'avoit pû souffrir sans ressentiment d'estre arresté à une porte[167]». Cette colère ayant pour fonction de rétablir le rang et la dignité qui ont été méprisés (ce qu'elle réussit parfaitement) elle est rarement suivie d'une vengeance puisqu'elle est alors inutile. Tout au plus voit-on quatre personnages masculins éprouver un désir de vengeance, tel Philadelphe qui ne supporte pas qu'Artaxandre ait préséance sur lui pour commander un

---

[163] *Les nouveaux désordres de l'amour, nouvelle galante*, Liège, Louis Montfort, 1686, in-12, p. 56.

[164] *Les esprits ou le mary fourbé, nouvelle galante*, Liège, Louis Montfort, 1686, in-12, p. 106.

[165] Sébastien Bremond, *La princesse de Monferrat. Nouvelle, contenant son histoire et les amours du comte de Saluces, op. cit.*, p. 255–256.

[166] Anne de La Roche-Guilhen, *Astérie ou Tamerlam, op. cit.*, 2e partie, p. 11.

[167] Guy Allard, *Zizimi prince Ottoman, op. cit.*, p. 37.

bateau alors qu'il lui est inférieur: «il creut qu'il falloit qu'il eust brigué cet employ pour l'emporter de haulte lutte pardessus luy, ce qui le mit dans une si furieuse colere qu'il fit dessein de luy en tesmoigner son ressentiment en se battant contre luy[168]».

Dans les textes littéraires, la situation se complique lorsque le rang, la naissance, la condition des personnages ne sont pas connus des autres. Le personnage de noble lignage qui a dû cacher sa véritable identité supporte difficilement qu'on le traite comme un subalterne et ses emportements annoncent la révélation qui suivra ou alors le trahissent. Mlle de La Roche-Guilhen a construit sa nouvelle *Almanzaïde* sur ce principe: la sultane Roxane, seconde épouse d'Abdala, a une esclave de naissance inconnue, Almanzaïde. Or, on apprend qu'Almanzaïde est la fille issue du premier mariage d'Abdala avec Cleonis, puis, dans un retournement final, on découvre qu'en fait elle est la princesse de Fez, la fille du roi Albenzais et de Zaire, ce qui lui permet d'épouser Almanzor. Une scène mérite de retenir notre attention, celle où Almanzaïde, qui se croit alors fille d'Abdala (ce qu'ignore Roxane), répond fièrement à la sultane qui la traite injustement et la soupçonne d'avoir un commerce galant avec Almanzor. La méprise sur l'identité d'Almanzaïde donne lieu à une grande dispute entre les deux femmes. D'abord, on lit que «Almanzaide avoit le cœur trop sensible pour souffrir patiemment le discours de Roxane[169]». Avec une assurance qui se teinte d'un peu de mépris, Almanzaïde tient ce discours qui laisse planer un doute sur son identité:

> Je parle avec une franchise qui n'est peut-estre pas tout à fait conforme à l'estat de ma condition; mais qui l'est beaucoup aux mouvemens de mon cœur, et sensible à des outrages que je ne merite pas, je ne sçay point d'authorité, qui me les puisse faire souffrir. Je n'ay point fait de choix indigne, Madame, et malgré l'obscurité de ma naissance, me connoissant une ame assez élevée; j'ay laissé au Ciel le soin de ma destinée[170].

La sultane relève bien l'inconvenance apparente entre le rang d'Almazaïde et sa conduite: «Je ne sçay, repliqua Roxane, irritée de la response d'Almanzaide, si vous estes Reyne, et si c'est moy qui suis vostre Esclave, mais vous parlés comme si cela estoit[171]».

Les nouvellistes reconnaissent la légitimité de cette colère, mais insistent sur la nécessité de bien analyser la situation pour savoir s'il convient ou non de s'emporter. Dans certains cas, nous l'avons vu, il faut publier sa colère

---

[168] Jean Bridou, *Célie, nouvelle, op. cit.*, p. 48–49.

[169] Anne de La Roche-Guilhen, *Almanzaïde, nouvelle*, Paris, Claude Barbin, 1674, in-12, p. 129.

[170] *Ibid.*, p. 131–132.

[171] *Ibid.*, p. 133–134.

pour asseoir sa puissance. D'autres fois, on conseille aux grands de cacher leur ressentiment afin de conserver leur pouvoir quand leur autorité est contestée, la dissimulation étant alors le meilleur moyen pour se maintenir à la cour et se protéger de ses ennemis. Mme de Villedieu en donne un illustre exemple dans son *Portrait des faiblesses humaines*. La colère d'Agrippine contre Tibère, qui a posté des gardes auprès d'elle afin de l'observer, est jugée imprudente car cet éclat la dessert politiquement en donnant des armes contre elle à l'ambitieuse impératrice Livie :

> son grand cœur ne pouvant se déguiser, elle fit demander audiance à Tibere, et lui dit les choses les plus fortes et les plus touchantes que sa colère et son courage pûrent lui inspirer ; mais si elles étoient dignes de sa fierté, elles ne l'étoient pas de sa prudence ; et quelques paroles qu'Agrippine même jugeoit inutiles, fournirent à ses ennemis les pretextes qu'ils cherchoient depuis si longtems. Agrippine auroit dû retenir ses emportemens, mais la foiblesse humaine trouve sa place dans les cœurs les plus heroïques[172].

La colère et la vengeance suite à une rivalité politique est le second motif de colère entre gens de qualité, mais cette règle s'applique uniquement aux hommes – les femmes étant exclues de la vie publique, on comprend qu'elles n'en soient pas touchées. Ce type de conflit entre particuliers, déjà évoqué dans le cas de la rivalité amoureuse, prend ici une dimension publique sous la forme d'une lutte de pouvoir, mais il n'est pas rare de voir cette rivalité politique se doubler d'une rivalité amoureuse. Une dizaine d'auteurs font de cette rivalité politique un conflit majeur au sein de leur nouvelle : la colère et la rivalité qui opposent deux personnages traversent tout le récit, et leurs projets de vengeance qui servent aussi à nuire aux intérêts de leur rival sont autant d'obstacles qui font rebondir l'intrigue. Dans *Alfrede reyne d'Angleterre*, la rivalité entre Leicestre et Monmouth, les deux favoris du roi qui se disputent sa préférence, est décrite ainsi :

> Il [Monmouth] estoit consideré du Roy autant qu'il le meritoit ; et il ne voyoit qu'Ethelvold plus avancé que luy dans sa faveur. Il luy avoit mémes donné de la jalousie : on avoit vû arriver entr'eux plusieurs différens que la seule crainte de déplaire au Prince avoit toûjours empêché d'éclater. Enfin ils se regardoient tous deux sans cesse avec des yeux pleins d'envie, et de vengeance[173].

[172] Marie-Catherine Hortense, dite Mme de Villedieu, *Portrait des faiblesses humaines*, dans *Œuvres complètes*, vol. 1, Genève, Slatkine Reprints, 1971, p. 64.
[173] Antoine Torche, *Alfrede, reyne d'Angleterre. Nouvelle historique*, Lyon, Adam Demen, 1678, in-12, p. 28.

Le désir de se venger de son rival, combiné à celui de garder pour lui seul Alfrede dont il est amoureux en éloignant d'elle tous les prétendants potentiels, même le roi, inspire à Leicestre une mesquine stratégie. Il favorise l'inclination du roi pour la comtesse de Sommerset, qui se trouve être la maîtresse de Monmouth, afin que ce dernier devienne suspect aux yeux du roi qui ne verra en lui qu'un rival, ce qui le plonge dans un discrédit politique. Monmouth, lorsqu'il découvre la vérité, se venge à son tour de son rival :

> Ces paroles remplirent l'ame du Comte de fureur et de rage contre Ethelvold. Lors qu'il fut sorty de chez sa Maistresse, ses premiers sentimens sur ce qu'il devoit faire, furent d'aller trouver son Ennemy mémes jusques dans la Chambre d'Edgar, pour l'obliger à luy venir faire raison des outrages qu'il luy avoit faites. Mais ces transports estant un peu moderez, et son aveuglement dissipé, il trouva qu'il luy seroit plus à propos de se venger par une voye plus douce, et qui pourroit avancer ses affaires également auprés du Roy, et auprés de Maistresse[174].

Monmouth retourne le piège contre son inventeur, il nuit aux amours et aux ambitions de Leicestre en présentant la belle Alfrede au roi qui succombe à ses charmes et l'épouse. Puis, ayant découvert la fourbe de son favori, le roi lui retire sa confiance, le chasse de son royaume, privant ainsi Leicestre de tout pouvoir. On voit donc les conséquences de la rivalité politique qui opposait Leicestre et Monmouth sur le destin des personnages et sur le déroulement de l'intrigue.

Troisièmement, les nobles s'irritent lorsque l'on porte atteinte à leur réputation et à leur honneur, que ce soit sous la forme d'une injustice, d'une injure, d'un mépris, de la médisance ou de la tromperie, et ce de manière identique chez les hommes et les femmes. Cependant, il semble que les nouvellistes aient tendance à vouloir limiter les éclats de colère féminine en en présentant trois fois moins d'exemples comparativement aux hommes. Cette règle s'appuie sur le schéma classique selon lequel le mépris et l'injure sont les principales causes qui animent la colère et le désir de vengeance qui l'accompagne. Ces injures ne peuvent être digérées aisément ; la colère qui s'ensuit est pleine de douleur et d'amertume, écrit Coëffeteau, car on s'imagine qu'elles sont accompagnées « d'un notable mépris qui va à la diminution de sa gloire et de sa réputation[175] ». Les injures prouvent encore que la personne qui nous offense injustement a de nous une mauvaise opinion et qu'elle ne nous honore pas autant que nous pensons le mériter. C'est justement pour rétablir sa réputation et sa valeur qui ont été contestées que l'on cherche

---

[174] *Ibid.*, p. 55–56.

[175] Nicolas Coëffeteau, *Tableau des passions humaines, de leurs causes et de leurs effets, op. cit.*, p. 533.

à se venger. Les nouvellistes reconnaissent la justesse de la colère et de la vengeance lorsque l'honneur ou la réputation des personnages est en jeu, ils reprennent sans grandes surprises cette règle variant seulement les motifs et les types d'injures qui en sont à l'origine. Elle peut être reprise dans une nouvelle pour justifier tout simplement l'emportement d'un personnage, ce qui est le cas d'un cavalier victime d'une tromperie dans une histoire du *Mercure Galant*[176]. On complexifie parfois cette règle en la doublant de divers enjeux. Prenons l'exemple du beau Français qui est injurié par des écoliers Espagnols dans *L'héroïne mousquetaire* de Préchac :

> ils ne purent s'empêcher, par l'effet d'une antipatie naturelle que cette Nation a avec la nostre, de luy dire quelque injure, et de l'appeler plusieurs fois gavache. Le Marquis d'Osseyra, qui se creut interessé à ces injures, mit l'épée à la main, et sans que le nombre de ses ennemis luy fit peur, il les chargea vigoureusement. Le beau François le seconda si bien, qu'ils pousserent seuls cinq hommes plus de trente pas, jusqu'à ce que s'estant un peu trop abandonnez à leur courage, ils furent repoussez, et accablez par le nombre[177].

D'abord, on note que ces injures n'offensent pas seulement l'honneur d'un particulier, mais aussi celui de sa nation. On voit également que le marquis, par cette solidarité particulière à l'amitié que nous avons vue plus haut, aide le jeune Français à se venger. Mais ce qui est peut-être encore plus intéressant, tient au fait que le jeune Français est en réalité une demoiselle déguisée, et qu'en prenant les habits d'homme elle en adopte aussi le comportement : en s'irritant et en tirant l'épée, elle réagit comme il convient à un homme de le faire. On voit ici la nécessité pour un personnage de connaître et d'intégrer cette règle, c'est ce qui a permis à la demoiselle de se rendre conforme à son personnage et de ne pas se trahir.

Les nouvelles historiques font un usage particulier de cette colère et vengeance suite à une injure, car non seulement elles font rebondir l'intrigue en ayant un effet direct sur son déroulement, mais elles permettent d'expliquer des épisodes de l'histoire (complots, conspirations, guerres) par les mouvements des passions des individus qui la font. Elles rendent le comportement des personnages vraisemblables, mais permettent surtout de dévoiler des secrets intimes comme ressorts de la machine du passé. Ce jeu est très clair

---

[176] « Le cavalier se met en colère, dit qu'on se moque de lui, tire l'épée, monte à la chambre du Gênois et prétend qu'il n'aura pas de peine à la trouver. » « La devineresse ou les faux enchantements », *Mercure Galant*, août 1679, dans *Anthologie des nouvelles du Mercure Galant (1672–1710)*, op. cit., p. 69.

[177] Jean de Préchac, *L'heroïne mousquetaire, histoire véritable*, Paris, Theodore Girard, 1677, in-12, p. 31–32.

dans *Le duc de Montmouth*[178]. Le duc d'York, pour se venger de ses ennemis qui l'ont faussement accusé d'être catholique et d'être le chef d'une conspiration contre la religion anglicane, à la suite de quoi il a été injustement emprisonné, révèle au roi la conjuration qui se trame contre lui et qui est dirigée par son fils le duc de Montmouth. La vengeance du duc d'York oblige le duc de Montmouth à fuir l'Angleterre, et le comte d'Essex, qui n'a pas cette chance, est emprisonné dans la tour de Londres où il se tranche la gorge afin d'éviter une exécution publique. Mme de Villedieu légitime aussi cette règle et y a recours pour expliquer un événement historique. Ce serait le ressentiment d'Alcibiade contre les Athéniens qui veulent l'arrêter après l'avoir accusé faussement d'avoir brisé les statues de Mercure et de s'être moqué des cérémonies des Mystères, qui serait à l'origine de sa participation à la guerre:

> Alcibiade mortellement offensé de ce qu'il apprenoit, resolut dés ce moment de n'avoir plus autant de moderation dans la haine qu'il devoit porter aux Atheniens. L'injure qu'on faisoit à sa reputation et à sa gloire étoit trop outrageante, pour n'en avoir aucun ressentiment. Le retour d'Agis [roi de Sparte] en étoit une favorable occasion, pour proposer les desseins de vengeance qu'il avoit[179].

Cette règle est reprise aussi sous différentes formes dans les nouvelles comiques (elle inspire plus d'une vingtaine d'auteurs), mais elle est plus souvent le fait des hommes que des femmes. L'enjeu de ces colères et de ces ressentiments reste le même (sauver l'honneur et la réputation), mais le traitement diffère: parfois c'est l'offense qui est triviale ou l'objet d'un malentendu, d'autres fois c'est la réaction du personnage qui est excessive. La colère du patron du logis contre celui qui a pissé contre sa muraille dans *L'heureux esclave*[180],

---

[178] *Le duc de Montmouth. Nouvelle historique, op. cit.*, voir en particulier la page 84.

[179] Marie-Catherine Desjardins, dite Mme de Villedieu, *Les amours des grands hommes, op. cit.*, p. 111. Plus loin, l'auteure explique en ces termes le rôle actif qu'Alcibiade a joué dans la guerre contre les Athéniens: «Alcibiade ne voulant plus differer la vengeance contre les Atheniens, la commença par le conseil qu'il donna au Roi et aux Ephores, de secourir les Siracusains, assieger Purnicias, et de fortifier la Ville de Decelée dans l'Attique; ce que les Lacedemoniens firent quelques temps après.» *Ibid.*, p. 113.

[180] «[D']abord chacun luy montre le lieu où avoit pissé cet Esclave; ce qui l'irrita de telle sorte, que prenant le bâton d'un qui l'avoit en sa main, en chargea le pauvre Esclave sur le dos, sur la tête et sur les bras, tant qu'il pouvoit, luy disant, *Chupec cané fertas*, qui veut dire, *vilain chien de tigneux*, ne pouvant proferer d'autres paroles, tant il étoit emporté de colere», Sébastien Bremond, *L'heureux esclave ou la relation des avantures du sieur de la Martiniere, comme il fut pris par les corsaires de Barbarie et delivré; La maniere de combattre sur mer de l'Afrique et autres particularitez*, Paris, Olivier de Varennes, 1674, in-12, p. 26.

celle de Filaste contre ses amis qui rient de lui alors qu'il est ivre et se bat contre un poteau de bois[181], ou la vengeance à coups de poings et à coups de pieds au cul que Polidor, autre personnage de Préfontaine, exerce contre Axionde qui l'a trompé[182], en sont des exemples parmi tant d'autres. Le ridicule semble être un moyen efficace de discréditer ce type de colère et ses éclats. La légèreté des motifs invoqués, si elle provoque les rires, vise aussi (quoique moins ouvertement que dans les nouvelles considérées plus sérieuses) à mettre en garde les lecteurs qui se font une trop haute conception de l'honneur et voient des injures partout en se moquant des excès auxquels cette fausse sensibilité donne lieu.

La connaissance de ce code par les personnages inspire diverses ruses et stratégies dans les nouvelles qui permettent de relancer l'intrigue ou de lui donner un tour inattendu. Voyons quelques exemples des jeux qui se déploient dans les textes à la suite de cette (re-)connaissance des règles de colère et de vengeance. Cherchant à tout prix un moyen de retarder le mariage qui doit se faire entre Tazandre et sa fille, Astérie, la «mère rivale», profite d'une conversation qui a lieu en bonne compagnie pour prendre le parti contraire de Tazandre. Elle prétend que les propos qu'il tient sont incivils et injurieux à son égard, et elle feint d'en être grandement irritée[183]. Cette habile femme sait parfaitement qu'un tel motif sera reconnu comme légitime, et qu'il vaut mieux déguiser la vraie nature de ses sentiments – c'est parce qu'elle est amoureuse de Tazandre qu'elle veut l'empêcher d'épouser sa fille – si elle veut reprendre sa promesse de mariage sans encourir la réprobation publique. Dans une des nouvelles de Donneau de Visé, des gens font croire à Leandre qu'Ophise tient des propos outrageants à son sujet, méprisant à la fois son honneur et salissant sa réputation, pour qu'il se mette en colère :

> l'on y ajouta qu'elle avoit parlé de luy comme du dernier des hommes, imputant les graces qu'il recevoit de la Cour à un aveuglement de la Fortune; qu'elle publioit par tout qu'il n'avoit ni cœur ny naissance, pour soustenir le rang où on l'avoit élevé. Des propos si outrageans mirent ce Cavalier dans une telle colere, qu'il oublia sa moderation ordinaire, et s'emporta mesme un peu trop contre son ennemie[184].

---

[181] César-François Oudin, sieur de Préfontaine, *Les dames enlevées et les dames retrouvées. Histoire du temps, nouvelles comiques et galantes divisées en deux parties*, Paris, Jean-Baptiste Loyson, 1673, in-12, p. 52.

[182] César-François Oudin, sieur de Préfontaine, *Le praticien amoureux. Le poete extravagant, avec l'assemblée des filous et des filles de joye. Nouvelles Galantes*, Paris, Jean-Baptiste Loyson, 1670, in-12, p. 105–106.

[183] *La mère rivale, op. cit.*, p. 122–124.

[184] Jean Donneau de Visé, *Les nouvelles galantes, comiques et tragiques, op. cit.*, t. III, p. 362–363.

Si les auteurs de cette imposture provoquent volontairement la colère de Léandre, c'est parce qu'ils cherchent à se venger du mari d'Ophise en médisant à leur tour sur sa femme; ils savent que tout homme dont l'honneur a été injustement offensé tentera de se venger. Cela se produit en effet puisque Léandre écrit des lettres menaçantes à Ophise, mais la situation se retourne à nouveau lorsque Leandre découvre qu'on lui a fait un faux rapport sur Ophise et il s'offre alors à la venger de l'atteinte qu'on a portée à sa réputation, espérant qu'elle pardonnera l'outrage qu'il lui a injustement fait. Notons au passage que Leandre tourne à son avantage cette règle de la division sexuelle qui veut qu'une femme remette à un homme le soin de sa vengeance car elle ne doit pas faire d'éclat sur la scène publique[185].

On sent poindre chez les nouvellistes un désir d'inciter les honnêtes gens au pardon plutôt qu'à la vengeance de l'offense, une volonté d'éduquer le lecteur en lui présentant des modèles d'hommes sages et vertueux qui ne succombent pas au malin plaisir de la vengeance. Ils sont solidaires en cela du chevalier de Méré qui en a fait une marque de la vraie honnêteté: «La colere nous porte à nous venger, et l'honnêteté s'y oppose: renonçons à la douceur de la vengeance; et pardonnons d'un visage riant et d'un cœur sincere[186]». Si Dom Ramire, dans *Le bâtard de Navarre*, s'irrite lorsqu'il est injustement accusé de trahison par la reine Nuna, il choisit de la protéger lorsqu'elle est faussement accusée d'adultère au lieu de profiter de la situation pour se venger: «Ce genereux Prince ne se souvint en cette occasion que de sa vertu, et oubliant tous les outrages qu'il avoit receu de la Reine, il resolut de la defendre[187]». Mais l'exemple le plus convaincant se trouve dans *Les intrigues amoureuses de quelques anciens Grecs*. Anne de La Roche-Guilhen oppose l'emportement déréglé d'Alcibiade (il donne un soufflet à Hypponicus croyant que ce dernier a parlé en mal de lui) à la généreuse tranquillité d'Hypponicus. L'auteure explique aux lecteurs que Hypponicus est un homme de cœur et de

---

[185] Cette règle est longuement développée et sert de point de départ à la nouvelle d'Edme Boursault, *Le marquis de Chavigny*. Bélise demande au marquis de Chavigny de la venger du perfide Ariston qui a profité de ses charmes en lui promettant de libérer son mari, puis qui l'a trahie en faisant étrangler son mari dans sa prison.

[186] Le chevalier de Méré, «Suite de la vraie honnêteté», *Œuvres posthumes*, Paris, Éditions Fernand Roches, 1930, p. 88. Dans un tout autre contexte, Sénèque, citant Platon, écrivait: «Un honnête homme, dit-il, ne blesse pas. Le châtiment [au sens de vengeance] blesse, donc le châtiment ne convient pas à un honnête homme, la colère pas davantage, puisque le châtiment convient à la colère. Si un honnête homme n'aime pas à châtier, il n'aimera pas non plus cette passion pour qui le châtiment est un plaisir; donc la colère n'est pas naturelle.» *Dialogues. De Ira/De la colère, op. cit.*, t. II, p. 9.

[187] Jean de Préchac, *Le bâtard de Navarre. Nouvelles historiques, op. cit.*, p. 214.

mérite, et qu'ils doivent voir l'absence de ressentiment comme une marque
de grandeur et non comme un signe de faiblesse humaine:

> On ne pouvoit l'accuser de lâcheté, puis que dans le cours de sa vie il avoit
> donné une infinité de preuves de son courage et de sa valeur. L'emporte-
> ment d'Alcibiade ne m'offence pas, dit-il à ceux qui lui offroient leur bras;
> cette retenuë ne peut être mal-interpretée par les Grecs dont je suis connu:
> Alcibiade lui même doit être persuadé que je ne suis pas un Ennemi mé-
> prisable: mais sa hardiesse me donne de l'estime pour lui, et tout Homme
> qui ose m'attaquer est digne de mon amitié. A ces mots il marcha de sang
> froid, et laissa Alcibiade, qui avoit eu le tems de reflêchir sur son procedé
> et qui avoit senti vivement la generosité d'Hypponicus[188].

Plus loin, Hypponicus affirme qu'il ne veut pas se venger du soufflet que lui
a injustement donné Alcibiade, la honte qu'éprouve Alcibiade le contentant
assez. Il va même jusqu'à commander à son fils, qui veut le venger, de recher-
cher plutôt l'amitié d'Alcibiade. L'auteure fait ici écho aux enseignements de
Sénèque qui, dans son *De Ira*, donnait l'exemple de Caton qui, frappé par un
quidam alors qu'il était aux bains, ne chercha pas à se venger, prouvant ainsi
que ce sont les grandes âmes qui peuvent mépriser les injures[189].

Cette volonté des nouvellistes de dissuader les gens de recourir à la
vengeance sanglante s'impose avec plus d'évidence quand l'atteinte à la réputation ou à l'honneur prend la forme de la médisance. Partant du principe
que la colère et la vengeance doivent être proportionnelles au mal qui a été
fait et qu'il faut tenir compte des moyens qui ont été employés, ils tâchent
d'adoucir les vengeances présentes dans leur texte. Et puisque la médisance
se limite à la parole, c'est sous cette forme, orale ou écrite, que la vengeance
pourra avoir lieu. Dans l'histoire de Lupanie, Cleandre a «l'esprit agité de
transports furieux[190]» quand il entend Lupanie tenir de faux propos accusa-
teurs contre lui. Il décide de se venger en écrivant une mauvaise élégie sur
elle: «A la fin mon dépit se trouva le plus fort,/Et jusques à la voir je portay
mon effort./Ah! Que dans ce moment mon ame fut vangée,/Dieux! qu'elle
me parut haïssable et changée[191]». La vengeance d'Ariston suite à la médisance de Clariste qui, dans *Célinte, nouvelle première*, a écrit une chanson dans
laquelle elle le tourne en ridicule, est dite «honnête» parce qu'il se contente

---

[188] Anne de La Roche-Guilhen, *Les intrigues amoureuses de quelques anciens Grecs*, La
Haye, Henri van Bulderen, 1690, in-12, p. 11–12.

[189] Sénèque, *Dialogues. De Ira/De la colère, op. cit.*, t. II, p. 58.

[190] Paul-Alexis Blessebois, *Lupanie. Histoire amoureuse de ce temps*, s.l., s.é., s.d., in-12,
p. 50.

[191] *Ibid.*, p. 57.

de la railler finement[192]. Les nouvellistes rejoignent ici les moralistes qui proposent également ce modèle de comportement. Le Père Le Moyne dans ses *Peintures morales*, présente Cleanthe comme un exemple de modération victorieuse de la colère et de la vengeance :

> Cleanthe estant allé chercher du divertissement au Theatre, se vit joüer en sa presence, et fut spectateur de sa vie, dont un Poëte médisant avoit fait une Piece nouvelle. Bien loin de demander reparation, et d'implorer le Magistrat et la Police, il assista patiemment à cette longue Satyre; il applaudit comme les autres, à tous les bons mots qui furent dit contre luy : et sur ce que ses Amis luy representoient qu'il devoit se monstrer un peu moins insensible à l'injure qui estoit foite à son honneur, il répondit, qu'il ne devoit pas estre plus delicat que les Dieux, qui tous les jours souffroient sans Colere, les médisances des mauvais Poëtes. Cette moderation fut receuë, avec un general applaudissement de tout le Peuple : et l'Autheur de la Comedie, qui attendoit une Couronne et des Eloges, fut chassé du Theatre à coups de pierres[193].

3.C. *Les rois, les puissants et les grands*

Sénèque explique dans son *De Ira* que la colère peut être considérée comme un privilège royal et que les grandes colères accompagnent les grandes situations[194]. Ce constat vaut toujours pour la société de cour du XVIIe siècle et son système monarchique. On le voit avec Nicolas Faret qui, dans son traité de *L'honnête homme*, donne des conseils précis aux courtisans qui ne veulent pas déplaire au roi ni provoquer sa colère. D'abord, il vaut mieux pour le courtisan ne jamais contredire son roi : «Car l'extreme puissance est d'ordinaire accompagnee d'un sentiment si delicat, que la moindre parole qui luy resiste la blesse, et semble qu'elle vueille que ses opinions fassent une partie de son authorité[195]». Ensuite, il doit respecter la naissance des grands et rendre tous les honneurs qui sont inhérents à leur rang : «Les Grans a la veritez veulent bien que l'on rende ce que l'on doit à leur condition[196]». Enfin, le courtisan ne doit pas témoigner de mépris aux grands ni leur faire d'injure :

---

[192] «[Ce couplet] devint tellement à la mode, que le pauvre Ariston en eut l'esprit assez mortifié ; neantmoins comme c'est un fort honneste homme, il ne se vangea de cette belle irritée, que par une galante raillerie, et chanta le couplet de chanson comme les autres.» Madeleine de Scudéry, *Célinte, nouvelle première*, *op. cit.*, p. 93.

[193] Pierre Le Moyne, *Les peintures morales, où les passions sont representees par tableaux, par characteres, et par questions nouvelles et curieuses*, vol. 1, Paris, Sebastien Cramoisy, 1640, in-4°, p. 769–770.

[194] Sénèque, *Dialogues. De Ira/De la colère*, *op. cit.*, t. II, p. 47 et 84.

[195] Nicolas Faret, *L'honnête homme ou l'art de plaire à la cour*, *op. cit.*, p. 54.

[196] *Ibid.*, p. 65.

Il faut bien considerer de ne blesser jamais de semblables atteintes les grandes puissances qui donnent l'ordre et le mouvement à l'Estat, ny les personnes d'eminente condition: car l'un est capital; et l'autre n'est pas moins dangereux. Aussi n'y a-t-il rien qui offense si outrageusement le ressentiment de cette sorte de gens-là, qui ont l'ame delicate et tendre aux moindres injures, comme fait le mespris, dont il semble que les plus modestes railleries ayent quelque meslange[197].

Il semble que les nouvelles soient solidaires de ces traités puisque les codes qui régissent la colère des personnages royaux vont également dans ce sens: «quiconque a eu le malheur de déplaire aux Roys et aux Princes, et a pû attirer sur soy leur colere, est indigne de vivre, où ne doit du moins mener qu'une vie languissante, accompagnée de mille déplaisirs, et pleine de chagrins, d'ennuis, et d'inquietudes[198]», peut-on lire dans les *Nouvelles nouvelles*. Quatre principales règles qui confortent cette affirmation sont évoquées dans les textes littéraires: la colère et le désir de vengeance des rois sont provoqués soit par la désobéissance, soit par la tromperie, soit par l'insoumission politique de ses sujets, soit par les entraves à sa justice. La colère du roi dans ces quatre cas sert à réaffirmer l'éclat de sa puissance et de sa grandeur, et plus il a de pouvoir, plus sa colère et sa vengeance sont flamboyantes. Inversement, quand le roi n'a qu'un faible pouvoir, il se doit de modérer ses emportements et ne peut chercher à se venger au risque d'affaiblir davantage son pouvoir et d'irriter inutilement ses sujets. Les textes littéraires (six au total) associent clairement le peu d'éclat de la colère du roi à la précarité de son pouvoir. Dans les *Nouvelles nouvelles*, Donneau de Visé dit bien que la faible puissance du roi limite sa colère contre Fulcian: «D'un autre costé, se voyant encore mal affermy dans ses Etats, et Fulcian ayant beaucoup de credit, et beaucoup d'Amis, il craignoit de l'irriter[199]». Plus loin, lorsque le roi est en colère contre son frère qui a fait un mariage injurieux pour son rang en dépit de son interdiction, il contient son irritation (quoique son visage le trahisse) car son pouvoir est précaire:

Le Roy demeura immobile à ce discours, le dépit et la colere parurent dans ses yeux, et sur tout son visage, mais il n'osa les faire éclatter que legerement, ny faire rompre un mariage si inegal; parce qu'il vit bien que Fulcian ayant eu la temerité de le permettre, il avoit encore plus d'Amis et plus de pouvoir qu'il ne s'estoit imaginé, et qu'il ne pouvoit le choquer sans faire soûlever contre luy une partie des plus grands du Royaume, ce

---

[197] *Ibid.*, p. 85.
[198] Jean Donneau de Visé, *Nouvelles nouvelles*, *op. cit.*, vol. 1, p. 272.
[199] *Ibid.*, p. 129. On remarquera ici que le roi craint le pouvoir de mobilisation et d'action politique des amis de Fulcian.

qui fut cause qu'il pardonna à son Frere, et qu'il agrea son mariage plustost par politique que pour la satisfaction qu'il en recevoit[200].

Dans *L'heureux page*, c'est également l'intérêt politique qui incite la duchesse mère à masquer sa colère: «le besoin qu'elle avoit de tout le monde, dans un temps où la haine du Ministre ne servoit que de pretexte à plusieurs à ruiner l'État, lui fit dissimuler son ressentiment[201]».

«[I]l ne faut luy desobëir, de peur de l'irriter[202]», écrit Mlle de Scudéry à propos du roi. La désobéissance des sujets peut être de nature politique ou militaire: la colère du roi contre Givry qui a laissé passer un convoi de nourriture dans une ville assiégée[203], ou celle plus violente du roi contre Bussy qui a refusé de tuer Lignerole et fait échouer son projet d'assassinat (mais notons ici que la sympathie de Mme de Villedieu va plutôt à Bussy qu'au roi)[204], en sont des exemples. Cela dit, une grande place est accordée aux désobéissances qui ont un caractère plus privé ou qui relèvent de la vie amoureuse dans les nouvelles. En effet, les rois se mettent souvent en colère quand un personnage refuse d'épouser la personne qu'il lui a choisie et/ou qu'il aime ailleurs. On peut y voir une nouvelle forme de la règle de la colère parentale suite au non-respect de la volonté du chef de famille sur la question du mariage, le roi étant le père de tous ses sujets. Tout comme cela était le cas dans le cadre familial, les amants vont faire passer leur passion amoureuse avant leurs devoirs de courtisan, ce qui irrite encore davantage les rois. La colère en plusieurs étapes du roi du Portugal, Dom Sebastien, contre Souza qui refuse d'épouser Eugénie – d'abord, il le menace, ensuite, il s'emporte, et il ne cesse d'être fâché malgré l'exil de Souza –, souligne bien l'adéquation qui se fait entre la désobéissance d'un courtisan et sa qualité: «Le Roy fort irrité de ce refus, [...] luy dit fiérement, qu'un sujet qui n'avoit point d'obeïssance, ne pouvoit rendre de bons services, et qu'il ne se montrât plus devant luy[205]». Ce code de colère royale a une fonction littéraire: il permet de faire rebondir l'intrigue et d'en retarder le dénouement, de servir d'obstacle au bonheur des amants en mettant leur amour en péril (le mariage de l'un d'eux avec

---

[200] *Ibid.*, p. 133–134.

[201] *L'heureux page. Nouvelle galante*, Cologne, Pierre Marteau, 1687, in-12, p. 38.

[202] Madeleine de Scudéry, *Célinte, nouvelle première, op. cit.*, p. 154.

[203] Marie-Catherine Desjardins, dite Mme de Villedieu, *Les désordres de l'amour*, Genève, Droz, 1995 [1675], p. 146. Toutefois, lorsque le roi comprend que Givry lui a désobéi non pour braver son autorité mais bien par amour (pour venir en aide à Mlle de Guise), il lui pardonne cette faute.

[204] Marie-Catherine Desjardins, dite Mme de Villedieu, *Les amours des grands hommes, op. cit.*, p. 42–44.

[205] *Dom Sebastien, roy de Portugal. Nouvelle historique*, vol. 1, Paris, Claude Barbin, 1679, in-12, p. 193–194.

une tierce personne), et de leur faire craindre le pire, ce qui a pour effet de créer un certain suspens. Il oblige souvent les personnages à dissimuler leur passion – la reine et Constance cachent leur amour pour éviter la colère de Taxandre dans la nouvelle *Cleomire*[206] –, et donne également lieu à diverses stratégies dans les textes. La princesse Jeanne, personnage de *L'amour sans faiblesse*, propose au duc d'Orléans de faire un faux mariage (non consommé) pour éviter la colère du roi, et ainsi tromper toute la cour sans éveiller le moindre soupçon[207]. Dans ce cas, le recours à cette règle de colère royale permet de ménager des effets de surprise dans le texte : Anne ne veut pas aimer le duc car elle le croit déjà marié; elle est en colère contre lui quand il lui déclare son amour car elle juge cet amour indigne et offensant; puis elle lui pardonne quand elle apprend qu'il n'est pas réellement marié. Mais ce secret a été si bien gardé qu'il empêche les nouveaux amants de s'aimer au grand jour: «vous ne me faites point d'injure de m'aimer; mais toute la terre vous croit marié, il faudroit détromper toute la terre, aux dépens de la gloire de la Duchesse de Beaujeu[208]». On voit donc l'incidence directe de cette règle sur le comportement des personnages et sur le déroulement de l'intrigue, – et puisque la colère royale, dans ce cas, a une fonction essentiellement littéraire, elle n'est pas suivie de vengeance.

Tromper ou duper un roi est inacceptable, et les personnages des neuf nouvelles qui en font état le savent bien. Dans *La promenade de Versailles*, Cleandre craint la juste colère du roi quand il apprendra sa supercherie (il feint de faire un voyage pour s'éloigner de la cour et visiter sans danger Celanire qui s'est réfugiée chez les vierges voilées): «Il ne pouvoit pas douter que le Prince, dont il connoissoit l'humeur, ne fust tres-irrité contre luy, de luy avoir deguisé la verité; et quoique cette tromperie n'eust esté causée que par l'amour, il convenoit luy-mesme, que le Prince avoit un juste sujet de s'en offenser[209]». C'est effectivement ce qui se produit: «il fut extrémément irrité contre Cleandre, il crut alors que c'estoit luy qui avoit donné le feu d'artifice à Celanire, et trouva si mauvais qu'il luy eust fait cette fourbe, qu'il parla de luy avec un emportement qui fit connoistre qu'il alloit estre disgracié[210]». On lit plus loin les conséquences fâcheuses de cette colère pour Cleandre: «dés que le Prince parut irrité contre luy [...] cela fit un changement universel, [...] Cleandre, qui quelques jours auparavant avoit mille amis, ne s'en trouva

---

[206] *Cleomire, histoire nouvelle, op. cit.*, p. 26–27.

[207] Nicolas-Pierre-Henri Montfaucon de Villars, *L'amour sans faiblesse*, t. I, Paris, Claude Barbin, 1671, in-12, p. 37–38.

[208] *Ibid.*, p. 41–42.

[209] Madeleine de Scudéry, *La promenade de Versailles, op. cit.*, p. 519.

[210] *Ibid.*, p. 521.

plus[211] ». Voilà qui prouve, *a contrario*, que seuls les véritables amis sont solidaires dans l'adversité, ainsi que nous le mentionnions dans la première partie de ce chapitre. L'insoumission des sujets, qui est une puissante manière de contester l'autorité, soulève la colère des rois et peut conduire à de grandes résolutions. C'est pour se venger de la révolte de son peuple et leur faire sentir l'étendue de son pouvoir que l'empereur du *Voyage du valon tranquille* mène une campagne militaire : « Quand le grand Empereur Theodat, eut resolu d'achever la ruine des peuples de la Mer Septentrionale, qui par leur ingratitude et leur insolence, avoient attiré sur eux la cholere de ce Monarque, et celle du Roy des trois Isles, il fit ses preparatifs pour se mettre en campagne, avec des forces dignes de sa puissance et de la grandeur de son courage[212] ». La trahison, qu'elle soit de nature amoureuse ou politique, est traitée de manière identique dans les nouvelles, ainsi qu'en fait foi la vengeance sanglante d'Amédée VIII, duc de Savoye, contre le marquis de Savone qui a fait enlever la comtesse de la Morienne dont il est amoureux : « Ce Prince trahi, fit pour satisfaire sa vengeance, tout ce qu'une juste fureur accompagnée d'un pouvoir absolu, peut faire executer. Il fit poignarder le Marquis ; il confisqua le Comté de la Morienne, et le joignit à son domaine[213] ».

Les sujets qui enfreignent les lois et la justice du roi subissent les effets de sa terrible colère. Une trentaine de nouvelles respectent ce principe et s'attachent particulièrement au cas des édits contre les duels, et pour cause. Au XVIIe siècle, les édits contre les duels se multiplient – on compte huit déclarations du Parlement de Paris depuis 1599, et les édit royaux paraissent respectivement en 1602, 1609, 1623, 1626, 1643, 1651 et 1679. Ils ont pour fonction d'éviter que la noblesse et les grandes familles ne soient complètement décimées par ces combats sanglants, mais ils font surtout partie d'un projet beaucoup plus vaste : la prise en charge par l'État du monopole de la justice. Christian Biet résume bien la situation : « le règlement aristocratique des affaires d'honneur s'opposait à l'installation d'une justice d'État absolue dont le roi seul est le garant. L'honneur aristocratique, dérivé du code médiéval qui réglait la féodalité, est un obstacle au gouvernement de la Cité par un roi absolu, et les décrets de Richelieu contre le duel, maintes fois répétés, sont là pour le souligner[214] ». Le duel est une pratique nobiliaire qui contre-

---

[211] *Ibid.*, p. 523.

[212] François Charpentier, *Le voyage du valon tranquille, nouvelle historique à la princesse Æmilie*, s.l., s.é., 1673, in-12, p. 9–10.

[213] Marie-Catherine Hortense Desjardins, dite Mme de Villedieu, *Les annales galantes*, *op. cit.*, p. 92.

[214] Christian Biet, « Douceur de la vengeance, plaisir de l'interdit. Le statut de la vengeance au XVIIe siècle », *La vengeance dans la littérature d'Ancien Régime*, Montréal, Paragraphes, Université de Montréal, 2000, p. 20.

vient à l'ordre social, monarchique et divin. Il est depuis longtemps déjà un crime de lèse-majesté divine. L'Église s'oppose au duel car cette pratique va à l'encontre de la morale chrétienne (qui prône le pardon et la charité) et des lois de Dieu: «Tu ne tueras point», «La vengeance m'appartient». Le duel devient, suite aux édits, un crime de lèse-majesté car il remet en question l'autorité royale établie, cette forme de justice privée étant incompatible avec la justice royale qui se met en place.

Le monopole étatique de justice bouleverse complètement les mœurs d'une société fondée sur le sens de l'honneur, et pour laquelle le duel est le moyen le plus efficace de réparer l'honneur outragé. On sait aussi que le port de l'épée est un privilège de classe, un critère de différenciation sociale, en interdire l'utilisation est perçu comme une atteinte aux droits de leur naissance. Norbert Elias en tire ce constat général: «En occident, entre le XIIᵉ et XVIIIᵉ siècles, les sensibilités et les comportements sont en effet profondément modifiés par deux faits fondamentaux: la monopolisation étatique de la violence qui oblige la maîtrise des pulsions et pacifie ainsi l'espace social; le resserrement des relations interindividuelles qui implique nécessairement un contrôle plus sévère des émotions et des affects[215]». Les traités de civilité vont prendre part à ce projet de réforme. Celui de Faret et, plus encore, celui de Courtin, tâchent d'inculquer de nouveaux comportements aux courtisans en prônant des mœurs plus policées, et en donnant des règles pour bien vivre et bien se conduire dans le monde, de manière à préserver l'ordre et la paix sociale. Courtin, par exemple, dont l'objectif est de démontrer «que d'avoir mal-à-propos du ressentiment pour une offense, et de pousser son ressentiment jusqu'à la vanger, pour s'acquerir le titre d'homme de cœur et d'homme d'honneur, ce n'est point où consiste l'honneur[216]», va proposer une définition du point d'honneur selon laquelle l'homme doit suivre les préceptes de la morale chrétienne en toutes ses actions. Il oppose également le faux honneur – celui du brutal qui se bat comme une bête, sans raison, ou du vaniteux qui met de l'honneur à se piquer de tout, même des injures les plus frivoles – au véritable honneur qui respecte les lois humaines, royales et divines et s'interdit la vengeance privée[217].

Ce processus de civilisation des mœurs crée de nombreuses tensions et la résistance des nobles à l'égard des édits contre les duels est encore grande. La division qui règne autour de cette question se manifeste également dans

[215] Norbert Elias, *La société de cour*, Paris, Flammarion, 1985 [1974], p. XIX.
[216] Antoine de Courtin, *Suite de la civilité françoise, ou traité du point d'honneur, et des regles pour converser et se conduire sagement avec les incivils et les fâcheux*, op. cit., p. 8.
[217] *Ibid.*, voir en particulier p. 251.

les nouvelles par l'enchevêtrement des règles qu'on y trouve, selon que l'on favorise ou non la pratique du duel. D'abord, dans les textes des auteurs qui prônent la soumission du sujet à l'autorité du roi, on énonce sur tous les tons que le roi s'irrite quand on passe outre ses ordonnances, si bien que le procureur, dans *Le voyage de la reine d'Espagne*, conseille à la marquise, qui cherche un moyen de se venger de celui qui a tué son fils, de le faire accuser de duel si elle veut le faire exécuter rapidement: «Le Roy est aujourd'huy si jaloux de l'execution de ses Edits, que les juges n'oseroient passer outre, aussi-tost qu'ils entendront parler de düel[218]». On présente des personnages qui connaissent l'existence des édits et qui les ont si bien intégrés que le contraire les étonne, ce que montre la réaction du Comte de Rovere: «il vit venir à luy ce mesme Estranger, l'espée à la main, le Comte luy demanda, un peu surpris, ce qui l'obligeoit d'en agir ainsi, et s'il ignoroit que les duels estoient deffendus sur peine de la vie[219]». Lorsque les personnages qui se battent ne sont pas punis, on impute cela à la différence de régime politique: «Comme les Duels ne sont pas défendus en ce lieu-là avec la mesme rigueur qu'ils le sont en France, le Suisse eust sa grace sans beaucoup de peine[220]». Certains nouvellistes discréditent ce type de comportement en affirmant qu'il n'a plus la cote. Dans *Le portefeuille*, lorsque le chevalier de Vareville et le chevalier de Virlay échangent des propos piquants au sujet de leurs intrigues amoureuses, on lit: «Cette dispute n'eut aucune suite: ce n'est plus la mode de se battre pour les femmes[221]». Si, un peu plus loin, Mme de Vareville invoque cette raison avec une certaine légèreté, on voit que, pour Naumanoir, le duel est encore une question d'honneur: «Elle sourit de mon inquiétude et me dit d'un air moqueur que les duels étaient défendus et qu'assurément le chevalier de Virlay n'avait aucun dessein de se battre. Je crus qu'elle médisait de sa bravoure[222]». Les courtisans ne devant plus se battre, les nouvellistes mettront en scène des personnages qui adoptent de nouveaux comportements. Saint Firmin, un Flamand partisan des Espagnols, choisit de donner un rendez-vous au comte de Chambord, un Français, pour qu'il l'éclaircisse au sujet de ses assiduités auprès de Belline, plutôt que de lui envoyer un cartel: «Il avoit oüi parler de Chambor, comme d'un Cavalier de grande valeur, ce qui lui fit juger qu'il ne refuseroit point de se battre contre lui. Mais sçachant aussi avec qu'elle religion les François observent les Edits de leur Prince, il s'avisa de lui proposer

---

[218]   Jean de Préchac, *Le voyage de la reine d'Espagne, op. cit.*, vol. 2, p. 67.
[219]   *La belle Marguerite, nouvelle*, Paris, Claude Barbin, 1671, in-12, p. 142.
[220]   «Histoire», *Mercure Galant*, Paris, avril 1682, p. 232–233.
[221]   Marie-Catherine Hortense Desjardins, dite Mme de Villedieu, *Le portefeuille*, dans *Nouvelles du XVIIe siècle, op. cit.*, p. 609.
[222]   *Idem.*

un autre expedient, qui lui donnoit moyen de se satisfaire, sans violer les Edits[223]».

Les nouvellistes qui préfèrent l'honneur à tout le reste, ne respectent pas aussi fidèlement les règles de comportement qui découlent de l'édit contre le duel, au contraire. Ils n'hésitent pas à se moquer des personnages qui profitent des édits pour éviter de se battre, les traitant ouvertement de lâches. Ils défendent de cette manière le courage, la hardiesse, et la bravoure que la noblesse associait traditionnellement au duel en faisant de cette pratique un dispensateur de prestige, un moyen de recouvrer (et de prouver) son honneur. Cet échange comique, tiré des *Diversitez galantes*, entre un capitaine qui provoque en duel un galant est à lire dans ce sens:

> Comme les duels sont deffendus, me répondit-il, après avoir long temps révé, je ne me battrai point avec vostre permission. Avec ma permission, luy reparty-je, vous vous battrez. Point du tout Monsieur, me repliqua t'il, avec vôtre permission. Je veux avec vôtre permission, luy dis-je alors, avoir soin de vôtre honneur, et voir si vous vous battez aussi bien que vous faites le galand, et le railleur auprés des Dames[224].

La description que l'on fait dans *L'amant oysif* du duel de Dom Alburtio est tout aussi ambiguë, car ce qu'on déplore, ce n'est pas l'action du personnage mais le fait qu'il ait été pris: «il eut un démeslé qui l'obligea de se battre, et fut heureux et malheureux tout ensemble: heureux, parce qu'il tua en galant Homme celuy contre lequel il se battit; et malheureux, parce qu'il fut arresté prisonnier et qu'il eut affaire à forte partie[225]».

Les personnages savent qu'ils doivent appréhender de la colère du roi s'ils contreviennent à cette loi: «Le Duc de Longueville, craigna[it] de déplaire au Roy de France, qui avoit defendu les duels à tous ses sujets de quelque condition qu'ils fussent, sous des peines tres rigoureuses[226]», mais cela n'empêche pas nombre d'entre eux de sortir leur épée. Ils ont donc recours à diverses stratégies, qui correspondent d'ailleurs aux mutations formelles du duel «par besoin de clandestinité quand le duel est réellement poursuivi par les agents du roi[227]» ainsi que l'a montré François Billacois. Les ducs de Castro

---

[223] Jean de Préchac, *Nouvelles galantes et avantures du temps*, t. I, Paris, Compagnie des Libraires, 1680, in-12, p. 72–73.

[224] Jean Donneau de Visé, *Les diversitez galantes*, Paris, Ribou, 1664, in-12, p. 41.

[225] Savinien Riflé, sieur de Garouville, *L'amant oysif, contenant cinquante nouvelles espagnoles, divisé en trois parties, op. cit.*, vol. 2, p. 288.

[226] *Histoire du prince Charles, et de l'imperatrice douairiere*, Cologne, Pierre Reveil, 1676, in-12, p. 32.

[227] François Billacois, *Le duel dans la société française des XVIe–XVIIe siècles. Essai de psychologie historique*, Paris, EHESS, 1986, p. 100.

et Montmorency ont tenté de ne pas ébruiter l'affaire mais sans succès[228], car si le duel n'est pas connu, on ne peut accuser les duellistes d'avoir causé du désordre dans la société. Demander aux seconds de ne pas prendre part au duel est une autre solution proposée dans *Le marquis de Chavigny*[229]. Cette mesure, explique François Billacois, est prise non seulement pour éviter que les seconds soient passibles de peine de mort, mais aussi parce que l'emploi de seconds est une circonstance aggravante pour les duellistes pris en faute, surtout depuis les édits de 1643 et 1651[230]. Cependant, la stratégie la plus commune, dans les nouvelles mais aussi dans la société de l'époque, est de faire passer le duel pour une rencontre, une dispute irréfléchie, ce qui donne un privilège à la colère sur la vengeance: l'immédiateté de la passion est excusable. Le comte de Bedfort propose cette solution au messager d'Hypolite dans la nouvelle de Mme d'Aulnoy: «Il dit au Comte que leurs Majestés avoient deffendu les düels, qu'il vouloit bien se battre: mais qu'il falloit que la chose parût comme une rencontre, et qu'aussi-tost qu'Hypolite et lui se trouveroient, ils videroient leur ancienne querelle[231]». Puisqu'il n'y a plus de préméditation ni de froid calcul, qu'aucune parole n'a été donnée au préalable, que c'est dans un mouvement de passion que le courtisan a enfreint la loi et non de manière volontaire, le roi revient plus aisément de sa colère[232]. C'est du moins ce qu'affirme Donneau de Visé suite au combat de Licandre et Timante: «Comme le temps et les amis font toutes choses, l'on apaisa la colère du prince, qui leur pardonna après avoir su qu'il n'y avait point eu de rendez-vous[233]». Il arrive que le roi ne punisse pas sévèrement

---

[228]   «Cependant ils convinrent tous de ne point parler de ce qui s'étoit passé, de peur d'irriter le Roy. Ils sçavoient que ce Prince s'étoit extrêmement repenti d'avoir permis le duel de Jarnac et de la Chataigneraye, et qu'il étoit devenu en suite fort severe contre cete espece de combats.» Pierre d'Ortigue, sieur de Vaumoriere, *Diane de France. Nouvelle historique*, Paris, Guillaume de Luyne, 1675, in-12, p. 177–178.

[229]   Edme Boursault, *Le marquis de Chavigny, op. cit.*, p. 338–339.

[230]   François Billacois, *Le duel dans la société française des XVIᵉ–XVIIᵉ siècles. Essai de psychologie historique, op. cit.*, p. 160.

[231]   Marie-Catherine Le Jumel de Barneville, Comtesse d'Aulnoy, *Histoire d'Hypolite, comte de Duglas, op. cit.*, p. 216.

[232]   François Billacois explique ce qui fait du duel une pratique de résistance à l'autorité du roi: «le duel est un acte pleinement volontaire, une double décision prise de sang-froid. Il introduit un délai entre la dispute et le combat, un temps de réflexion, un passage de la réaction spontanée, irréfléchie, passionnelle (de colère, de vengeance...) au geste voulu en toute conscience et toute responsabilité.» *Le duel dans la société française des XVIᵉ–XVIIᵉ siècles. Essai de psychologie historique, op. cit.*, p. 174.

[233]   Jean Donneau de Visé, «L'apothicaire de qualité», dans *Nouvelles du XVIIᵉ siècle, op. cit.*, p. 420.

ceux qui ont pris part au duel lorsque la cause est jugée légitime, mais ces cas sont exceptionnels. C'est pourtant ce qui se produit dans *Le marquis de Chavigny* :

> Par les réponses que nous fit mon oncle, nous sçumes encore qu'il avoit employé des amis qui avoient si bien representé au Roy le juste sujet qu'avoit eu Agenor de se venger de la perfidie de Leonce, que sa Majesté avoit imposé silence aux parens du mort; qui par la trahison qu'il avoit commise, meritoit ce qui luy estoit arrivé. Agenor ravi d'estre à demi justifié dans l'esprit du Roy, ne songea plus qu'à faire quelque grande action, qui allant aux oreilles de sa majesté luy pût faire meriter sa grace[234].

Les personnages qui ne renoncent pas au duel, qui préfèrent se battre plutôt que de rester invengés, sont contraints à fuir ou à se cacher pour éviter la justice du roi. Le personnage d'Aronte, dans *Le portrait funeste*, n'écoute que sa vaillance, il fait passer son sens de l'honneur avant le respect dû aux édits de son roi : « Aronte qui estoit tousjours prest de monstrer son courage[235] », n'hésite pas à se rendre au lieu assigné pour se battre mais « voyant trois hommes morts, et se ressouvenant que les duels n'estoient pas permis en France ; [il] remonta promptement à cheval pour se sauver dans le Chasteau d'un de ses amis[236] ». Dans les nouvelles, cette fuite peut servir de point de départ à l'intrigue. C'est le cas de *L'amoureux africain* qui débute ainsi : « Il ne faisoit pas seur pour Albirond de demeurer en France ; Certaines affaires, qui arrivent à ceux qui portent le point d'honneur sur la pointe de leurs espées, l'en avoient chassé : et il falloit de necessité qu'il prit comme les autres, le party de Chevalier errant[237] ». Cette règle, énoncée par Bremond, devient un prétexte, une stratégie littéraire, pour faire voyager son héros pendant quelques années – il voyage en Europe pendant deux ans, puis de l'Italie il s'embarque sur le premier bateau qui part, ce qui le conduira à Tunis où il restera près de cinq ans –, et rendre ses pérégrinations vraisemblables.

Il est important de souligner que la colère du roi face au non-respect de ses édits n'est pas présentée dans les textes comme le signe d'une passion particulière, mais bien sous le sceau de la justice, déplacement qui répond à la prise en charge par l'État (le roi) du monopole de la justice. Les personnages ont donc à fuir non plus les rigueurs du roi, mais celles de la justice, ou plus exactement les deux puisque le roi est à la fois le premier gentilhomme de sa cour et le représentant de l'État. La colère du roi contre celui qui a

---

[234]   Edme Boursault, *Le marquis de Chavigny, op. cit.*, p. 344–345.

[235]   A. Ancelin, *Le portrait funeste, nouvelle, op. cit.*, p. 71–72.

[236]   *Ibid.*, p. 73.

[237]   Sébastien Bremond, *L'amoureux africain ou nouvelle galanterie*, Amsterdam, Henry et Theodore Boom, 1676, pet. in-12, p. 1.

l'audace de contrevenir à ses édits prend la forme d'un procès, et relève du domaine judiciaire et non de la vengeance privée, le duel étant désormais devenu un crime d'État. François Billacois écrit à ce sujet: «C'est un crime de lèse-majesté humaine: une appropriation privée de la prérogative royale de justice, une désobéissance à la législation antérieure, un acte éminemment subversif, une "conspiration"[238]». Dans *Clitie, nouvelle*, Darbelle ayant tué Amasis lors d'une rencontre qui passe pour un vrai duel, il doit fuir pour éviter la justice du roi. Il se cache chez son ami Licidas quand il apprend les poursuites judiciaires qu'on veut intenter contre lui: «Le Roi voulut estre éclairci de la verité du combat; et se laissant persuader que Darbelle estoit l'agresseur, il se declara ouvertement contre lui, et commanda qu'on le cherchast soigneusement, et qu'on lui fist son procez, avec toutes les rigueurs qu'il vouloit qu'on observast dans les crimes de cette nature[239]». La forme du procès qui en découle est reprise dans les nouvelles, elle alimente l'intrigue et influence les actions des personnages. Préchac, dans *L'illustre Genoise*, fait voir les manigances et les ruses dont le chevalier use pour éviter la condamnation encourue, le zèle d'un ami qui est prêt à tout pour lui sauver la vie:

> Le Chevalier de *** qui en fut averty par un Billet de Centurion en prit connoissance de cette affaire, et prévoyant bien qu'ils ne pouvoient éviter d'estre convaincus, et que son Amy couroit risque d'avoir la teste tranchée, il ne s'amusa point à voir les juges, qui n'auroient pu s'empescher de le condamner; mais ayant appris que ceux qui avoient veu l'action, estoient des Gens d'une condition fort médiocre, il les fit chercher soigneusement, et les obligea par de grandes libéralitez à sortir de Paris, afin qu'il ne se trouvast personne qui pust rendre témoignage contre son Amy. En effet, les Juges ne voyant point de preuves contre luy, furent obligez de le mettre en liberté[240].

Les nouvellistes suivent la règle qui veut que le roi se mette en colère lorsqu'on ne respecte pas ses édits: ils l'énoncent, la diffusent mais se permettent aussi une certaine liberté dans son application, ils présentent des points de vue divergeants, proposent des solutions diverses, intègrent la règle à leur histoire mais la modulent en fonction des besoins de l'intrigue.

Certains nouvellistes semblent vouloir inciter les puissants à la douceur et au pardon, plutôt qu'à la colère et à la vengeance, en présentant ce comportement comme une marque de leur grandeur et de leur sagesse. Cette règle,

---

[238] François Billacois, «Duel», dans *Dictionnaire de l'Ancien Régime*, Paris, PUF, 2002 [1996], p. 451.

[239] *Clitie, nouvelle*, Paris, Claude Barbin, 1680, in-12, p. 13.

[240] Jean de Préchac, *L'illustre Genoise. Nouvelle galante, op. cit.*, p. 37–38.

qui est solidaire de la réflexion de Senault[241] pour qui la colère des souverains est un signe de leur faiblesse et non de leur noblesse, n'est présentée que dans quatre des textes du corpus, comme si les auteurs hésitaient à s'engager dans cette voie de peur de déplaire au roi. D'ailleurs, leur position n'est pas toujours très claire quant à l'application de cette règle. Si Marie Stuart reconnaît le bienfait de la clémence quand Murrhay vient lui demander la grâce de ceux qui ont tué Riso, elle ne prétend pas en user à n'importe quel prix, et surtout pas quand son autorité est contestée :

> La Reine luy repartit qu'il n'avoit jamais remarqué en elle un esprit cruel ny vindicatif; au contraire, que quantité de ses Sujets avoient souvent experimenté sa clemence; qu'elle ne s'en repentoit pas, puis que cette vertu estoit la plus éclatante de toutes celles qui font distinguer les Roys; mais que pour l'heure, elle n'estoit pas en estat de la pouvoir pratiquer à leur égard; puisque tout ce qu'elle feroit n'estant pas libre seroit inutile, et ne leur pourroit servir de rien. Le Comte sortist là dessus fort embarassé de cette response[242].

La réaction de Soliman quand il apprend que le roi lui pardonne et l'autorise à aimer Eronime souligne bien le caractère d'exception qui entoure la pratique de la clémence : « Soliman qui connoissoit l'humeur violente du Sultan, et qui n'ignoroit pas qu'elle l'avoit souvent porté jusques à la cruauté, fut étonné de sa moderation[243] ». La vocation « moraliste » des nouvellistes se fait donc davantage sentir quand elle vise le public de cour en les incitant à respecter les divisions hiérarchiques sociales, que quand elle vise à limiter les emportements des puissants et des rois.

La colère et la vengeance des rois prennent une tournure particulière quand il est question de la famille. D'abord, on remarque que le roi a les mêmes devoirs qu'un chef de famille, c'est-à-dire qu'il doit se mettre en colère quand on outrage un être cher et le venger (tout comme il doit venger la mort d'un parent), mais les effets sont proportionnels à sa grandeur et sont présentés, dans les nouvelles, à la lumière de l'histoire. Le fait que le roi Richard, dans *Alix de France*, refuse d'épouser la sœur du roi de France (car il lui préfère la fille du roi de Navarre) est perçu comme une offense au sang royal. Philippe Auguste éprouve de la colère et un juste ressentiment contre le roi d'Angleterre, mais il fait passer les intérêts de la nation chrétienne avant ceux de son sang :

---

[241] Jean-François Senault, *De l'usage des passions, op. cit.*, p. 296.

[242] Pierre le Pesant de Boisguilbert, *Marie Stuart, reyne d'Ecosse. Nouvelle historique*, vol. 1, Paris, Claude Barbin, in-12, p. 215–216.

[243] Marie-Catherine Le Jumel de Barneville, Comtesse d'Aulnoy, *Nouvelles d'Elisabeth, op. cit.*, vol. 4, p. 159–160.

> Ce discours ne pouvoit pas étre fort agreable à Philipes Auguste, peu s'en fallut aussi qu'il ne mit l'épée à la main pour se venger en méme tems d'un Prince, dont il se croyoit offensé. Il se fit violence neanmoins dans ce moment, et la consideration qu'il eût du miserable état où les Chrétiens étoient reduits, en fut cause. Cependant il voulut témoigner à Richard ce qu'il pensoit d'un affront si sensible. Ma sœur, luy dit-il, tout en colere, vaut bien la Fille du Roy de Navare: vous en userez neanmoins comme il vous plaira, je ne songe maintenant qu'à delivrer la Terre Sainte des armes des Infideles; mais un jour viendra que je seray sans affaires, et que je sçauray vous faire voir qu'on ne m'offense point impunement[244].

Selon l'auteur, Philippe Auguste remet sa vengeance au retour de sa croisade, et c'est l'offense que Richard II fit à Alix, en refusant de l'épouser, qui est à l'origine des ses intrigues avec Jean sans Terre (frère du roi d'Angleterre) pour s'emparer des possessions françaises des Plantagenêt: «Il jura neanmoins en soy-même de se venger cruellement, et cette resolution qu'il forma dans son ame ne perdit rien de sa force, comme on peut lire dans l'Histoire, quoy qu'il en remit l'execution après le retour de son voyage[245]». De même, si Siegebert fait la guerre à Chilperic, c'est pour lui demander justice de la mort de sa belle-sœur, lit-on dans *Mérovée*. Il est à noter que l'auteur de cette nouvelle valorise nettement la guerre qui a pour fonction de venger une action si noire. La vengeance devient ici un juste châtiment, l'auteur y voyant davantage un effet de la justice que d'une passion humaine. Il explique d'ailleurs l'incapacité de Siegebert de faire la paix avec Chilperic en ces termes: «Mais il est si difficile même aux plus belles ames d'arrêter tout d'un coup le cours de leurs passions et d'étouffer tous les mouvemens d'une vangeance legitime, que ce Prince fit taire sa clemence pour exercer la severité de sa justice[246]». La bataille navale du roi du Maroc menée contre l'armée du roi de Castille, dans *Mathilde d'Aguilar*, est à peu près de même nature: elle est dictée par le désir du roi de venger la mort du Prince Abomelic[247]. L'emploi que les nouvellistes font de ce code de la colère royale pour justifier les campagnes militaires et les divisions politiques n'est pas très nouveau. Déjà, dans les traités des passions où l'on fait de la colère la plus violente des passions et dans lesquels on insiste sur la nécessité de la modérer, on condamnait les effets sanglants et funestes de la colère des rois en présentant les différentes guerres comme des conséquences de leur vengeance, que l'on pense à Sénèque ou au père

---

[244] *Alix de France, nouvelle historique*, Liège, Louis Montfort, 1687, in-8°, p. 343–344.
[245] *Ibid.*, p. 346–347.
[246] *Mérovée, fils de France. Nouvelle historique, op. cit.*, p. 111–112.
[247] Madeleine de Scudéry, *Mathilde d'Aguilar, op. cit.*, p. 310 et p. 334–335.

Senault par exemple[248]. Mais ce qui est particulier aux nouvellistes, en revanche, c'est le recours systématique à des motifs particuliers et cachés, laissés pour compte par les historiens, pour expliquer les grands moments de l'histoire, ce qui correspond par ailleurs à la vision de l'histoire défendue par Saint-Réal[249].

Les liens du sang et les obligations d'un homme de pouvoir sont au cœur de nombreux conflits dans les nouvelles littéraires, mais il semble que la raison l'emporte sur le cœur, que les intérêts de la couronne priment sur la tendresse naturelle d'un père. Cette règle est énoncée textuellement dans *Tachmas, prince de Perse*, par le ministre Allagolikan qui tente de convaincre Séliman d'éliminer son frère : « Il luy dit que le Trone estoit au dessus des tendresses du Sang, et que la Nature devoit se taire quand il s'agissoit des interests du Souverain[250] ». « [Il] remontra à Séliman qu'il estoit d'une extréme importance de ne pas laisser impunie l'injure que luy avoit faite Tachmas ; Que la moindre révolte d'un Sujet contre les volontez de son Roy, estoit un crime digne de mort[251] ». Si Allagolikan invoque dans son discours cette règle, ce n'est pas pour protéger les intérêts du roi mais plutôt pour se venger de Tachmas qui le fit emprisonner, plusieurs années auparavant, parce qu'il avait osé lui parler avec insolence. C'est aussi suite à une ruse (celle de Thémir qui veut éliminer son frère rival en faisant croire à leur père qu'Adanaxe conspire contre lui) que l'empereur se courrouce contre son fils Adanaxe et veut le faire périr[252], mais, heureusement pour lui, les plans de ses ennemis sont déjoués et son innocence reconnue. Plus simplement, cette règle est reprise par les nouvellistes qui veulent rendre le comportement de leurs puissants personnages vraisemblable car conforme à la norme. L'action du père de Mustapha prouve que l'amour paternel ne saurait fléchir quand les intérêts de la couronne et de la nation sont menacés. Ce crime doit également servir d'exemple à son peuple et décourager les éventuels dissidents en leur faisant craindre un semblable sort :

---

[248] Les exemples les plus fréquemment cités sont ceux d'Hannibal, d'Alexandre, de Marius, de Cyrus et de Cambyse, mais dans tous ces cas, l'ambition et parfois la haine se mêlent à la colère et au désir de vengeance qui animent les personnages. On insiste surtout sur la cruauté de leur comportement et on invite le lecteur à méditer sur les effets néfastes de ce type de colère. Sénèque, *Dialogues. De Ira/De la colère, op. cit.*, t. II, p. 87–89 ; Jean-François Senault, *De l'usage des passions, op. cit.*, p. 62.

[249] Voir la citation de la note 16 dans le chapitre I.

[250] *Tachmas, prince de Perse. Nouvelle historique, arrivée sous le Sophy Séliman, aujourd'huy régnant*, Paris, Estienne Loyson, 1676, in-12, p. 94–95.

[251] *Ibid.*, p. 95–96.

[252] Anne de La Roche-Guilhen, *Astérie ou Tamerlam, op. cit.*, 2e partie, p. 44–46.

son Pere le rencontrant dans le passage qui faisoit la communication de son Appartement avec celuy de sa Mere, luy dit en le saisissant par le bras, et frapant du pié, Arrête méchant! à l'instant il sortit de son Anti-chambre quatre Muets, à qui il le livra pour l'étrangler à ses yeux, sans qu'il voulut ouïr un seul mot de sa justification, pour apprendre à ses autres Enfans, et à tous les Grands de son Empire, à ne rien faire qui pût exciter des seditions dans l'Estat[253].

Quand il s'agit d'aimer, le roi n'est qu'un amoureux comme les autres, il doit se soumettre aux même règles (celles que nous avons vues au chapitre III) s'il veut plaire à sa dame, la servir le plus fidèlement possible s'il veut s'en faire aimer et l'épouser. Mais il est un cas où sa puissance le distingue des simples amants, c'est lorsqu'on fait obstacle à ses amours. Les effets de sa colère et de sa vengeance sont alors spectaculaires, ils ont souvent des conséquences sur la scène publique et, aux dires des nouvellistes, seraient à l'origine de plusieurs événements qui ont marqué l'histoire. En effet, dans les nouvelles historiques, il n'est pas rare qu'on explique différentes guerres par une passion «traversée» ou déçue. La colère et le ressentiment du roi d'Angleterre quand on lui refuse la main de la princesse Catherine, l'auraient incité à ravager la Normandie et la Picardie, si on se fie à l'auteur de *Tideric prince de Galles*[254]. De même, au sujet de la guerre que l'empereur Frédéric Barberousse mène contre le pape Alexandre III (la ligue Lombarde), Mme de Villedieu écrit: «Mais le Motif secret fut le mépris de Constance pour l'amour de Frederic[255]». Constance, nièce du pape et héritière du royaume des Deux-Siciles, préfère l'amour du fils (le futur Henri VI) à celui du père (l'empereur Frédéric), ce qui provoque sa terrible colère et son désir de se venger. Si l'intérêt de la couronne était assez puissant pour faire taire la tendresse du

---

[253]   Antoine Des Barres, *Irène, princesse de Constantinople. Histoire Turque*, Paris, Claude Barbin, 1678, in-8°, p. 176–177.

[254]   «Henry, piqué du refus qu'on luy faisoit de luy donner Catherine, assembla une puissante Armée. Il descendit en Normandie, où il mit tout à feu et à sang, et apres s'estre attaché à quelques Places qu'il emporta, il marcha du costé de Calais, il donna une grande bataille à Azincourt, dont il remporta tout l'avantage. Il ravagea ensuite la Picardie, mit le siege devant la Ville de Roüen; et l'on ne doutoit point de sa prise lorsque ceux qui avoient le maniement des affaires de France, surpris de tant de conquestes, chercherent tout de bon les moyens d'arrester ce Prince victorieux. Mais ne voyant point de remede plus prompt aux malheurs qui menaçoient leur pays, que d'apaiser la colere du vainqueur, on luy envoya des Ambassadeurs dans son champ pour luy demander la paix, et luy offrir Catherine.» Sieur de Curly, *Tideric prince de Galles, nouvelle historique*, vol. 1, Paris, Claude Barbin, 1677, in-12, p. 68–71.

[255]   Marie-Catherine Hortense Desjardins, dite Mme de Villedieu, *Les annales galantes*, *op. cit.*, p. 45.

sang, il n'est plus suffisant quand il s'agit de la passion amoureuse. Cette suprématie de l'amour dans les nouvelles peut s'expliquer par le désir de plaire
aux lecteurs qui cherchent surtout, dans ce genre d'histoire, des intrigues
galantes et amoureuses sans cesse renouvelées ; par la volonté de les séduire et
d'enflammer leur imagination en leur montrant que l'amour peut triompher
de tout (même de la colère d'un roi) et qu'il peut inspirer les plus grandes
actions (les diverses guerres). Elle permet aussi de remplir les silences de
l'histoire et de révéler ses secrets (ou du moins le faire croire) en découvrant
aux lecteurs les vrais motifs, les passions humaines, qui sont à l'origine des
événements marquants de l'histoire.

Les nouvellistes jouent donc parfois avec les codes qui régissent la colère
et la vengeance des rois, mais on constate que leurs personnages respectent
scrupuleusement les règles de la société de cour, et ce, afin de rendre leurs
agissements vraisemblables. L'impression qui se dégage à la suite de cette
étude, c'est que les nouvellistes participent à la formation de la civilisation
des mœurs, à l'intériorisation des contraintes sociales, qu'ils sont animés
d'une volonté d'éduquer et d'inculquer ces normes civiles en posant comme
exemples à suivre les personnages qui y obéissent. Pas de critiques ouvertes
ou de remises en cause de ces règles ici, tout au plus quelques nuances et
divergences au sujet du comportement que les personnages doivent adopter
suite aux édits contre les duels et à la colère royale que la désobéissance provoque – et encore est-ce surtout pour des motifs purement littéraires, puisque
les combats et les procès permettent de faire rebondir l'action, de donner un
second souffle à l'intrigue.

*

Ce chapitre a permis de montrer que les codes qui régissent la colère et la
vengeance doivent beaucoup à ceux des principaux modèles sociaux ; qu'ils
participent à la formation et à la diffusion du modèle du parfait ami, du
parfait parent et du parfait courtisan (l'obligation de venger la mort d'un
être cher présentée comme un devoir qui incombe au véritable ami ou au
parent généreux) ; qu'ils suivent de près les conventions propres à chacune
des cellules sociales (les bons offices d'un ami, l'obéissance d'une fille à son
père ou la soumission d'un valet à son maître) et que c'est leur non-respect
qui est à l'origine de la colère qui enflamme les personnages ; que ces normes
qui structurent la société priment sur celles qui fondent la division sexuelle
(un simple marquis ne peut s'emporter contre une princesse) ; et qu'ils
rendent compte des bouleversements sociaux et des nouvelles lois qui se
mettent en place (les édits contre les duels et la prise en charge par l'État de la
justice par exemple). Mais la diversité des exemples cités montre aussi que les
nouvellistes ne suivent pas aveuglément toutes les règles. S'ils se contentent

parfois de les reprendre fidèlement en suivant la doxa, ils se ménagent aussi des espaces pour jouer avec elles, les inverser, les complexifier, les remodeler au fil de leur récit, afin d'en faire un usage toujours différent et de plaire ainsi aux lecteurs. Une absence notable dans l'ensemble des textes du corpus mérite d'être soulignée : celle des préoccupations religieuses. Tout au plus lit-on à l'occasion qu'une demoiselle remet entre les mains de Dieu le soin de sa vengeance, ne pouvant s'y porter elle-même en vertu de la division sexuelle. Ce silence est sans doute imputable au fait que la nouvelle n'est pas un genre assez digne pour traiter d'un sujet aussi noble, mais peut-être surtout au fait que ce sont les histoires d'amour qui font vendre les nouvelles et non les discours religieux. Il est plus aisé de séduire les lecteurs en leur donnant à lire diverses intrigues galantes, en leur révélant les passions secrètes des grands (l'histoire devenant, du coup, elle-même passionnante), qu'en les sermonnant sur leurs devoirs de chrétiens. On ne peut également manquer de remarquer que même quand il s'agit d'élaborer un art de vivre en société qui prône la modération, la maîtrise de soi et le respect des convenances, les préoccupations amoureuses et galantes ne sont jamais très loin dans les nouvelles. En effet, la place accordée à la colère suite à la rivalité amoureuse au sein de l'amitié ou des membres d'une même famille, l'incidence des colères claniques sur le destin des amoureux, le refus des jeunes gens d'obéir à leurs parents ou à leur roi afin de pouvoir épouser l'être aimé, ou encore les vengeances d'État qui ont pour motif une passion amoureuse «traversée», toutes ces situations, si elles s'inscrivent à l'intérieur de structures sociales déterminées et respectent des préceptes sociaux, permettent aussi de conforter les codes de la colère et de la vengeance liés à l'art d'aimer, de les intégrer et de les présenter sous un jour nouveau.

Conclusion

L'art de s'emporter qui se dessine dans les nouvelles galantes et historiques au XVIIe siècle, tient à la fois d'un art de connaître les hommes d'après leur physionomie, d'un art d'aimer et d'un art de vivre en société. La description physique du corps en colère s'inscrit à l'intérieur d'un vaste mouvement de civilisation des mœurs et participe à la mise en place du modèle de l'honnêteté qui prône la parfaite maîtrise de soi, la modération dans les gestes et les manières, la douceur, mais aussi la justesse de la voix et du discours. Cette domination de soi qui passe par la retenue du corps est une des composantes essentielles d'un art de plaire à la cour, où il s'agit de se rendre agréable par sa contenance extérieure (le corps) tout autant que par sa vertu (l'âme)[1]. Or, les passions se définissant comme des mouvements de l'âme qui s'impriment sur le corps et en modifient l'apparence extérieure, on comprend aisément que les théoriciens de l'honnêteté, qui «n'est pas tant une vertu cachée, qu'une perfection manifeste; elle vient du fond du cœur, et neanmoins elle doit paroistre au dehors[2]», aient voulu domestiquer les passions. Antoine de Courtin pose d'ailleurs en des termes très clairs l'adéquation entre l'âme et le corps, l'être et le paraître, qui s'articule autour de la «contenance[3]», notion essentielle à qui veut pratiquer la civilité et respecter ses lois, et qu'il lie étroitement à la question des passions: «une personne n'est censée avoir de la convenance, que parce qu'elle contient en premier lieu ses passions, et puis ses membres ou ses actions, sa langue ou ses paroles dans les bornes où toutes ces choses doivent estre, pour répondre à ces circonstances[4]». L'emportement propre à la colère et au désir de vengeance pouvant compromettre l'équilibre social et causer des désordres sur la scène publique, ce

---

[1] Voir Antoine de Courtin, *Nouveau traité de la civilité qui se pratique en France parmi les honnestes gens*, Paris, Helie Josset, 1671, in-12, p. 4.

[2] François de Grenaille, *L'honnête fille où dans le premier livre il est traité de l'esprit des filles*, Paris, Honoré Champion, 2003 [1640], p. 452.

[3] Nicolas Faret présente ainsi cette notion: «La contenance est encore une partie de l'action exterieure, par laquelle on se peut rendre agreable. Elle consiste en une juste situation du corps», *L'honnête homme ou l'art de plaire à la cour*, Genève, Slatkine Reprints, 1970 [1630], p. 94.

[4] Antoine de Courtin, *Nouveau traité de la civilité qui se pratique en France parmi les honnestes gens, op. cit.*, p. 238.

qui est contraire à la politique des mœurs qui se met en place, le courtisan
doit donc apprendre à contenir ses transports violents. Pour y parvenir, il
doit étudier les causes qui provoquent la colère, puis découvrir quelles sont
les marques visibles qui altèrent la physionomie. Cette connaissance de la
nature des passions fait partie de l'éducation des honnêtes gens et a pour
but de les rendre avisés, défiants et habiles, en leur apprenant à se gouverner
eux-mêmes. Elle rejoint assurément leurs préoccupations car elle leur permet
de plaire dans la société et de bien vivre les uns avec les autres. D'ailleurs, il
semble que les nouvellistes, qui tâchent de toucher ce même public en lui
présentant des histoires galantes et singulières, aient misé sur la peinture des
passions dans leurs textes, qui est à la fois émouvante et instructive, pour le
séduire.

Les représentations littéraires des passions qu'on trouve dans les nouvelles sont solidaires d'un savoir théorique qui circule largement au XVIIᵉ
siècle, que ce soit par l'accès direct à ces traités (c'est du moins ce que nous
permettent de croire les rééditions que nous avons recensées et les inventaires de bibliothèques faits par Henri-Jean Martin que nous avons men-
tionnés au chapitre I), ou par le relais des conférences mondaines, des salons
littéraires, des sermons et autres prédications, de la peinture, de la sculpture
ou de la musique. Les textes du corpus étudié diffusent à leur tour un même
type de savoir, mais de manière synthétique afin d'instruire agréablement
leurs lecteurs qui fuient tout ce qui sent le pédant. Les nouvellistes brossent
des portraits de belles colériques et de gentilshommes irrités en s'appuyant
principalement sur les descriptions dont on peut sans peine trouver les
équivalents chez Aristote, Sénèque, Coëffeteau, Cureau de la Chambre,
Senault, Descartes ou Bernard Lamy, plaçant ainsi la représentation des
passions au carrefour de la médecine, de la morale, de la philosophie et de
la rhétorique. Ce faisant, ils passent en revue les traits et les caractéristiques
physiques de la colère (yeux étincelants, pâleur ou rougeur du visage, voix
aiguë, véhémente et précipitée, emportement du corps, marcher rapide,
gestes brusques), de sorte que le lecteur peut les identifier et les reconnaître.
Ce savoir permet ensuite aux lecteurs, mais aussi aux personnages, de les
simuler et les dissimuler au besoin, que ce soit par prudence ou par ruse. Les
portraits ne servent pas qu'à dispenser des connaissances sur les passions:
ils prolongent l'enseignement qu'on trouve dans les traités de civilités. En
effet, les nouvellistes incitent les lecteurs, à partir d'exemples posés comme
des modèles à suivre, à corriger les dérèglements de la colère qui entravent
la civilité. La peinture de cette passion, qui suit les maximes de conduite et
les règles de comportements qui la régissent (lesquelles prônent un usage
honnête de la colère et une pratique galante de la vengeance), se double
d'une fonction d'éducation civile et morale. La vocation civilisatrice de la

galanterie[5] est donc assez évidente dans le cas des nouvelles qui nous occupent.

La galanterie se laissant aisément définir comme un art d'aimer et de vivre en société, issu d'un long processus de civilisation des mœurs ainsi que le souligne Delphine Denis[6], il n'est pas étonnant que l'étude de la colère et de la vengeance dans les nouvelles nous ait conduit à aborder ces deux grandes questions. La colère et la vengeance sont, en effet, étroitement liées à la passion amoureuse puisqu'elles obéissent à des maximes tirées du code de l'amour tendre, lequel recommande la soumission, le respect et la fidélité du galant à sa dame. La moindre entorse à ces règles devient une raison suffisante qui provoque la colère de la belle. Les codes auxquels obéissent la colère et la vengeance dictent le comportement des parfaits amants (c'est pour éviter d'offenser la dame que l'amant doit renoncer à l'épouser par force), les rappellent à l'ordre quand ils oublient les devoirs de la galanterie, lorsqu'ils refusent un cadeau ou ne se présentent pas à un rendez-vous, par exemple. La fonction est la même quand l'amant pousse trop loin sa témérité et porte atteinte à la vertu de la dame, qu'il s'agisse d'une simple déclaration d'amour ou d'un enlèvement. Les nouvelles proposent aussi des modèles de conduite lui permettant de séduire la dame aimée et de se rendre digne d'en être aimé, selon qu'elle souhaite un amant discret ou vengeur. Malgré tout, ces colères et ces vengeances au service de l'amour doivent respecter les principes de la division sexuelle et de la civilité, que l'on retrouve chez Grenaille, Du Bosc, Faret et Courtin, les nouvellistes tissant ainsi des liens entre leurs textes et les traités d'éducation de manière intéressée. Le lecteur de nouvelles apprend donc qu'il est préférable pour un galant homme de se venger de l'infidélité de sa dame en ayant de l'indifférence pour elle plutôt qu'en la poignardant, et qu'il vaut mieux qu'une honnête femme témoigne de sa colère à celui qui outrage sa beauté ou lui préfère une autre dame, par un silence méprisant sans chercher à se venger.

Les nouvelles permettent, de la même manière, de recomposer tout un art de vivre en société. Dans le cas de la colère et de la vengeance, on y parvient en répondant aux questions : quand, pourquoi, contre qui et comment peut-on s'emporter et se venger ? En suivant quelles règles ? Au nom de quel principe ? À la lumière des exemples que nous avons repérés, il apparaît que la colère et la vengeance sont permises lorsqu'un ami nous dessert, qu'une personne inférieure en rang ou dépendante de notre volonté nous désobéit, qu'on porte atteinte à notre réputation ou qu'on fait obstacle à nos amours.

---

[5] Lire à ce sujet Delphine Denis, *Le Parnasse galant. Institution d'une catégorie littéraire au XVIIe siècle*, Paris, Honoré Champion, 2001, p. 342.

[6] *Ibid.*, p. 9.

La solidarité entre amis ou membres d'une même famille légitime également la colère et le recours à la vengeance, qu'il s'agisse d'épouser la querelle d'un ami, de se porter à la défense de l'honneur d'un parent, ou de venger la mort d'un être cher. Cela dit, le courtisan doit en tout temps tenir compte de la qualité et du rang de son offenseur, car il faut être en situation d'égalité ou de supériorité pour s'emporter, autrement, il faut se contenir. On conseille fortement à l'honnête homme de se venger sans faire couler de sang, c'est-à-dire non plus avec la pointe de son épée mais avec celle de sa plume, d'avoir recours à la raillerie fine ou au mépris afin de ne pas ébranler la paix sociale, et de respecter les édits contre les duels qui contribuent à la prise en charge du monopole de la justice par l'État. Les femmes, quant à elles, peuvent manifester leur colère, mais il ne convient pas qu'elles se portent à la vengeance ni qu'elles fassent d'éclats sur la scène publique, en raison de la division sexuelle. Bien souvent, les nouvellistes dévalorisent la colère en faisant de cette passion un signe de jalousie, en associant la vengeance qui s'ensuit à la faiblesse ressentimenteuse de la femme. L'enseignement dispensé dans les nouvelles, par le biais d'exemples fictifs et divertissants, complète celui qu'on trouve alors dans les principaux ouvrages de rhétorique, de civilité et de morale (notamment ceux d'Aristote, de Sénèque, de Senault, de Le Moyne, de Faret et de Courtin). Il permet aux lecteurs de faire un bon usage de la colère et de la vengeance (c'est du moins ce qui est revendiqué), et ce, dans chacun des principaux cercles sociaux, soit les amis, la famille et la cour.

Il était donc essentiel de tenir compte de ce contexte social pour rendre lisible la topique culturelle sur la colère et la vengeance que nous avons mise au jour et en saisir la pleine signification[7]. Ces règles et maximes de conduites qui visent à limiter les débordements de la colère et de la vengeance sont relativement peu nombreuses et aisément assimilables, d'autant plus qu'elles sont fréquemment reprises dans les nouvelles. Dans tous les cas, l'injure doit être réelle, bien fondée, pour que la colère et la vengeance qui s'ensuit soient raisonnables et légitimes. C'est le cas des colères qui font suite aux situations suivantes : l'outrage des charmes ou de la vertu, l'infidélité, l'indifférence ou la préférence amoureuse, la rivalité amoureuse et politique (entre amis ou membres d'une même famille), la désobéissance (amoureuse, familiale ou politique), la trahison, l'offense faite à l'honneur, l'atteinte à la réputation et au

---

[7] Pour Didier Souiller, le développement de la nouvelle est indissociable de son contexte socio-historique et culturel mais surtout des structures mentales européennes : «La nouvelle ne saurait être détachée de l'évolution des mentalités et des pratiques sociales dans la civilisation qui l'a portée [...]. Cette marginalisation initiale, qui semble cantonner la nouvelle dans le domaine de la mondanité et du goût féminin, détermine pourtant certaines des caractéristiques essentielles de ce type de récit.» *La nouvelle* en Europe de Boccace à Sade, Paris, PUF, 2004, p. 7.

rang, la contestation de la beauté ou de la valeur d'un individu. Nous avons repéré une série de règles qui visent à rendre la pratique de la vengeance plus acceptable dans le cadre d'une société de cour en la vidant de sa violence effective. Ces vengeances «galantes», qui conviennent autant aux hommes qu'aux femmes, consistent à aimer ailleurs, à cesser d'aimer l'ingrat(e), à épouser quelqu'un d'autre, ou à brouiller les nouveaux amants, le plus souvent en éveillant la jalousie de l'un contre l'autre. Certaines maximes, au nom des théories de l'honnêteté et de la civilité, rappellent aux lecteurs la nécessité de respecter les convenances et les structures sociales avant de s'emporter, car c'est le rang et la qualité de la naissance qui leur permettent ou non d'éclater. D'autres suggèrent de recourir à la justice afin d'éviter la pratique de la vengeance privée, favorisant du coup le processus de prise en charge de la justice par l'État. Quand il s'agit des femmes, les codes de colère et de vengeance confortent leur faiblesse naturelle. Selon ce principe, elles ne peuvent se venger elles-mêmes, doivent remettre ce soin à un tiers (un homme ou Dieu), et ce, d'autant plus qu'elles ne doivent pas faire d'éclat sur la scène publique.

La topique ainsi dégagée n'a rien d'un code qui serait unique et rigide, et les différentes logiques auxquelles répondent les maximes répertoriées rendent justement possible la coexistence de règles opposées au sein des textes. L'absence de colère et de vengeance, par exemple, peut s'expliquer par la passion amoureuse qui prend le pas sur la raison, elle est alors dévalorisée car elle est associée à la faiblesse du cœur. Mais elle peut aussi être hautement recommandable, lorsqu'on en fait l'apanage des gens sages et vertueux. C'est le cas des honnêtes gens qui préfèrent ne pas s'emporter et qui optent pour le pardon plutôt que pour la vengeance. Le couple colère/vengeance subit aussi quelques tensions: tantôt on privilégie la colère, tantôt c'est la vengeance que l'on favorise. Quand la colère (et les marques physiques qu'elle imprime sur le corps) suffit à signifier l'irritation (un père qui s'emporte contre sa fille qui ne veut pas épouser l'amant qu'il lui a choisi), on dévalorise la vengeance car toute violence serait alors jugée superflue. Au contraire, si on veut faire de la vengeance un acte raisonnable, un devoir d'honneur (venger la mort d'un ami ou défendre la vertu de sa fille outragée), on tend à la dissocier de la colère car cette passion aveugle nuit au calcul de la rétribution, juste et proportionnée, de la vengeance. De même, il arrive dans les nouvelles que les diverses passions qui agitent un personnage entrent en conflits, et une hiérarchie se dessine entre elles selon le principe que l'on veut défendre: l'amour doit prendre le pas sur la colère (cette inclination naturelle l'emporte sur une passion dictée par l'usage), les liens du sang ou ceux de l'amitié modèrent la colère mais perdent leur privilège dans les situations de rivalité amoureuse, les intérêts politiques justifient qu'on s'emporte ou non et ils doivent primer les liens du sang. L'ambiguïté de certaines règles tient parfois aux nombreuses possibilités de lecture qu'elles offrent. Ainsi, l'absence de colère après la déclaration d'amour pouvant tout aussi bien être une marque d'indifférence, d'amour ou d'intérêt calculé, l'amoureux (et le lecteur) doit avoir un esprit de pénétration, être un savant herméneute et faire appel à toute sa finesse d'analyse pour en déchiffrer la véritable nature. Nous avons tâché de montrer la pluralité des positions et des discours tenus sur ces passions, en soulignant au passage leurs contradictions et leurs recoupements. À la suite de cette étude, il nous semble que les nouvelles sont véritablement des lieux d'expérimentation où l'on met à l'épreuve les différents savoirs sur les passions en appliquant les règles de conduite qui président à la colère et à la vengeance.

Loin d'être contraignantes, ces maximes communes ont plutôt stimulé l'imagination créatrice des écrivains. Nous avons voulu souligner la richesse de ce répertoire de lieux communs qui devient un « outil d'écriture », ce qui est au fondement même de la topique, en identifiant les différents usages de ces règles dans les nouvelles. Dans le cas des nouvelles qui prennent la forme d'un *exemplum*, la maxime est énoncée clairement dès les premières lignes ; elle sert de point de départ à l'intrigue et le récit qui suit a surtout pour fonction d'en faire la démonstration. Plusieurs des petites histoires qui paraissent dans le *Mercure Galant* sont construites sur ce principe, telle celle datée du mois de septembre 1682 où l'on fait voir jusqu'où peut se porter une femme désirant se venger de sa rivale. Les règles structurent l'intrigue et en rendent la progression cohérente en suivant un schéma d'action-réaction. Le mépris qu'un galant a signifié à une belle provoque sa colère, et c'est son désir d'en tirer vengeance qui est à l'origine de tous les maux qui vont suivre (la nouvelle *La comtesse de Candale* en est un exemple). Elles alimentent le récit, le font rebondir, devenant ainsi un ressort narratif, telle une belle qui refuse de se venger de son infidèle amant car elle en est trop éprise, nuisant ainsi aux projets d'autres personnages qui espéraient tirer profit de sa vengeance. Madame de Villedieu y a recours dans la deuxième partie des *Désordres de l'amour* et dans *Le portefeuille*. On a vu que leur emploi permet de ménager des effets de surprise dans le texte. Puisqu'il n'est pas permis aux dames de se venger, certaines vont se déguiser en hommes afin de pouvoir porter l'épée et punir l'ingrat qui les a méprisées, à l'instar du personnage de Christine dans *L'héroïne mousquetaire* de Préchac. Parfois, elles servent d'obstacles et mettent en péril le récit, ce qui est le cas de la colère entre familles rivales car elle empêche les amants de se marier et d'être heureux, ce qui inspire l'histoire de « Cleomede et Selimene » qu'on trouve dans le recueil du sieur de Saint-Maurice. Les nouvelles historiques se servent efficacement de ces règles pour expliquer les événements marquants de l'histoire, elles rendent crédibles la révélation des motivations véritables (mais jusqu'alors tenues secrètes) à l'origine de condamnations, de guerres, de conjurations, de conquêtes ou de pertes de territoire. Selon cette logique, c'est le ressentiment d'Élizabeth Ire contre Essex, qui lui a préféré la comtesse de Rutland, qui a conduit à son exécution.

L'accumulation des règles et leur répétition dans les nouvelles assurent la vraisemblance du comportement des personnages, président à leur conduite, motivent leurs faits et gestes, ce qui a pour fonction de persuader le lecteur du bien fondé de ces agissements en lui en fournissant le principe justificatif. C'est alors que la topique rejoint la dimension rhétorique qu'on lui associe traditionnellement : elle se porte garante de l'enchaînement logique des gestes et des discours des personnages dans la nouvelle, et elle agit sur le lecteur en le disposant à y croire. Par exemple, l'auteur de la nouvelle *Histoire espagnole et française ou l'amour hors de saison*, explique que c'est parce qu'elle est trop amoureuse de Medina que la présidente ne peut faire consentir son cœur à tirer vengeance de l'ingrat qui la méprise. Le jeu de connaissance et reconnaissance des maximes qui dictent la colère et la vengeance, explique aussi les actions des personnages. S'étant battu en duel en dépit des édits royaux, Albirond quitte la France pour éviter la colère du roi et les effets de sa justice, alors que c'est parce qu'il devine ce qui cause la colère de la princesse de Montpensier (elle le croit infidèle) que le duc de Guise l'apaise aussitôt. Ce savoir permet bien entendu des jeux de feintes, des ruses, il autorise la simulation et la dissimulation, inspire les diverses stratégies adoptées par les personnages pour parvenir à leur fin. Les plus fréquentes consistent à : cacher ses amours pour ne pas provoquer la colère du personnage qui s'y oppose (qu'il s'agisse d'un parent, d'un roi, d'un rival, ou de l'être qu'on a méprisé au profit de quelqu'un d'autre), dissimuler son ressentiment pour mener à bien sa vengeance, quel qu'en soit le motif, feindre l'emportement suite aux «injustes» soupçons d'infidélité afin de faire croire à son innocence, art dans lequel les coquettes et les fausses prudes excellent. Les maximes qu'on trouve dans les nouvelles sont donc à la jonction d'une éthique du comportement (celle des personnages et des lecteurs qu'on prétend ainsi former) et d'une poétique du genre (particulièrement quand il s'agit de la nouvelle historique et de la nouvelle *exemplum*), puisqu'elles jouent tant sur la structure que sur la progression de l'intrigue.

Bibliographie

Corpus :

Alcine princesse de Perse, nouvelle, Paris, Louis Josset, 1683, in-12, 92 p.

Alix de France, nouvelle historique, Liège, Louis Montfort, 1687, in-8°, 388 p.

Allard, Guy, *Zizimi prince Ottoman, amoureux de Philipine-Helene de Sassenage. Histoire dauphinoise*, Grenoble, Jean Nicolas, 1673, in-12, 382 p.

Alluis, Jacques, *Le chat d'Espagne, nouvelle*, Cologne, Pierre du Marteau, 1669, in-12, 258 p.

Ancelin, A., *Le portrait funeste, nouvelle*, Paris, Pierre Bienfait, 1661, in-8°, 199 p.

Araspe et Simandre, nouvelle, 2 vol., Paris, Claude Barbin, 1672, in-8°, 225 p. et 177 p.

Aubignac, François Hédelin, abbé d', *Amelonde, histoire de nostre temps. Ou l'on void qu'une honneste femme est heureuse quand elle suit un conseil sage et vertueux*, Paris, Jean-Baptiste Loyson, 1669, in-12, 289 p.

Aulnoy, Marie-Catherine Le Jumel de Barneville, Comtesse d', *Nouvelles d'Elisabeth*, 4 vol., Paris, Claude Barbin, 1674, in-12, 244 p., 284 p., 235 p. et 216 p.

Aulnoy, Marie-Catherine Le Jumel de Barneville, Comtesse d', *Histoire d'Hypolite, comte de Duglas*, Genève, Slatkine Reprints, 1979 [1690].

« Aventure de l'épée », *Mercure Galant*, Paris, novembre 1679, p. 50–73.

« Aventure de musique », *Mercure Galant*, décembre 1677, dans *Anthologie des nouvelles du Mercure Galant (1672–1710)*, Paris, Société des Textes Français Modernes, 1996, p. 267–273.

« Aventure tragique d'Angers », *Mercure Galant*, Paris, janvier 1681, p. 334–339.

Beaucourt, sieur de, *Les caprices de l'amour*, 2 t., Paris, Claude Barbin, 1681, in-8°, 191 p. et 236 p.

Bédacier, Catherine, *Histoire des amours de Gregoire VII, du cardinal de Richelieu, de la princesse de Condé, et de la marquise d'Urfé*, Cologne, Pierre Le Jeune, 1687, in-12, 240 p.

Béralde, prince de Savoye, 2 vol., Paris, Claude Barbin, 1672, in-12, 208 p. et 231 p.

Bernard, Catherine, *Fédéric de Sicile*, dans *Œuvres*, t. I, *Romans et nouvelles*, Fasano/Paris, Schena/Nizet, 1993 [1680], p. 65–155.

Bernard, Catherine, *Les malheurs de l'amour. Première nouvelle. Éléonor d'Yvrée*, dans *Œuvres*, t. I, *Romans et nouvelles*, Fasano/Paris, Schena/Nizet, 1993 [1687], p. 173–217.

Bernard, Catherine, *Le comte d'Amboise, nouvelle*, dans *Œuvres*, t. I, *Romans et nouvelles*, Fasano/Paris, Schena/Nizet, 1993 [1689], p. 235–321.

Blessebois, Paul-Alexis, *Lupanie. Histoire amoureuse de ce temps*, s.l., s.é., s.d. [1668], in-12, 120 p.

Boisguilbert, Pierre le Pesant de, *Marie Stuart, reyne d'Ecosse. Nouvelle historique*, 3 vol., Paris, Claude Barbin, 1675, in-12, 234 p., 239 p. et 248 p.

Boursault, Edme, *Artémise et Poliante, nouvelle*, Paris, René Guignard, 1670, in-12, 406 p.

Boursault, Edme, *Le marquis de Chavigny*, Paris, Edme Martin, 1670, in-8°, 413 p.

Boursault, Edme, *Le prince de Condé*, dans *Dom Carlos et autres nouvelles du XVIIe siècle*, Paris, Gallimard, 1995 [1675], p. 273–360.

Boyer, Claude, *La comtesse de Candale*, 2 t. en 1 vol., Paris, Jean Ribou, 1672, in-8°, 194 p. et 275 p.

Bremond, Sébastien, *L'heureux esclave ou la relation des avantures du sieur de la Martiniere, comme il fut pris par les corsaires de Barbarie et delivré; La maniere de combattre sur mer de l'Afrique et autres particularitez*, Paris, Olivier de Varennes, 1674, in-12, 236 p.

Bremond, Sébastien, *Hattigé ou les amours du roy Tamaran*, Genève, Slatkine Reprints, 1980 [1676].

Bremond, Sébastien, *L'amoureux africain ou nouvelle galanterie*, Amsterdam, Henry et Theodore Boom, 1676, in-12, 285 p.

Bremond, Sébastien, *La princesse de Monferrat. Nouvelle, contenant son histoire et les amours du comte de Saluces*, Amsterdam, Abraham Wolfgang, 1676, in-12, 336 p.

Bremond, Sébastien, *Le pèlerin, nouvelle*, St-Jacques de Galice, George L'Indulgent, s.d., in-12, 179 p.

Bridou, Jean, *Célie, nouvelle*, Paris, Claude Barbin, 1663, in-8°, 240 p.

Brilhac, Jean-Baptiste de, *Agnes de Castro, nouvelle portugaise*, Amsterdam, Pierre Savouret, 1688, in-12, 106 p.

Charpentier, François, *Le voyage du valon tranquille, nouvelle historique à la princesse Æmilie*, s.l., s.é., 1673, in-12, 152 p.

Claude, Isaac, *Le comte de Soissons et le cardinal de Richelieu rivaux de madame la duchesse d'Elbœuf. Nouvelle galante*, Cologne, Pierre Marteau, 1690, in-12, 201 p.

Cléante ou Don Carlos, nouvelle, Paris, Thomas Jolly, 1662, in-12, 279 p.

Cleomire, histoire nouvelle, Cologne, Pierre du Marteau, 1678, in-12, 95 p.

Clitie, nouvelle, Paris, Claude Barbin, 1680, in-12, 206 p.

Colin, Claude, *Eraste, nouvelle: ou sont descrites plusieurs avantures amoureuses*, Paris, Estienne Loyson, 1664, in-12, 280 p.

Cotolendi, Charles, *Mademoiselle de Tournon*, Genève, Slatkine Reprints, 1979 [1678].

Courtilz de Sandras, Gatien de, «Le mort Ressuscité», *Nouvelles amoureuses et galantes*, dans *Nouvelles du XVIIe siècle*, Paris, Gallimard, 1997 [1678], p. 701–712.

Courtilz de Sandras, Gatien de, *Nouvelles amoureuses et galantes. Contenant I. L'amant emprisonné. II. Le mort ressuscité. III. Le mary confident avec sa femme. IV. L'amoureux estrillé*, Paris, Quinet, 1678, in-12, 303 p.

Courtin, Antoine de, *Dom Juan d'Autriche. Nouvelle historique*, Paris, Quinet, 1678, in-12, 178 p.

Curly, Sieur de, *Tideric prince de Galles, nouvelle historique*, 2 vol., Paris, Claude Barbin, 1677, in-12, 189 p. et 199 p.

D'Argences, *La comtesse de Salisbury, ou l'ordre de la Jaretiere. Nouvelle historique*, 2 parties en 1 vol., Paris, Claude Barbin, 1682, in-12, 211 p. et 204 p.

Des Barres, Antoine, *Irène, princesse de Constantinople. Histoire Turque*, Paris, Claude Barbin, 1678, in-8°, 260 p.

Dom Sebastien, roy de Portugal. Nouvelle historique, 3 vol., Paris, Claude Barbin, 1679, in-12, 199 p., 213 p. et 235 p.

Donneau de Visé, Jean, *Nouvelles nouvelles*, 3 vol., Paris, Pierre Bienfaict, 1663, in-12, 319 p., 301 p. et 338 p.

Donneau de Visé, Jean, *Les diversitez galantes*, Paris, Ribou, 1664, in-12, 150–100 p.

Donneau de Visé, Jean, «L'apothicaire de qualité», *Les diversitez galantes*, dans *Nouvelles du XVIIe siècle*, Paris, Gallimard, 1997 [1664], p. 401–422.

Donneau de Visé, Jean, *L'amour échapé ou les diverses manieres d'aymer*, 3 t. en 2 vol., Genève, Slatkine Reprints,1980 [1669].

Donneau de Visé, Jean, *Les nouvelles galantes, comiques et tragiques*, 3 t. en 1 vol., Genève, Slatkine Reprints, 1979 [1669].

Du Moulin, *Aurélie, nouvelle héroïque*, Paris, Jean Guignard, 1670, in-12, 348 p.

Du Plaisir, *La duchesse d'Estramène*, dans *Nouvelles du XVIIe siècle*, Paris, Gallimard, 1997 [1682], p. 779–837.

«Eugenio, nouvelle», *Mercure Galant*, t. V, Paris, 1674, p. 4–75.

Ferrand, Anne Bellinzani, dame Michel, *Histoire nouvelle des amours de la jeune Belise et de Cleante*, 3 parties en 1 vol., Paris, s.é., 1689, in-12, 168 p.

Garouville, Savinien Riflé, sieur de, *L'amant oysif, contenant cinquante nouvelles espagnoles, divisé en trois parties*, 3 vol., Paris, Estienne Loyson, 1671, in-12, 314 p., 376 p. et 360 p.

Girault de Sainville, *Philadelphe. Nouvelle égyptienne*, Paris, François Michon, 1687, in-12, 188 p.

Guillot de Beaucour, Louise-Geneviève Gomes de Vasconcelle, dame, *Le mary jaloux, nouvelle*, Paris, Michel Guerout, 1688, in-12, 347 p.

«Histoire», *Le Nouveau Mercure Galant*, t. IV, Paris, juin 1677, p. 47–61.

«Histoire», *Mercure Galant*, Paris, septembre 1680, p. 77–126.

«Histoire», *Mercure Galant*, Paris, mars 1681, p. 151–184.

«Histoire», *Mercure Galant*, Paris, mai 1681, p. 99–142.

«Histoire», *Mercure Galant*, Paris, juillet 1681, p. 78–112.

«Histoire», *Mercure Galant*, Paris, août 1681, p. 203–237.

«Histoire», *Mercure Galant*, Paris, septembre 1681, p. 226–260.

«Histoire», *Mercure Galant*, novembre 1681, dans *Nouvelles du XVIIᵉ siècle*, Paris, Gallimard, 1997, p. 486–495.

«Histoire», *Mercure Galant*, Paris, janvier 1682, p. 31–53.

«Histoire», *Mercure Galant*, Paris, mars 1682, p. 209–258.

«Histoire», *Mercure Galant*, Paris, avril 1682, p. 217–233.

«Histoire», *Mercure Galant*, Paris, mai 1682, p. 71–101.

«Histoire», *Mercure Galant*, Paris, juin 1682, p. 313–322.

«Histoire», *Mercure Galant*, Paris, décembre 1682, p. 169–190.

«Histoire», *Mercure Galant*, mars 1683, dans *Anthologie des nouvelles du Mercure Galant (1672–1710)*, Paris, Société des Textes Français Modernes, 1996, p. 281–297.

«Histoire», *Mercure Galant*, Paris, mai 1683, p. 215–227.

«Histoire», *Mercure Galant*, Paris, décembre 1683, p. 41–73.

«Histoire», *Mercure Galant*, Paris, janvier 1684, p. 120–150.

«Histoire», *Mercure Galant*, Paris, avril 1684, p. 195–218.

«Histoire», *Mercure Galant*, Paris, juin 1684, p. 228–240.

«Histoire», *Mercure Galant*, août 1684, dans *Anthologie des nouvelles du Mercure Galant (1672–1710)*, Paris, Société des Textes Français Modernes, 1996, p. 211–219.

«Histoire», *Mercure Galant*, Paris, janvier 1685, p. 258–282.

«Histoire», *Mercure Galant*, Paris, mars 1685, p. 108–126.

«Histoire», *Mercure Galant*, Paris, août 1685, p. 196–205.

«Histoire», *Mercure Galant*, Paris, février 1686, p. 98–129.

«Histoire», *Mercure Galant*, Paris, avril 1686, p. 127–136.

«Histoire», *Mercure Galant*, Paris, décembre 1687, p. 231–257.

«Histoire», *Mercure Galant*, Paris, janvier 1688, p. 140–166.

«Histoire», *Mercure Galant*, Paris, juin 1688, p. 207–252.

«Histoire», *Mercure Galant*, Lyon, juillet 1688, p. 137–156.

«Histoire», *Mercure Galant*, Lyon, août 1688, p. 137–156.

«Histoire», *Mercure Galant*, Paris, avril 1689, p. 182–226.

«Histoire», *Mercure Galant*, Paris, juillet 1689, p. 237–281.

«Histoire», *Mercure Galant*, septembre 1689, dans *Anthologie des nouvelles du Mercure Galant (1672–1710)*, Paris, Société des Textes Français Modernes, 1996, p. 309–324.

«Histoire», *Mercure Galant*, Paris, décembre 1689, p. 189–228.

«Histoire», *Mercure Galant*, Paris, avril 1690, p. 122–132.

«Histoire», *Mercure Galant*, Lyon, septembre 1690, p. 144–159.

«Histoire», *Mercure Galant*, Paris, décembre 1690, p. 153–192.

Histoire d'Adelais de Bourgogne, Amsterdam, Helvigraad, 1685, in-12, 166 p.

«Histoire de celle qui aima mieux se brûler avec son mari que de le voir infidèle», *Mercure Galant*, t. I, Paris, janvier 1672, p. 92–109.

«Histoire de la belle morte d'amour», *Mercure Galant*, février 1678, dans *Nouvelles du XVIIᵉ siècle*, Paris, Gallimard, 1997, p. 471–476.

«Histoire de la fausse provençale», *Le Nouveau Mercure Galant*, t. VII, Paris, septembre 1677, p. 15–43.

«Histoire de la veuve et de Mr. de la Forest», *Le Nouveau Mercure Galant*, t. V, Paris, juillet 1677, p. 173–190.

«Histoire des faux cheveux», *Mercure Galant*, juin 1678, dans *Anthologie des nouvelles du Mercure Galant (1672–1710)*, Paris, Société des Textes Français Modernes, 1996, p. 48–55.

«Histoire du cadran et de l'horloge d'amour», *Mercure Galant*, Paris, avril 1678, p. 306–345.

«Histoire du collier de perles», *Mercure Galant*, t. I, Paris, janvier 1672, p. 13–33.

Histoire du comte de Genevois et de mademoiselle d'Anjou, Paris, Claude Barbin,1664, in-8°, 129 p.

Histoire du prince Charles, et de l'imperatrice douairiere, Cologne, Pierre Reveil, 1676, in-12, 68 p.

«Histoire du val de Gallie ou de l'enfant ingrat», *Mercure Galant*, t. II, Paris, juin 1673, p. 171–185.

Histoire espagnole et française ou l'amour hors de saison, nouvelle galante, Paris, Claude Barbin, 1671, in-12, 285 p.

Histoire espagnole ou Dom Amador de Cardone, nouvelle, Paris, Claude Barbin, 1672, in-12, 218 p.

«Histoire singulière de deux amants calvinistes», *Mercure Galant*, février 1686, dans *Anthologie des nouvelles du Mercure Galant (1672–1710)*, Paris, Société des Textes Français Modernes, 1996, p. 351–393.

«[Histoire sans titre]», *Mercure Galant*, t. II, Paris, septembre 1682, p. 88–125.

«Histoire tragique arrivée à Arles», *Mercure Galant*, mars 1680, dans *Anthologie des nouvelles du Mercure Galant (1672–1710)*, Paris, Société des Textes Français Modernes, 1996, p. 394–400.

Homaïs reyne de Tunis, Amsterdam, s.é., 1681, in-12, 120 p.

Julie, nouvelle galante et amoureuse, Paris, Estienne Loyson, 1671, in-12, 227 p.

Juvenel, Henri de, *Le comte de Richemont, nouvelle historique*, Amsterdam, Guillaume Duval, 1680, in-12, 132 p.

La belle Hollandoise. Nouvelle historique, Lyon, Jacques Guerrier, 1679, in-12, 139 p.

«La belle inconstante, histoire», *Mercure Galant*, Paris, juin 1681, p. 311–322.

La belle Marguerite, nouvelle, Paris, Claude Barbin, 1671, in-12, 228 p.

La Calprenède, Madeleine, *Les nouvelles ou les divertissements de la princesse Alcidiane*, Genève, Slatkine Reprints, 1979 [1661].

«La devineresse ou les faux enchantements», *Mercure Galant*, août 1679, dans *Anthologie des nouvelles du Mercure Galant (1672–1710)*, Paris, Société des Textes Français Modernes, 1996, p. 61–70.

«La dupe, nouvelle», *Mercure Galant*, t. V, Paris, 1674, p. 174–235.

La Fayette, Marie-Madeleine Pioche de la Vergne, *La princesse de Montpensier*, dans *Nouvelles du XVIIe siècle*, Paris, Gallimard, 1997 [1662], p. 361–387.

La Fayette, Marie-Madeleine Pioche de la Vergne, *La princesse de Clèves*, dans *Romans et nouvelles*, Paris, Garnier, 1958 [1678], p. 241–395.

«La folie, nouvelle singuliere», *Mercure Galant*, t. VI, Paris, 1674, p. 141–164.

La fugitive ressuscitée. Nouvelle galante et historique, Genève, Jean-Louïs Du-Four, 1688, in-12, 128 p.

«La maladie d'amour», *Le Nouveau Mercure Galant*, t. II, Paris, avril 1677, p. 21–56.

L'amant de bonne-foy, Paris, Charles de Sercy, 1672, in-8°, 350 p.

«L'amante fidèle», *Mercure Galant*, Paris, mai 1678, p. 39–67.

«L'amante infidèle, histoire», *Mercure Galant*, Paris, mars 1679, p. 99–124.

«L'amant-garde, histoire», *Mercure Galant*, Paris, juillet 1679, p. 238–267.

«L'amant réchauffé», *Mercure Galant*, avril 1678, dans *Anthologie des nouvelles du Mercure Galant (1672–1710)*, Paris, Société des Textes Français Modernes, 1996, p. 88–94.

«L'amant vantousé», *Le Nouveau Mercure Galant*, t. IX, Paris, novembre 1677, p. 132–146.

La mère rivale, histoire du temps, Paris, Charles Sercy, 1672, in-8°, 234 p.

La princesse de Phaltzbourg, nouvelle historique et galante, Cologne, Pierre Marteau, 1688, in-12, 126 p.

La promenade de Livry, 2 vol., Paris, Charles Osmont, 1678, in-8°, 215 p. et 240 p.

«La ridicule prévention, histoire», *Mercure Galant*, Paris, février 1679, p. 49–94.

La Roberdiere, A. F., sieur de, *L'amant cloîtré ou les avantures d'Oronce et d'Eugenie*, Amsterdam, Daniel du Fresne, 1683, in-12, 108 p.

La Roche-Guilhen, Anne de, *Almanzaïde, nouvelle*, Paris, Claude Barbin, 1674, in-12, 226 p.

La Roche-Guilhen, Anne de, *Astérie ou Tamerlam*, 2 parties en 1 vol., Paris, Claude Barbin, 1675, in-12, 74 p. et 82 p.

La Roche-Guilhen, Anne de, *Le grand Scanderberg, nouvelle*, Genève, Slatkine Reprints, 1980 [1688].

La Roche-Guilhen, Anne de, *Les intrigues amoureuses de quelques anciens Grecs*, La Haye, Henri van Bulderen, 1690, in-12, 126 p.

«La rupture, histoire», *Mercure Galant*, Paris, février 1679, p. 184–194.

«L'avarice punie, histoire», *Mercure Galant*, Paris, avril 1680, p. 51–76.

«La vertu malheureuse, histoire», *Mercure Galant*, janvier 1678, dans *Nouvelles du XVIIᵉ siècle*, Paris, Gallimard, 1997, p. 463–470.

Le comte d'Essex, histoire angloise, 2 t. en 1 vol., Paris, Claude Barbin, 1678, in-8°, 62 p. et 52 p.

«Le double déguisement, histoire», *Mercure Galant*, Paris, février 1679, p. 159–169.

Le duc d'Alançon, Paris, Frederick du Chemin, 1680, in-12, 277 p.

Le duc de Montmouth. Nouvelle historique, Liège, Guilleaume Kalcoven, 1686, in-12, 156 p.

«L'échange par hazard, nouvelle», *Mercure Galant*, t. IV, Paris, 1673, p. 180–224.

Le Febvre, *Les amours d'Antiocus prince de Syrie, et de la reine Stratonique*, Paris, Jacques Pino, 1679, in-12, 112 p.

Le grand Hippomene, Paris, Claude Barbin, 1668, in-12, 297 p.

«Le jaloux sans sujet, histoire», *Mercure Galant*, Paris, avril 1679, p. 90–118.

«Le mal de mère, nouvelle», *Mercure Galant*, t. VI, Paris, 1674, p. 1–12.

«Le moineau, nouvelle», *Mercure Galant*, t. V, Paris, 1674, p. 262–267.

«Leonidas, nouvelle», *Mercure Galant*, t. IV, Paris, 1673, p. 4–106.

Le Pays, René, *Zélotyde, histoire galante*, Paris, Charles de Sercy, 1665, in-12, 203 p.

«Le soldat malgré-luy, nouvelle», *Mercure Galant*, t. V, Paris, 1674, p. 98–121.

«Le triomphe de Bélise. Galanterie pour apprendre aux dames à connaître leurs amants», *Mercure Galant*, avril 1679, dans *Anthologie des nouvelles du Mercure Galant (1672–1710)*, Paris, Société des Textes Français Modernes, 1996, p. 107–127.

Les amours de la belle Julie. Histoire nouvelle, Cologne, Samuel Strausbarck, 1676, in-12, 170 p.

Les amours de Soliman Musta-Feraga, envoyé de la Porte prés de sa Majesté en M. DC. LXIX, Grenoble, E.R. Dumon, 1675, in-12, 136 p.

«Les apothicaires de Marseille, histoire», *Mercure Galant*, Paris, juin 1679, p. 9–32.

«Les apparences trompeuses, histoire», *Mercure Galant*, octobre 1677, dans *Anthologie des nouvelles du Mercure Galant (1672–1710)*, Paris, Société des Textes Français Modernes, 1996, p. 5–10.

«Les apparences trompeuses, histoire», *Mercure Galant*, Paris, octobre 1679, p. 197–221.

«Les assassinats, nouvelle», *Mercure Galant*, t. VI, Paris, 1674, p. 252–267.

«Les chanoinesses, histoire», *Mercure Galant*, février 1680, dans *Anthologie des nouvelles du Mercure Galant (1672–1710)*, Paris, Société des Textes Français Modernes, 1996, p. 95–106.

Les esprits ou le mary fourbé, nouvelle galante, Liège, Louis Montfort, 1686, in-12, 123 p.

Les nouveaux désordres de l'amour, nouvelle galante, Liège, Louis Montfort, 1686, in-12, 140 p.

Les nouveaux stratagèmes d'amour. Histoire curieuse, Amsterdam, Daniel Du Fresne, 1681, in-12, 121 p.

«Lettre d'une dame qui écrit les aventures de son amie», *Mercure Galant*, novembre 1680, dans *Nouvelles du XVIIe siècle*, Paris, Gallimard, 1997, p. 477–485.

L'heureux page. Nouvelle galante, Cologne, Pierre Marteau, 1687, in-12, 144 p.

L'histoire d'Iris et de Dafnis, nouvelle, Paris, Claude Barbin, 1666, in-12, 159 p.

«L'infidèle puni, histoire», *Mercure Galant*, Paris, avril 1680, p. 276–283.

L'infidélité convaincue, ou les avantures amoureuses d'une dame de qualité, Cologne, Pierre du Marteau, 1676, in-12, 168 p.

Mademoiselle de Benonville, nouvelle galante, Liège, Louis Montfort, 1686, in-12, 172 p.

Mailly, Louis, chevalier de, *Les disgraces des amans*, Paris, Gabriel Quinet, 1690, in-8°, 290 p.

Mérovée, fils de France. Nouvelle historique, Paris, Estienne Loyson, 1678, in-12, 204 p.

Merville, Marquise de, *Le solitaire. Nouvelle*, Paris, Claude Barbin, 1677, in-12, 163 p.

Monsieur de Kervaut, nouvelle comi-galante, 2 vol., Paris, Claude Barbin, 1678, in-12, 182 p. et 239 p.

Montfaucon de Villars, Nicolas-Pierre-Henri, *L'amour sans faiblesse*, 2 vol., Paris, Claude Barbin, 1671, in-12, 294 p. et 441 p.

Nicandre, première nouvelle de l'inconnu, Paris, Claude Barbin, 1672, in-12, 164 p.

Nouvelles de l'Amérique ou le Mercure Ameriquain. Où sont contenuës trois histoires veritables arrivées en nôtre temps, Rouen, François Vaultier, 1678, in-12, 267 p.

Nouvelle ou historiette amoureuse, Paris, Charles de Sercy, 1670, in-12, 116 p.

Philicrate, nouvelle à Euralie, s.l., s.é., 1669, in-12, 53 p.

Poisson, Raymond, «Histoire d'Iris», *Les dames galantes ou la confidence réciproque, nouvelle*, dans *Nouvelles du XVIIe siècle*, Paris, Gallimard, 1997 [1685], p. 879–928.

Poisson, Raymond, *Les dames galantes ou la confidence reciproque, nouvelle*, 2 vol., Paris, s.é., 1685, in-12, 272 p. et 293 p.

Préchac, Jean de, *La princesse d'Angleterre, ou la duchesse reyne*, 2 vol., Paris, Claude Barbin, 1677, in-12, 116 p. et 118 p.

Préchac, Jean de, *L'heroïne mousquetaire, histoire véritable*, 4 parties, Paris, Theodore Girard, 1677–1678, in-12, 240 p., 242 p., 248 p. et 256 p.

Préchac, Jean, *L'ambitieuse Grenadine. Histoire galante*, Paris, Compagnie des Libraires, 1678, in-12, 166 p.

Préchac, Jean de, *Le voyage de Fontaine-bleau*, Paris, La Compagnie des Marchands libraires associez, 1678, in-12, 298 p.

Préchac, Jean de, *Yolande de Sicile*, 2 t. en 1 vol., Lyon, Thomas Amaulry, 1678, in-12, 135 p. et 115 p.

Préchac, Jean de, *La noble vénitienne ou la Bassette, histoire galante*, Paris, Claude Barbin, 1679, in-12, 186 p.

Préchac, Jean de, *Le triomphe de l'amitié. Histoire galante*, Lyon, Thomas Amaulry, 1679, in-12, 103 p.

Préchac, Jean de, *L'illustre Parisienne, histoire galante et véritable*, 2 parties, dans *Nouvelles du XVIIe*, Paris, Gallimard, 1997 [1679 et 1690], p. 717–778.

Préchac, Jean de, *La valize ouverte*, Paris, Vve Olivier de Varennes, 1680, in-12, 166 p.

Préchac, Jean de, *Le gris-de-lin. Histoire galante*, Paris, Charles Osmont, 1680, in-12, 232 p.

Préchac, Jean de, *Le voyage de la reine d'Espagne*, 2 vol., Paris, Jean Ribou, 1680, in-12, 165 p. et 173 p.

Préchac, Jean de, *Nouvelles galantes et avantures du temps*, 2 t. en 1 vol., Paris, Compagnie des Libraires, 1680, in-12, 304 p. et 204 p.

Préchac, Jean de, *La princesse de Fez*, 2 vol., Paris, Claude Barbin, 1681, in-12, 181 p. et 174 p.

Préchac, Jean de, *Le beau Polonois, nouvelle galante*, Lyon, Thomas Amaulry, 1681, in-12, 151 p.

Préchac, Jean de, *La duchesse de Milan*, Paris, Charles Osmont, 1682, in-12, 261 p.

Préchac, Jean de, *Le fameux voyageur*, Paris, Padeloup, 1682, in-12, 234 p.

Préchac, Jean, *Les désordres de la Bassette, nouvelle galante*, Paris, Quinet, 1682, in-12, 192 p.

Préchac, Jean de, *Le bâtard de Navarre. Nouvelles historiques*, Paris, Thomas Guilain, 1683, in-12, 247 p.

Préchac, Jean de, *Le secret, nouvelles historiques*, Paris, Charles Osmont, 1683, in-12, 146 p.

Préchac, Jean de, *Relation d'un voyage fait en Provence, contenant les antiquitez les plus curieuses de chaque ville, et plusieurs histoires galantes*, Paris, Claude Barbin, 1683, in-12, 144–192 p.

Préchac, Jean de, *Cara Mustapha, grand vizir. Histoire contenant son élévation, ses amours dans le serail, ses divers emplois, le vray sujet qui luy a fait entreprendre le siege de Vienne, et les particularitez de sa mort*, Paris, C. Blageart, 1684, in-8°, 311 p.

Préchac, Jean de, *Le Grand Sophi, nouvelle allégorique*, Paris, J. Morel, 1685, in-12, 165 p.

Préchac, Jean de, *Le Seraskier Bacha. Nouvelle du temps, contenant ce qui s'est passé au siège de Bude*, Paris, C. Blageart, 1685, in-8°, 256 p.

Préchac, Jean de, *L'illustre Genoise. Nouvelle galante*, Paris, C. Blageart, 1685, in-12, 279 p.

Préchac, Jean de, *Le comte Tekely, nouvelle historique*, Paris, Claude Barbin, 1686, in-12, 258 p.

Préchac, Jean de, *Le prince esclave, nouvelle historique. Ou l'on voit les particularités de la derniere bataille que les Chrêtiens ont gagnée contre les Turcs, la déposition du Grand Seigneur, et la maniere dont Sultan Solyman qui regne aujourd'huy a esté élevé sur le thrône*, Paris, Thomas Guillain, 1688, in-12, 259 p.

Préfontaine, César-François Oudin, sieur de, *Le praticien amoureux. Le poete extravagant, avec l'assemblée des filous et des filles de joye. Nouvelles galantes*, Paris, Jean-Baptiste Loyson, 1670, in-12, 153 p.

Préfontaine, César-François Oudin, sieur de, *Les dames enlevées et les dames retrouvées. Histoire du temps, nouvelles comiques et galantes divisées en deux parties*, Paris, Jean-Baptiste Loyson, 1673, in-12, 384 p.

Raguenet, François, *Zamire, histoire persane*, 2 parties en 1 vol., La Haye, Abraham Troyel, 1687, in-12, 234 p.

Rousseau, Michel Archard, sieur de La Valette, *Le comte d'Ulfeld, grand maistre de Danemarc. Nouvelle historique*, 2 vol., Paris, Claude Barbin, 1678, in-12, 166 p. et 140 p.

Rousseau, Michel Archard, sieur de La Valette, *Bajazet prince othoman. Nouvelle historique*, Cologne, François Foppens, in-12, 1679, 128 p.

Rousseau, Michel Archard, sieur de La Valette, *Casimir roy de Pologne*, 2 vol., Paris, Claude Barbin, 1679, in-12, 241 p. et 305 p.

Rousseau, Michel Archard, sieur de La Valette, *Agnès, princesse de Bourgogne, nouvelle*, Cologne, s.é.,1683, in-12, 128 p.

Saint-Maurice, Robert-Alcide de Bonnecase, sieur de, *Fleurs, fleurettes et passetemps, ou les divers caracteres de l'amour honneste*, Paris, Jacques Cottin, 1666, in-12, 619 p.

Saint-Réal, César Vichard de, *Dom Carlos, nouvelle historique*, dans *Nouvelles du XVIIᵉ siècle*, Paris, Gallimard, 1997 [1672], p. 505–562.

Saliez, Antoine de Salvan de, *La comtesse d'Isembourg*, Paris, Claude Barbin, 1678, in-12, 235 p.

Scudéry, Madeleine de, *Célinte, nouvelle première*, Paris, Nizet, 1979 [1661].

Scudéry, Madeleine de, *Mathilde d'Aguilmar*, Genève, Slatkine Reprints, 1979 [1667].

Scudéry, Madeleine de, *La promenade de Versailles*, Genève, Slatkine Reprints, 1979 [1669].

«Suite de l'histoire des fleurs», *Mercure Galant*, Paris, juin 1681, p. 73–88.

Tachmas, prince de Perse. Nouvelle historique, arrivée sous le Sophy Séliman, aujourd'huy régnant, Paris, Estienne Loyson, 1676, in-12, 178 p.

Torche, Antoine, *Le chien de Boulogne ou l'amant fidelle: nouvelle galante*, Genève, Slatkine Reprints, 1979 [1668].

Torche, Antoine, *Alfrede, reyne d'Angleterre. Nouvelle historique*, Lyon, Adam Demen, 1678, in-12, 104 p.

Vanel, Jean de, *Histoire du temps ou journal galant*, s.l., s.é., s.d. [1685], in-12, 322 p.

Vaumoriere, Pierre d'Ortigue, sieur de, *Diane de France. Nouvelle historique*, Paris, Guillaume de Luyne, 1675, in-12, 255 p.

Villedieu, Marie-Catherine Hortense Desjardins, dite Mme de, *Lisandre, nouvelle*, dans *Œuvres complètes*, vol. 2, Genève, Slatkine Reprints, 1971 [1663], p. 119–129.

Villedieu, Marie-Catherine Hortense Desjardins, dite Mme de, *Cléonice ou le roman galant, nouvelle*, Genève, Slatkine Reprints, 1979 [1669].

Villedieu, Marie-Catherine Hortense Desjardins, dite Mme de, *Journal amoureux*, dans *Œuvres complètes*, vol. 3, Genève, Slatkine Reprints, 1971 [1670], p. 149–278.

Villedieu, Marie-Catherine Hortense Desjardins, dite Mme de, *Les amours des grands hommes*, dans *Œuvres complètes*, vol. 2, Genève, Slatkine Reprints, 1971 [1670], p. 7–118.

Villedieu, Marie-Catherine Hortense Desjardins, dite Mme de, *Les annales galantes*, dans *Œuvres complètes*, vol. 3, Genève, Slatkine Reprints, 1971 [1671], p. 7–149.

Villedieu, Marie-Catherine Hortense Desjardins, dite Mme de, *Le portefeuille*, dans *Nouvelles du XVIIᵉ siècle*, Paris, Gallimard, 1997 [1674], p. 584–623.

Villedieu, Marie-Catherine Hortense Desjardins, dite Mme de, *Les désordres de l'amour*, Genève, Droz, 1970 [1675].

Villedieu, Marie-Catherine Hortense, dite Mme de, *Portrait des faiblesses humaines*, dans *Œuvres complètes*, vol. 1, Genève, Slatkine Reprints, 1971 [1685 posthume], p. 60–89.

Sur le corpus:

Abreu, G., «Étude du secret. Rapport sur le secret dans *Célinte*», *Colloque de la SATOR à Fordham*, Troisième colloque international de la SATOR, 1989, *Papers on French Seventeenth Century Literature*, vol. LXI, p. 146–149.

Alain, Darius, *Étude sur la conception de l'amour dans les romans et nouvelles de Mme de Lafayette*, Montréal, Université de Montréal, 1965.

Allorge, Henri, «Trois poètes galants du XVIIe siècle: l'abbé de Torche, J. Alluis, la comtesse de La Suze», *Revue Bleue*, n° 2, 1934, p. 674–678.

Apollinaire, Guillaume, *L'œuvre de Pierre Corneille Blessebois*, Paris, 4 rue de Furstenberg, 1912.

Aronson, Nicole, *Mademoiselle de Scudéry*, Boston, Twayne Publisher, 1978.

Aronson, Nicole, «Mademoiselle de Scudéry: du roman héroïque à la nouvelle», *Papers on French Seventeenth Century Literature*, 1985, n° 22, p. 169–190.

Asse, E., «Une nièce du grand Corneille», *Revue biblio-iconographique*, 1898, p. 404–409 et p. 453–463.

Baader, Renate, *Dames de lettres: Autorinnen des preziösen, hocharistokratichen und modernen salons, 1649–1698: Mlle de Scudéry, Mlle de Montpensier, Mme d'Aulnoy*, Stuttgart, J.B. Metzler, 1986.

Bersaucourt, Albert de, «Introduction», *René Le Pays. Nouvelles Œuvres suivies du dialogue: de l'amour et de la raison*, Paris, Bossard, 1925.

Biron, J., «*La Promenade de Versailles* de Madeleine de Scudéry ou l'ambiguïté du secret», *Paragraphes*, n° 6, 1990–1991, p. 5–18.

Boursier, Nicole, «*La Promenade de Versailles*, un texte reversible?», *Voyages, Récits et Imaginaire*, Actes du colloque de Montréal, Paris/Seattle/Tübingen, *Papers on French Seventeenth Century Literature*, 1983, p. 111–114.

Brunet, Pierre-Gustave, «Notice sur l'auteur et ses ouvrages», *Le lion d'Angélie, suivi du Temple de Marsias*, Paris, Jules Gay, 1862.

Cadet, Félix, *Pierre de Boisguilbert, précurseur des économistes, 1646–1714, sa vie, ses travaux, son influence*, New York, B. Franklin, 1967 [1871].

Calame, Alexandre, *Anne de La Roche-Guilhen, romancière huguenote, 1644–1707*, Genève, Droz, 1972.

Cassin, E., «Notice sur Catherine Bernard, poète et parente du grand Corneille», *Revue de Rouen*, 1945, p. 228–331.

Chatenet, Henri E., *Le roman et les romans d'une femme de lettres au XVIIe siècle, Mme de Villedieu (1632–1683)*, Paris, Honoré Champion, 1921.

Chupeau, Jacques, «Jean de Préchac, ou le romancier courtisan», *Littératures classiques*, n° 15, novembre 1991, p. 271–289.

Cléder, Édouard, « Notice », *Le zombi du grand Pérou, ou la comtesse de Cocagne*, Paris, Jouaust, 1862.

Collinet, Jean-Pierre, « Un Breton de Grenoble : Le Pays "Précieux de Province" ? », *Bulletin de l'Académie Delphinale*, mai 1975.

Cuénin, Micheline, « Préface », dans Madame de Villedieu, *Les désordres de l'amour*, Genève, Droz, 1970.

Cuénin, Micheline, « Marie-Catherine Desjardins. Madame de Villedieu, mise au point biographique », *RALF*, 1970, n° 5, novembre-décembre, p. 7–39.

Cuénin, Micheline, « Marie-Catherine Desjardins, Madame de Villedieu, bibliographie », *RALF*, 1971, n° 6, janvier-février.

Cuénin, Micheline, *Roman et société sous Louis XIV. Mme de Villedieu*, Paris, Honoré Champion, 1979.

Cuénin, Micheline, « Préface », dans Madame de La Fayette, *Histoire de la princesse de Montpensier et Histoire de la comtesse de Tende*, Genève, Droz, 1979.

Cuénin, Micheline, « Madame de Villedieu, ou la gerbe romanesque », *Littératures Classiques*, n° 15, octobre 1991, p. 239–245.

Curtis, A. Ross, *Crispin 1ᵉʳ, la vie et l'œuvre de Raymond Poisson, comédien-poète du XVIIᵉ siècle*, Toronto/Paris, University of Toronto Press/Klincksieck, 1972.

Daire, Eugène, « Notice historique sur Boisguilbert », *Économistes financiers du XVIIᵉ siècle*, Paris, Guillaumin, 1843.

Defrance, Anne, *Les contes de fées et les nouvelles de Madame d'Aulnoy, 1690–1698 : l'imaginaire féminin à rebours de la tradition*, Genève, Droz, 1998.

Deighton, Klein, *The Female Protagonist in the Nouvelles of Madame de Villedieu*, New York, Peter Lang, 1992.

Delhez-Sarlet, Claudette, « Les jaloux et la jalousie dans l'œuvre romanesque de Madame de Lafayette », *Revue des sciences humaines*, 1964, p. 279–309.

Denis, Delphine, *La muse galante : poétique de la conversation dans l'œuvre de Madeleine de Scudéry*, Paris, Honoré Champion, 1997.

Dens, Jean-Pierre, « *La Princesse de Clèves* : vérité romanesque et discours mondain », *Création et recréation*, Tübingen, Gunter Narr, 1993, p. 35–42.

Descotes, Dominique, *La première critique des Pensées ; texte et commentaire du cinquième dialogue du Traité de la délicatesse de l'abbé de Villars*, Paris, CNRS, 1980.

Duchêne, Roger et Pierre Ronzeau (dir.), « Mme de La Fayette, *La Princesse de Montpensier, La Princesse de Clèves* », *Littératures Classiques*, supplément 1990, Paris, Aux amateurs de livres, 1989.

Duchêne, Roger, « Les deux *Princesses* sont-elles d'un même auteur ? », *Littératures classiques*, 12, 1990, p. 7–19.

Dufau de Maluquer, A. de, « Jean de Préchac, auteur de *L'héroïne mousquetaire* », *Bulletin de la société des Sciences, Lettres et Arts de Pau*, IIᵉ série, t. 38, 1910, p. 281–283.

Dulong, Gustave, *L'abbé de Saint-Réal. Étude sur les rapports de l'histoire et du roman au XVIIᵉ siècle*, Paris, Honoré Champion, 1921.

Farid, Kamâl, *Antoine Courtin, étude critique*, Paris, Nizet, 1969.

Flannigan, Arthur, *Madame de Villedieu's «Les Désordres de l'amour»: History, Literature and the Nouvelle Historique*, Washington D.C., University Press of America, 1982.

Flannigan, Arthur, «Mme de Villedieu's *Les Désordres de l'amour*. The feminization of History», *Esprit Créateur*, vol. 23, n° 2, 1983, p. 94–106.

Francillon, Roger, *L'œuvre romanesque de Madame de Lafayette*, Paris, José Corti, 1973.

Galli Pellegrini, R., «Un discours masqué: les nouvelles de Madeleine de Scudéry», *Le miroir et l'image. Recherches sur le genre narratif au XVIIᵉ siècle*, Genova, Pubblicazioni dell'Instituto di Lingue et Letterature straniere moderne, 1982, p. 1983–239.

Garavini, Fausta, «Bernard de Fontenelle et Compagnie (Du Plaisir – Catherine Bernard)», *Il paese delle finzioni*, Pise, Pacini, 1978, p. 11–50.

Gariel, Hyacinthe, *Bibliothèque historique et littéraire du Dauphiné*, 3 vol., Grenoble, E. Allier, 1864.

Gaudin, A., «Boursault et Boileau», *Revue d'histoire littéraire de la France*, 1908, p. 425–429.

Gervey, Françoise, «Éléonor d'Yvrée ou la vie abstraite», *Cahiers de littérature du XVIIᵉ siècle*, vol. II, 1980, p. 159–178.

Gevrey, Françoise, *L'illusion et ses procédés de* La Princesse de Clèves *aux* Illustres Françaises, Paris, Corti, 1988.

Gevrey, Françoise, «Images de l'Italie et de l'Espagne dans l'œuvre romanesque de Préchac», *Échanges culturels dans le bassin occidental de la Méditerranée*, Toulouse, Presses universitaires du Mirail, 1989, p. 319–326.

Gevrey, Françoise, «L'aventure dans *La Princesse de Montpensier* et *La Princesse de Clèves*», *Littératures classiques*, 21, 1989, p. 39–51.

Gevrey, Françoise, «Introduction», dans Jean de Préchac, *Contes moins contes que les autres*, précédés de *L'illustre Parisienne*, Paris, Société des Textes Français Modernes, 1993 [1698], p. I–XLIX.

Gevrey, Françoise, *L'esthétique de Mme de Lafayette*, Paris, SEDES, 1997.

Gervey, Francoise et Jean Lombard, «Six nouveaux romans attribués à Courtilz de Sandras», *XVIIᵉ siècle*, avril–juin 1987, p. 193–202.

Giorgio, Giorgetto, «Introduction», dans Du Plaisir, *La duchesse d'Estramène*, Rome, Bulzoni, 1978, p. 9–52.

Godenne, René, «Les nouvelles de Madeleine de Scudéry», *Revue des Sciences humaines*, octobre–décembre 1972, n° 148, p. 503–514.

Godenne, René, «Introduction», dans Du Plaisir, *La duchesse d'Estramène*, 2 t. en 1 vol., Genève, Slatkine Reprints, 1978 [1682], p. 3–12.

Godenne, René, «Présentation», dans Madeleine de Scudéry, *Mathilde d'Aguilmar*, Genève, Slatkine Reprints, 1979 [1667], p. I–XXIII.

Godenne, René, «Présentation», dans Antoine Torche, *Le chien de Boulogne ou l'amant fidelle: nouvelle galante*, Genève, Slatkine Reprints, 1979 [1668], p. I–X.

Godenne, René, «Présentation», dans Jean Donneau de Visé, *Les nouvelles galantes, comiques et tragiques*, 3 t. en 1 vol., Genève, Slatkine Reprints, 1979 [1669], p. VII–XXVI.

Godenne, René, «Présentation», dans Madeleine de Scudéry, *La promenade de Versailles*, Genève, Slatkine Reprints, 1979 [1669], p. I–XIV.

Godenne, René, «Présentation», dans dans Marie-Catherine Hortense Desjardins, dite Mme de Villedieu, *Cléonice ou le roman galant*, 1979 [1669], p. I–XV.

Godenne, René, «Présentation», dans Marie-Catherine Hortense Desjardins, dite Mme de Villedieu, *Les annales galantes*, Genève, Slatkine Reprints, 1979 [1670], p. I–XIII.

Godenne, René, «Présentation», dans César Vichard de Saint-Réal, *Dom Carlos, nouvelle historique*, Genève, Slatkine Reprints, 1979 [1672], p. 7–20.

Godenne, René, «Présentation», dans Edme Boursault, *Le prince de Condé*, Genève, Slatkine Reprints, 1979 [1675], p. VII–XVI.

Godenne, René, «Présentation», dans Charles Cotolendi, *Mademoiselle de Tournon*, Genève, Slatkine Reprints, 1979 [1678], n.p.

Godenne, René, «Présentation», dans Catherine Bernard, *Les malheurs de l'amour. Première nouvelle. Éléonor d'Yvrée*, Genève, Slatkine Reprints, 1979 [1687], p. VII–XVI.

Godenne, René, «Présentation», dans Anne Bellinzani Ferrand, dame Michel, *Histoire des amours de Cleante et Belise*, Genève, Slatkine Reprints, 1979 [1689], p. I–XIV.

Godenne, René, «Présentation», dans Marie-Catherine Le Jumel de Barneville, Comtesse d' Aulnoy, *Histoire d'Hypolite, comte de Duglas*, Genève, Slatkine Reprints, 1979 [1690], p. I–XXII.

Godenne, René, «Présentation», dans Jean Donneau de Visé, *L'amour échapé ou les diverses manieres d'aymer*, 3 t. en 2 vol., Genève, Slatkine Reprints, 1980 [1669], p. VII–XIV.

Godenne, René, «Présentation», dans Sébastien Bremond, *Hattigé ou les amours du roy Tamaran*, Genève, Slatkine Reprints, 1980 [1676], p. VII–XIV.

Godenne, René, «Présentation», dans Jean de Préchac, *L'illustre parisienne, histoire galante et véritable*, Genève, Slatkine Reprints, 1980 [1679], p. VII–XIV.

Godenne, René, «Présentation», dans Jean de Préchac, *Les désordres de la Bassette, nouvelle galante*, Genève, Slatkine, 1980 [1682], p. VII–XIII.

Godenne, René, «Présentation», dans Anne de La Roche-Guilhen, *Le grand Scanderberg, nouvelle*, Genève, Slatkine Reprints, 1980 [1688], p. VII–XIV.

Godenne, René, *Les romans de Mademoiselle de Scudéry*, Genève, Droz, 1983.

Goldsmith, Elizabeth, «Les lieux de l'histoire dans *La Princesse de Montpensier*», *XVIIe siècle*, 181, 1993, p. 705–716.

Grande, Nathalie, «La morale de l'histoire: une étude des *Désordres de l'amour* de Mme de Villedieu», *XVIIe siècle*, n° 190, 1996, p. 167–175.

Grande, Nathalie, *Stratégies de romancières. De* Clélie *à* La princesse de Clèves *(1654–1678)*, Paris, Honoré Champion, 1999.

Grande, Nathalie, « Introduction », dans Madeleine de Scudéry, *Mathilde*, Paris, Honoré Champion, 2002, p. 11–52 .

Grande, Nathalie, « Du long au court: réduction de la longueur et invention des formes narratives, l'exemple de Madeleine de Scudéry, *XVIIᵉ siècle*, avril–juin 2002, n° 215, p. 263–271.

Grobe, E.P., « Gabriel and Sébastien Brémond », *Romance Notes*, 1963, IV, n° 2, p. 132–135.

Grobe, E.P., « The Anonymous tunisian novels of Sébastien Brémond », *Romance Notes*, 1965, VI, n° 2, p. 148–152.

Grobe, E.P., « The Sources of Madame de Villedieu's "Nouvelles africaines" », *Romance Notes*, 1966, VIII, n° 1, p. 120–125.

Haig, S.T., « *La Princesse de Clèves* and Saint-Réal's *Don Carlos* », *French Studies*, 22, 1968.

Hardin, Moses, *Modern Techniques in a Seventeenth–Century Writer: Anne de La Roche Guilhen*, New York, Peter Lang, 1997.

Hilgar, M.-T., « *Le Comte d'Amboise*: dimension romanesque et dimension dramatique », *Cahiers du dix-septième siècle*, 1987, 1, p. 141–147.

Hipp, Marie-Thérèse, « Quelques formes du discours romanesques chez Mme de Lafayette et Mlle Bernard », *Revue d'histoire littéraire de France*, mai–août 1977, p. 507–522.

Homand, Jean-Paul, « Inroduction », dans Marie-Catherine Hortense Desjardins, dite Mme de Villedieu, *Le portefeuille*, s.l., Université d'Exeter, 1979 [1674], p. VII–XXIII.

Jones Day, Shirley, « Examples of sensibility in the late seventeenth-century feminine novel in France », *The Modern Language review*, avril, 1966, p. 203–205.

Jones Day, Shirley, « Introduction », dans Marie-Catherine Le Jumel de Barneville, Comtesse d'Aulnoy, *Histoire d'Hypolite, comte de Duglas*, London, Institute of Romance Studies, 1994 [1690], p. VII–LII.

Jyl, Laurence, *Madame d'Aulnoy ou la fée des contes*, Paris, Laffont, 1989.

Karro, Françoise, « "Dessein ottoman" et roman historique. Les relations imaginaires de Préchac », dans Cecilia Rizza (dir.), *La découverte de nouveaux mondes. Aventure et voyages imaginaires. Au XVIIᵉ siècle. Actes du XXIIᵉ Colloque du Centre Méridional de Rencontres sur le XVIIᵉ siècle*, Fasano, Schena, 1993, p. 165–179.

Kavanagh, Thomas M., « Préchac and the noble's wager », *Enlightenment and the shadows of chance. The novel and the culture of gambling in eighteenth-century France*, Baltimore/London, 1993, p. 123–143.

Krawjewska, Barbara, *Du cœur à l'esprit: Mademoiselle de Scudéry et ses samedis*, Paris, Kimé, 1993.

Lachèvre, Frédéric, *Le Casanova du XVIIᵉ siècle*, Paris, Honoré Champion, 1927.

Lalande, Roxanne Decker (dir.), *A Labor of Love. Critical Reflections on the Writing of Marie-Catherine Desjardins (Mme de Villedieu)*, Madison-Teaneck/London, Fairleigh Dickinson University Press/Associated University Press, 2000.

Lallemand, Marie-Gabrielle, «Introduction», dans Madeleine de Scudéry, *La promenade de Versailles*, Paris, Champion, 2002, p. 7–57.

Laloy, Émile, *Les aventures de Madame d'Aulnoy et de sa mère*, s.l., s.é., 1929.

Lancaster, H.C., «Saint-Réal: *Dom Carlos* et *Phèdre*», *Modern Language Review*, LIV, 1939.

Langlois, M., «Souvenirs d'une précieuse: les anecdotes et réflexions de "Bélise" (Anne de Bellinzani présidente de Michel Ferrand) d'après un manuscrit inédit», *Revue d'histoire littéraire de la France*, 1925, p. 497–538.

La Pilogerie, Jules Luette de, *René Le Pays*, Nantes, D. Forest et G. Grimaud, 1872.

Laugaa, Maurice, *Lectures de Mme de Lafayette*, Paris, Armand Colin, 1971.

Lautère, Adrienne, *Mme d'Aulnoy et sa mère*, Paris, Fasquelle, 1946.

Le Blant, Robert, «Introduction», *Lettres de Jean de Préchac, conseiller garde-scel au parlement de Navarre (1691–1715)*, Pau, G. Lescher-Montoué, 1940, p. 1–16.

Leibacher-Ouvrard, L., «L'envers de l'écrit: romans et paratextes chez d'Aubignac», *Revue d'histoire littéraire de France*, 1990, n° 2, p. 147–164.

Letexier, Gérard, *Madame de Villedieu (1640–1683) une chroniqueuse aux origines de La Princesse de Clèves*, Paris/Caen, Lettres modernes Minard, 2002.

Letts, J.T., «René Le Pays: Histoire littéraire et galante in Dauphiné», *Papers on French Seventeenth Century Literature*, XIV, 37, 1992.

Lombard, Jean, *Courtilz de Sandras et la crise du roman à la fin du Grand Siècle*, Paris, PUF, 1980.

Magne, Émile, *Madame de Villedieu (Hortense Desjardins) 1632–1692 – Documents inédits*, Paris, Société du Mercure de France, 1907.

Mainil, Jean, *Madame d'Aulnoy et le rire des fées: essai sur la subversion féérique et le merveilleux comique sous l'Ancien Régime*, Paris, Kimé, 2001.

Malquori Fondi, Giovanna, «Introduction», *Le roman des lettres*, Paris, Papers on French Seventeenth Century, 1989.

Mansau, Andrée, *Saint-Réal et l'humanisme cosmopolite*, Paris, Honoré Champion, 1976.

Mansau, Andrée, «Préface», dans L'abbé de Saint-Réal, *Dom Carlos et la Conjuration des Espagnols contre la république de Venise*, Genève, Droz, 1977.

Mansau, Andrée, «Jean de Préchac, un Béarnais au service de Louis XIV», *Actes du colloque Béarn et Gascogne* (1983), *Cahiers de l'université de Pau*, 1985, n° 6, p. 115–127.

Mansau, Andrée, «Saint-Réal, ou les miroirs brisés», *Littératures Classiques*, n° 15, octobre 1991, p. 227–238.

Mélèse, Pierre, *Un homme de lettre au temps du Grand Roi. Donneau de Visé, fondateur du Mercure Galant*, Genève, Droz, 1936.

Mesnard, Jean, «La couleur du passé dans *La princesse de Clèves*», *Création et récréation*, Tübingen, Gunter Narr, 1993, p. 43–51.

Mesnard, Jean, «Lumières sur le sieur Du Plaisir», dans Jean Martel et Robert Melançon (dir.), *Inventaire, lecture, invention. Mélanges de critique et d'histoire*

littéraires offerts à Bernard Beugnot, Montréal, Université de Montréal/Para-
graphe, 1999, p. 275–291.

Mme de Lafayette, Actes de Davis (1988), Paris/Seattle/Tübingen, Papers on French
Seventeenth Century Literature, 1988.

Mongrédien, Georges, « Le fondateur du Mercure Galant : Jean Donneau de Visé »,
Mercure de France, 1er octobre 1937, p. 89–116.

Mongrédien, Georges, « Raymond Poisson », *Les grands comédiens du XVIIe siècle*,
Paris, Société d'édition Le Livre, 1927, p. 219–259.

Montifaud, Marc de, « Notice historique sur Pierre-Corneille de Blessebois », *Alosie,
ou les amours de Mme de M.T.P.*, Paris, Debons, 1876.

Montifaud, Marc de, « Notice sur le style romanesque et réponse aux attaques
contre Corneille de Blessebois », *Le lion d'Angélie*, Bruxelles, Lacroix, 1877.

Moreau, Isabelle, *La transformation de la représentation romanesque de la nature
dans la nouvelle galante après 1660. Un exemple : les topoï du jardin et de la
promenade dans l'œuvre de Jean de Préchac*, Mémoire de D.E.A., Université
d'Aix-Marseille I, 1991.

Moreau, Isabelle, « Paysage et tradition littéraire. Les choix utilitaires dans l'œuvre
de Préchac », *XVIIe siècle*, n° XLVII, 1995, p. 419–429.

Morillot, Paul, *Un bel esprit de Province au XVIIe siècle. René Le Pays, directeur des
gabelles en Dauphiné*, Grenoble, F. Allier père et fils, 1890.

Morrissette, B.-A., *The Life and Works of Marie Catherine Desjardins, Mme de Villedieu*, Washington, Washington University Press, 1947.

Mouligneau, Geneviève, *Madame de La Fayette, romancière ?*, Bruxelles, Presses de
l'Université de Bruxelles, 1980.

Niderst, Alain, *Madeleine de Scudéry, Paul Pellisson et leur monde*, Paris, PUF, 1976.

Niderst, Alain (dir.), *Les trois Scudéry. Actes du Colloque de Havre*, Paris, Klincksieck,
1993.

Person de Champoly, G., *Le savoir-vivre au bon vieux temps. D'après le « Nouveau
traité de civilité qui se pratique en France parmi les honnêtes gens » par Antoine
Courtin*, Paris, Société française d'imprimerie et de librairie, 1941.

Pierre de Boisguilbert ou la naissance de l'économie politique, vol. 1, Paris, Institut
national d'études démographiques, 1966.

Piva, Franco, « Présentation », dans Catherine Bernard, *Œuvres*, Fasano/Paris,
Schena/Nizet, 1993, p. 9–47.

Plazenet, L., « Un faux problème d'attribution : *Les nouvelles ou les divertissements
de la princesse Alcidiane* de Mme de La Calprenède. Contribution à l'histoire de la nouvelle en France », *XVIIe siècle*, 195, 1997, p. 341–360.

Plusquellec, Catherine, *L'œuvre de Catherine Bernard. Romans, théâtre, poésies*, Thèse
de 3e cycle, Université de Rouen, 1984.

Plusquellec, Catherine, « Qui était Catherine Bernard ? », *Revue d'histoire littéraire de
la France*, LXXXV, 1985, p. 667–669.

Poulet-Malassis et Corneille Blessebois, notes bibliographiques, Marners, Fleury et
Dangin, 1883.

Rémy, Gabriel, *Un Précieux de province. René Le Pays (sa vie, ses œuvres et son milieu)*, Paris, Association des étudiants de doctorat, 1925.

Rochas, Adolphe, *Extrait de la biographie du Dauphiné. Guy Allard, sa vie et ses ouvrages*, Paris, Charavay, 1854.

Roman, J., *Bibliographie de l'œuvre généalogique de Guy Allard*, Grenoble, 1905.

Rudelic, D., «*Don Carlos*, tragic end/or narrative denouement?», *Romanische Forschungen*, CVII, 1995, p. 136–144.

Saulnier, Frédéric, *Notice sur René le Pays*, Rennes, A. Marteville et Lefas, 1853.

Simons, J.D., «The nature of obsession in *Don Carlos*», *Modern Language Notes*, 1969, vol. 84–3, p. 451–457.

Syveton, G., «Une femme magistrat sous Louis XIV, la présidente Ferrand», *Grande revue*, 15 février 1905, p. 292–324.

Talbot, Albert, *Les théories de Boisguilbert et leur place dans l'histoire des doctrines économiques*, New York, B. Franklin, 1971 [1903].

Venesoen, Constant, *Études sur la littérature féminine au XVIIe siècle: Mademoiselle de Gournay, Mademoiselle de Scudéry, Madame de Villedieu, Madame de Lafayette*, Birmingham, Summa Publications, 1990.

Viala, Alain, «De Scudéry à Courtilz de Sandras: les nouvelles historiques et galantes», *XVIIe siècle*, avril–juin 2002, n° 215, p. 287–295.

Vincent, Monique, «Le Mercure Galant et son public féminin», *Romanistische Zeitschrift für Literaturgeischichte*, fasc. 1–2, 1979, p. 76–85.

Vincent, Monique, «Le Mercure Galant, témoin des pouvoirs de la femme du monde», *XVIIe siècle*, juillet–septembre 1984, p. 241–248.

Vincent, Monique, *Donneau de Visé et le Mercure Galant*, Paris, Aux amateurs de livres, 1987.

Virieux, M., «Le Dauphinois Guy Allard polygraphe provincial (1635–1716)», *Les Provinciaux sous Louis XIV*, Marseille, n° 101, 1975, p. 101–107.

Virmaux, Odette, *Les héroïnes romanesques de Madame de La Fayette*, Paris, Klincksieck, 1981.

Winn, Colette H. et Donna Kuizenga (dir.), *Women Writers in pre-revolutionary France: strategies of emancipation*, New York/London, Garland pub., 1997.

Wolff, H., *Das narrative Werk Catherine Bernards (1662–1712). Liebeskonzeption und Erzählhltechniken*, Francfort/sur-le-Main/Berne/New York/Paris, Peter Lang, 1990.

Woodbridge, Benjamin Mather, *Gatien de Courtilz, Sieur du Verger. Étude sur un précurseur du roman réaliste en France*, Baltimore, John Hopkins Press, 1925.

La nouvelle comme genre littéraire:

A) Sources:

Bellegarde, abbé Morvan de, *Lettres curieuses de littérature et de morale*, Paris, Guignard, 1702.

Boileau-Despréaux, Nicolas, *Dialogue des héros de roman*, dans *Œuvres complètes*, Paris, Gallimard, 1966 [1688].

Charnes, Jean-Antoine de, *Conversations sur la critique de la Princesse de Clèves*, Tours, Éd. de l'Université de François-Rabelais, 1973 [1679].

Du Plaisir, le sieur, *Sentimens sur les Lettres, et sur l'Histoire avec des scrupules sur le stile*, Genève, Droz, 1975 [1683].

Huet, Pierre Daniel, *Lettre-traité de Pierre-Daniel Huet sur l'origine des romans*, Paris, Nizet, 1971 [1669].

Lenglet-Dufresnoy, Gordon de Percel, *De l'usage des romans où l'on fait voir leur utilité et leurs différents caractères. Avec une bibliothèque des romans ...*, 2 vol., Amsterdam, Poilras, 1734.

Sorel, Charles, *La bibliothèque française*, Genève, Slatkine Reprints, 1970 [1664].

Sorel, Charles, *De la connaissance des bons livres*, Roma, Bulzoni, 1974 [1671].

Valincour, Jean-Baptiste Henri du Trousset, sieur de, *Lettres à Mme la marquise* *** *sur le sujet de La Princesse de Clèves*, Tours, Éd. de l'Université François-Rabelais, 1972 [1678].

B) *Études*:

Adam, Antoine, *Histoire de la littérature française au XVIIe siècle*, Paris, Domat, 1948–1956, vol. 1, p. 397–423, vol. 2, p. 140–145, vol. 4, p. 172–180.

Adam, Antoine, éd., *Romanciers du XVIIe siècle: Sorel, Scarron, Furetière, Madame de Lafayette*, Paris, Gallimard, 1958.

Baldner, Ralph Willis, *Bibliography of the Seventeenth Century French Prose Fiction*, New York, Columbia University Press, 1967.

Berger, Günter, «Préfaces et vérité: la théorie romanesque du XVIIe siècle entre la contrainte à l'apologie et la tentation de l'histoire», *Papers on French Seventeenth Century Literature*, XVIII, n° 35, p. 275–282.

Berger, Günter, *Pour et contre le roman. Anthologie du discours théorique sur la fiction narrative en prose du XVIIe siècle*, Paris/Seattle/Tübingen, Papers on French Seventeenth Century Literature, 1996.

Blüher, K.A., *Die französische Novelle*, Tübingen, Utb 49, 1985.

Boggio Quallio, Elena, «La structure de la nouvelle classique de Jacques Yver à Jean-Pierre Camus», *L'automne de la Renaissance*, Paris, Vrin, 1981, p. 209–218.

Boursier, Nicole, *Le centre et la circonférence. Essai sur l'objet dans la nouvelle classique*, Tübigen, Gunter Narr Verlag, 1983.

Charbonneau, Frédéric et Réal Ouellet, éd., *Nouvelles françaises du XVIIe siècle*, Québec, L'instant même, 2000.

Chklovski, Victor, «La construction de la nouvelle et du roman», *Théorie de la littérature*, Paris, Seuil, 1965, p. 170–196.

Chupeau, Jacques, «La littérature romanesque dans la deuxième moitié du XVIIe siècle», dans P. Abraham et R. Desné (dir.), *Histoire littéraire de la France*, t. IV, Paris, Éditions Sociales, 1975.

Chupeau, Jacques, «Quelques formes caractéristiques de l'écriture romanesque à la fin du XVIe siècle et au début du XVIIe siècle», dans Jean Lafond et A. Stegman (dir.), *L'Automne de la Renaissance*, Paris, Vrin, 1981, p. 219–230.

Chupeau, Jacques, «La réception du roman historique sous Louis XIV», *Œuvres et Critiques*, XII, 1, 1987, p. 122–136.

Collinet, Jean-Pierre et Jean Serroy, *Romanciers et conteurs du XVIIe siècle*, Paris, Ophrys, 1975.

Coulet, Henri, *Le roman jusqu'à la révolution*, Paris, Armand Colin, 1991 [1967].

Coulet, Henri, *Idées sur le roman. Textes critiques sur le roman français. XII–XXe siècle*, Paris, Larousse, 1992.

Dallas, Dorothy Frances, *Le roman français de 1660 à 1680*, Genève, Slatkine Reprints, 1977 [1932].

Delhez-Sarlet, Claudette, «*La Princesse de Clèves*: roman ou nouvelle?», *Romanische Forschungen*, t. LXXX, n° 1, 1968, p. 53–85 ; n° 2–3, p. 220–238.

Delhez-Sarlet, Claudette, «Dans les *Sentiments* de Du Plaisir (1683), un enjeu de la nouvelle poétique du roman: l'émergence du personnage romanesque moderne», *De la mort de Colbert à la révocation de l'Édit de Nantes: un monde nouveau?*, *Actes du XIVe colloque du C.M.R. 17*, Marseille, 1985, p. 149–159.

Deloffre, Frédéric, *La nouvelle française à l'âge classique*, Paris, Didier, 1968.

«De l'usage des vieux romans», sous la dir. de Ugo Dionne et Francis Gingras, numéro spécial de la revue *Études françaises*, Montréal, vol. 42, n°2, 2006.

Démoris, René, *Le roman à la première personne*, Paris, Armand Colin, 1975.

Démoris, René, «Aux origines de l'homme historique: le croisement, au XVIIe siècle, du roman et de l'histoire», *Papers on French Seventeenth Century Literature*, n° 15, 1983, p. 23–41.

Denis, Delphine, «Du Parterre aux Promenades: une scène pour la littérature du XVIIe siècle», *XVIIe siècle*, n° 209, 2000, p. 655–670.

Denis, Delphine, «Récit et devis chez M. de Scudéry: la nouvelle entre romans et *Conversations*», dans Vincent Engel et Michel Guissard (dir.), *La nouvelle de langue française aux frontières des autres genres, du Moyen Âge à nos jours*, vol. 2, Louvain-la-neuve, Academia Bruylant, 2001, p. 90–107.

Denis, Delphine, «Le roman, genre polygraphique?», *Littératures classiques*, 49, 2003, p. 339–366.

Dotoli, Giovanni, *Littérature et société en France au XVIIe siècle*, Fasano/Paris, Schena/Nizet, 1991.

Dubuis, Roger, «La genèse de la nouvelle en France au Moyen Âge», *Cahiers de l'Association Internationale des études françaises*, mars 1966, n° 18, p. 9–19.

Dubuis, Roger, *Les cent nouvelles nouvelles et la tradition de la nouvelle en France au Moyen Âge*, Grenoble, Presses universitaires de Grenoble, 1973.

Dubuis, Roger, «Le mot nouvelle au Moyen Âge: de la nébuleuse au terme générique», *La nouvelle. Définitions, transformations*, Lille, Presses Universitaires de Lille, 1990, p. 13–26.

Engel, Vincent et Michel Guissard (dir.), *La nouvelle de langue française aux frontières des autres genres du Moyen Âge à nos jours*, vol. 1, Louvain-la-neuve, Quorum, 1997.

Engel, Vincent et Michel Guissard (dir.), *La nouvelle de langue française aux frontières des autres genres du Moyen Âge à nos jours*, vol. 2, Louvain-la-neuve, Academia Bruylant, 2001.

Escola, Marc, éd., *Nouvelles galantes du XVIIe siècle*, Paris, Garnier-Flammarion, 2004.

Esmein, Camille, éd., *Poétiques du roman: Scudéry, Huet, Du Plaisir et autres textes théoriques et critiques du XVIIe siècle sur le genre romanesque*, Paris, Honoré Champion, 2004.

Esmein, Camille, «Le *tournant historique* comme construction théorique: l'exemple du "tournant" de 1660 dans l'histoire du roman», dans «Théorie et histoire littéraire», *Fabula LHT*, n° 0, juin 2005. URL: http://www.fabula.org/lht/0/Esmein.html

Friedrich, K., «Eine Theorie des "Romans nouveaux"», *Romanistisches Jahrbuch*, 1963, p. 105–132.

Gevrey, Françoise, «L'enfance du héros dans la nouvelle classique», *Littératures Classiques*, n° 14, 1991, p. 151–159.

Godenne, René, «L'association nouvelle petit-roman entre 1650 et 1750», *Cahiers de l'Association Internationale d'Études Françaises*, n° 18, 1966, p. 67–78.

Godenne, René, «Comment appeler un auteur de nouvelles?», *Romanic Review*, 1967, vol. LVIII, I, p. 38–43.

Godenne, René, *Histoire de la nouvelle française aux XVIIe et XVIIIe siècles*, Genève, Droz, 1970.

Godenne, René, «Les débuts de la nouvelle narrée à la première personne (1645–1800)», *Romanische Forschungen*, 1970, 82, p. 253–267.

Godenne, René, *Études sur la nouvelle française*, Genève, Slatkine, 1985.

Godenne, René, «État présent de l'étude sur la nouvelle française du XVIIe siècle (1977–1994)», *La guirlande di Cecilia. Studi in onore di Cecilia Rizza*, Fasano/Paris, Schena/Nizet, 1997, p. 343–351.

Godwin, D., «Le nationalisme français dans la nouvelle de 1657 à 1700», *Papers on French Seventeenth Century Literature*, n° 31, 1989, p. 447–453.

Grande, Nathalie, *Le roman au XVIIe siècle: l'exploration du genre*, Rosny, Bréal, 2002.

Green, F.C., «The critic of the XVIIth century and his attitude toward the french novel», *Modern Philology*, XXIV, 1926–1927, p. 285–295.

Guichemerre, Roger, éd., *Dom Carlos et autres nouvelles françaises du XVIIe siècle*, Paris, Gallimard, 1995.

Guissard, Michel, *La nouvelle française. Essai de définition d'un genre*, Louvain-la-neuve, Academia Bruylant, 2002.

Hainsworth, G., *Les Novelas Exemplares de Cervantes en France au XVIIe siècle. Contribution à l'étude de la nouvelle en France*, Paris, Honoré Champion, 1933.

Hautcoeur, G., «D'une esthétique de la diversité dans la nouvelle historique», *Littérature comparée*, 2002, 1, p. 165–182.

Hipp, Marie-Thérèse, *Mythes et réalités. Enquêtes sur le roman et les mémoires (1660–1700)*, Paris, Klincksieck, 1976.

Hourcade, Philippe, «Du Plaisir et les problèmes du roman: esquisse de l'expérience littéraire d'un écrivain vers 1683», *XVIIᵉ siècle*, n° 96, 1972, p. 55–71.

Hubert, J. D., «Les nouvelles françaises de Sorel et Segrais», *Cahiers de l'Association Internationale des études françaises*, mars 1966, n° 18, p. 31–40.

Hunter-Chapco, Ellen J., *Theory and practice of the «petit roman» in France (1656–1683): Segrais, Du Plaisir, Madame de Lafayette*, Regina, University of Regina, 1978.

«L'invention du roman français au XVIIᵉ siècle», numéro spécial de la revue *XVIIᵉ siècle*, n° 215, 2002.

Keller, Edwidge, *Poétique de la mort dans la nouvelle classique (1660–1680)*, Paris, Honoré Champion, 1999.

Lajarte, Philippe de, «Des nouvelles de Marguerite de Navarre à *La Princesse de Clèves*: notes sur quelques transformations de l'écriture narrative de la Renaissance à l'Âge classique», *Nouvelle Revue du XVIᵉ siècle*, 1988, n° 6, p. 45–56.

Léonard, Monique, «Les dits aux origines de la nouvelle», *La nouvelle. Définitions, transformations*, Lille, Presses Universitaires de Lille, 1990, p. 29–42.

Lever, Maurice, *La fiction narrative en prose au XVIIᵉ siècle. Répertoire bibliographique du genre romanesque en France (1600–1700)*, Paris, C.N.R.S., 1976.

Lever, Maurice, *Le roman français au XVIIᵉ siècle*, Paris, PUF, 1981.

Magendie, Maurice, *Le roman français au XVIIᵉ siècle de l'Astrée au Grand Cyrus*, Paris, Droz, 1931.

Montandon, Alain, «Des promenades», *Les espaces de civilité*, Mont-de-Marsan, Éditions Interuniversitaires, 1995, p. 53–78.

Mortier, Roland, «La fonction des nouvelles dans le *Roman Comique*», *Cahiers de l'Association Internationale des études françaises*, mars 1966, n° 18, p. 41–51.

Noille-Clauzade, Christine, «La nouvelle au XVIIᵉ siècle ou la vérité de la fiction», dans Vincent Engel et Michel Guissard (dir.), *La nouvelle de langue française aux frontières des autres genres du Moyen Âge à nos jours*, Louvain-la-neuve, Quorum, 1997, p. 149–157.

«La Nouvelle. Théorie et pratique», numéro spécial des *Papers on French Seventeenth Century Literature*, XVI, 1989.

Pavel, Thomas, *L'art de l'éloignement. Essai sur l'imagination classique*, Paris, Gallimard, 1996.

Pavel, Thomas, *La pensée du roman*, Paris, Gallimard, 2003.

Pech, Thierry, *Conter le crime. Droit et littérature sous la Contre-Réforme: Les histoires tragiques (1559–1644)*, Paris, Honoré Champion, 2000.

Pérouse, Gabriel-André, *Nouvelles françaises du XVIᵉ siècle: images de la vie du temps*, Genève, Droz, 1977.

Picard, Raymond (dir.), *Nouvelles du XVIIᵉ siècle*, Paris, Gallimard, 1997.

Pizzorusso, Arnaldo, *La poetica del romanzo in Francia, 1660–1685*, Rome, Sciascia, 1962.

Puzin, Claude, *Le roman et la nouvelle au XVIIᵉ siècle*, Paris, Nathan, 1983.

Ratner, M., *Theory and Criticism of the Novel in France from* L'Astrée *to 1750*, New York, De Palma, 1938.

Raynal, Marie-Aline, *Le talent de Madame de La Fayette. La nouvelle française de Segrais à Madame de La Fayette*, Genève, Slatkine Reprints, 1978.

Reynier, Gustave, *Le roman sentimental avant l'Astrée*, Paris, Armand Colin, 1908.

Reynier, Gustave, *Le roman réaliste au XVIIᵉ siècle*, Genève, Slatkine Reprints, 1971 [1914].

Robic De Baecque, Sylvie, *Le salut par l'excès. Jean-Pierre Camus (1608–1652), la poétique d'un évêque romancier*, Paris, Honoré Champion, 1999.

« Le roman historique », numéro spécial de la *Revue d'Histoire littéraire de la France*, n° 3–4, 1975.

« Le roman au XVIIᵉ siècle », numéro spécial de la *Revue d'Histoire littéraire de la France*, n° 3–4, 1977.

« Romanciers du XVIIᵉ siècle », numéro spécial de la revue *Littératures Classiques*, n° 15, octobre 1991.

Rosellini, Michelle, « Curiosité et théorie du roman dans le dernier tiers du XVIIᵉ siècle: entre éthique et esthétique », dans N. Jacques-Chaquin et Sophie Houdard (dir.), *Curiosité et libido sciendi de la Renaissance aux Lumières*, t. I, Fontenay-aux-Roses, ENS Éditions, 1998, p. 137–156.

Samaran, Ch., « Histoire romancée et roman historique », *Revue des études historiques*, 1925.

Sanz, Amelia, « La nouvelle historique entre deux siècles: fondement d'une narrativité », *XVIIᵉ siècle*, n° 198, janvier–mars 1998, p. 151–165.

Serroy, Jean, *Roman et réalité. Les histoires comiques au XVIIᵉ siècle*, Paris, Minard, 1981.

Serroy, Jean, « Le roman et l'Histoire au XVIIᵉ siècle avant Saint-Réal », *Studi francesi*, XXXVII, 1993, p. 243–250.

Sgard, Jean, *Le roman français à l'âge classique 1600–1800*, Paris, Librairie générale française, 2000.

Showalter, Erich, *The Evolution of the French Novel, 1641–1782*, Princeton, Princeton University Press, 1972.

Souiller, Didier, *La* nouvelle *en Europe de Boccace à Sade*, Paris, PUF, 2004.

Steiner, A., « A french poetics of the novel in 1683 », *Romanic Review*, XXX, 1939, p. 235–243.

Toma, Dolores, « Du Plaisir, un théoricien de la nouvelle du XVIIᵉ siècle », dans Vincent Engel et Michel Guissard (dir.), *La nouvelle de langue française aux frontières des autres genres du Moyen Âge à nos jours*, vol. 2, Louvain-la-neuve, Academia Bruylant, 2001, p. 132–137.

Varga Kibédi, Aron, « Pour une définition de la nouvelle à l'époque classique », *Cahiers de l'Association Internationale des études françaises*, mars 1966, n° 18, p. 53–65.

Verdier, Gabrielle, « Ceci n'est pas un roman, Authorial Discourse in early Seventeenth Century short fiction and the boundaries of the nouvelle », *Papers on French Seventeenth Century Literature*, vol. 16, n° 30, 1989, p. 142–157.

Verdier, Gabrielle, «Masculin/féminin. La réécriture de l'histoire dans la nouvelle Historique», *La naissance du roman en France*, Seattle/Tübingen, Papers on French Seventeenth Century Literature, 1990, p. 39–54.

Vincent, Monique, éd., *Anthologie des nouvelles du Mercure Galant (1672–1710)*, Paris, Société des Textes Français Modernes, 1996.

Wetzel, Hermann H., «Éléments socio-historiques d'un genre littéraire: l'histoire de la nouvelle jusqu'à Cervantes», *La nouvelle française à la Renaissance*, Genève, Slatkine, 1981, p. 41–78.

Williams, Ralph Coplestone, *Bibliography of the Seventeenth Century Novel in France*, London, Holland Press, 1964.

Woodrough, Elisabeth M., «Du Plaisir's ingenious theory of roman nouveau», *Newsletters of the Society for Seventeenth Century French Studies*, 1981, n° 3, p. 51–59.

Zonza, Christian, «Les métamorphoses de l'histoire et de la fiction dans *Le prince de Condé* de Boursault», *Dalhousie French Studies*, hiver 2003, vol. 65, p. 101–111.

Zonza, Christian, «Écho des guerres ottomanes dans les nouvelles historiques: de la représentation de l'Autre à la représentation de soi», *XVIIe siècle*, oct.–déc. 2005, n° 229, p. 653–678.

Zonza, Christian, «La nouvelle historique: de l'histoire intelligible aux possibles de l'histoire», dans Thierry Belleguic, Éric Van der Schuren et Sabrina Vervacke (dir.), *Les songes de Clio. Fiction et histoire sous l'Ancien Régime*, Québec, Presses de l'Université Laval, 2006.

Le savoir sur les passions:

A) Sources:

Aquin, saint Thomas d', *Summa theologica*, Paris, Cerf, 1984.

Aristote, *Éthique à Nicomaque*, Paris, Vrin, 1959.

Aristote, *De l'âme*, Paris, Belles Lettres, 1966.

Aristote, *Rhétorique*, Paris, Belles Lettres, 1967–1980.

Arnauld, Antoine et Pierre Nicole, *La logique ou l'art de penser*, Paris, Flammarion, 1970 [1662].

Augustin, saint, évêque d'Hippone, *La cité de Dieu*, Paris, Garnier, 1957.

Augustin, saint, évêque d'Hippone, *Confessions*, Paris, Gallimard, 1993.

Balzac, Guez, *Les entretiens*, 2 vol., Paris, Didier, 1972 [1657].

Bary, René, *La rhétorique françoise; où l'on trouve de nouveaux exemples sur les passions et sur les figures*, Paris, Le Petit, 1659, in-12, 423 p.

Bauny, Étienne, *La somme des péchez qui se commettent en tous estats, de leurs conditions et qualitez*, Paris, Soly, 1634, in-8°.

Bouhours, Dominique, *Les entretiens d'Ariste et d'Eugène*, Paris, Armand Colin, 1962 [1671].

Bouhours, Dominique, *La manière de bien penser dans les ouvrages d'esprit*, Toulouse, Université de Toulouse, 1988 [1687].

Boyvin du Vauroüy, Henri de, (trad.), *La physionomie, ou des indices que la nature a mis au corps humain, par où l'on peust descouvrir les Mœurs et les inclinations d'un chacun*, Paris, T. de Bray, 1635, in-8°.

Camus, Jean-Pierre, *Traité des passions de l'âme*, dans *Les diversitez*, t. IX, Paris, Chappelet, 1613–1618, in-8°.

Caussin, Nicolas, *La cour sainte, ou l'institution chrestienne des grands, avec des exemples de ceux qui dans les cours ont fleury dans la saincteté*, Paris, Chappelet, 1624, in-8°, 800 p.

Chalesme De, *L'homme de qualité ou les moyens de vivre en homme de bien et en homme du Monde*, Paris, A. Pralard, 1671, in-12, 254 p.

Charron, Pierre, *De la sagesse*, Paris, Fayard, 1986 [1601].

Cicéron, *De oratore*, Paris, Belles Lettres, 1971.

Coëffeteau, Nicholas, *Tableau des passions humaines, de leurs causes et de leurs effets*, Paris, Cramoisy, 1620, in-8°, 651 p.

Courtin, Antoine de, *Nouveau traité de civilité qui se pratique en France parmi les honnestes gens*, Paris, H. Josset, 1671, in-12, 175 p.

Courtin, Antoine de, *Suite de la civilité françoise, ou, Traité du point d'honneur, et des règles pour converser et se conduire sagement avec les incivils et les fâcheux*, Paris, A. Josset, 1675, in-12, 357 p.

Cureau de la Chambre, Marin, *Les charactères des passions*, 5 vol., Paris, I. d'Allin, 1660–1662 [1640], in-4°.

Cureau de la Chambre, Marin, *L'art de connoistre les hommes*, Paris, I. d'Allin, 1662, [1659], in-16, 471 p.

Descartes, René, *Les passions de l'âme*, Paris, Vrin, 1966 [1649].

Du Bosc, Jacques, *L'honneste femme*, Paris, P. Billaine, 1632, in-8°, 347 p.

Du Vair, Guillaume, *De la sainte philosophie. Philosophie morale des stoïques*, Paris, Vrin, 1945 [1625].

Faret, Nicolas, *L'honneste homme ou l'art de plaire à la cour*, Paris, T. du Bray, 1630, in-4°, 268 p.

Grenaille, François de, *L'honnête fille où dans le premier livre il est traité de l'esprit des filles*, Paris, Honoré Champion, 2003 [1640].

Grenaille, François de, *L'honneste fille*, 3 vol., Paris, J. Paslé, T. Quinet et A. de Sommaville, 1639–1640, in-4°.

Grenaille, François de, *L'honneste garçon, ou l'art de bien élever la noblesse à la vertu, aux sciences et à tous les exercices convenables à sa condition*, 2 parties en 1 vol., Paris, Quinet, 1642, in-4°.

Lactance, *De ira Dei/De la colère de Dieu*, Paris, Cerf, 1982.

La Framboisiere, Nicolas Abraham, sieur de, *Les œuvres*, 2 vol., Paris, Veuve Marc Orry, 1613, in-4°.

Lamy, Bernard, *La rhétorique ou l'art de parler*, Paris, Pralard, 1688, in-12, 380 p.

La Mesnardière, Hippolyte-Jules Pilet de, *Raisonnemens de Mesnardiere, conseiller et medecin de son Altesse Royalle sur la nature des esprits qui servent aux sentimens*, Paris, J. Camusat, 1638, in-12, 162 p.

Le Brun, Charles, *L'expression des passions et autres conférences. Correspondance*, Paris, Dédale, Maisonneuve et Larose, 1994 [1698].

Le Brun, Charles, *Expressions des passions de l'Ame. Représentées en plusieures testes gravées d'après les desseins de feu Monsieur Le Brun Premier Peintre du Roy*, Paris, Aux amateurs de livres, 1990 [1727].

Le Faucheur, Michel, *Traitté de l'action de l'orateur, ou de la prononciation et du geste*, Paris, A. Courbé, 1657, in-12, 243 p.

Le Grand, Antoine, *Les caractères de l'homme sans passions selon les sentimens de Seneque*, Paris, Compagnie des librairies, 1663 [1655], in-12, 342 p.

Le Moyne, Pierre, *Les peintures morales ou les passions représentées par tableaux, par charactères, et par questions nouvelles et curieuses*, 2 vol., Paris, Cramoisy, 1640–43, in-4°.

Lesclache, Louis de, *L'art de discourir des passions, des biens, et de la charité, ou une méthode facile pour découvrir les avantages qu'on peut recevoir de l'ordre des choses*, Paris, Rondet, 1665, in-12, 252 p.

Malebranche, Nicolas le père, *De la recherche de la vérité*, Paris, Vrin, 1945 [1675].

Malebranche, Nicolas le père, *Conversations chrétiennes, X*, dans *Œuvres complètes*, t. IV, Paris, Vrin, 1994 [1677].

Méré, Antoine Gombaud chevalier de, *Conversations*, dans *Œuvres complètes du Chevalier de Méré*, Paris, Fernand Roches, 1930 [1668].

Montaigne, Michel de, «De la colère», *Essais II*, dans *Œuvres complètes*, Paris, Gallimard, 1989, ch. XXXI.

Nicole, Pierre, «Traité de la connaissance de soi-même», *Essais de morale contenus en divers traités sur plusieurs devoirs importants*, vol. 3, Paris, Guillaume Des Prez, 1672, in-12, 462 p.

Papin, Nicolas, *Considérations sur le traité de Mr Descartes, des Passions de l'Ame*, Paris, S. Piget, 1652, in-8°, 172 p.

Platon, *République*, Paris, Belles Lettres, 1948.

Plutarque, *Œuvres morales*, Paris, Belles Lettres, 1972.

Quintilien, *Institution oratoire*, Paris, Belles Lettres, 1975–1978.

Ripa, Cesare, *Iconologie ou explication nouvelle de plusieurs images, emblèmes, et autres figures hieroglyphes des vertus, des vices, des arts, des sciences, des causes naturelles, des humeurs differentes, et des passions humaines*, Paris, Aux amateurs de livres, 1989 [1636].

Sales, saint François, év. de Genève, *Introduction à la vie dévote*, Paris, Seuil, 1995 [1609].

Sales, saint François, év. de Genève, *Traicté de l'amour de Dieu*, 2 vol., Lyon, Pierre Rigaud, 1616, in-8°.

Senault, Jean-François, *De l'usage des passions*, Paris, Fayard, 1987 [1641].

Sénèque, *Dialogues. De ira/De la colère*, t. I, Paris, Belles Lettres, 1922.

Urfé, Honoré d', *Les épîtres morales et amoureuses*, Genève, Slatkine Reprints, 1973 [1608].

Vivès, Juan Luis, *De anima et vita*, Torini, Bottega d'Erasmo, 1963.

B) Études:

Albert, Metchthild, «L'éloquence du corps. Conversation et sémiotique corporelle au siècle classique», *Germanish-Romanische Monatsschrift,* n° 39, 1989, p. 156–179.

Aubenque, Pierre, «Sur la définition aristotélicienne de la colère», *Revue philosophique de la France et de l'étranger,* juillet–septembre, 1957, p. 300–317.

Aucante, Vincent, «La démesure apprivoisée des passions», *XVIIᵉ siècle,* n° 213, octobre–décembre 2001, p. 613–630.

Auerbach, Erich, *Le culte des passions. Essais sur le XVIIᵉ siècle français,* Paris, Macula, 1998.

Bénichou, Paul, *Morales du grand siècle,* Paris, Gallimard, 1948.

Bertaud, Madeleine, *La jalousie dans la littérature au temps de Louis XIII. Analyse littéraire et histoire des mentalités,* Genève, Droz, 1981.

Beyssade, J.-M., «La classification cartésienne des passions», *Revue Internationale de Philosophie,* n° 146, 1983, p. 278–287.

Billacois, François, *Le duel dans la société française des XVIIᵉ–XVIIIᵉ siècles,* Paris, EHESS, 1986.

Bray, René, *La formation de la doctrine classique en France,* Paris, Nizet, 1951.

Bury, Emmanuel, *Littérature et politesse. L'invention de l'honnête homme 1580–1750,* Paris, PUF, 1996.

Cavaillé, Jean-Pierre, *Dis/simulations: Jules-César Vanini, François La Mothe Le Vayer, Gabriel Naudé, Louis Machon et Torquato Accetto: religion, morale et politique au XVIIᵉ siècle,* Paris, Honoré Champion, 2002.

Courtine, Jean-Jacques, «Corps, regard, discours. Typologies et classifications dans les physiognomonies de l'âge classique», *Langue française,* n° 74, mai 1987, p. 108–128.

Courtine, Jean-Jacques et Claudine Haroche, *Histoire du visage. Exprimer et taire ses émotions (du XVIᵉ siècle au début du XIXᵉ siècle),* Paris, Rivages, 1988.

Cuénin, Micheline, *Le duel sous l'Ancien Régime,* Paris, Presses de la Renaissance, 1982.

Cusson, Maurice, *La vengeance,* Montréal, École de criminologie, 1985.

Dandrey, Patrick, «La physiognomonie comparée à l'âge classique», *Revue de synthèse,* n° 109, janvier–mars 1983, p. 5–27.

Dandrey, Patrick, «Un tardif blason du corps animal: résurgences de la physiognomonie comparée au XVIIᵉ siècle», *XVIIᵉ siècle,* n° 153, oct.–déc., 1986, p. 351–370.

Darmon, A., *Les corps immatériels. Esprits et images dans l'œuvre de Marin Cureau de la Chambre,* Paris, Vrin, 1966.

Debaisieux, Martine et Gabrielle Verdier (dir.), *Violence et fiction jusqu'à la Révolution. Travaux du IXᵉ colloque international de la SATOR (Milwaukee – Madison, septembre 1995),* Tübingen, Gunter Narr Verlag, 1998.

Desjardins, Lucie, «Dévoiler l'intime: la savante éloquence des passions au XVIIᵉ siècle», *Érudition et passion dans les écritures de l'intime,* Québec, Nota Bene, 1999, p. 169–181.

Desjardins, Lucie, *Le corps parlant: savoirs et représentations des passions au XVII*^e *siècle*, Sainte-Foy/Paris, Presses de l'Université Laval/L'Harmattan, 2001.

Doranlo, Robert, *La médecine au XVII*^e *siècle, Marin Cureau de La Chambre, médecin et philosophe*, Paris, s.é., 1939.

Dumonceaux, Pierre, *Langue et sensibilité au XVII*^e *siècle: l'évolution du vocabulaire affectif*, Genève, Droz, 1975.

Ekman, Paul, *Emotion in the human face*, Cambridge, Cambridge University Press, 1982.

Elias, Norbert, *La civilisation des mœurs*, Paris, Calmann-Lévy, 1973.

Elias, Norbert, *La dynamique de l'Occident*, Paris, Calmann-Lévy, 1975.

Elias, Norbert, *La société de cour*, Paris, Flammarion, 1985.

Fillion-Lahille, Janine, *Le De ira de Sénèque et la philosophie stoïcienne des passions*, Paris, Klincksieck, 1984.

Foucault, Michel, *Surveiller et punir*, Paris, Gallimard, 1975.

Foucault, Michel, «La société punitive», *Dits et écrits*, t. II, Paris, Gallimard, 1994.

Forsyth, Elliott, *La tragédie française de Jodelle à Corneille (1553–1640): le thème de la vengeance*, Paris, Nizet, 1962.

Fumaroli, Marc, *L'âge de l'éloquence, rhétorique et «res literaria» de la Renaissance au seuil de l'âge classique*, Genève, Droz, 1980.

Gilson, E., «Descartes, Harvey et la scolastique», *Études sur le rôle de la pensée médiévale dans la formation du système cartésien*, Paris, Vrin, 1984.

Girard, René, *La violence et le sacré*, Paris, Grasset, 1972.

Goubert, Pierre et Daniel Roche, *Les Français et l'Ancien Régime*, 2 vol., Paris, Armand Colin, 1984.

Greimas, Algirdas Julien, «De la colère: étude de sémantique lexicale», *Du sens II: essais sémiotiques*, Paris, Seuil, 1983, p. 225–245.

Hazard, Paul, *La crise de la conscience européenne (1680–1715)*, Paris, Gallimard, 1968.

Hénaff, Marcel, «La dette de sang et l'exigence de justice», *Comprendre pour agir: violences, victimes et vengeances*, Paris, L'Harmattan/Presses de l'Université Laval, 2000, p. 31–64.

Janet, P., *Les passions et les caractères dans la littérature du XVII*^e *siècle*, Paris, 1888.

Kambouchner, Denis, «Passion», *Dictionnaire d'éthique et de philosophie morale*, Paris, PUF, 1996.

Kambouchner, Denis, *L'homme des passions: commentaires sur Descartes*, 2 vol., Paris, Albin Michel, 1995.

Korichi, Mériam, éd., *Les passions*, Paris, Garnier-Flammarion, 2000.

Kuizenga, Donna, «Sign of His Time: The Problem of Discourse in Marin Cureau de la Chambre», *Papers on French Seventeenth Century Literature*, 10.18, 1983, p. 199–212.

Kuizenga, Donna, «Painting the Passions: Moral Treatrise and Worldly Audience in Pierre Lemoyne's *Les peintures morales*», *Papers on French Seventeenth Century Literature*, 13, 1986, p. 39–52.

Kuizenga, Donna, «Once More with Feeling: Rhetorics of Passions», *Cahiers du dix-septième*, 5.1, 1991, p. 41–57.

Kuizenga, Donna, «Mixed Media: Word and Image in *Les peintures morales*», *EMF: Studies in Early Modern France*, vol. 1, *Word and Image*, Charlottesville, Rookwood Press, 1994, p. 76–89.

Lamarche-Vadel, Gaëtane, *De la duplicité: les figures du secret au XVIIᵉ siècle*, Paris, La différence, 1994.

Le Breton, David, *Les passions ordinaires: anthropologie des émotions*, Paris, Armand Colin, 1998.

Lefevre, Roger, «La méthode cartésienne et les passions», *Revue de Sciences Humaines*, n° 36, 1971, p. 283–301.

Levi, Anthony, *French Moralists. The Theory of the Passions 1585–1649*, Oxford, Clarendon Press, 1964.

Lyons, John D., «Rhétorique du discours cartésien», *Cahiers de Littérature du XVIIᵉ siècle*, n° 8, 1986, p. 125–145.

Magendie, Maurice, *La politesse mondaine et les théories de l'honnêteté en France au XVIIᵉ siècle, de 1660 à 1660*, Genève, Slatkine Reprints, 1970 [1925].

Mathieu-Castellani, Gisèle, *La rhétorique des passions*, Paris, PUF, 2000.

Méchoulan, Éric, *Le corps imprimé: essai sur le silence en littérature*, Montréal, Balzac, 1999.

Méchoulan, Éric, «La dette et la loi: considérations sur la vengeance», *Littératures Classiques*, n° 40, 2000, p. 275–294.

Méchoulan, Éric (dir.), *La vengeance dans la littérature de l'Ancien Régime*, Montréal, Paragraphes, Université de Montréal, 2000.

Merlin-Kajman, Hélène, *L'absolutisme dans les lettres et la théorie des deux corps: passions et politique*, Paris, Honoré Champion, 2000.

Meyer, Michel, *Le philosophe et les passions*, Paris, Librairie générale française, 1991.

Monnoyer, Jean-Maurice, «La pathétique cartésienne», dans René Descartes, *Les passions de l'âme*, Paris, Gallimard, 1988, p. 11–135.

Montagu, Jennifer, *The Expression of the Passions. The Origin and Influence of Charles Le Brun's* Conférence sur l'expression générale et particulière, New Haven/London, Yale University Press, 1994.

Pachet, Pierre (dir.), *La colère. Instrument des puissants, arme des faibles*, Paris, Autrement, 1997.

Pierre, Robert, *La colère selon saint Thomas d'Aquin*, Montréal, Université de Montréal, 1967.

Plantié, Jacqueline, *La mode du portrait littéraire en France (1641–1681)*, Paris, Honoré Champion, 1994.

Riese, Walter, *La théorie des passions à la lumière de la pensée médicale du XVIIᵉ siècle*, Bale/Suisse/New York, Karger, 1965.

Salazar, Philippe-Joseph, *Le culte de la voix au XVIIᵉ siècle. Formes esthétiques de la parole à l'âge de l'imprimé*, Paris, Honoré Champion, 1995.

Schwager, Raymond, « Pour une théologie de la colère de Dieu », *Colloque de Cerisy. Violence et vérité. Autour de René Girard*, Paris, Grasset, 1985, p. 59–68.

Souchon, Henri, « Descartes et Le Brun. Étude comparée de la notion cartésienne des signes extérieurs et de la théorie de l'expression de Charles Le Brun », *Études philosophiques*, n° 4, 1980, p. 427–459.

Starobinski, J., « Le passé des passions. Textes médicaux et commentaires », *Nouvelle Revue de psychanalyse*, n° 21, printemps 1980, p. 51–77.

Taton, René, *Histoire générale des sciences*, t. II, *La science moderne*, Paris, PUF, 1958.

Thérien, Gilles, « Le schéma des passions et la passion des schémas », *Action, passion, cognition d'après A.J. Greimas*, Québec/Limoges, Nuit Blanche/Presses Universitaires de Limoges, 1997.

Van Delft, Louis, « Physiognomonie et peinture de caractère : G.B. della Porta, Le Brun et La Rochefoucauld », *L'esprit créateur*, printemps 1986, p. 43–52.

Van Delft, Louis, *Littérature et anthropologie. Nature humaine et caractère à l'âge classique*, Paris, PUF, 1993.

Van Delft, Louis, *Caractères et passions au XVIIᵉ siècle*, Dijon, Éditions universitaires de Dijon, 1998.

Verdier, Raymond, *La vengeance : études d'ethnologie, d'histoire et de philosophie*, 4 vol., Paris, Cujas, 1980.

Vincent, Jean-Didier, *Biologie des passions*, Paris, Odile Jacob, 1986.

Zenger, Erich, *A God of Vengeance? : understanding the Psalms of divine wrath*, Louisville, Westminster John Knox Press, 1996.

Zobermann, Pierre, « Le langage des passions », *Semiotica*, 1984, vol. 51, 1–3, p. 101–114.

Littérature et méthode :

Ariès, Philippe et Georges Duby (dir.), *Histoire de la vie privée*, t. 3, Paris, Seuil, 1986.

Auerbach, Erich, *Mimésis : la représentation de la réalité dans la littérature occidentale*, Paris, Gallimard, 1968.

Barthes, Roland, « Histoire ou littérature ? », *Sur Racine*, Paris, Seuil, 1963, p. 147–167.

Béhar, Henri et Roger Fayolle, éd., *L'histoire littéraire aujourd'hui*, Paris, Armand Colin, 1990.

Bénichou, Paul *et al.*, *L'histoire comme genre littéraire*, Paris, Corti, 1989.

Beugnot, Bernard, « *Historia litereria* et histoire littéraire », *Rivista di letterature moderne e comparate*, vol. XXXI, n° 4, oct.–déc. 1983, p. 305–321.

Chartier, Roger, *Lectures et lecteurs dans la France d'Ancien Régime*, Paris, Seuil, 1987.

Chartier, Roger, « Loisir et sociabilité : lire à haute voix dans l'Europe Moderne », *Littératures Classiques*, n° 12, janvier 1990, p. 127–147.

Chartier, Roger, « George Dandin, ou le social en représentation », *Annales. Histoire, Sciences Sociales*, Paris, Armand Colin, mars–avril, 1994, n° 2, p. 277–309.

Chartier, Roger, *Culture écrite et société: l'ordre des livres XIVᵉ–XVIIIᵉ siècle*, Paris, Albin Michel, 1996.

Chartier, Roger, *Au bord de la falaise: l'histoire entre certitudes et inquiétudes*, Paris, Albin Michel, 1998.

Chartier, Roger (dir.), *Pratiques de la lecture*, Paris, Rivages, 1985.

Chartier, Roger (dir.), *Histoire de la lecture: un bilan des recherches*, Paris, IMEC, 1995.

Chatelain, Jean-Marc, *La bibliothèque de l'honnête homme. Livres, lecture et collections en France à l'âge classique*, Paris, Bibliothèque nationale de France, 2003.

Delfau, Gérard et Anne Roche, *Histoire, littérature: histoire et interprétation du fait littéraire*, Paris, Seuil, 1977.

Defrance, Anne et Éric Méchoulan, «L'art de tourner court: conte, nouvelle et périodisation au XVIIᵉ siècle», *Littératures Classiques*, n° 34, automne 1998, p. 173–189.

Denis, Delphine, *Le Parnasse galant. Institution d'une catégorie littéraire au XVIIᵉ siècle*, Paris, Honoré Champion, 2001.

Dumonceau, Pierre, «La lecture à haute voix des œuvres littéraires au XVIIᵉ siècle: modalités et valeurs», *Littératures Classiques*, n° 12, janvier 1990, p. 117–125.

Febvre, Lucien Paul Victor, *Combats pour l'histoire*, Paris, Armand Colin, 1953.

Febvre, Lucien Paul Victor, *Pour une histoire à part entière*, Paris, S.E.V.P.E.N., 1962.

Foucault, Michel, *L'archéologie du savoir*, Paris, Gallimard, 1969.

Fumaroli, Marc (dir.), *Le statut de la littérature: mélanges offerts à Paul Bénichou*, Genève, Droz, 1982.

Johaud, Christian, «Histoire et histoire littéraire», *L'histoire littéraire aujourd'hui*, Paris, Armand Colin, 1990, p. 162–175.

Joukovsky, Françoise et Alain Niderst, *Histoire et littérature*, Paris, PUF, 1972.

Kushner, Eva, *Renouvellements dans la théorie de l'histoire littéraire*, Ottawa, La société royale du Canada, 1984.

Lanson, Gustave, *Essais de méthode, de critique et d'histoire littéraire*, Paris, Hachette, 1965.

Lanson, Gustave, *Méthodes de l'histoire littéraire. Hommes et livres: études morales et littéraires*, Genève, Slatkine Reprints, 1979.

Lukàcs, György, «Remarques sur la théorie de l'histoire littéraire», *Revue de l'Institut de Sociologie*, 1973, n° 3–4, p. 563–595.

Martin, Henri-Jean, *Livre, pouvoirs et société à Paris au XVIIᵉ siècle (1598–1701)*, 2 t., Genève, Droz, 1969.

Méchoulan, Éric (dir.), «Le sens (du) commun. Histoire, théorie et lecture de la topique», *Études françaises*, Hiver 2000, vol. 36, n° 1.

Melançon, Robert, Élisabeth Nardout-Lafarge et Stéphane Vachon, *Le portatif d'histoire littéraire*, Montréal, Paragraphes, Université de Montréal, 1998.

Merlin-Kajman, Hélène, *Public et littérature en France au XVIIᵉ siècle*, Paris, Belles Lettres, 1994.

Moisan, Clément, *Qu'est-ce que l'histoire littéraire?*, Paris, PUF, 1987.

Moisan, Clément, *L'histoire littéraire*, Paris, PUF, 1990.

Moisan, Clément, éd., *L'histoire littéraire. Théories, méthodes, pratique*, Québec, Presses de l'Université Laval, 1989.

Reed, G.E., *Claude Barbin: libraire de Paris sous le règne de Louis XIV*, Genève, Droz, 1974.

Rohou, Jean, *L'histoire littéraire: objets et méthodes*, Paris, Nathan, 1996.

Viala, Alain, *Naissance de l'écrivain. Sociologie de la littérature à l'âge classique*, Paris, Minuit, 1985.

Viala, Alain, «L'esthétique galante», introduction à Paul Pellisson, *Discours sur les œuvres de M. Sarasin*, Toulouse, Société de littérature classique, 1989.

Viala, Alain, «Institution littéraire, champ littéraire et périodisation: l'institution du siècle», *Littératures Classiques*, n° 34, automne 1998, p. 119–129.

Annexe

Classification du corpus par cycle

Les histoires de ce temps (principalement la France contemporaine) :

Ancelin, A., *Le portrait funeste, nouvelle*, Paris, Pierre Bienfait, 1661, in-8°, 199 p.

Araspe et Simandre, nouvelle, 2 vol., Paris, Claude Barbin, 1672, in-8°, 225 p. et 177 p.

Aubignac, François Hédelin, abbé d', *Amelonde, histoire de nostre temps. Ou l'on void qu'une honneste femme est heureuse quand elle suit un conseil sage et vertueux*, Paris, Jean-Baptiste Loyson, 1669, in-12, 289 p.

« Aventure de l'épée », *Mercure Galant*, Paris, novembre 1679, p. 50–73.

« Aventure de musique », *Mercure Galant*, décembre 1677, dans *Anthologie des nouvelles du Mercure Galant (1672–1710)*, Paris, Société des Textes Français Modernes, 1996, p. 267–273.

« Aventure tragique d'Angers », *Mercure Galant*, Paris, janvier 1681, p. 334–339.

Beaucourt, sieur de, *Les caprices de l'amour*, 2 t., Paris, Claude Barbin, 1681, in-8°, 191 p. et 236 p.

Blessebois, Paul-Alexis, *Lupanie. Histoire amoureuse de ce temps*, s.l., s.é., s.d. [1668], in-12, 120 p.

Boursault, Edme, *Artémise et Poliante, nouvelle*, Paris, René Guignard, 1670, in-12, 406 p.

Bremond, Sébastien, *L'heureux esclave ou la relation des avantures du sieur de la Martiniere, comme il fut pris par les corsaires de Barbarie et delivré ; La maniere de combattre sur mer de l'Afrique et autres particularitez*, Paris, Olivier de Varennes, 1674, in-12, 236 p.

Bridou, Jean, *Célie, nouvelle*, Paris, Claude Barbin, 1663, in-8°, 240 p.

Charpentier, François, *Le voyage du valon tranquille, nouvelle historique à la princesse Æmilie*, s.l., s.é., 1673, in-12, 152 p.

Claude, Isaac, *Le comte de Soissons et le cardinal de Richelieu rivaux de madame la duchesse d'Elbœuf. Nouvelle galante*, Cologne, Pierre Marteau, 1690, in-12, 201 p.

Clitie, nouvelle, Paris, Claude Barbin, 1680, in-12, 206 p.

Colin, Claude, *Eraste, nouvelle : ou sont descrites plusieurs avantures amoureuses*, Paris, Estienne Loyson, 1664, in-12, 280 p.

Courtilz de Sandras, Gatien de, « Le mort ressuscité », *Nouvelles amoureuses et galantes*, dans *Nouvelles du XVIIe siècle*, Paris, Gallimard, 1997 [1678], p. 701–712.

Courtilz de Sandras, Gatien de, *Nouvelles amoureuses et galantes. Contenant I. L'amant emprisonné. II. Le mort ressuscité. III. Le mary confident avec sa femme. IV. L'amoureux estrillé*, Paris, Quinet, 1678, in-12, 303 p.

Donneau de Visé, Jean, *Nouvelles nouvelles*, 3 vol., Paris, Pierre Bienfaict, 1663, in-12, 319 p., 301 p. et 338 p.

Donneau de Visé, Jean, *Les diversitez galantes*, Paris, Ribou, 1664, in-12, 150–100 p.

Donneau de Visé, Jean, «L'apothicaire de qualité», *Les diversitez galantes*, dans *Nouvelles du XVIIᵉ siècle*, Paris, Gallimard, 1997 [1664], p. 401–422.

Donneau de Visé, Jean, *L'amour échapé ou les diverses manieres d'aymer*, 3 t. en 2 vol., Genève, Slatkine Reprints,1980 [1669].

Donneau de Visé, Jean, *Les nouvelles galantes, comiques et tragiques*, 3 t. en 1 vol., Genève, Slatkine Reprints, 1979 [1669].

«Eugenio, nouvelle», *Mercure Galant*, t. V, Paris, 1674, p. 4–75.

Ferrand, Anne Bellinzani, dame Michel, *Histoire nouvelle des amours de la jeune Belise et de Cleante*, 3 parties en 1 vol., Paris, s.é., 1689, in-12, 168 p.

Guillot de Beaucour, Louise-Geneviève Gomes de Vasconcelle, dame, *Le mary jaloux, nouvelle*, Paris, Michel Guerout, 1688, in-12, 347 p.

«Histoire», *Le Nouveau Mercure Galant*, t. IV, Paris, juin 1677, p. 47–61.

«Histoire», *Mercure Galant*, Paris, septembre 1680, p. 77–126.

«Histoire», *Mercure Galant*, Paris, mars 1681, p. 151–184.

«Histoire», *Mercure Galant*, Paris, mai 1681, p. 99–142.

«Histoire», *Mercure Galant*, Paris, juillet 1681, p. 78–112.

«Histoire», *Mercure Galant*, Paris, août 1681, p. 203–237.

«Histoire», *Mercure Galant*, Paris, septembre 1681, p. 226–260.

«Histoire», *Mercure Galant*, novembre 1681, dans *Nouvelles du XVIIᵉ siècle*, Paris, Gallimard, 1997, p. 486–495.

«Histoire», *Mercure Galant*, Paris, janvier 1682, p. 31–53.

«Histoire», *Mercure Galant*, Paris, mars 1682, p. 209–258.

«Histoire», *Mercure Galant*, Paris, avril 1682, p. 217–233.

«Histoire», *Mercure Galant*, Paris, mai 1682, p. 71–101.

«Histoire», *Mercure Galant*, Paris, juin 1682, p. 313–322.

«Histoire», *Mercure Galant*, Paris, décembre 1682, p. 169–190.

«Histoire», *Mercure Galant*, mars 1683, dans *Anthologie des nouvelles du Mercure Galant (1672–1710)*, Paris, Société des Textes Français Modernes, 1996, p. 281–297.

«Histoire», *Mercure Galant*, Paris, mai 1683, p. 215–227.

«Histoire», *Mercure Galant*, Paris, décembre 1683, p. 41–73.

«Histoire», *Mercure Galant*, Paris, janvier 1684, p. 120–150.

«Histoire», *Mercure Galant*, Paris, avril 1684, p. 195–218.

«Histoire», *Mercure Galant*, Paris, juin 1684, p. 228–240.

«Histoire», *Mercure Galant*, août 1684, dans *Anthologie des nouvelles du Mercure Galant (1672–1710)*, Paris, Société des Textes Français Modernes, 1996, p. 211–219.

«Histoire», *Mercure Galant*, Paris, janvier 1685, p. 258–282.

«Histoire», *Mercure Galant*, Paris, mars 1685, p. 108–126.

«Histoire», *Mercure Galant*, Paris, août 1685, p. 196–205.

«Histoire», *Mercure Galant*, Paris, février 1686, p. 98–129.

«Histoire», *Mercure Galant*, Paris, avril 1686, p. 127–136.

«Histoire», *Mercure Galant*, Paris, décembre 1687, p. 231–257.

«Histoire», *Mercure Galant*, Paris, janvier 1688, p. 140–166.

«Histoire», *Mercure Galant*, Paris, juin 1688, p. 207–252.

«Histoire», *Mercure Galant*, Lyon, juillet 1688, p. 137–156.

«Histoire», *Mercure Galant*, Lyon, août 1688, p. 137–156.

«Histoire», *Mercure Galant*, Paris, avril 1689, p. 182–226.

«Histoire», *Mercure Galant*, Paris, juillet 1689, p. 237–281.

«Histoire», *Mercure Galant*, septembre 1689, dans *Anthologie des nouvelles du Mercure Galant (1672–1710)*, Paris, Société des Textes Français Modernes, 1996, p. 309–324.

«Histoire», *Mercure Galant*, Paris, décembre 1689, p. 189–228.

«Histoire», *Mercure Galant*, Paris, avril 1690, p. 122–132.

«Histoire», *Mercure Galant*, Lyon, septembre 1690, p. 144–159.

«Histoire», *Mercure Galant*, Paris, décembre 1690, p. 153–192.

«Histoire de celle qui aima mieux se brûler avec son mari que de le voir infidèle», *Mercure Galant*, t. I, Paris, janvier 1672, p. 92–109.

«Histoire de la belle morte d'amour», *Mercure Galant*, février 1678, dans *Nouvelles du XVIIᵉ siècle*, Paris, Gallimard, 1997, p. 471–476.

«Histoire de la fausse provençale», *Le Nouveau Mercure Galant*, t. VII, Paris, septembre 1677, p. 15–43.

«Histoire de la veuve et de Mr. de la Forest», *Le Nouveau Mercure Galant*, t. V, Paris, juillet 1677, p. 173–190.

«Histoire des faux cheveux», *Mercure Galant*, juin 1678, dans *Anthologie des nouvelles du Mercure Galant (1672–1710)*, Paris, Société des Textes Français Modernes, 1996, p. 48–55.

«Histoire du cadran et de l'horloge d'amour», *Mercure Galant*, Paris, avril 1678, p. 306–345.

«Histoire du collier de perles», *Mercure Galant*, t. I, Paris, janvier 1672, p. 13–33.

«Histoire du val de Gallie ou de l'enfant ingrat», *Mercure Galant*, t. II, Paris, juin 1673, p. 171–185.

«Histoire singulière de deux amants calvinistes», *Mercure Galant*, février 1686, dans *Anthologie des nouvelles du Mercure Galant (1672–1710)*, Paris, Société des Textes Français Modernes, 1996, p. 351–393.

«[Histoire sans titre]», *Mercure Galant*, t. II, Paris, septembre 1682, p. 88–125.

«Histoire tragique arrivée à Arles», *Mercure Galant*, mars 1680, dans *Anthologie des nouvelles du Mercure Galant (1672–1710)*, Paris, Société des Textes Français Modernes, 1996, p. 394–400.

Julie, nouvelle galante et amoureuse, Paris, Estienne Loyson, 1671, in-12, 227 p.

La belle Hollandoise. Nouvelle historique, Lyon, Jacques Guerrier, 1679, in-12, 139 p.

« La belle inconstante, histoire », *Mercure Galant*, Paris, juin 1681, p. 311–322.

La Calprenède, Madeleine, *Les nouvelles ou les divertissements de la princesse Alcidiane*, Genève, Slatkine Reprints, 1979 [1661].

« La devineresse ou les faux enchantements », *Mercure Galant*, août 1679, dans *Anthologie des nouvelles du Mercure Galant (1672–1710)*, Paris, Société des Textes Français Modernes, 1996, p. 61–70.

« La dupe, nouvelle », *Mercure Galant*, t. V, Paris, 1674, p. 174–235.

« La folie, nouvelle singuliere », *Mercure Galant*, t. VI, Paris, 1674, p. 141–164.

La fugitive ressuscitée. Nouvelle galante et historique, Genève, Jean-Louïs Du-Four, 1688, in-12, 128 p.

« La maladie d'amour », *Le Nouveau Mercure Galant*, t. II, Paris, avril 1677, p. 21–56.

L'amant de bonne-foy, Paris, Charles de Sercy, 1672, in-8°, 350 p.

« L'amante fidèle », *Mercure Galant*, Paris, mai 1678, p. 39–67.

« L'amante infidèle, histoire », *Mercure Galant*, Paris, mars 1679, p. 99–124.

« L'amant-garde, histoire », *Mercure Galant*, Paris, juillet 1679, p. 238–267.

« L'amant réchauffé », *Mercure Galant*, avril 1678, dans *Anthologie des nouvelles du Mercure Galant (1672–1710)*, Paris, Société des Textes Français Modernes, 1996, p. 88–94.

« L'amant vantousé », *Le Nouveau Mercure Galant*, t. IX, Paris, novembre 1677, p. 132–146.

La mère rivale, histoire du temps, Paris, Charles Sercy, 1672, in-8°, 234 p.

La princesse de Phaltzbourg, nouvelle historique et galante, Cologne, Pierre Marteau, 1688, in-12, 126 p.

La promenade de Livry, 2 vol., Paris, Charles Osmont, 1678, in-8°, 215 p. et 240 p.

« La ridicule prévention, histoire », *Mercure Galant*, Paris, février 1679, p. 49–94.

La Roberdiere, A. F., sieur de, *L'amant cloîtré ou les avantures d'Oronce et d'Eugenie*, Amsterdam, Daniel du Fresne, 1683, in-12, 108 p.

« La rupture, histoire », *Mercure Galant*, Paris, février 1679, p. 184–194.

« L'avarice punie, histoire », *Mercure Galant*, Paris, avril 1680, p. 51–76.

« La vertu malheureuse, histoire », *Mercure Galant*, janvier 1678, dans *Nouvelles du XVIIe siècle*, Paris, Gallimard, 1997, p. 463–470.

« Le double déguisement, histoire », *Mercure Galant*, Paris, février 1679, p. 159–169.

« L'échange par hazard, nouvelle », *Mercure Galant*, t. IV, Paris, 1673, p. 180–224.

« Le jaloux sans sujet, histoire », *Mercure Galant*, Paris, avril 1679, p. 90–118.

« Le mal de mère, nouvelle », *Mercure Galant*, t. VI, Paris, 1674, p. 1–12.

« Le moineau, nouvelle », *Mercure Galant*, t. V, Paris, 1674, p. 262–267.

« Leonidas, nouvelle », *Mercure Galant*, t. IV, Paris, 1673, p. 4–106.

Le Pays, René, *Zélotyde, histoire galante*, Paris, Charles de Sercy, 1665, in-12, 203 p.

« Le soldat malgré-luy, nouvelle », *Mercure Galant*, t. V, Paris, 1674, p. 98–121.

«Le triomphe de Bélise. Galanterie pour apprendre aux dames à connaître leurs amants», *Mercure Galant*, avril 1679, dans *Anthologie des nouvelles du Mercure Galant (1672–1710)*, Paris, Société des Textes Français Modernes, 1996, p. 107–127.

Les amours de la belle Julie. Histoire nouvelle, Cologne, Samuel Strausbarck, 1676, in-12, 170 p.

«Les apothicaires de Marseille, histoire», *Mercure Galant*, Paris, juin 1679, p. 9–32.

«Les apparences trompeuses, histoire», *Mercure Galant*, octobre 1677, dans *Anthologie des nouvelles du Mercure Galant (1672–1710)*, Paris, Société des Textes Français Modernes, 1996, p. 5–10.

«Les apparences trompeuses, histoire», *Mercure Galant*, Paris, octobre 1679, p. 197–221.

«Les assassinats, nouvelle», *Mercure Galant*, t. VI, Paris, 1674, p. 252–267.

«Les chanoinesses, histoire», *Mercure Galant*, février 1680, dans *Anthologie des nouvelles du Mercure Galant (1672–1710)*, Paris, Société des Textes Français Modernes, 1996, p. 95–106.

Les esprits ou le mary fourbé, nouvelle galante, Liège, Louis Montfort, 1686, in-12, 123 p.

Les nouveaux désordres de l'amour, nouvelle galante, Liège, Louis Montfort,1686, in-12, 140 p.

Les nouveaux stratagèmes d'amour. Histoire curieuse, Amsterdam, Daniel Du Fresne, 1681, in-12, 121 p.

«Lettre d'une dame qui écrit les aventures de son amie», *Mercure Galant*, novembre 1680, dans *Nouvelles du XVIIe siècle*, Paris, Gallimard, 1997, p. 477–485.

L'histoire d'Iris et de Dafnis, nouvelle, Paris, Claude Barbin, 1666, in-12, 159 p.

«L'infidèle puni, histoire», *Mercure Galant*, Paris, avril 1680, p. 276–283.

Mademoiselle de Benonville, nouvelle galante, Liège, Louis Montfort, 1686, in-12, 172 p.

Mailly, Louis, chevalier de, *Les disgraces des amans*, Paris, Gabriel Quinet, 1690, in-8°, 290 p.

Merville, Marquise de, *Le solitaire. Nouvelle*, Paris, Claude Barbin, 1677, in-12, 163 p.

Monsieur de Kervaut, nouvelle comi-galante, 2 vol., Paris, Claude Barbin, 1678, in-12, 182 p. et 239 p.

Nouvelles de l'Amérique ou le Mercure Ameriquain. Où sont contenuës trois histoires veritables arrivées en nôtre temps, Rouen, François Vaultier, 1678, in-12, 267 p.

Nouvelle ou historiette amoureuse, Paris, Charles de Sercy, 1670, in-12, 116 p.

Philicrate, nouvelle à Euralie, s.l., s.é., 1669, in-12, 53 p.

Poisson, Raymond, «Histoire d'Iris», *Les dames galantes ou la Confidence réciproque, nouvelle*, dans *Nouvelles du XVIIe siècle*, Paris, Gallimard, 1997 [1685], p. 879–928.

Poisson, Raymond, *Les dames galantes ou la confidence reciproque, nouvelle*, 2 vol., Paris, s.é., 1685, in-12, 272 p. et 293 p.

Préchac, Jean de, *L'heroïne mousquetaire, histoire véritable*, 4 parties, Paris, Theodore Girard, 1677–1678, in-12, 240 p., 242 p., 248 p. et 256 p.

Préchac, Jean de, *Le voyage de Fontaine-bleau*, Paris, La Compagnie des Marchands libraires associez, 1678, in-12, 298 p.

Préchac, Jean de, *Le triomphe de l'amitié. Histoire galante*, Lyon, Thomas Amaulry, 1679, in-12, 103 p.

Préchac, Jean de, *L'illustre Parisienne, histoire galante et véritable*, 2 parties, dans *Nouvelles du XVIIe siècle*, Paris, Gallimard, 1997 [1679 et 1690], p. 717–778.

Préchac, Jean de, *La valize ouverte*, Paris, Vve Olivier de Varennes, 1680, in-12, 166 p.

Préchac, Jean de, *Le gris-de-lin. Histoire galante*, Paris, Charles Osmont, 1680, in-12, 232 p.

Préchac, Jean de, *Le voyage de la reine d'Espagne*, 2 vol., Paris, Jean Ribou, 1680, in-12, 165 p. et 173 p.

Préchac, Jean de, *Nouvelles galantes et avantures du temps*, 2 t. en 1 vol., Paris, Compagnie des Libraires, 1680, in-12, 304 p. et 204 p.

Préchac, Jean de, *Le fameux voyageur*, Paris, Padeloup, 1682, in-12, 234 p.

Préchac, Jean, *Les désordres de la Bassette, nouvelle galante*, Paris, Quinet, 1682, in-12, 192 p.

Préchac, Jean de, *Relation d'un voyage fait en Provence, contenant les antiquitez les plus curieuses de chaque ville, et plusieurs histoires galantes*, Paris, Claude Barbin, 1683, in-12, 144–192 p.

Préchac, Jean de, *Le Grand Sophi, nouvelle allégorique*, Paris, J. Morel, 1685, in-12, 165 p.

Préfontaine, César-François Oudin, sieur de, *Le praticien amoureux. Le poete extravagant, avec l'assemblée des filous et des filles de joye. Nouvelles galantes*, Paris, Jean-Baptiste Loyson, 1670, in-12, 153 p.

Préfontaine, César-François Oudin, sieur de, *Les dames enlevées et les dames retrouvées. Histoire du temps, nouvelles comiques et galantes divisées en deux parties*, Paris, Jean-Baptiste Loyson, 1673, in-12, 384 p.

Saint-Maurice, Robert-Alcide de Bonnecase, sieur de, *Fleurs, fleurettes et passetemps, ou les divers caracteres de l'Amour Honneste*, Paris, Jacques Cottin, 1666, in-12, 619 p.

Scudéry, Madeleine de, *Célinte, nouvelle première*, Paris, Nizet, 1979 [1661].

Scudéry, Madeleine de, *La promenade de Versailles*, Genève, Slatkine Reprints, 1979 [1669].

«Suite de l'histoire des fleurs», *Mercure Galant*, Paris, juin 1681, p. 73–88.

Torche, Antoine, *Le chien de Boulogne ou l'amant fidelle: nouvelle galante*, Genève, Slatkine Reprints, 1979 [1668].

Villedieu, Marie-Catherine Hortense Desjardins, dite Mme de, *Lisandre, nouvelle*, dans *Œuvres complètes*, vol. 2, Genève, Slatkine Reprints, 1971 [1663], p. 119–129.

Villedieu, Marie-Catherine Hortense Desjardins, dite Mme de, *Cléonice ou le roman galant, nouvelle*, Genève, Slatkine Reprints, 1979 [1669].

Villedieu, Marie-Catherine Hortense Desjardins, dite Mme de, *Le portefeuille*, dans *Nouvelles du XVIIe siècle*, Paris, Gallimard, 1997 [1674], p. 584–623.

Les histoires françaises du XVIe siècle:

Bernard, Catherine, *Le comte d'Amboise, nouvelle*, dans *Œuvres*, t. I, *Romans et nouvelles*, Fasano/Paris, Schena/Nizet, 1993 [1689], p. 235–321.

Boursault, Edme, *Le prince de Condé*, dans *Dom Carlos et autres nouvelles du XVIIe siècle*, Paris, Gallimard, 1995 [1675], p. 273–360.

Cotolendi, Charles, *Mademoiselle de Tournon*, Genève, Slatkine Reprints, 1979 [1678].

La Fayette, Marie-Madeleine Pioche de la Vergne, *La princesse de Montpensier*, dans *Nouvelles du XVIIe siècle*, Paris, Gallimard, 1997 [1662], p. 361–387.

La Fayette, Marie-Madeleine Pioche de la Vergne, *La princesse de Clèves*, dans *Romans et nouvelles*, Paris, Garnier, 1958 [1678], p. 241–395.

Nicandre, première nouvelle de l'inconnu, Paris, Claude Barbin, 1672, in-12, 164 p.

Vaumoriere, Pierre d'Ortigue, sieur de, *Diane de France. Nouvelle historique*, Paris, Guillaume de Luyne, 1675, in-12, 255 p.

Villedieu, Marie-Catherine Hortense Desjardins, dite Mme de, *Journal amoureux*, dans *Œuvres complètes*, vol. 3, Genève, Slatkine Reprints, 1971 [1670], p. 149–278.

Villedieu, Marie-Catherine Hortense Desjardins, dite Mme de, *Les désordres de l'amour*, Genève, Droz, 1970 [1675].

Les histoires françaises de l'ancienne cour:

Alix de France, nouvelle historique, Liège, Louis Montfort, 1687, in-8°, 388 p.

Boyer, Claude, *La comtesse de Candale*, 2 t. en 1 vol., Paris, Jean Ribou, 1672, in-8°, 194 p. et 275 p.

Histoire du comte de Genevois et de mademoiselle d'Anjou, Paris, Claude Barbin,1664, in-8°, 129 p.

Le grand Hippomene, Paris, Claude Barbin, 1668, in-12, 297 p.

Mérovée, fils de France. Nouvelle historique, Paris, Estienne Loyson, 1678, in-12, 204 p.

Montfaucon de Villars, Nicolas-Pierre-Henri, *L'amour sans faiblesse*, 2 vol., Paris, Claude Barbin, 1671, in-12, 294 p. et 441 p.

Rousseau, Michel Archard, sieur de La Valette, *Agnès, princesse de Bourgogne, nouvelle*, Cologne, s.é.,1683, in-12, 128 p.

Les histoires anglaises et écossaises:

Aulnoy, Marie-Catherine Le Jumel de Barneville, Comtesse d', *Histoire d'Hypolite, comte de Duglas*, Genève, Slatkine Reprints, 1979 [1690].

Boisguilbert, Pierre le Pesant de, *Marie Stuart, reyne d'Ecosse. Nouvelle historique*, 3 vol., Paris, Claude Barbin, 1675, in-12, 234 p., 239 p. et 248 p.

Curly, Sieur de, *Tideric prince de Galles, nouvelle historique*, 2 vol., Paris, Claude Barbin, 1677, in-12, 189 p. et 199 p.

D'Argences, *La comtesse de Salisbury, ou l'ordre de la Jaretiere. Nouvelle historique*, 2 parties en 1 vol., Paris, Claude Barbin, 1682, in-12, 211 p. et 204 p.

Du Plaisir, *La duchesse d'Estramène*, dans *Nouvelles du XVIIe siècle*, Paris, Gallimard, 1997 [1682], p. 779–837.

Juvenel, Henri de, *Le comte de Richemont, nouvelle historique*, Amsterdam, Guillaume Duval, 1680, in-12, 132 p.

Le comte d'Essex, histoire angloise, 2 t. en 1 vol., Paris, Claude Barbin, 1678, in-8°, 62 p. et 52 p.

Le duc d'Alançon, Paris, Frederick du Chemin, 1680, in-12, 277 p.

Le duc de Montmouth. Nouvelle historique, Liège, Guilleaume Kalcoven, 1686, in-12, 156 p.

Préchac, Jean de, *La princesse d'Angleterre, ou la duchesse reyne*, 2 vol., Paris, Claude Barbin, 1677, in-12, 116 p. et 118 p.

Torche, Antoine, *Alfrede, reyne d'Angleterre. Nouvelle historique*, Lyon, Adam Demen, 1678, in-12, 104 p.

Les histoires portugaises, espagnoles et mauresques:

Alluis, Jacques, *Le chat d'Espagne, nouvelle*, Cologne, Pierre du Marteau, 1669, in-12, 258 p.

Bremond, Sébastien, *Le pèlerin, nouvelle*, St-Jacques de Galice, George L'Indulgent, s.d., in-12, 179 p.

Brilhac, Jean-Baptiste de, *Agnes de Castro, nouvelle portugaise*, Amsterdam, Pierre Savouret, 1688, in-12, 106 p.

Cléante ou Don Carlos, nouvelle, Paris, Thomas Jolly, 1662, in-12, 279 p.

Courtin, Antoine de, *Dom Juan d'Autriche. Nouvelle historique*, Paris, Quinet, 1678, in-12, 178 p.

Dom Sebastien, roy de Portugal. Nouvelle historique, 3 vol., Paris, Claude Barbin, 1679, in-12, 199 p., 213 p. et 235 p.

Garouville, Savinien Riflé, sieur de, *L'amant oysif, contenant cinquante nouvelles espagnoles, divisé en trois parties*, 3 vol., Paris, Estienne Loyson, 1671, in-12, 314 p., 376 p. et 360 p.

Histoire espagnole et française ou l'amour hors de saison, nouvelle galante, Paris, Claude Barbin, 1671, in-12, 285 p.

Histoire espagnole ou Dom Amador de Cardone, nouvelle, Paris, Claude Barbin, 1672, in-12, 218 p.

Préchac, Jean, *L'ambitieuse Grenadine. Histoire galante*, Paris, Compagnie des Libraires, 1678, in-12, 166 p.

Préchac, Jean de, *Le bâtard de Navarre. Nouvelles historiques*, Paris, Thomas Guilain, 1683, in-12, 247 p.

Saint-Réal, César Vichard de, *Dom Carlos, nouvelle historique*, dans *Nouvelles du XVIIe siècle*, Paris, Gallimard, 1997 [1672], p. 505–562.

Scudéry, Madeleine de, *Mathilde d'Aguilmar*, Genève, Slatkine Reprints, 1979 [1667].

Les histoires italiennes:

Bernard, Catherine, *Fédéric de Sicile*, dans *Œuvres*, t. I, *Romans et nouvelles*, Fasano/ Paris, Schena/Nizet, 1993 [1680], p. 65-155.

Boursault, Edme, *Le marquis de Chavigny*, Paris, Edme Martin, 1670, in-8°, 413 p.

Bremond, Sébastien, *La princesse de Monferrat. Nouvelle, contenant son histoire et les amours du comte de Saluces*, Amsterdam, Abraham Wolfgang, 1676, in-12, 336 p.

La belle Marguerite, nouvelle, Paris, Claude Barbin, 1671, in-12, 228 p.

Préchac, Jean de, *Yolande de Sicile*, 2 t. en 1 vol., Lyon, Thomas Amaulry, 1678, in-12, 135 p. et 115 p.

Préchac, Jean de, *La noble vénitienne ou la Bassette, histoire galante*, Paris, Claude Barbin, 1679, in-12, 186 p.

Préchac, Jean de, *La duchesse de Milan*, Paris, Charles Osmont, 1682, in-12, 261 p.

Préchac, Jean de, *L'illustre Genoise. Nouvelle galante*, Paris, C. Blageart, 1685, in-12, 279 p.

Préchac, Jean de, *Le prince esclave, nouvelle historique. Ou l'on voit les particularités de la derniere bataille que les Chrêtiens ont gagnée contre les Turcs, la déposition du Grand Seigneur, et la maniere dont Sultan Solyman qui regne aujourd'huy a esté élevé sur le Thrône*, Paris, Thomas Guillain, 1688, in-12, 259 p.

Les histoires de la Rome et de la Grèce antiques:

Du Moulin, *Aurélie, nouvelle héroïque*, Paris, Jean Guignard, 1670, in-12, 348 p.

Histoire d'Adelais de Bourgogne, Amsterdam, Helvigraad, 1685, in-12, 166 p.

La Roche-Guilhen, Anne de, *Les intrigues amoureuses de quelques anciens Grecs*, La Haye, Henri van Bulderen, 1690, in-12, 126 p.

Villedieu, Marie-Catherine Hortense, dite Mme de, *Portrait des faiblesses humaines*, dans *Œuvres complètes*, vol. 1, Genève, Slatkine Reprints, 1971 [1685 posthume], p. 60–89.

Les histoires danoises, allemandes et autrichiennes:

Béralde, prince de Savoye, 2 vol., Paris, Claude Barbin, 1672, in-12, 208 p. et 231 p.

Bernard, Catherine, *Les malheurs de l'amour. Première nouvelle. Éléonor d'Yvrée*, dans *Œuvres*, t. I, *Romans et nouvelles*, Fasano/Paris, Schena/Nizet, 1993 [1687], p. 173–217.

Histoire du prince Charles, et de l'imperatrice douairiere, Cologne, Pierre Reveil, 1676, in-12, 68 p.

Rousseau, Michel Archard, sieur de La Valette, *Le comte d'Ulfeld, grand maistre de Danemarc. Nouvelle historique*, 2 vol., Paris, Claude Barbin, 1678, in-12, 166 p. et 140 p.

Saliez, Antoine de Salvan de, *La comtesse d'Isembourg*, Paris, Claude Barbin, 1678, in-12, 235 p.

Les histoires polonaises :

L'heureux page. Nouvelle galante, Cologne, Pierre Marteau, 1687, in-12, 144 p.

L'infidélité convaincue, ou les avantures amoureuses d'une dame de qualité, Cologne, Pierre du Marteau, 1676, in-12, 168 p.

Préchac, Jean de, *Le beau Polonois, nouvelle galante*, Lyon, Thomas Amaulry, 1681, in-12, 151 p.

Préchac, Jean de, *Le comte Tekely, nouvelle historique*, Paris, Claude Barbin, 1686, in-12, 258 p.

Rousseau, Michel Archard, sieur de La Valette, *Casimir roy de Pologne*, 2 vol., Paris, Claude Barbin, 1679, in-12, 241 p. et 305 p.

Les histoires «africaines», «ottomanes» et «orientales» :

Alcine princesse de Perse, nouvelle, Paris, Louis Josset, 1683, in-12, 92 p.

Allard, Guy, *Zizimi prince Ottoman, amoureux de Philipine-Helene de Sassenage. Histoire dauphinoise*, Grenoble, Jean Nicolas, 1673, in-12, 382 p.

Bremond, Sébastien, *Hattigé ou les amours du roy Tamaran*, Genève, Slatkine Reprints, 1980 [1676].

Bremond, Sébastien, *L'amoureux africain ou nouvelle galanterie*, Amsterdam, Henry et Theodore Boom, 1676, in-12, 285 p.

Cleomire, histoire nouvelle, Cologne, Pierre du Marteau, 1678, in-12, 95 p.

Des Barres, Antoine, *Irène, princesse de Constantinople. Histoire Turque*, Paris, Claude Barbin, 1678, in-8°, 260 p.

Girault de Sainville, *Philadelphe. Nouvelle égyptienne*, Paris, François Michon, 1687, in-12, 188 p.

Homaïs reyne de Tunis, Amsterdam, s.é., 1681, in-12, 120 p.

La Roche-Guilhen, Anne de, *Almanzaïde, nouvelle*, Paris, Claude Barbin, 1674, in-12, 226 p.

La Roche-Guilhen, Anne de, *Astérie ou Tamerlam*, 2 parties en 1 vol., Paris, Claude Barbin, 1675, in-12, 74 p. et 82 p.

La Roche-Guilhen, Anne de, *Le grand Scanderberg, nouvelle*, Genève, Slatkine Reprints, 1980 [1688].

Le Febvre, *Les amours d'Antiocus prince de Syrie, et de la reine Stratonique*, Paris, Jacques Pino, 1679, in-12, 112 p.

Les amours de Soliman Musta-Feraga, envoyé de la Porte prés de sa Majesté en M. DC. LXIX, Grenoble, E.R. Dumon, 1675, in-12, 136 p.

Préchac, Jean de, *La princesse de Fez*, 2 vol., Paris, Claude Barbin, 1681, in-12, 181 p. et 174 p.

Préchac, Jean de, *Cara Mustapha, grand vizir. Histoire contenant son élévation, ses amours dans le serail, ses divers emplois, le vray sujet qui luy a fait entreprendre le siege de Vienne, et les particularitez de sa mort*, Paris, C. Blageart, 1684, in-8°, 311 p.

Préchac, Jean de, *Le Seraskier Bacha. Nouvelle du temps, contenant ce qui s'est passé au siège de Bude*, Paris, C. Blageart, 1685, in-8°, 256 p.

Raguenet, François, *Zamire, histoire persane*, 2 parties en 1 vol., La Haye, Abraham Troyel, 1687, in-12, 234 p.

Rousseau, Michel Archard, sieur de La Valette, *Bajazet prince othoman. Nouvelle historique*, Cologne, François Foppens, in-12, 1679, 128 p.

Tachmas, prince de Perse. Nouvelle historique, arrivée sous le Sophy Séliman, aujourd'huy régnant, Paris, Estienne Loyson, 1676, in-12, 178 p.

Recueils qui mélangent divers types d'histoires:

Aulnoy, Marie-Catherine Le Jumel de Barneville, Comtesse d', *Nouvelles d'Elisabeth*, 4 vol., Paris, Claude Barbin, 1674, in-12, 244 p., 284 p., 235 p. et 216 p.

Bédacier, Catherine, *Histoire des amours de Gregoire VII, du cardinal de Richelieu, de la princesse de Condé, et de la marquise d'Urfé*, Cologne, Pierre Le Jeune, 1687, in-12, 240 p.

Préchac, Jean de, *Le secret, nouvelles historiques*, Paris, Charles Osmont, 1683, in-12, 146 p.

Vanel, Jean de, *Histoire du temps ou journal galant*, s.l., s.é., s.d. [1685], in-12, 322 p.

Villedieu, Marie-Catherine Hortense Desjardins, dite Mme de, *Les amours des grands hommes*, dans *Œuvres complètes*, vol. 2, Genève, Slatkine Reprints, 1971 [1670], p. 7–118.

Villedieu, Marie-Catherine Hortense Desjardins, dite Mme de, *Les annales galantes*, dans *Œuvres complètes*, vol. 3, Genève, Slatkine Reprints, 1971 [1671], p. 7–149.

Jean Garapon (éd.)

Armées, guerre et société dans la France du XVIIe siècle

Actes du VIIIe colloque du *Centre International de Rencontres sur le XVIIe siècle*, Nantes, 18-20 mars 2004

Biblio 17, Band 167
2006, 336 Seiten
€[D] 68,00/SFR 115,00
ISBN 978-3-8233-6222-7

Dans la France du XVIIe siècle comme dans l'Europe entière, la guerre est un fait de société universel, touchant à tous les domaines de la vie privée et publique, imprégnant les mentalités, marquant de son empreinte les Lettres et les Arts. Ce fait majeur de la vie collective à l'âge classique n'avait fait le sujet d'aucun colloque à date récente. Ici, vingt spécialistes de nombreux pays confrontent leurs points de vue, dans une suite d'analyses novatrices et touchant par exemple à l'histoire de la mentalité aristocratique, avec son idéologie et ses livres de chevet, à l'histoire de la littérature, au théâtre musical, à l'histoire de la sculpture et du décor peint.

Narr Francke Attempto Verlag GmbH + Co. KG
Postfach 25 60 · D-72015 Tübingen · Fax (0 7071) 97 97-11
Internet: www.narr.de · E-Mail: info@narr.de